KB037922

코기토 총서
세계사상의 고전

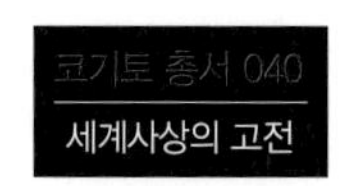

중국인의 실천철학에 대한 연설

크리스티안 볼프 지음 | 이동희 옮김

옮긴이 **이동희**(李東熙)는 한신대 철학과를 졸업했으며, 같은 대학교 대학원에서 석사학위를 받았다. 독일 하이델베르크 대학에서 철학, 중국학, 신학을 공부하고 헤겔의 중국관에 나타난 정신과 자연의 관계를 비판적으로 다룬 논문 "Der in die Natur versenkte Geist"로 철학 박사학위를 받았다. 주로 유럽 근대철학과 동서사상 비교에 대한 연구를 했으며, 주요 논문으로 「헤겔과 부정적 중국세계론」, 「헤겔에 있어 정신과 자연의 통일문제」, 「라이프니츠를 중심으로 본 유럽 계몽주의시대 중국철학 수용문제」, 「헤겔 역사철학에서 동양적 전제주의의 문제」, 「'완전성' 개념을 중심으로 본 볼프의 중국철학 수용과 이해」, 「개인적 자유와 국가 공동체의 매개로서의 헤겔의 대의제론에 대한 비판적 고찰」 등이 있다. 저서로 『헤겔과 자연』(제우스, 2006), 『변증법과 해석학의 대화』(생명의 씨앗, 2006), 『세상에서 가장 흥미로운 철학이야기』(전2권, 휴머니스트, 2010), 『꺼지지 않는 불, 역사를 바꾼 종교개혁가들』(넥서스 크로스, 2013) 등이 있으며, 역서로는 『슐라이어마허의 해석학』(강돈구, 이학사, 2000), 『라이프니츠가 만난 중국』(라이프니츠, 이학사, 2003), 『쉽게 읽는 헤겔 정신현상학』(랄프 루드비히, 이학사, 2002), 『메타피지카 공주: 철학 나라로의 모험 여행』(마르쿠스 티이데만, 이학사, 2003), 『구스타프 슈바브의 그리스 로마 신화』(전3권, 구스타프 슈바브, 휴머니스트, 2015) 등이 있다. 국민대, 서울여대, 한신대, 한양대 등에서 강의를 했으며, 한신대 연구교수와 한국학중앙연구원 책임연구원을 지냈다. 현재 한신대 초빙교수로 있다.

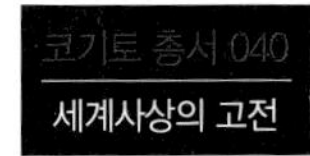

중국인의 실천철학에 대한 연설

2018년 12월 20일 제1판 제1쇄 인쇄
2018년 12월 31일 제1판 제1쇄 발행

지은이 | 크리스티안 볼프
옮긴이 | 이동희
펴낸이 | 박우정

기획 | 이승우
편집 | 좌세훈
편집 | 한향림

펴낸곳 | 도서출판 길
주소 | 06032 서울 강남구 도산대로 25길 16 우리빌딩 201호
전화 | 02) 595-3153 팩스 | 02) 595-3165
등록 | 1997년 6월 17일 제113호

ISBN: 978-89-6445-167-0 93100

공자(孔子)의 도덕 이론과 정치철학을 끝까지 자신의 실천철학의 모범으로 삼은 크리스티안 볼프
"그(공자)는 오늘날 중국인들에게 유대인들의 모세(Moses)나 터키인들의 무함마드(Muhammad)와 똑같은 존재로 여겨집니다. 아니 더 나아가 그는 중국인들에게 우리의 그리스도처럼 여겨질 정도입니다. 물론 우리가 그를 신이 우리에게 보내준 예언자 또는 스승으로 존경한다는 전제 아래 드리는 말씀입니다"(본문 163쪽).

볼프에게 최상의 완전성을 향한 인간의 부단한 노력의 모범으로 추앙받은 공자
볼프에게서 인간의 '완전성'(Vollkommenheit)이란 인간이 신이 만들어놓은 자신의 본성을 통찰해 그것과 일치하도록 행위하는 데 있으며, 또한 자신을 포함해 다른 사물들을 지배하는 자연법칙과 일치하여 신이 만든 세상과 조화를 이루는 데 있다고 보았다. 그는 중국의 고전 속에서 자신이 주장하는 완전성에 대한 인간의 행위가 실천 원리로 완전히 제시되고 있다고 믿었으며, 그 대표적인 사상가로 공자를 꼽았다.

볼프를 인간의 자유와 신적 섭리의 적(敵)으로 선언한 요한 요아힘 랑게
랑게는 볼프가 『신, 세계 그리고 인간 영혼 및 모든 사물 일반에 대한 합리적 사상』(1702)을 출간했을 때부터 그 속에 결정론과 무신론의 성향이 있는 것이 아닌가라며 의심했는데, 1721년의 '연설'은 결정적으로 그러한 심증을 굳히는 결과를 초래하였다. 결국 랑게를 비롯한 당시의 경건주의자들은 프리드리히 빌헬름 1세에게 볼프 철학을 '무신론'의 혐의로 고발하며, 그의 철학을 문제 삼았다(볼프는 1723년 11월 8일 왕명에 의해 추방당해 마르부르크 대학으로 자리를 옮겼다).

독일 초기의 계몽주의자로 감각주의(Sensualismus)를 주창한 크리스티안 토마지우스
볼프 철학에 대한 또 한 명의 사상적 적대자인 토마지우스는 현실이 갖는 직접적 확실성을 강조하면서 감각과 현실에서 우리의 감각이 느끼는 것만을 중시함으로써, 철저하게 합리주의에 기초한 형이상학적 철학 체계를 중시하는 볼프와 충돌할 수밖에 없었다. 볼프는 한 회고에서 "…… 철학에서는 토마지우스가 지배하고 있었다. 그러나 그의 정서와 강연은 나의 취향과 맞는 것이 아니었다"라고 토로하기도 했다.

예수회 선교사들에 의해 알려진 1687년경의 중국

벨기에 출신의 예수회 신부 필리프 쿠플레(Philippe Couplet, 1624~92 / 중국명 백응리柏應理)가 쓴 『중국인의 철학자, 공자』(*Confucius Sinarum Philosophus*, Paris 1687)는 볼프가 중국을 이해하고 해석하는 데 중요한 텍스트 역할을 했다. 볼프는 1721년 '연설'에 대한 상세한 주석을 붙여 1726년 책으로 펴내면서 『중국인의 철학자, 공자』에서의 『중용』(中庸)과 『대학』(大學)에 대한 번역 내지 해석이 자연종교적 해석과 합리성을 강조하고 있다고 평가한다(위 지도는 『중국인의 철학자, 공자』 본문에 들어 있다).

옮긴이의 말

크리스티안 볼프(Christian Wolff, 1679~1754)는 독일의 '유가'(儒家)이다. 독일 초기의 계몽주의자 크리스티안 토마지우스(Christian Thomasius, 1655~1728)가 볼프를 비판할 때 썼던 말이다. 볼프는 공자(孔子)의 도덕 이론과 정치철학을 끝까지 자신의 실천철학의 모범으로 삼은 최초의 서양 사상가였다. 이런 점에서 그를 '유가'라 비판하는 것은 틀린 말이 아니다.

'유가'로서 볼프의 입장이 가장 처음 드러난 것은 그의 "중국인의 실천철학에 대한 연설"이다. 이는 볼프가 1721년 7월 12일에 할레 대학 부총장(Prorektor) 임기를 마치고 관례에 따라 행한 퇴임 연설이었다. 볼프는 벨기에 출신의 예수회원 프랑수아 노엘(François-Noël, 1651~1729)이 『대학』, 『중용』, 『논어』, 『맹자』, 『소학』, 『효경』을 라틴어로 번역한 『중화제국 6대 경전』을 오래전부터 연구한 다음, 특히 중국의 실천철학을 주제로 연설했다. 그러나 이 연설 때문에 그는 할레 대학과 프로이센에서 추방당하는 굴욕을 겪어야 했다. 그것도 왕의 명령이 떨어진 지 48시간 이내에 떠나야 했다. 볼프의 이 연설은 계몽주의 시대 유럽에서 커다란 사건이 되었다. 볼프의 추방은 독일의 경계를 넘어 화제가 되었고, 그는 정신적 자유의 순교자로 주목을 받았다. 도대체 볼프의 연설은 어떤 내용을 담고 있었기에 왕의 분노를 샀던 것일까? 볼프는 연설에서 중국인들의 실천철학의 원리가 자신의 실천철학의 원리와 일치한다고 주장했다. 그 원리는 소우주와 대우주의 일치를 목표로 하는 행위 원리이다. 다시 말해, 인간이 이성을 통해 자신의 타고난 본성을 깨닫고 자연의 법칙과 조화할 수 있도록 행위를 해야 한다는 원리이다. 볼프는 본성과 자연의 법칙은 신이 만든 것이기에 그 자체로 완전하며 서로 근본적으로 일치한다고 본다. 그는 중국이 기독교와는 독립적으로 수준 높은 문명을 이루어 조화롭게 살 수 있었던 이유는 중국이 이 원리에 근거해 있기 때문이라고 보았다.

또한 볼프는 공자를 윤리에 대한 살아 있는 증거이자 모범으로 찬양했다. 왜냐하면 공자는 신이 만든 본성과의 일치, 즉 완전성을 향해 부단한 노력을 보여준 인물이었기 때문이다. 그는 공자를 모세, 무함마드, 그리스도에 비견하는 인물로 찬양했다.

> "그는 오늘날 중국인들에게 유대인들의 모세나 터키인들의 무함마드와 똑같은 존재로 여겨집니다. 아니 더 나아가 그는 중국인들에게 우리의 그리스도처럼 여겨질 정도입니다. 물론 우리가 그를 신이 우리에게 보내준 예언자 또는 스승으로 존경한다는 전제 아래 드리는 말씀입니다."

그러나 볼프의 연설은 할레 대학의 경건주의 신학자들에게서 심한 반발을 샀다. 당시 할레 대학은 경건주의(Pietismus)의 본거지였다. 경건주의자들은 볼프의 사상이 위험하고 무신론적이라고 주장하며 프리드리히 빌헬름 1세에게 호소했다. 프리드리히 빌헬름 1세는 볼프 사상을 검토할 위원회를 구성해 그의 철학을 검토하도록 지시했다. 검토 끝에 프리드리히 빌헬름 1세는 1723년 11월 8일 칙령을 내려 볼프에게 할레 대학에서 48시간 이내에 떠나라고 명령했다. 사실 경건주의자들은 볼프가 철학을 강의하지 못하도록 요청한 것이었지만, 왕은 더욱 강경히 볼프에게 추방령을 내렸다.

볼프는 헤센으로 가서 오래전부터 요청을 받아온 마르부르크 대학에 자리를 잡았다. 볼프는 이곳에서도 커다란 성공을 거두었고 유럽 각지에서 온 학생들에게 인기가 높았다. 러시아의 예카테리나 1세 여왕은 그를 상트페테르부르크 과학 아카데미의 회원으로 임명했다. 그는 프랑스 과학 아카데미의 회원으로도 선출되었다.

프로이센의 황태자 프리드리히 2세는 아버지와 다르게 볼프에게 우호적 관심을 보였다. 그는 볼프의 제자였던 장 데샹(Jean Deschamps, 1707~67)에게 명령해 볼프의 책 『신, 세계 그리고 인간 영혼 및 모든 사물 일반에 대한 합리적 사상』(*Vernünftige Gedanken von Gott, der Welt und der Seele des Menschen, auch allen Dingen überhaupt*)을 프랑스어로 번역하도록 해서, 1736년 8월 8일에 자신의 편지와 함께 번역본 사본을 볼테르(Voltaire)에게 보내 의견을 구하도록 했다. 볼테르는 볼프의 저서를 흥미롭게 읽었고 그의 철학에 관심을 가졌다. 볼테르는 문제가 된 볼프의 연설을 높게 평가했다. 볼프를 추방했던 프리드리히 빌헬름 1세도 1738년에 많은 노력을 기울여 볼프의 책들을 읽기 시작했다. 1740년에 프리드리히 빌헬름 1세가 사망하고, 독일의 계몽 군주이자 프리드리히 대왕으로 불리게 되는 황태자 프리드리히 2세가 왕위를 계승했다.

1740년에 프리드리히 대왕은 볼프를 프로이센 아카데미로 불렀으나, 볼프는 이를 거절했다. 그러나 그해 9월 10일에 할레 대학 교수직은 받아들였다. 볼프는 할레 대학에 개선장군처럼 등장했다. 1743년 그는 할레 대학의 총장이 되었고, 2년 뒤에 바이에른 선제후에게 남작이라는 칭호를 얻게 된다.

여기에 번역된 볼프의 책은 1726년에 출간한 중국인의 실천철학에 대한 연설문이다. 이 연설문에는 1721년의 연설과 이 연설에 대해 볼프가 해설한 주석이 달려 있다. 볼프가 자신의 연설에 상세한 주석을 달아 출판한 이유는 그의 연설을 왜곡한 해적판 책이 출간되었고, 또 다른 한편으로 경건주의자 요아힘 랑게(Joachim Lange, 1670~1744)가 볼프의 연설에 비판적 주석을 단 책을 출간해 그를 공격하고자 했기 때문이다. 볼프는 주석을 쓸 때, 벨기에 출신의 예수회 신부 필리프 쿠플레(Philippe Couplet, 1623~93)가 편집한 『중국인의 철학자, 공자』(*Confucius Sinarum philosophus*)에 의지했다. 이 책은 오랫동안 꽤 많은 예수회원이 협업해 작업한 산물이라 할 수 있다. 쿠플레는 「중국의 학문」(Scientiae Sinicae)의 제1권, 제2권, 제3권이라는 이름으로 예수회 신부들의 집단적 노력의 결과물인 『대학』, 『중용』, 『논어』의 번역을 『중국인의 철학자, 공자』에 실어놓았다. 그리고 「서론적 해설」(Proemialis Declaratio), 「공자의 생애」(Confucii Vita), 「중국 황조 편년사 연표」(Tabula chronologica Monarchiae Sinicae), 「중국 세 황가 계보 도표」(Tabula genealogica trium familiarum imperialium Monarchiae Sinicae)를 함께 실어놓았다. 1721년의 연설을 할 때 볼프가 사용한 노엘의 중국 경전 번역은 이 『중국인의 철학자, 공자』를 기초해서 새롭게 번역했을 가능성이 높다.

『중국인의 실천철학에 대한 연설』을 통해 우리는 유럽 및 독일 계몽주의 시대에 유럽 중심적 문화를 능가하는 또 다른 높은 수준의 중국 문화를 솔직하게 수용하려 한 볼프의 노력을 볼 수 있다. 또한 이 볼프의 연설문을 읽으면서 우리는 『대학』, 『중용』 등 중국 고전이 계몽주의 시대 유럽 지식인들에게 어떤 충격적 영향을 주었는지도 들여다볼 수 있을 것이다.

이 책 『중국인의 실천철학에 대한 연설』은 옮긴이가 『라이프니츠가 만난 중국』(이학사, 2003)을 번역할 때부터 번역을 염두에 두고 있었다. 그때부터 틈틈이 작업해 초역을 끝내두었으나, 여러 다른 일 때문에 더 이상 집중을 하지 못했다. 이제야 번역을 마무리해서 책으로 내게 되니 오랫동안 마음에 두어온 짐을 벗은 느낌이다.

볼프의 번역은 라틴어 원본을 대본(臺本)으로 하고 독일어 번역본과 영어 번역본(Julia Ching & Willard G. Oxtoby, *Moral Enlightment: Leibniz and Wolff on China*, Nettetal: Steyler Verlag, 1992)을 참조했다. 볼프가 쓴 라틴어 문장은 볼프 원전의 편집자이자 독일어 역자인 미하엘 알브레히트(Michael Albrecht) 교수의 꼼꼼한 번역과 주석이 없었다면 이처럼 옮기기 어려웠을 것이다. 알브레히트 교수는 볼프의 라틴어를 세심한 의미를 살려 현대 독일어로 번역했다. 예를 들어 'Motivus'를 'Motiv'(동기)가 아니라 'Beweggrund'(직역하자면, 운동근거)로 번역해 그 의미를 살리고자 했다. 책에서는 '운동근거'라는 의미를 살려 '동인'(動因)이라는 말로 번역했다.

또한 알브레히트 교수는 문헌학자로서 원문에 대해 치밀하게 자신의 주석을 달아놓았다. 이 번역서에는 길지만 독역자 알브레히트의 해설도 함께 번역하여 독자들의 이해를 돕고자 했다. 이 해설에는 서지사항에서 여러 주제와 관련된 책들이 충실하게 소개되고 있다.

옮긴이는 이 책을 번역하면서 볼프가 인용한 쿠플레의 『중국인의 철학자, 공자』도 참조했는데, 쿠플레의 글 자체가 틀린 곳도 발견할 수 있었다. 예를 들어 쿠플레가 『중국인의 철학자, 공자』를 펴내면서 뒤에 붙인 「중국 황조 편년사 연표」를 보면, 묵자(墨子, 기원전 479경~기원전 381경)와 양주(楊朱, 기원전 440경~기원전 360경)가 태어난 시기가 잘못되어 있고, 공자(기원전 551경~기원전 479)를 이 두 사람과 동시대 내지 후대에 태어난 인물로 잘못 묘사되어 있다. 이런 부분들은 옮긴이 주를 통해 모두 밝혀놓았다. 서지사항은 책 끝의 독역자의 인용문헌(약호)과 참고문헌을 참조하기 바란다. 원문에 라틴어 및 18세기 독일어가 쓰이고 당시에 라틴어로 번역된 중국 구절과 문헌까지 등장해 번역 과정이 쉽지 않았다. 번역상 오류와 미흡한 점에 대해 독자 여러분들의 질정을 바란다.

끝으로 여러 번에 걸친 옮긴이의 수정 요구에도 마다하지 않고 꼼꼼하게 교정해 주신 좌세훈 선생과 이 책 번역의 중요성에 공감하고 출간을 위해 애써준 도서출판 길의 이승우 실장에게 감사드린다.

2018년 10월

옮긴이 이동희

차례

일러두기

- 이 책은 Christian Wolff, *Oratio de Sinarum philosophia practica—Rede über die praktische Philosophie der Chinesen*, Lat.-dt., übers.v. Michael Albrecht, Hamburg, 1985를 번역한 것이다.
- 〔 〕는 옮긴이의 보충설명이다.
- [ ]는 독역자의 보충설명이다.
- 볼프가 단 원주가 우리말 번역 과정에서 순서가 바뀌는 경우는 [원주]로 표시했다.
- 본문에서 볼프의 주는 1), 2), 3)……으로, 독역자의 주는 1, 2, 3……으로, 옮긴이의 주는 *, **, *** 으로 표시했다.
- 본문에 나오는 저서나 잡지의 원명은 처음 번역과 더불어 제공하고, 이후에는 번역명만 기재했다.
- 본문 이외의 주석 및 문헌의 서지사항은 원어 그대로 표기했다. 서명은 참고문헌에서 번역해 두었다.
- 외국 인명 표기는 국립국어원 외래어표기법을 원칙으로 하되, 일부는 관행을 따르기도 했다.
- 각주에 쓰인 독일어 약어

약어	원말	의미
a.a.O.	am angeführten Ort	앞의 책, 같은 곳
Anm.	Anmerkung	주석
Aufl.	Auflage	판(版)
Bd.	Band	권수
Bde.	Bände	총 몇 권/ 총 몇 책
ebd.	ebenda	앞의 책 / 상게서 / 같은 책
f.	folgende	이하
ff.	folgende Seiten	이하의 쪽수나 단락
H.	Heft	호/ 권
hrsg.	herausgeben /herausgegeben von	편저(자)
Nachdruck		영인본
Nr./ Num.	Number	수
S.	Seit	쪽수
s.u.	siehe und	이곳도 보라/ 이곳도 참조하라
Sp.	Spalte	column/ 난(欄), 단(段)
u.	und	그리고
unpag.		페이지 매김이 없는
vgl.	Vergleich	비교/ 참조
vgl. auch		다음도 비교
vgl. oben		위와 비교/ 앞과 비교
Z.	Zeile	줄/ 행
z.B.	zum Beispiel	일례로
1962		제1판, 1962년

독역자 해설

크리스티안 볼프가 행한 중국인의 실천철학에 대한 연설을 이해하기 위한 전제로 무엇보다 세 주제 영역이 중요하다. 〔첫째,〕 이전에 유럽의 사유가 흥미를 느꼈지만 오늘날에는 사라지고 잊혀버린 중국의 매력(§1~5)이다. 〔둘째,〕 중국 지식에 대한 볼프의 자료(§6~8, 12)이다. 〔셋째,〕 볼프의 '보편적 실천철학'(§9)이다. 나는 이 책의 내용과 관련해 먼저 〔볼프의〕 1721년 연설 텍스트를 다루고(§10), 1726년의 〔볼프〕 주석과 관련한 주요 주제들을 서술한다(§13). 그 이유는 〔볼프 연설의 출간과 관련해〕 약간 혼란해진 편집의 역사〔이하 이 책, 「편집사」를 보라〕 때문이다. 볼프 연설이 당대에 끼친 영향은 볼프가 할레에서 추방되는 것으로 구체화되었다. 그의 연설은, 그것이 철학사에 직접적으로 끼친 영향을 경시할 수 없게 되면서(§14), 독일 계몽주의의 이정표가 되었다(§11).

〔이 해설의〕 마무리를 위해 볼프가 1726년에 분명하게 중국적 사유와 자신을 연결하고 있는 몇 구절을 언급했다(§15).

이 주제들은 그 다양함 때문에 매번 요약해서 다루는 게 유용할 것이라 생각했다. 그러자면 이 주제들과 관련한 현재의 연구 결과물들이 제시될 수 있어야 한다. 여기서 언급되는 책 제목들은 그때그때마다 아주 숙고해 선정했다. 문헌목록은 개별적으로 자신이 흥미가 있는 관점을 심화하려는 독자들에게 당연히 도움을 줄 수 있어야만 한다. —이에 반해 다른 많은 물음과 관련해서는 새로운 영역이 개척되어야 할 것이다. 주제와 관련해 많은 것이 빠짐없이 논구되지 않았다고 할지라도, 일차적 원전을 보다 상세하게 숙고하고 그것을 재현하는 일은 필요하다.

§1. 유럽의 사유에 대한 중국 영향의 시작

중국이 유럽에 끼친 정신적 영향에 대해: Donald F. Lach, "China in Western Thought and Culture"(「서양의 사상과 문화 속의 중국」), in *Dictionary of the History of Ideas*, ed. by Philip P. Wiener, vol. I, New York 1968, S. 353~73(약간의 오류가 있지만 뛰어난 해설). 신중하게 선정된 문헌목록을 보완하기 위해(S. 373), 이 문헌목록에서 버질 피노(Virgile Pinot)의 작품(도서목록과 함께)이 강조되어야 한다. ders., "China and the Era of the Enlightenment"(「중국과 계몽주의 시대」), in *The Journal of Modern History* 14(1942), S. 209~23(문헌보고). —David Mungello, "Some Recent Studies on the Confluence of Chinese and Western Intellectual History"(「중국과 서양 지성사의 영향에 대한 최근의 몇 연구」), in *Journal of the History of Ideas* 40(1979), S. 649~61. —Charles O. Hucker, *China, A Critical Bibliography*(『중국, 비판적 문헌목록』), Tuscon 1976([1]1962), S. 30~32: 근대 초 중국과 서양의 관계(거의 영어로 된 서명만 있다). —Friedrich Andreae, "China und das achtzehnte Jahrhundert"(「중국과 18세기」), in *Grundrisse und Bausteine zur Staats- und zur Geschichtslehre. Zusammengetragen zu den Ehren Gustav Schmollers...* von Kurt Breysig u.a., Berlin 1908, S. 121~200(국가관에 대한 중국의 영향). —David

Wei-Yang Dai, "Confucius and Confucianism in the European Enlightenment"(「유럽 계몽주의에서의 공자와 유교」), Ph. D. University of Illinois at Urbana-Champaign 1979(중국 원전과 예수회 중국상像 사이의 관계를 중요하게 다룬다). —Otto Franke, "China als Kulturmacht"(「문화적 권력으로서의 중국」), in *Zeitschrift der Deutschen Morgenländischen Gesellschaft* 77(1923), S. 1~30. —Wolfgang Franke, *China und das Abendland*(『중국과 서양』, Kleine Vandenhoeck Reihe, Bd. 146/147/148), Göttingen 1962(〔프랑케의〕 해박한 요약·정리). —Basil Guy, *The French Image of China before and after Voltaire*(『볼테르 이전과 이후 프랑스의 중국 이미지』, Studies on Voltaire and the Eighteenth Century, vol. 21), Oxford 1963(여러 구절이 피상적이다. 포르마이Formey가 작업한 볼프 주석들을 [이 책, 「편집사」를 보라] 볼프의 원본으로 여기고 있다). —Rudolf Franz Merkel, "China und das Abendland im 17. und 18. Jahrhundert"(「17, 18세기의 중국과 서양」), in *Sinica* 7(1932), S. 129~35. —Arnold H. Rowbotham, "China and the Age of Enlightment in Europe"(「중국과 유럽 계몽주의 시대」), in *The Chinese Social and Political Science Review* 19(1935/36), S. 176~201. —ders., "The Impact of Confucianism on Seventeenth Century Europe"(「유교가 17세기 유럽에 끼친 충격」), in *The Far Eastern Quarterly* 4(1944/45), S. 224~42. 최신의 연구 결과는 무엇보다 다음의 시리즈에서 발견된다.

"La Chine au temps des lumières"(「계몽주의 시대의 중국」), vgl. z.B. Bd. 2, *La mission française de Pékin aux XVIIe et XVIIIe siècles*(Actes du [I^e] colloque international de Sinologie), Paris 1976, Bd. 4: *Les rapports entre la chine et l'Europe au temps des lumières*(『계몽주의 시대의 중국과 유럽의 관계』, Actes du [IIe] colloque...), Paris 1980. 그리고 Bd. 6: *Appréciation par l'Europe de la tradition chinoise à partir du XVIIe siècle*(『17세기 이후 중국 전통에 대한 유럽의 평가』, Actes du IIIe colloque...), Paris 1983.

16세기 말 이래 유럽에서 일어난 중국의 정신적 발견은 예수회의 중국 선교가 이룬 업적이다. 마르코 폴로(Marco Polo, 1254~1324)는 자신의 중국 여행에 대해 이미 보고한 적이 있었다. 그러나 폴로의 이야기는 정말로 그가 중국에 다녀왔는지 의혹을 불러일으켰다. 어쨌든 그도 1514년 남중국 항해의 길을 열었던 포르투갈 상인들처럼 중국적 사유는 알지 못했다. (선교사와 상인들의 여러 보고서로부터 편찬된) 후안 곤잘레스 멘도사(Juan González de Mendoza, 1545~1618)의 중국에 대한 서술(1585)[1]이 가져온 엄청난 파급 효과는 유럽인들의 증대하는 〔중국〕 관심에 기인한다. 이와 같은 간행물들은 명(明) 왕조의 폐쇄적 정치와 〔보고자의〕 중국어에 대한 무지 때문에 주로 중국의 지리나 정치 체제에 대한 흥미로운 보고에 제한되었다. 그래서 멘도사에게서는 공자의 이름이 한 번도 등장하지 않는다.

물론 멘도사 이래 알려지기 시작한 중국의 초기 역사에서 나온 중국의 자료들은 유럽에 충격을 주었다. 주변적이지만 이것들은 세계의 시작에 대한 물음에 해당했다. 성경에 나오는 세계 창조를 훨씬 능가하는 것처럼 보이는, 천문학적으로 오래된 중국 연대의 햇수들은 믿을 수 없는 것처럼 보였다. 그래서 중국의 연대는 이미 잘 알려진 고대 동양 민족들의

---

1 내 앞에 있는 판본의 제목이 이미 이 책이 갖는 관심을 보여준다. *Nova et succincta, vera tamen historia de amplissimo, potentissimoque, nostro quidem orbi hactenus incognito... Regno China*. Ex Hispanica primum in Italicam, inde in Germanicam, ex hac demum in Latinam linguam conversa: Opera Marci Henningi Augustani. Francofurdi ad Moenum o.J.(1591).

연대기들처럼 동화(童話)적인 것으로 거부되었다(18세기 말까지 유럽에서 세계의 시작은 대략 기원전 4000년이라는 견해가 유지되었다). 따라서 중국의 연대기에서 가장 많이 논의된 관점은 중국의 연대가 아니라 중국의 역사물에서 '대홍수'가 나타나지 않는다는 점이었다.[2] 이 사실에 의해 오늘날에도 여전히 이해가 되지 않는 성경의 신뢰성이 어느 정도 흔들리게 되었다. 그러나 1899년에 나온 다음의 진지한 입장은 성경이 세계 역사가 아니라 단순히 지역적 의미를 지닌 사건만을 포함한다는 의심과 동요의 여파를 충분히 보여준다. "우리는 대홍수의 지리학적 보편성을 고수해야만 한다. **왜냐하면 그것은 우리에게 계시된 것이기 때문이다.** ……. 따라서 단지 인류의 한 부분이 대홍수에서 멸망했다고 하는 방향으로 성경의 문자들을 이해할 수 있다는 견해는 철저하게 배척되어야만 한다. …… 이 견해는 하나님의 선포에서 절대적으로 배제된다 …… (Wetzer-Welte, Bd. 11, Sp. 342f., vgl. Zedler, Bd. 37, Sp. 1629). 이 정신적 충격은 우선 성경의 연대기에 대한 집중적인 연구로 귀결되었고, 18세기에 역사 비평적 성경 연구로 이어졌다. 그러나 충격은 그 자체로 볼 때 중국적 정신세계의 심화라는 결과는 낳지 못했다.

2 황제 요(堯)가 홍수 재해와 맞서 싸웠다고 하는 중국 편년사의 보고들은 사실 대홍수의 보편성에 대한 간접증거로 빈번하게 해석되었다. 이 보고들은 익히 알려진 연대기와 대략 일치될 수 있었다. 그러나 노아의 방주 말고는 대홍수 이전의 자료와 다른 역사적 전승은 있을 수 없기 때문에, 역사가들은 요 황제의 일곱 선구자들*을 창세기의 인물과 동일시해야만 했다. Edwin J. Van Kley, "Europe's 'Discovery' of China and the Writing of World History", in *The American Historical Review* 76(1971), S. 358~85; Pinot, S. 189~279 참조.

* 여기서 "요 황제의 일곱 선구자들"은 삼황오제(三皇五帝)를 말한다. 엄밀히 말하면 요 다음에 순(舜)이 등장하는만큼 요 황제 앞에는 '여섯 선구자'라야 맞지만, 여기서는 그 순서가 중요하지 않은 만큼 삼황오제를 통틀어 설명하고 있다.

§2. 예수회의 중국 선교

알렉산드로 발리냐노(Alessandro Valignano, 중국명 범례안范禮安, 1539~1606)와 그의 예수회 선교사들이 중국어를 배워 중국철학 원전을 연구하고 중국인들을 무지한 이교도로 다루지 않으며— 철저하게 선교적인 의도에서— 상호 적응의 방식으로 중국인들에게 다가가고자 했을 때, 그것은 보다 커다란 파급 효과를 염두에 둔 결정이었고 독특한 정신사적 실험의 시작이었다. 이 접근 방식의 문제점은 도서관 전체를 채울 만큼의 수많은 책에서 논의가 되었다.

예수회의 중국 선교에 대한 문헌: 문헌목록: Cordier, Bd. 2와 Bd. 5(체계적 구성).—Streit-Dindinger, Bd. 5와 Bd. 7(연대기적 목록).—Pfister(저자별 목록).—Dehergne(알파벳 인명 목록).

가장 중요한 서술: Arnold H. Rowbotham, *Missionary and Mandarin. The Jesuits at the Court of Peking*(『선교사와 관료. 북경 궁정의 예수회원들』), Berkeley/Los Angeles 1942.—Columba Cary-Elwes, *China and the Cross. Studies in Missionary History*(『중국과 십자가. 선교 역사 연구』), London/New York/Toronto 1957.—*Histoire universelle des Missions catholiques*(『가톨릭 선교의 일반사』). [Bd. 2:] *Les Missions modernes*(『현대의 선교』), Paris 1957(주석이 있는 문헌목록과 함께 달려 있음).—George H. Dunne, *Das große Exempel. Die Chinamission der Jesuiten*(『위대한 표본. 예수회원의 중국 선교』), Stuttgart 1965.—René Etiemble(Hrsg.), *Les Jésuites en Chine(1552~1773). La Querelle des rites*(『중국의 예수회원들(1552~1773). 전례논쟁』), Paris 1966(적합하게 선정된 원전들).—사실적 물음과 관련해서는 다음을 참조. Julia Ching, *Confucianism and*

Christianity. A Comparative Study(『유교와 기독교. 비교 연구』), Tokyo / New York / San Francisco 1977.

그러나 이 방식에 의해 비로소 '중국의 혼'을 유럽에 효과적으로 알릴 수 있었다. 예수회 선교사의 출판물을 매개로 해서 17, 18세기 서양의 정신적 인물들에게 영향을 끼쳤던 중국적 사유의 위력은 오늘날 거의 실감할 수 없다. 중국적 사유가 지금은 오래전에 잊힌 기독교적·서양적 세계관의 한계를 어떤 규모로 확장했는지, 즉 〔어떻게 그〕 한계를 부수어버렸는지는 〔중국적 사유를〕 오직 코페르니쿠스적 세계관과 비교해서만 이해할 수 있다. 아무튼 중국의 정신적 발견은 그보다 100년 전에 일어난 아메리카의 발견보다도 유럽의 사유를 더 흥분시켰다.

이탈리아 출신의 예수회 선교사 마테오 리치(Matteo Ricci, 중국명 이마두利瑪竇, 1552~1610)[3]는 1583년에 중국에 들어갔고, 1601년부터 1610년에 세상을 떠날 때까지 아주 성공적인 학자로, 정치가이자 선교사로 북경(北京)에 살았다. 그는 유럽의 중국 해석에서 핵심 역할을 했다. 리치의 입장은 유럽의 지식인들이 중국에 대해 그렸던 모습에 결정적이었다. 엄청나게 많은 사람이 살지만 평화롭고 여유롭게 살아가는 중국이 거대하고 오래된 제국임을 이미 사람들은 알고 있었다. 중국과 비교해볼 때 작지만, 정치적으로 갈라져 있고 가난하며 종교개혁으로 더욱 깊이 분열된 유럽에서 중국에 대한 이 사실이 알려지자 그것은 경이와 놀라움을 자아냈다. 서양 최초의 중국학자인 리치는 처음으로 유교의 이해에 대해 마음을 열었다. 그는 중국의 정신적 체제를 그 기원에서부터 이해하려

---

3 방대한 문헌목록 중 여기서 다음의 책이 언급되어야 한다. Pfister, Bd. 1, S. 22~42, *Fonti Ricciane*, hrsg. von Pasquale M. d'Elia. 3 Bde., Rom 1942~49.

시도했기 때문이다. 리치의 시도에 의해 중국의 모습은 도덕적·정치적 관점에서 아주 우월하게 생각될 수밖에 없는 완결성을 비로소 획득했다.

다시 말해, 리치는 중국의 사회와 국가 행정 및 학자 세계를 알게 되었다. 이 학자 세계는 주희(朱熹, 1130~1200)가 부여한 것과 같은 형태의 신유교(新儒教) 학설로 철저하게 특징할 수 있다. 불교와 도교가 특별한 독립적 영향을 펼칠 수 없었던 반면에, 이 공식적 국가 '종교'〔즉 유교〕는 정치와 행정의 기준 및 철학과 학문, 학교 제도와 제례(祭禮)를 규정했다. 이 종교는 정신적·문화적 삶과 사회구조가 서로 녹아들게 했다. 물론 리치는 당대 신유교 대표자들의 학설이 가진 신비적 성격, 즉 무신론적 성격을 발견했다(그래서 그는 이 학파의 결정적 창시자인 주희에 대해 어떤 것도 알리지 않았다). 이 점에서 한편으로 〔예수회〕 선교의 심각한 장애가 된 〔리치와 신유교 학자들 사이의〕 상호적 적대관계가 생겼고, 다른 한편으로는 복고주의적 중국학자들의 지지를 받으며 유교의 원천으로 되돌아가 이 원천을 새롭게 해명하려는 리치의 노력도 생겨났다. 신유교에 대해 참된 공자를 내세우려는 리치의 의식적 시도는 공자 연구와 공자 텍스트 번역의 중요한 뿌리가 된다. 그런데 결정적인 것은 이 방식으로 정화된 유교(리치의 시각에서뿐만 아니라 현대 해석자들의 여러 관점에서도)는 지극한 도덕적 학설이거니와 선과 악의 대립에서 얻어진 학설이었다. 이 학설은 어떤 계시가 아니라 인간적 이성에 의지했다. 이 학설에 따른 사적 생활과 공적 생활의 규정은 강제와 억압이 아니라 모범과 사례에 의해 교육되며 실현되어야만 한다. 리치와 같이 신념에 가득 찬 기독교인은 유교에 대해 가장 뜨겁게 동의할 수밖에 없었다. 리치는 이 학설의 창시자 공자를 이교도적 고대에서 가장 위대한 현인 중 한 사람으로 여겼다.

정신적으로 고상하며 동시에 유덕한 이 학설〔유교〕에 대한 열광과 〔함께〕 중국에서 성공적으로 선교를 할 수 있다는 신념, 즉 중국인들에게 흔들릴 수 없는 도덕적 근거를 주는 기독교적 계시를 알려준다면, 이는 이성적 숙고를 하는 중국인들에게 최고로 환영받을 만한 일이라는 신념이 리치에게서 결합된 것은 분명하다. 사실 선(善)은 항상 보상받고 악(惡)은 처벌받는다는 신념은 사후의 계속적 삶에 대한 희망 없이는 방어하기 매우 어렵다. 기독교적 믿음이 이 희망을 정당화할 수 있다. 리치에게 중국에서의 선교는 잘못된 것을 믿거나 잘못된 우상을 믿는 인간을 개종하는 것이 아니라 기존 유교를 완성하는 일이었다. 중국에서의 선교는 오직 참다운 종교에 의해 유교를 올바르게 해석할 때 가능했다.

이 해석은 예수회의 중국 선교가 특별하게 도약할 수 있는 힘이 되었다. 근본적으로 중국의 모든 정신적 문화는 환영할 만한 가치가 있다. 중국의 정신적 문화가 결여한 것은 종교였다. 물론 이는 말할 것도 없이 유럽과 비교해볼 때 더 나은 세계였던 중국을 〔기독교적〕 신의 나라로 만들기 위한 작은 걸음처럼 보였다. 리치는 사실 중국인들이 다행스럽게도 우상이 아닌 신에 대한 혼란스러운 관념을 가졌다고 생각했고, 유교 제례(예컨대 조상 제사)는 그 핵심에서 종교적이지 않다는 견해를 나타냈다. 특히 천문과 역술의 탁월함 때문에 예수회 선교사들에게 감탄했던 〔중국의〕 학자들은 복음(福音)에 대해 틀림없이 개방적이었을 것이다. 만약 궁정에서 신유교의 정치적 저항을 이겨내고 이 학자들과 가능하다면 황제를 먼저 개종시킨다면, 〔중국〕 민족 대다수가 급속하게 그 사례를 따를 수도 있었을 것이다. 중국의 학자들은 유럽의 교수들에 견주어 훨씬 더 큰 권력을 가졌다. 그들은 행정 관리가 아닐지라도 행정직에 커다란 영향력을 행사했다. 행정 관리들은 모두 〔신유교의〕 유교 철학으로 교육을 받고 시험을 통과한 사람들이었다. 법학과 경제학 또는 그와 비슷한 학문도 마찬가지의 경우였다(아마도 예수회 선교사들은 신유교가 강력하게 뿌리내리고 있었던 점을 과소평가했을 것이다).—선교사들이 중국인들의 의복과 생활양식에 적응했을 때, 〔그들은 이를〕 전혀 위험하다고 생각하지 않았다. 그것은 한편으로 이성과 도덕에 의해 형성된 문화의 표현 형식이었고, 다른 한편으로는 —예수회원들이 보았던 대로— 종교적 내용이 없는 단지 외양일 뿐이었기 때문이다.

리치의 후임이자 중국 선교(1610~55)의 책임자 니콜로 롱고바르디(Nicolò Longobardi, 중국명 용화민龍華民, 1559~1654)는 리치와 견해가 달랐다. 그래도 리치의 관점은 예수회원들에게 전반적으로 관철되었다. 이 중국의 모습은—이 모습은 리치와 그의 추종자들의 박학다식에도 불구하고 일방적인 것이었다—수많은 출판물(예컨대 1615년에 나온 리치의 『기독교 중국 원정론』*De christiana expeditione*)과 유럽 학자들과의 편지 교환에 의해 유럽에 전달되었고, 특히 프랑스[4]에서 강력한 영향을 끼쳤다. 예수회 선교사는 대부분 프랑스인이었다. 또한 볼프가 의지했던 원전들은 예수회원들이 작성하고 번역한 것이었다. 볼프가 그린 중국의 모습은 본질적 측면에서 리치가 가졌던 중국의 모습과 같았다.

이 중국의 모습이 분명하게 보여주지 못한 것은 무엇인가? (1624년 이래) 중국과의 교역을 독점하려다가 1685년에 최종적으로 실패한 네덜란드 상인들의 보고서는 중국인들을 타고난 룸펜과 사기꾼으로 그려놓았다. 상업적 교류에서 나온 그와 같은 유사한 보고서들이 유럽적 사유에 끼친 영향은 훨씬 나중에 나타나기 시작한다. 예컨대 예수회에 의해 주장된 중국에서의 이론과 실천의 일치에 대해 몽테스키외(Montesquieu)는 의심했다. 이에 반해 17세기에는 '전례논쟁'(Ritenstreit, 典禮論爭)의

4 독일에서의 중국학 시초에 대해서는 Rudolf Franz Merkel, *Deutsche Chinaforscher*, in *Archiv für Kulturgeschichte* 34(1951/52), S. 81~106 참조.

긴장이 더욱 고조되었고, 그뿐만 아니라 그것에 대한 수많은 출판물이 나왔다. 이 전례논쟁은 —특히 명(明)에서 만주(滿洲) 왕조로 넘어가는 과도기에 일어난— 기독교인들과 몇몇 선교사 박해, 일시적 선교 활동 금지의 의미를 부풀려놓았음에 틀림없다. 그래도 이 퇴행들(기독교 선교 전반의 최종적 실패도 포함해서) 중 많은 것이 예수회에 반대한 로마교황청의 입장과 전례논쟁이 끼친 영향으로 나타났다.

§3. 전례논쟁

1630년대부터 도미니크파〔도미니크수도회〕와 프란체스코파〔프란체스코수도회〕가 중국에서 선교를 시작했다. 그들은 중국 문화에 거의 신경을 쓰지 않는 채, 중국인을 단순한 무신론자라고 여기고 개종시키려 했다. 예수회원들의 선교 방식은 개종한 중국인들에게 관례(慣例)적인 제례를 허락했다. 이 입장은 한편으로 그들이 예수회원들의 선교 방식을 곧바로 교황이 금지해야만 하는 비기독교적 음모라고 간주하는 결과를 낳았다. 이 점에서 그들은 나중에 여러 차례 배척되었던 입장과 관련해 부분적으로 예수회 지도자 롱고바르디를 증인으로 내세웠다. 그러나 다른 한편으로 중국에 무지했던 예수회의 적대자들〔도미니크파와 프란체스코파〕은 예외 없이 예수회의 중국-저술과 견줄 만한 것을 전혀 내놓을 수가 없었다. 전례논쟁이 예수회원들의 중국 선교에 끼친 영향은 그사이에 현저하게 커졌다. 1664년까지 25만 7,000명의 개종자를 낳고 159개의 교회를 세운(예수회원들은 결코 궁정에서만 활동한 것이 아니었다) 예수회의 선교 활동은 중국에 와 있던 로마교황청 사절들의 신랄한 비판과 교황의 칙서와 파문이 있고 난 1715년에 최종적으로 금지되었다.* 그러나 유럽에서 이 금지를 철저하게 이해시키는 일은 성공하지 못했다. 전례논쟁은 계속되었다. 신앙을 앞세운 로마교황청 사절들의 무례한 행동은 중국에 관한 모든 물음에 대해 예수회원들의 탁월함을 공개적으로 계속해서 알릴 수 있는 계기가 되었다. 유럽의 지식인들에게 전례논쟁은 단순하게 신앙을 내세운 파괴와 영리하게 적응해 가장 커다란 학문적 이익을 관철하려는 선교들 사이의 대립으로 보였다. 전례논쟁은 유럽에서 예수회원이 전해주는 중국의 모습을 흔들지 못했고 오히려 그것을 더욱 확산하는 데 한몫했다.

17세기 후반에 〔중국을〕 이상화하는 당시의 보고서들뿐만 아니라 근대의 서술에서도 중국이 찬란한 통치를 했던 제국이라는 점이 추가된다. 중국의 정점은 강희제(康熙帝, 재위 1661~1722)와 함께할 때였다. 강희제는 당시 유럽 사상가들이 적용하는 기준에 따를 때에도 세계사의 위대한 지배자 가운데 한 사람이었다. 그는 부패로부터 자유로운 행정체계를 관철했고, 귀족에게 국가 복지를 위한 의무를 다하도록 했으며, 농업을 개선해 인구를 늘렸고(1650년경에 1억 명의 인구가 1800년경에는 2억 7,500만 명이 되었다), 대만과 몽골과 티베트를 정복했다. 이외에도 강희제는 유교적 '철인왕'이었다. 이 철인왕은 학문과 문학을 새롭게 꽃피웠을 뿐만 아니라 도덕을 자신의 정치 내용으로 고양했다. 강희제가 학식이 높은 예수회원들과 가장 친했다는 점도 유럽에서 그의 명성을 높이는 데 한몫했다. 예수회원들은 강희제의 지시로 중국, 만주, 티베트를 측량했다. 예수회원들은 〔중국이〕 러시아와 충돌을 빚자 네르친스크

---

* 1715년 3월 19일, 교황 알렉산데르 7세(재위 1655~67)가 예수회 선교 방침을 받아들여 부분적으로 허용했던 중국의 제례(공자, 조상, 하늘에 대한 숭배)를 금지하는 로마교황령(Constitutio Apostolica)인 「그날부터」(Ex illa die)가 교황 클레멘스 11세(재위 1700~21)에 의해 반포되었다.

조약(1689)*을 중재했고 (라틴어로) 공문서를 만들었다. 예수회원들은 (1801년까지) 지속적으로 —천문학과 역법의 결정권이 있는— 수학위원회의 의장 지위**를 가졌다. 1692년에 강희제는 유명한 관용-칙령을 내려 그사이에 30만 명이 넘는 중국 기독교인들에게 자유로운 종교행사를 허락했다.*** 신앙상 경직된 유럽에서 당시에 관용이 얼마나 적었는가를 생각해본다면, 이 칙령은 유럽보다 우월한 〔중국의〕 국가 운영의 신호로서 평가할 수 있을 것이다.

§4. 라이프니츠와 중국

고트프리트 빌헬름 라이프니츠(Gottfried Wilhelm Leibniz, 1646~1716)는 1699년에 『최신 중국 소식』(*Novissima Sinica,* 1697)의 개정판에 좋은 의도로 강희제의 초상화를 삽입했다.

라이프니츠와 중국에 대한 문헌은 최근의 네 저작에서 발견된다: Tilemann Grimm, "China und das Chinabild von Leibniz"(「중국과 라이프니츠의 중국상」), in *Systemprinzip und Vielheit der Wissenschaften. Vorträge an der*

---

* 1689년에 네르친스크(중국명 니포초尼布楚)에서 청(淸)과 러시아가 체결한 국경 획정 조약. 스타노보이 산맥과 아르군 강이 국경으로 정해졌다. '니포초 조약'이라고도 한다.

** 흠천감 감정(欽天監 監正). 흠천감은 천문·역수(曆數)·점후(占候: 구름의 모양이나 빛, 움직임 등을 보고 길흉을 점침) 등에 관한 일을 맡아보던 관청이다.

*** 강희제는 1692년 3월 각 성의 관리들에게 천주교 활동에 대한 관용을 베푸는 칙령(천주교 공허)을 내려 천주교의 중국 내 포교를 공식적으로 허용한다. 하지만 강희제는 로마교황청(교황 클레멘스 11세)이 중국의 제례에 대해 금지령을 내리자 1717년 4월 다시 중국 내에서의 천주교 선교 금지령을 선포한다.

Westfälischen Wilhelms-Universität Münster aus Anlaß des 250. Todestages von Gottfried Wilhelm Leibniz, hrsg. von Udo Wilhelm Bargenda u. Jürgen Blühdorn(Studia Leibnitiana, Sonderheft 1), Wiesbaden 1969, S. 38~61. —David E. Mungello, *Leibniz and Confucianism. The Search for Accord*(『라이프니츠와 유교. 일치를 위한 탐구』), Honolulu 1977. — Georg[!] Wilhelm Leibniz, *Das Neueste von China(1697). Novissima Sinica*(『최신 중국 소식』), hrsg. von Heinz-Günther Nesselrath und Hermannn Reinbothe(Deutsche China-Gesellschaft, Schriftenreihe Nr. 2.), Köln 1979(많은 참조사항이 들어 있다). —Rita Widmaier, *Die Rolle der chinesischen Schrift in Leibniz' Zeichentheorie*(『라이프니츠의 기호이론에서 중국 문자의 역할』, Studia Leibnitiana Supplementa, 24), Wiesbaden 1983. —vgl. auch: Daniel J. Cook and Henry Rosemont, Jr., "The Pre-Established Harmony Between Leibniz and Chinese Thought"(「라이프니츠와 중국적 사유의 예정 조화」), in *Journal of the History of Ideas* 42(1981), S. 253~67.

라이프니츠는 전례논쟁에서 예수회 편을 든 유일한 철학자였다. 그렇지만 그는 모든 명민함과 직관과 설득력을 가지고 이것을 행했다. 예수회가 전해준 중국의 모습에 근거해 그는 예수회 선교사들과 밀접한 연락을 취하면서 유럽의 중국 연구를 실천적 방향으로 전환했다(그는 이 전환과 함께 다른 한편으로 예수회원들의 출판물에도 영향을 끼쳤다). 그가 왜 중국에 지대한 관심을 보였는지를 묻는다면, 맨 앞에서 언급한 통찰을 내세워야만 한다. 즉 유럽의 윤리학과 정치학에 적용할 때 가장 커다란 도움이 될 인식을 중국인들에게서 배울 수 있다는 통찰이다. 왜냐하면 중국에서는 정치학이 도덕에 봉사하고, 이 도덕은 보편적이며 개별적인 안녕을 목적으로 하기 때문이다. 따라서 이질적인 것, 아마도 설명할 수 없는 것에 대한 연구가 아니라 유용한 지혜이론을 옮겨오는 것이 중요하다. 중국에서 작용하는 이성은 유럽의 것과 같아 보인다.—그것이 중국에서는 '실천철학' 영역에서 보다 커다란 진전을 이루었을 뿐이다(*Novissima Sinica*, S. 11). 볼프가 윤리학과 정치학 영역에서 중국인들이 이룬 업적을 특징짓기 위해 자주 응용했던 실천철학 개념을 그리고 볼프가 라이프니츠뿐만 아니라 다른 곳에서도 발견할 수 있었던 이 개념을 자기 연설의 제목으로 삼았을 때, 그는 동시대인들에게 자신을 라이프니츠주의자로 드러내게 된다.

라이프니츠가 유럽의 도덕적 붕괴에 직면해 중국의 선교사들이 "우리에게 자연신학의 응용과 실천을 가르쳐줄 수 있는 것은 아닌지"라고 토로한 적이 있을 정도로 유교는 라이프니츠에게 최고의 올바름과 유용성을 지닌 것이었다(*Novissima Sinica*, S. 19; 물론 볼프는 중국인들에게 '자연신학'이 있다는 것을 부인한다). 다른 한편으로 라이프니츠는 반대로 중국인들에게 계시신학을 가르쳐주고 개신교 선교도 가톨릭 선교와 병행되기를 소원했다(이 소원은 1807년에 이루어졌다). 다른 프로젝트들에서 라이프니츠는 중국 연구가 학문적으로 전문화된 호기심의 충족이 아니라 공적인 유용성에 봉사해야 한다는 신념을 표출했다('공적인 유용성publicae utilitati', Guerrier II, S. 19 참조). 여기서 무엇보다 언급해야 할 것은 라이프니츠가 보편언어(이 보편언어는 중국 언어와 기호에서 발전되었다. '보편문자학'Ars characteristica은 기호에 의해 사유의 요소를 재현할 수 있고 이 기호로 '계산'을 가능하게 한다)와 보편적 세계 시민권을 위해 노력한 점이다. 이 노력의 중심지는 학문의 세계, 즉 아카데미이다. 프로이센 아카데미는 중국의 지식을 효과적으로 유럽에 전달하기 위한 의도로 설립되었다.

§5. 볼프, 라이프니츠와 중국

볼프의 사유에 대한 일반적 입문에 관한 최근 문헌: Giorgio Tonelli, Artikel, "Wolff, Christian"(「크리스티안 볼프」), in *The Encyclopedia of Philosophy*, ed. by Paul Edwards, Bd. 8, New York/London 1967, S. 340~44.— Hans-Joachim Birkner, "Christian Wolff"(「크리스티안 볼프」), in Martin Greschat(Hrsg.), *Die Aufklärung*(『계몽주의』, Gestalten der Kirchengeschichte, Bd. 8), Stuttgart/Berlin/Köln/Mainz 1983, S. 187~98.

보다 오래된 볼프 전기들은 이제는 WW I, Bd. 10에 들어 있다.

(1748년까지의) 최초 문헌목록으로서 Zedler(Bd. 58, Sp. 549~604: 전기; Sp. 604~51: 문헌목록; Sp. 651~76: 볼프의 서평; 앞의 책, 같은 곳 참조, Sp. 883~1232; 볼프 철학)에 있는 볼프에 대한 〔카를 귄터〕 루도비치(Ludovici)의 항목은 오늘날까지 대체할 수 없다(WW II, Bd. 17, S. LXV~LXXXI도 참조).

2차 문헌목록(1800~92)이 달려 있는, 현재 볼프 연구에 대한 전체 스펙트럼은 다음에서 찾아볼 수 있다. *Christian Wolff, 1679~1754. Interpretationen zu seiner Philosophie und deren Wirkung. Mit einer Bibliographie der Wolff-Literatur*(『크리스티안 볼프, 1679~1754. 볼프 철학과 그 영향에 대한 해석. 볼프 문헌목록과 함께』), Hrsg. von Werner Schneiders(Studien zum achtzehnten Jahrhundert, Bd. 4), Hamburg 1983.

할레의 수학 교수 크리스티안 볼프의 중국 지식은 라이프니츠의 박식함과 세계를 포괄하는 교신(交信)과 비교할 때 완성도가 떨어진다. 볼프의 원전은 오해의 여지 없이 분명하게 언급될 수 있다. 그의 1721년 연설에는 1711년에 프랑수아 노엘(François Noël)이 번역한 중국의 여섯 '고전'(『대학』, 『중용』, 『논어』, 『맹자』, 『효경』, 『소학』)이 사용되었고, 반면에 1726년 연설에 대한 주석은 필리프 쿠플레(Philippe Couplet, 노엘처럼 예수회 신부)에 의해 주도된 특제본 『중국인의 철학자, 공자』(*Confucius Sinarum Philosophus*, 1687)에 근거했다. 아주 다행스럽게도 볼프가 중국에 대해 어떤 것을 선택해 읽었는가를 알 수가 있다. 1743년에 쿠플레의 편집본과 노엘의 번역에 대한 언급이 있기 때문이다. "이것은 모든 진리가 근거하는 두 책이다. 이 두 책에 근거해 위대한 국가를 만들 수 있다"(Zedler, Bd. 37, Sp. 1627). 이 방대한 두 작품은 예수회가 중국의 정신세계에 대해 그린 중국의 모습을 아주 근본적이고 인상적인 방식으로 볼프에게 전달해주었다. 그래서 볼프는 (예수회의 견해에 따라) 공자의 사유에 대한 확고한 신뢰감을 얻었을뿐더러 이 중국적 사유를 자기의 기준에 따라 평가하고 자신의 비판과 더불어 다룰 수 있었다. 이런 측면에서 라이프니츠에 대한 볼프의 관계는 아직도 탐구되지 않았다. 사실 볼프가 행한 중국 연구의 기본 성향, 즉 예수회가 그린 중국 모습의 수용은 라이프니츠에게로 소급되어야 할지 모른다. 그러나 세세한 물음에서 볼프가 얼마만큼 직접적으로 라이프니츠의 영향을 받았는지는 아직까지 불분명하다. 더욱이 볼프가 〔라이프니츠의〕 『최신 중국 소식』을 읽었는지도 불분명하다.[5] 볼프의 연설 및 그 주석을 보면 이 책을 참조하지 않았음을 알 수 있다. 사실 학술 정치적 문제를 고려해서 이 책을 언급하지 않았을 가정을 배제할 수 없다. 볼프의 연설이 강한 자기의식과 대단한 솔직함을 띠고 있다고 할 때, 이 가정은 아주 개연적이지만은 않다.

---

5 (하겐G. F. Hagen 번역에서) 볼프는 자신의 라이프니츠 전기(1717)에서 출간연도를 언급하지 않은 채 다음과 같이만 말한다. "그〔라이프니츠〕는 선교사들의 편지에서 나온 중국 안에서의 기독교 상황에 관한 몇 가지 새로운 중국적 사실들에 대해 출판을 했다. ……." *Gesammelte kleine Schriften*, Bd. 4 = WW I, 21.4, [전반부], S. 482.

§6. 볼프와 자연과학자 노엘

처음으로 증명이 가능한 볼프와 중국에 대한 책의 만남은 볼프가 서평한 다음의 책이다. 『예수회 신부 노엘이 1684년부터 1708년까지 행한 중국과 인도의 수학 및 물리학에 대한 관찰』(*Observationes Mathematicae et Physicae in India et China factae à Patre Francisco Noël Societatis Jesu, ab anno 1684. usque ad annum 1708*, Prag 1710). 〔서평은〕 1711년 9월의 『학자 활동보고』(*Acta Eruditorum*), 383~90쪽에 실려 있다(이를 볼프의 서평이라고 보는 것은 다음에 있다. Ludovici, Bd. 2, S. 204, Nr. 142). 물론 이 서평에서는 기하학자, 수학자, 천문학자인 노엘[6]의 업적이 중요하게 다루어진다. 볼프는 노엘이 중국 28개 도시의 경도와 위도를 확립했고, 그 예로 마다가스카르나 자바와 같은 커다란 섬의 위치를 새로 규정했으며, (386~87쪽의 훌륭한 접이식 도표에 나타나 있는) 남쪽 별하늘을 관측하고 행성과 유성의 궤도를 관찰했다고 보고한다(『학자 활동보고』에 있는 볼프의 수많은 서평은 당시 보통 행해졌던 것처럼 비평이라기보다 내용 보고이다). 사실 노엘의 관찰들은 중국에서 행해졌다. 그러나 이 관찰은 중국에 대해 어떠한 해명도 제공하지 않는다. 이에 반해 중국의 달력과 도량형에 대한 보고는 중국의 상태에 관한 것이다. 그러나 이 보고는 중국 천문학에 대한 보고처럼 철학적 의미를 거의 갖고 있지 않다. 물론 중국의 천문학은 이미 4,000년 전부터 운영되어온 만큼 유럽의 천문학보다 더 많은 항성을 알고 있었다(387쪽).

볼프는 이 책(『예수회 신부 노엘이 (……) 관찰』)의 가치를 인정했다. 당시 젊은 수학 교수였던 볼프는 이 책을 자신이 읽고 서평을 했던 여러 수

---

6 노엘에 대해서는 이 책들을 보라. Pfister, Bd. 1, S. 414~19; Dehergne, S. 185f.

학적·자연과학적 저술 가운데 하나로 분류해놓았다. 볼프는 이 책을 『모든 수학의 요소』(*Anfangsgründen aller Mathematischen Wissenschaften*, [1]1710. 노엘은 물론 보다 나중의 판본에서 처음 등장한다. WW I, Bd. 15.2, S. 152, §249을 보라), 『보편적 수학 요소』(*Elementa Matheseos Universae*, Bd. 1: 1713. 노엘과 관련해서는 Bd 5; WW II, Bd. 33, S. 671의 목록을 보라), 『수학사전』(*Mathematische Lexicon*, 1716.=WW I, Bd. 11, vgl. das Register Sp. 1645)에서 인용했었다(*Deutsche Teleologie*=WW I, Bd. 7, S. 110f, §72 참조). 볼프가 서평을 쓴 노엘의 두 번째 책(『중화제국 6대 경전』)이 처음으로 그를 중국적 사유와 친숙하게 만들었다. 이 책은 1721년 볼프 연설의 토대가 된다.

§7. 볼프와 노엘의 중국 고전 번역

1721년 『학자 활동보고』 3월호 123~28쪽과 5월호 224~29쪽에는 노엘 신부의 『중화제국 6대 경전, 예수회 선교사 노엘에 의해 중국어에서 라틴어로 번역된 『대학』, 『중용』, 『논어』, 『맹자』, 『효경』, 『소학』』(*Sinensis imperii libri classici sex, nimirum Adultorum Schola, immutabile Medium, Liber Sententiarum, Memcius, Filialis Observantia, Parvulorum Schola, E Sinico idiomate in Latinum traducti a P. Francisco Noël, Societatis Jesu Missionario*〔이하 『중화제국 6대 경전』〕, Prag 1711)에 대한 볼프의 서평이 있다(볼프의 서평이라 보는 것은 다음을 참조. Ludovici, Bd. 2, S. 206f., Nr. 153, 159).[7] 이 여섯 고전은 다음과 같다. 1) Ta Hsio(『대학』, 위대한 학문, 독일의 중국학에서는

7 이미 1711년 『학자 활동보고』 6월호에 짤막한 이 책의 내용 소개가 발견된다(S. 284~86). 그러나 이 소개는 볼프가 하지 않았다.

대부분 Ta Hsio, 영어권에서는 Ta-hsüeh, 프랑스어권에서는 Ta hio로 번역),[8] 즉 가장 중요한 공자(기원전 551경~기원전 479) 학설의 체계적 요약은 공자 사후 약 두 세대가 지난 다음에 생겨났다. 2) Tschung Yung(『중용』, Chung-yung, Tschong yong, '척도와 중심' 또는 '변하지 않는 중심')은 〔『대학』〕보다좀 더 늦게 나왔으며, 마찬가지로 공자의 격언을 제자들이 모아 편집했다. 3) Lun Yü(『논어』, Louen yu, 공자의 대화)는 공자의 직계 제자들에게서 유래하는 공자 말씀의 모음집이며, 정통성을 확립하려는 노력으로 만들어졌다. 이 모음집은 당연하게 신뢰할 수 있는 공자 학설에 관한 최상의 원전이다. 4) Mencius(『맹자』, Meng-tse/Mong-tse의 라틴어 이름)는 공자의 가장 중요한 제자 중 한 사람인 맹자(孟子, 기원전 370경~기원전 290경)의 이름을 따서 불린다. 맹자와 그의 제자들이 저술한 작품이며, 유교를 형성하며, 다듬고 체계화했다.

이 네 작품은 11세기(宋代) 때부터 정당하게 유교 학설의 핵심으로 여겨졌다. 이들 작품은 '사서'(四書)라고 불리며, 유교 '고전'에서 나온 경전의 선집(選集)을 보여준다. 이 경전은 초기 한(漢)나라에서는 5개였고, 최종 형태에서는 13개였다.* 원래의 오경과 함께 —주희의 주석이 달린— '사서'〔『사서장구집주』四書章句集註〕는 약 1315년부터 1900년까지 중국 학제의 중심이었다. 중국의 학제는 교육을 정치적 영향과 결합했으

8 점점 더 많이 통용되는, 새로 통일된 중국어 표기(〔한어漢語〕 병음拼音)에 따르면 '육경'은 다음과 같다. 1) Daxue(『대학』), 2) Zhongyong(『중용』), 3) Lunyu(『논어』), 4) Mengzi(『맹자』), 5) Xiaojing(『효경』), 6) Xiaoxue(『소학』). —'Chu Hsi'(주희)는 'Zhu Xi'로 표기된다.

* 5개는 '오경', 즉 『시경』(詩經), 『서경』(書經, 또는 『상서』尙書), 『주역』(周易, 또는 『역경』易經), 『예기』(禮記), 『춘추』(春秋)를 말한다. '13'경은 오경과 『의례』(儀禮), 『논어』, 『맹자』, 『춘추좌씨전』(春秋左氏傳), 『춘추공양전』(春秋公羊傳), 『춘추곡량전』(春秋穀梁傳,), 『효경』, 『이아』(爾雅)를 말한다.

며, 주로 후속 세대의 관료 교육을 목표로 했다. 당시의 학교는 지금 우리가 알고 있는 학교와 달리 위계질서적으로 단계화된 시험체계가 매우 중요했다. 국가적으로 확립된 시험에서 —공자의 사당이 있는 '학교'에서 시행되었다— 관리 지망생들은 자신의 지식을 입증해야만 했다. 그들의 지식은 일련의 유교 경전과 연관되어 있으며, 그들은 이 지식을 사학(私學) 또는 개인 가정교사에게서 얻었다. (문필 시험으로 정해지는) 성적이 중심 역할을 해서 원칙적으로 관리 지망생의 나이나 출신은 주변적이었다. 일반적으로 선발은 매우 엄격했다. 고급 관리는 자기 자식들이 필요한 교육을 받도록 영향력과 충분한 돈을 사용했다. 엄격한 선발 때문에, 새로운 관리들이 매우 필요한 시대에도 관리 지망생 가운데 관리 자식들의 참여 비율은 대체로 응시자의 절반밖에 되지 않았다. 유교의 편에서 볼 때, 이런 점이 유교의 사회적 정착에 기여했다. 아마도 유교의 문헌들은, 성경이 기독교적 유럽에 주었던 것보다 더 강력하게, 중국의 문화와 정치에 영향을 끼쳤다(*Cambridge Encyclopedia*, S. 127~31, 318~20, 358~60 참조).

노엘의 번역은 두 책을 더 포함한다. 5) Hsiao King(『효경』, Hsiao-ching, Hiao king, 자식의 효에 대한 책). 이 책은 기원전 3세기의 공자학파에서 생겨났고 부모에 대한 자식의 효에서 모든 도덕을 도출해낸다(13경에 속한다). 6) Hsiao Hsio(『소학』, Hsiao-hsüeh, Siao hio, 청소년의 도덕에 대한 책으로 노엘의 번역이 분명하게 밝혔던 것처럼 실제로 책 제목은 『대학』과 짝을 이룬다). 이 책은 내용상 『효경』과 가깝다. 1150년에 주희가 보다 오래된 (기원전 1세기까지의) 원전들에로 종종 거슬러 올라가는 격언과 대화를 모아 편찬한 책이다. 『소학』은, 경전에는 속하지 못했지만, 대체로 의무적으로 읽어야 할 **책으로** 여겨졌다.

노엘이 번역한 (중국) 고전 중 현재 가장 많이 통용되고 가장 쉽게 구할 수 있는 번역본: 1) Legge, Bd. 1, S. 355~81: *The Great Learning*(위대한 배움=『대학』). —Wilhelm, *Li Gi*(『예기』), S. 21~29; *Da Hüo. Die große Wissenschaft*(위대한 학문=『대학』). 2) Legge, Bd. 1, S. 382~434: *The Doctrine of the Mean*(『중용』). —Wilhelm, *Li Gi*(『예기』), S. 3~20; *Dschung Yung. Maß und Mitte*(척도와 중심=『중용』) —Weber-Schäfer, S. 27~67. 3) Legge, Bd. 1, S. 137~354: *Confucian Analects*(공자의 어록=『논어』). —Wilhelm, *Lun yü*(『논어』)—Stange. 4) Legge, Bd. 2: *The Works of Mencius*(『맹자의 작품』) —Wilhelm, *Mong Dsi*(『맹자』).—나중에 언급된 두 책의 번역은 쉽게 구해지지 않는다. 5) James Legge, *The Sacred Books of China. The Texts of Confucianism*(『중국의 경전, 유교의 텍스트』). Part I: *The Shû king*(『서경』). *The Religious Portions of the Shih King*(『시경』의 종교적 부분). *The Hsiâo king*(『효경』, *The Sacred Books of the East*, ed. by Max Müller, vol. III). Oxford 1879, pp. 465~88[9] —*Hiau Ging. Das Buch der Ehrfurcht*(『공경의 책. 효경』). Aus dem Chinesischen... von Richard Wilhelm, hrsg. von Helmut Wilhelm(Die kleinen Bücher der Pappelinsel, Bd. 6), Peking 1940(이 책을 나는 가지고 있지 않다). 6) *La Siao Hio ou Morale de la Jeunesse. Avec le Commentaire de Tchen-Siuen*(『소학 또는 어린이의 도덕. 진선陳選의 주석과 함께』). Traduite du Chinois par Charles de Harlez(Annales du Musée Guimet, Tome 15), Paris 1889(노엘 이

---

9 이 시리즈에서 처음 두 책에 대한 제임스 레그의 번역이 출간되었다. James Legge, *The Sacred Books of China. The Texts of Confucianism*. Part IV: *The Lî Kî, XI-XLVI* (*The Sacred Books of the East*, ed. by Max Müller, vol. XXVIII), Oxford 1885, S. 411~24: Tâ Hsio or the Great Learning; S. 301~29: Kung Yung or the State of Equilibrium and Harmony.

래 유일한 번역).

여기서 (독역자의 해설과 더불어) 언급될 문헌으로는 다음의 것이 있다. 1)에 대해서는, Forke, Bd. 1, S. 160~63. —Fung, Bd. 1, S. 361~69, 415. 2)에 대해서는, Forke, Bd. 1, S. 163~69 —Fung, Bd. 1, S. 369~77, 411. 3)에 대해서는 Forke, Bd. 1, S. 117f., 124~39. —Fung, Bd. 1, S. 44ff., 414. 4)에 대해서는, Forke, Bd. 1, S. 190~216. —Fung, Bd. 1, S. 106~31, 414. 5)에 대해서는, Forke, Bd. 1, S. 153~57. —Fung, Bd. 1, S. 360f., 411. 6)에 대해서는, Grube, S. 343. —Zenker, Bd. 1, S. 244.

물론 노엘의 〔중국 고전〕 번역은 현대의 기준을 충족할 수 없을 것이다. 노엘은 원전의 발언들을 (물론 이 원전의 발언들은 원래의 것들을 —이것들이 존재했던 경우에 한해— 나중의 해석을 통해 확대한다) 문자적으로 취하지 않고 오히려 기독교적인 서양의 사유에 의해 각인된 방식으로, 그리고 서양의 사유가 이해할 수 있는 방식으로 아주 자유롭게 번역하기 때문이다. 물론 이 '번역' 방식에는 서서히 차이가 나타난다. 노엘은 쿠플레의 경우에서보다 여러 점에서 이질적인 텍스트를 그대로 놔두었다. 일례로 'tien'을 노엘이 정확하게 '하늘'로 옮겼다면, 쿠플레는 때때로 (예수회원들의) 해석에 따라 '신'으로 번역했다. 물론 노엘은 쿠플레와 구분해서 철저하게 주희의 판본을 〔번역의〕 기초로 삼았다. 이로써 그는 예수회원들에게 유포된 신유교의 위대한 원조(元祖, 〔즉 주희〕)에 대한 혐오와는 거리를 두었다. 그는 텍스트의 여러 개별적 단락에 대해 해설을 붙이거나 보완하는 것은 포기했다. 노엘의 판본은, 쿠플레의 판본과는 다르게, 예수회의 중국 선교 정책의 표현이 아니다. 그런 만큼 노엘의 번역은, 앞서 기술한 것처럼 윤색에도 불구하고 당시 유럽의 사유를 위한 (그때나 지금이나) 가장 중요한 유교의 작품들에 대한 뛰어난 소개였다. 볼프는 어쨌든 노엘의 번역본으로 최상의 사용 가능한 번역을 손에 넣었다.[10] (엄격한 중국학적 기준을 들이대지 않는다면) 그 번역은 볼프에게 유교 철학의 진정한 성격을 온전하게 전해주었다.[11]

이는 볼프의 〔노엘의 번역에 대한〕 서평 속 비평에서도 나타난다. 볼프는 윤리와 국가 운영에 대한 중국의 이질적 표현 방식을 대하고 논리적 규범을 따르지 않는다고(124쪽) 비판한다. 이와 관련해 볼프는 노엘의 해설적 견해를 언급하고, 여기(123쪽)에서 그것에 대해 찬성하는 서평을 했다. 볼프는 그사이 유교 학설의 내적 맥락에 대한 통찰을 얻기 위해 노력했다. 나중에 볼프는 자신과 노엘 사이의 차이를 증명하기 위해 연설에서 (서평의 표현과 같은!) 동일한 노엘의 인용문들을 사용한다(이하 49쪽과 주석을 보라).

볼프는 1712년의 서평에서 아직 그에게 중요하게 보이는 명제들을 논평하지 않고 그대로 재현하는 것으로 자신을 국한했다. 그 점에서 그는 대체적으로 노엘의 상세한 목차에 의지했다. 어쨌든 이미 여기서 볼프는 『논어』를 솔로몬의 잠언이나 시라크의 아들 예수(Jesus ben Sirach)의 집회서(集會書〔구약성경 외경外經의 한 책〕)에 비교할(127쪽) 정도로 〔『논어』에〕 매우 깊은 인상을 받았다. 서평은 네 번째 책(『맹자』) 이후에 정리 없이 중단된다. 당시 흥미를 가진 사람들은 서평을 상대적으로 믿을 만한 유교적 사유 방식에 대한 전거로 사용할 수 있었다. 볼프 자신의 사색은 이때부터 위대한 공자의 학설에 점점 더 몰두하게 된다.

---

10 Michaud, Bd. 30, S. 651a~652b; 651b~652a 참조.

11 물론 당시 사람들은 텍스트가 갖는 보다 더 큰 권위를 믿었다. 『대학』의 전반부는 원래 공자의 텍스트로서, 마찬가지로 후반부는 『효경』처럼 공자의 위대한 제자 Tseng-tse(증자, Tsang, Tseng Tzu, Tseng-tseu)의 저작물로 여겨졌다. 『중용』은 공자의 손자 Tse Sse(자사, Tzu Ssu, Tseu-seu)의 것이라고 간주된다.

§8. 공자

그러한 까닭에 여기서 오늘날의 공자상에 대한 조망이 필요하지만, 이는 여러 이유에서 쉽지 않다. 자료 상황 때문이기도 하고—확실히 공자 자신이 저술했을 텍스트는 남아 있지 않다— 또는 각각의 연구자들이 맹자와 주희 등 여러 해석가를 고려하면서 공자에 대한 관점의 강조점을 항상 달리했기 때문이다.

공자에 대한 문헌(독일어권 독자를 위한 작은 선집): Richard Wilhelm, *Kung-tse. Leben und Werk*(『공자. 삶과 작품』, Frommanns Klassiker der Philosophie, Bd. 25), Stuttgart 1925(중국의 〔마르틴〕 루터로서 공자를 다룬다). —Otto Franke, "Der geschichtliche Konfuzius"(「역사적 공자」), in *Zeitschrift der Deutschen Morgenländischen Gesellschaft* 79(1925), S. 163~91(독창적이지 않으며, 실패한 철학자로서 공자. 그의 인물상은 유교에 의해 비로소 형성되었다). —Zenker, Bd. 1, S. 126ff. —Forke, Bd. 1, S. 98ff. —Fung, Bd. 1, 43ff. —*Konfuzius*(『공자』), hrsg. von Lin Yutang(Fischer Bücherei, Bd. 154), Frankfurt am Main/Hamburg 1957(Originalausgabe 1938). —Herrlee Glessner Creel, *Confucius. The Man and the Myth*(『공자. 인간과 신화』), New York 1949(문헌목록과 함께. 공자를 서양 민주주의의 선구자로서 다룬다). —Pierre Dodinh, *Konfuzius in Selbstzeugnissen und Bilddokumenten*(『공자』, Rowohlts monographien, Bd. 42), Hamburg ^{2}1981(^{1}1960, 문헌목록이 달린 최고의 입문서이다). —Peter J. Opitz(Hrsg.), *Chinesisches Altertum und Konfuzianische Klassik. Politisches Denken in China von der Chou-Zeit bis zum Han-Reich*(『중국의 고대와 유교 경전. 주나라에서 한나라까지 중국의 정치적 사유』, List Hochschulreihe, Geschichte des politischen Denkens, Bd. 1504), München 1968. — Robert P. Kramers, *Konfuzius. Chinas entthronter Heiliger?*(『공자, 중국의 폐위된 성자?』, Schweizer Asiatische Studien, Studienheft 2.), Bern/Frankfurt am Main/Las Vegas 1979(공자 학설의 종교적 내용을 다룬다). — Tsung-tung Chang, "Chinesische Moralphilosophien, gestern und heute"(「중국의 도덕철학. 과거와 현재」), in *Schopenhauer-Jahrbuch* 60(1979), S. 83~106(중국은 예나 지금이나 유교를 필요로 한다).

논박을 당할 수도 있겠지만, 감히 다음과 같이 확언해도 좋을 것이다. 공자는 국가가 해체되고 도덕이 붕괴되는 시대에 살면서 인간의 사유 및 태도 변화와 더불어 중국의 쇄신을 목표로 일하기를 원했다. 그의 철학은 체계는 물론 어떤 이론적 논구도 제공하지 않고 오히려 실천적 삶에 대한 도움을 제공한다. 비록 공자가 일어나는 모든 일을 '하늘의 명령'으로 알았다고 할지라도, 그는 신 및 우상에 대한 어떤 발언도 멀리한다. 그러나 사람이 '하늘의 명령'을 따라야만 하는 것처럼 공자는 — 불가지론자의 입장에 국한에서 — 말하지 않고, 그 대신 모든 인간의 도덕적·정치적 태도를 겨냥한 경고를 했다. 공자의 학설은 가장 큰 도덕적 진지함으로 형성되어 있다.

개인의 삶과 국가에서 모든 사람의 공동적 삶을 쇄신할 수 있는 도덕적 가치는 물론 이상적으로 생각되었던 과거의 가치이다. 이 가치는 — 거의 2,000년 전쯤에 — 철인왕 요(堯)와 순(舜)이 단순하게 모범을 보여줌으로써 조화로운 사회적·정치적 질서를 새롭게 만들어냈을 때의 그것이다. 그리고 조화로운 사회적·정치적 질서에 따른 신분사회는 윤리적 책임을 져야만 했고, 그렇게 할 수 있었다. 우리는 이 생각들을 〔기원전〕 6세기의 귀족(특히 공자의 출신인 소귀족)이 처한 배경을 보면 철저하게 이해할 수 있다. 왜냐하면—귀족 역할을 보증해주는—황제의 실제적 권력이 사라졌을 때, 수많은 제후가 전통적으로 내려오는 귀족의 영향력을 차지했기 때문이다. 그래서 이는 이미 〔귀족의〕 일반적 몰락의 신호로 이해되었다. 귀족이 자기의 역할을 정당화했던 가치들은 (유럽의 개념으로 표현한다면) 기사도의 가치일 뿐만 아니라 그와 더불어 사제직과 하나가 되는 가치도 포함했기 때문이다. 그러나 〔중국에서〕 고유한 사제 신분은 존재하지 않았다. 따라서 공자가 '군자'(君子)가 어떻게 살아야 하는지에 대해 가르쳤을 때, 우리는 '귀족들'을 생각할 수밖에 없다. '고상한 현자(賢者)'라고 하는 이상은 귀족적으로 각인된 것이다.

그렇지만 공자의 학설은 귀족의 가치를 올바로 이해하고 새롭게 하려는 요구를 훨씬 더 넘어선다. 공자의 학설은 모든 인간에게로 향한다. 그 점에서 물론 신분적 차이는 항상 전제되어 있다. 이를 감안할 때, 공자가 요구한 기본 도덕(인仁)은 '인간성' 또는 '이웃 사랑'으로 번역될 수 있다. 인은 공자에게 모든 개별적 덕의 원천이다. 이 덕을 향해 (이는 거의 도달할 수 없는 이상이다) 노력하는 사람은 누구나 '군자의 길'을 걷는 것이며, 거기다가 영원한 ('하늘의') 세계질서와 조화를 이루는 데 기여하는 것이다. 따라서 신 또는 우상에 대한 침묵에도 불구하고 공자의 윤리에 우리는 초월적인, 확실히 종교적인 관계를 부여할 수 있다. 다른 한편으로 이 '인간성'은 (묵가墨家나 예수 그리스도에게서처럼) 악을 선으로 갚는 보편적 인간애로서가 아니라 도움과 희생을 통한 이웃 봉사로 이해될 때 공자 사유의 특징을 드러낸다. 이 인간성은 인간관계의 조직 안에서 '올바른 척도'로, 예컨대 (부모에 대한 자식의) 효, (주군과 신하 사이의 상호적인) 충 또는 (형제간 또는 부부간의) 서로 주고받음 등으로 발휘된다.

따라서 유덕한 올바른 삶에는 '이름을 올바르게 하는 것'〔정명正名〕이 속한다. 어쨌든 이 발언은 볼프가 수용하지 못했던 고전적 발언 중 하나이다. 아마도 볼프는 이 발언에 대해 공자에 동의했을 수 있다(이 책, 「볼프의 주석」, 89를 비교하라). 왜냐하면 예를 들어 아버지 또는 친구의 이름이 뜻하는 바를 아는 사람은 〔자신이〕 아버지 또는 친구로서 어떤 태도를 취해야 하는지 알기 때문이다. 그리고 자신을 지배하는 것〔극기克己〕을 배운다면, 그는 이 지식을 행동으로 옮길 수 있다. (지적인 교육은 이 관계에서 윤리적 실천을 위한 최상의 전제이다.) '이름이 올바르게 세워졌을' 때, 사람의 말과 행위가 일치하게 된다. 이렇게 해서 그 사람은 (다른 아버지들과 친구들에게 뿐만 아니라) 스스로에게도 모범이 된다.

이와 같은 인간 삶에 대한 통찰은 점점 더 커지는 극기를 위한 (이와 연관해 점점 더 커지는 공평무사한 마음, 지혜, 올바름과 정직함을 위한) 평생에 걸친 지속적인 자기 교육에서 얻어진다. 이 통찰은 세상을 등지는 금욕에 빠지지 않고, 모든 일에서 깨끗하게 정화되고, 세계에 현명하게 적응하는 '정도(正道)와 중심(中心)'의 태도로 귀결된다. 공자 자신이 이 통찰을 먼저 실천하며 살았다. 이로써 공자 자신이 모범으로 작용했다. 그는 성인(聖人)처럼 존경을 받는 백성의 '스승'으로서 뿐만 아니라 높은 자리에 있는 사람들을 위한(유교는 국가를 지탱하는 중국 교육 엘리트의 윤리가 되었다), 더욱이 황제를 위한 모범으로서 작용했다. 유교주의자로서 황제는 외적 강제가 아니라 모범적·윤리적 태도로 국가와 백성을 조화롭게 만들어 안정시키고자 희망했을 수 있다. 왜냐하면 국가의 목적은 인간 상호 간 그리고 개인과 사회 간 이해관계의 균형을 잡을 때 생겨나는 조화에 있기 때문이다.

따라서 공자가 도덕의 쇄신을 말할 때, 귀족적으로 각인된 옛 제례(일례로 조상 제사)와 관례의 폐지를 주장하지 않고 오히려 (인문적 교육의) '쇄신자로서보다는 전승자로서' 등장한 것은 놀랄 일이 아니다. 제례(와 음악)의 의식적 보호는 윤리적 내용을 촉진하는 외적 형식을 제공해주었을 것이다. 거꾸로 옛날 제례의 내용을 의식하는 것은 제례의 외적 실행에 생명력을 불어넣었을 것이다. 왜냐하면 공자는 그의 '보수적 유토피아'(Do-Dinh)의 목적인 '인간애'를 모든 제례의 내용으로 이해했기 때문이다.

물론 1700년경에 공자 학설의 역사적 관점은 아직 논구되지 못했다. 예컨대 몰락해가는 귀족들의 가치와 관계가 있는 공자의 윤리를 노엘과 당대의 사람들〔유럽인〕은 알지 못했다. 동시에 노엘이 기초로 삼은 높은 학식에 기반을 둔 주석이 달린 판본으로 인해, 노엘의 모든 비판에도 불구하고 공자 학설은 원래 보다 더 사려 깊고 더 합리적으로 나타났다. 노엘의 번역은 이 판본을 넘어 공자의 학설을 유럽적 사유가 받아들일 수 있게 하는 데에 이바지했다. 이와 관련해 볼프와 〔유럽의〕 당대인들이 적절하고도 신뢰할 수 있는 방식으로 공자의 학설을 이성적 윤리로 파악하려 했다는 점은 분명하다. 이성적 윤리의 가치는 내적 일관성뿐만 아니라 실천성에도 있다. 다시 말해, 그 가치는 개인이나 사회를 위한 복된 결과를 가져오는 데 있다.

§9. 1721년까지의 볼프와 중국: 보편적 실천철학

1718년 볼프는 『강의 계획』(*Ratio praelectionum*=WW II, Bd. 36, S. 198f., §22, 23, 24, [첫 구절]. 이 판본은 유감스럽게도 1735년의 변화를 기입해두지 않았다)에서 자신의 『보편적 실천철학』(*Philosophia practica universalis*)의 이론과 중국의 학설 사이의 일치를 강조했다. 노엘의 번역에 따르면, 공자는 지성은 사물의 근거를 탐구해서 선과 악의 정확한 개념을 해명할 수 있어야 한다고 가르쳤다. 이는 공자 실천철학의 핵심 개념이기도 하다. 그리고 이 지성의 실행에 기초해서 의지는 선을 사랑하고 악을 미워하는 것으로 확립될 수 있다고 한다. 모든 행위가 지향해야 하는 목적은 완전성, 즉 그〔행위자〕 자신의 완전성과 타인의 완전성이며 최상의 완전성은 모든 행위에서 최종의 (도달할 수 없는) 목적이라고 한다. 이와 관련하여 볼프는 자신의 견해에 따라 본 공자의 '명석한' 사유와 자신이 〔도덕에 대해〕 얻어낸 '명료한' 설명 및 도덕적 진리들의 결합을 명백하게 구분했다. 그럼에도 이 〔공자의〕 주장은 거의 볼프의 말처럼 들리기 때문에 노엘의 인용구를 우선 확실하게 실제 글자 그대로 다루어야 한다 ([unpag.] 시놉시스 6쪽 및 10쪽 이하; 볼프는 자신이 1712년에 쓴 서평 124쪽도 끌어들이는 것처럼 보인다).

그리고 공자와 권위 있는 유교를 생각한다고 할지라도, 그 주장은 근본적인 텍스트(『대학』)의 발언들과 매우 가깝다. 다음의 사례와 비교해보라. 최근의 〔『대학』의〕 두 번역문에 들어 있는 첫 문장은 이렇다. "위대한 학문의 길은 맑은 정신의 힘을 맑게 하고, 인간을 사랑하고, 스스로 최상의 선을 목적으로 설정하는 것에 있다"(Wilhelm, *Li Gi*, S. 21). "『대학』이 가르치는 것은—빛나는 덕을 빛나게 하고, 백성을 새롭게 하고, 최상의 선에 머무는 것이다"(Legge, Bd. 1, S. 356). 비교는 많은 것을 가르쳐준다. '사랑하다'와 '새롭게 하다'의 차이는 단지 중국 텍스트를 다르게 읽을 수 있음을 보여준다. 다른 차이들은 텍스트가 상이하게 번역될 수 있음을 증명해준다. 또한 볼프가 노엘에게서 수용한 완전성의 개념은 전적으로 논쟁의 여지가 있는 번역임을 보여준다(이 책, 「볼프의 주석」, 85 이하 참조). 그러나 더 중요한 것은, 번역과 마찬가지로 『대학』에서 '숙고' 및 '인식' 또는 '사유의 실현'(Wilhelm, *Li Gi*, S. 21f.)이 (군자와 소인 및 선과 악을 날카롭게 구분하는) 도덕적 판단과 ('수신', '제가'와 '치국'이라고 하는) 윤리적 태도의 기초라는 점이다. 리하르트 빌헬름(Richard

Wilhelm)은 이렇게 주석한다. "따라서 우리가 사상에 …… 진리의 힘을 주려면 〔우리는〕 인간이 도달할 수 있는 곳에 도달할 때까지 멈추지 않고 힘차며 수미일관하게 이 인식 활동을 고수해야 한다. 이 진리의 힘에 의해 사상은 영혼의 삶에 결정적 방향을 제시해줄 수가 있다. 이 방향은 다시 현실에 대한 영향으로 귀결된다"(ebd., S. 368; S. 369 참조: "주희는 이렇게 이론적으로 배운 것 모두를 올바른 도덕적 결정의 기초로 삼고자 했다").

그런데 볼프가 주장한 〔공자 학설과〕 볼프 자신의 사유 간 일치와 관련해서 볼 때, 이 일치는 1720년의 『독일어 윤리학』(*Deutsche Ethik*)으로부터 ―주변적 언급에서가 아니라 주도적 사상으로부터 또다시― 아주 쉽게 완전히 증명될 수 있다. 책의 제1부는 볼프의 『보편적 실천철학』을 포함한다. (이 『보편적 실천철학』은 윤리학과 경제학, 정치학의 토대이며, 여기서 자연권은 보편적 실천이론과 이 세 개별적 분과 학문의 실천을 매개하는 일종의 중재자이다.)

볼프의 실천철학과 윤리학에 대한 최신 문헌목록: Wundt, S. 171～74, 195～99.―Manfred Riedel, "'Emendation' der praktischen Philosophie. Metaphysik als Theorie der Praxis bei Leibniz und Wolff"(「라이프니츠와 볼프의 실천이론으로서 실천철학의 '교정'」, 1967), in ders., *Metaphysik und Metapolitik. Studien zu Aristoteles und zur politischen Sprache der neuzeitlichen Philosophie*(『형이상학과 메타정치학. 아리스토텔레스와 근대철학의 정치 언어에 대한 연구』), Frankfurt am Main 1975, S. 218～36.―Winfried Lenders, *Nachwort*(zur *Ethica*〔『[에티카] 후기』〕, Bd. 5＝WW II, Bd. 16).―Hans Werner Arndt, *Einleitung*(zur *Deutschen Ethik*〔『[독일어 윤리학] 입문』〕＝WW I, Bd. 4).―Winfried Lenders, *Nachwort*(zur *Philosophia practica universalis*〔『[보편적 실천철학] 후기』〕, Bd. 2＝WW II, Bd.

11).—Hans Poser, *Die Bedeutung der Ethik Christian Wolffs für Theorie und Praxis im 17. und 18 Jahrhundert. Akten des III, Internationalen Leibnizkongresses*(『17세기와 18세기의 이론과 실천에 대한 크리스티안 볼프의 윤리학의 의미』), *Hannover 12. bis 17. November 1977*, Bd. 1(Studia Leibnitiana Supplementa, 19), Wiesbaden 1980, S. 206~17.—Anton Bissinger, "Zur metaphysischen Begründung der Wolffschen Ethik"(「볼프 윤리학의 형이상학 정초를 위하여」), in *Wolff-Interpretationen*, S. 148~60.

볼프의 실천철학은 주지주의적이다. 다시 말해, 〔볼프의 실천철학에서〕 올바른 행위는 이성적으로 설명될 수 없는 의지의 결단이 아니라 이성적 통찰에 기초한다. 이성적 통찰은 선과 악이 무엇인지 인식하며 그에 따라 행위에 동기를 제공한다. (그래서 실천철학의 중심 개념, 즉 완전성은 형이상학에서 취해질 수 있다. 왜냐하면 양심은 더는 물을 수 없는 최종 심급이 아니라 이성적 통찰의 적용이기 때문이다. 그렇기에 원래 악은 우둔함에서 발생한다). 『독일어 윤리학』(*Deutsche Ethik*=WW I, Bd. 4, S. 18, §23)은 이렇게 정식화한다. "이제 사물의 맥락에 대한 통찰이 이성인 까닭에, 우리는 선과 악을 이성에 의해 인식한다. 이에 따라 이성은 무엇을 하고 무엇을 그만두어야 하는지 우리에게 가르쳐준다. ……." 이에 반해 '무지' 그리고 '선과 악의 오류'는 "무질서한 삶과 올바르지 않은 품행이 생겨나는" 원인이다(ebd., S. 17, §21).

따라서 제6절과 제7절에서(ebd., S. 7f.) '인식'과 '명료하게 파악함'이라는 개념이 볼프의 주지주의를 특징짓는다. "§6. 선의 인식은 의지를 움직이게 하는 동인이다. 객관적으로 선한 인간의 자유로운 행위를 명료하게 파악하는 사람은 그 행위가 선한 것임을 인식한다. 따라서 우리가 그런 행위에서 지각하는 선은 우리가 그 행위를 하기 원하게 하는 동인이다." "§7. 동일한 형태로 악의 인식은 어떤 사물을 혐오하게 하거나 원하지 않게 하는 동인이다. 객관적으로 악한 인간의 자유로운 행위를 명료하게 파악하는 사람은 그 행위가 악한 것임을 인식한다. 따라서 우리가 그런 행위에서 지각하는 악은 우리가 그 행위를 하기 원하게 하는 동인이다."

이 점을 넘어 위의 문장들은 볼프와 '중국인들' 사이의 진정한 공통성의 기본 전제를 분명하게 한다. 객관적('vor und an sich')으로 선과 악은 그 결과에 접해서 (따라서 순수하게 사실에 국한해서) 인간 이성 그 자체에 의해 인식될 수 있기에 인간 이성은 이 인식을 위해 기독교적 계시, 즉 어떤 종교도 필요로 하지 않는다. "…… 이성은 자연법칙의 스승이다"(ebd., S. 18, §23). 따라서 무신론자도 올바른 실천적 통찰과 그에 상응하는 행위를 해야만 하고, 그렇게 할 수 있다!(ebd., S. 17, §21f.) 볼프는 여기서 후기 스콜라 철학에서 유래하는 널리 퍼진 논증을 사용한다(이 책, 「볼프의 주석」, 54에 대한 주를 보라). "하나님이 없다고 가정해본다면 ……, 그럼에도 인간의 자유로운 행위는 선 또는 악으로 남아 있을 것이다"(ebd., S. 7, §5). "자연의 법칙은 하나님이 없다고 할지라도 …… 발생하게 될 것이다"(ebd., S. 16f., §20). 물론 이는 불가능한 가정이다. 이 가정은 무엇보다 무신론적 입장에 의한 악한 행위의 어떠한 정당화도 반대하기 때문이다. 그러나 그 가정은 실천철학을 근본적 단초에서 (예를 들어 신의 은총의 작용에 의한) 신학적 근거로부터 해방시키고 종교를 가졌든지 갖지 않았든지 간에 행위의 영역에서 인간 이성에 근거한 자율성(볼프가 이 자율성이라는 말을 아직도 법학에서 실천철학 쪽으로 끌어오지 않았다고 할지라도)을 인간에게 부여한다. "…… 인간은 자신의 이성을 매개로 해서 자기 자신에게 법칙이 된다"(ebd., S. 18f., §24; *Philosophia practica universalis*, Bd. 1 = WW II, Bd. 10, S. 212, §268 참조).

이는 행위의 물음에서 종교가 중요하다는 것을 의미한다. 그러나 그것은 단순하게 이차적 의미를 지닐 뿐이다. 볼프가 중국인의 실천철학과 그 자신의 철학 사이의 공통점들을 확언할 때, 종교적 차이는 볼프에게 전혀 방해의 이유가 되지 않는다. 이들 공통점은 완전성의 개념, 즉 볼프 실천철학의 척도가 되는 (형이상학적으로 근거 지워진) 주도 개념에도 해당한다. "§3. 우리의 내적 상태와 외적 상태를 완전하게 만드는 것, 그것은 선이다. 이에 반해 〔우리의 내적·외적〕 두 상태를 불완전하게 만드는 것, 그것은 악이다"(ebd., S. 6). 개인적 자기완성은 『대학』과 마찬가지로 시작에서부터 단순하게 이루어지지 않는다. 왜냐하면 "자유로운 행위의 보편적 규칙"이 다음과 같기 때문이다. "너와 너 또는 다른 사람의 상태를 보다 완전하게 하는 것을 행하라. 그 상태를 불완전하게 하는 것을 중단하라"(ebd., S. 11f., §12). 그리고 『대학』이 원칙상 도달 불가능한 이상적 목적을 향해 쉬지 않고 나아가라는 요구를 담고 있다고 이해되듯이, 볼프도 그렇게 생각한다. 완전성의 소유는 단지 신에게만 있다. "따라서 한 인간이 …… 이와 같은 것〔완전성〕에 도달하기란 불가능하다. 이에 따라 특별한 완전성에서 또 다른 완전성으로 발전해나가는 것과 불완전성을 점점 더 많이 회피하는 것 이상을 그는 얻을 수 없다. 이것이 그가 도달할 수 있는 최상의 선이다"(ebd., 31f., §44).

여기서 〔볼프의 실천철학과 중국 실천철학 사이의〕 공통점들을 볼프의 실천철학이 (노엘의 번역 속) 공자에게 영향을 받았다는 데까지 소급해서 찾아야만 하는 것은 아닌지라는 물음이 제기된다. 실제로 1703년의 『보편적 실천철학』(in WW II, Bd. 35, Sect. II, Num. I, S. 189~223)과 1720년의 『독일어 윤리학』 사이의 차이는 적지 않다. 아무튼 볼프 스스로 자신의 —『보편적 실천철학』의 이론을 위해 방법적으로 개척한— 청년기 작품의 결함과 나중의 입장 변화를 해명할 때도 그는 중국인들에 대해 아무 말도 하지 않는다(*Ratio praelectionum*=WW II, Bd. 36, S. 192ff.; 그리고 이 책, 「볼프의 주석」, 130을 비교하라). 이제까지의 연구 수준에 따르면, 빈프리트 렌더스(Winfried Lenders)의 솔로몬과 같은 정식화, 즉 공자는 어쨌든 볼프의 '주요 원전'으로 볼 수 없다는 정식화를 결코 반박할 수 없을 것이다(WW II, Bd. 16, *Nachwort*, S. XVII). 물론 실천철학의 근본 물음들에서 공자와 일치한다고 하는 의식이 볼프의 견해를 강화했을 수도 있다. 이 〔볼프와 공자 사이〕 이론의 공통점뿐만 아니라 그 〔공자의〕 이론—볼프가 그렇게 보았음에 틀림없다—이 중국에서 최고로 성공적인 방식에 의해 실천으로 옮겨졌고, 따라서 그 이론이 진리 내용뿐만 아니라 그와 같은 실천철학의 적용 가능성을 확실하게 했다는 점도 볼프의 견해를 강화하는 데 한몫했을 수 있다. 따라서 볼프는 실천이론을 실제적으로 〔실천에〕 옮길 수 있다는 것을 자기 이론의 진정한 장점으로 여겼다. 그는 『상세한 소식』(*Ausführliche Nachricht*=WW I, Bd. 9, S. 388, §135)에서 다음처럼 설명했다. "…… 나는 이론이 실천과 항상 결합되어야 할 정도로 도덕을 논구했다." 이 관점은 『강의 계획』에서 유감스럽게도 완수되지 못하고 짤막하게만 언급되었다. 볼프는 자신이 ('학설'에서뿐만 아니라) '실천'에서도 중국인들과 일치한다고 주장한다.

1720년 7월 12일, 볼프는 짤막한 〔할레 대학〕 부총장 취임 연설에서 윤리적으로 더 나은 중국 국가론(disciplina civilis)의 영향을 강조했다. 공자에 따르면, 중국은 정직함과 정의, 지혜와 관련한 올바른 통찰에 의해 모든 다른 나라와 구분된다(이 책, 「볼프의 주석」, 209와 374쪽을 보라). 그리고 볼프는 —1721년 4월 18일에 서명을 한— 『독일어 정치학』(*Deutsche Politik*=WW I, Bd. 5, S. 10f. [unpag.]) 초판 「머리말」에서 '중국인들은' '통치술'에서 모든 다른 민족을 능가한다고 설명했다. "그들의 원리들을 나의 근거들에서 입증할 수 있어서 나는 매우 기분이 좋다. 아마도 나는 중국인들의 도덕이론과 국가이론을 한 학문 형식으로 만들 수 있는 기회를 언젠가 가질 것이고, 그때 〔중국인들의 이론과〕 나의 이론과의 조화가 명료하게 드러날 것이다."

〔『독일어 정치학』으로부터〕 3개월도 지나지 않아 부총장 이임식에서 볼프가 행한 연설은 앞서 언급한 조심스러운 약속의 이행을 〔그가〕 생각했던 것은 분명 아니다. 『독일어 정치학』에서는 어쨌든 유교의 국가이론에 대한 논의는 발견되지 않는다. 태아 때부터 나중의 건강과 교육을 위한 기초를 놓는다고 하는 중국인의 시책에 대한 한 가지 언급만 있다(WW I, Bd. 5, S. 354, §379;[12] Noël, S. 488 참조). 이 점과 관련해 연설은 『독일어 정치학』의 예고를 사실로 만든다. 연설에서 볼프는 얼핏 볼 때 우스워 보이는 이 〔중국의〕 '제도'가 가진 '근거'(다시 말해, 태아와 엄마 사이의 밀접한 결합)를 논의하게 되고 그것을 '최상의 이성적인 것'으로 입증하기 때문이다.

§10. 1721년의 부총장 퇴임 연설

1721년 7월 12일, 볼프가 맡았던 할레 프리드리히 대학 부총장직의 임기가 끝났다. 볼프는 이날 부총장직을 후임자에게 넘겨주면서 통상적인 축하 연설을 위한 주제로 '중국인의 실천철학'을 선택했다. 그가 — 자신의 강의와 달리 — 라틴어로 강연한 이 연설의 사고 과정은, 요약하

12 중국에 대한 그 밖의 지시사항(나는 이에 대해 발터 고제Walther Gose에게 감사한다): S. 385, §391(=Noël, S. 100); S. 478, §446; S. 560, §479(=Noël, S. 213); S. 599f., §495; S. 602, §496(모두 이미 제1판에 있다); S. 88, §113(ab 21725).

자면 아래와 같다.[13]

볼프는 연설 도입부에서 청중을 깜짝 놀라게 해 사로잡을 셈으로 이렇게 설명을 했다. 공자는 중국적 지혜의 창시자[14]가 아니었다. 더 정확하게 말해 이미 고대〔고대 중국〕에는 중요한 철학자들이 있었다. 그들은 동시에 왕이었고 백성이 따라 할 수 있게 모범을 보여 행복한 나라를 통치했다. 중국이 멸망할 위기에 처하자, 신적 섭리에 의해 중국에 공자가 보내졌다. 공자는 단지 교사로서의 성공적 활동에 의해서만 중국을 다시 회복할 수 있었다. 그래서 그는 유대인들에게 모세와 같은 존재로, 터키인들에게 무함마드와 같은 존재로, 기독교인들에게 그리스도와 같은 존재로 중국인들에게 여겨졌다. 물론 공자가 교사 또는 예언자라고 하는 점에서 그렇다. 공자는 고대 철인왕에 대한 기록에서 자신의 이론을 만들었고 그들의 철학을 새롭게 했다. 따라서 왜 〔볼프의 부총장 퇴임 연설〕 **주제**가 공자의 실천철학이 아니라 중국인의 철학에 대한 연설인지가 분명해진다.

볼프는 청중의 호의를 이끌어내는 말을 한 다음, 공자의 철학을 판단하기 위한 시금석이 세워졌다는 말로 연설의 **주요 부분**을 시작한다. 이와 관련해 공자의 철학이 인간 정신의 본성과 일치하는가라는 물음이 제기된다. 대답은 아주 단순하다. 중국인들이 스스로 이 시금석을 그들 자신의 사유에 적용해 그 요구〔시금석의 요구〕를 만족시켰다는 것은 확실

---

13 당시 연설 내용의 복사본은 하르트만(Hartmann)에게서 발견된다. = WW III, Bd. 4, S. 668~75.

14 볼프는 여기서 공자가 자기 이론의 원저자가 아니라고(이 책, 「볼프의 주석」, 5를 보라) 한 유명한 발언을 역사적으로만 설명하려고 시도했다. 이 점에서 볼프는 공자가 항상 되풀이해서 고대 황제인 요와 순을 내세우는 점에 의지했다. 다음과 비교. Otto Franke(Literatur zu §8), S. 174f.

하다.—'자연의 힘'(즉 인간 정신의 본성)이 본래 〔볼프〕 연설의 주도 개념이다. 덕에는 구체적으로 말해 세 등급이 있다. 덕은 단순하게 자연의 힘에 기인할 수 있다. 아니면 덕은 (이성의 도움을 받아 신의 속성과 계시의 지배를 인식하는) 자연종교에 원인을 두거나, 궁극적으로 계시의 진리에 원인을 둘 수 있다. 중국인들은 계시를 알지 못했다. 그들은 한 번도 자연종교를 갖지 않았다. 따라서 그들에게는 덕의 가장 낮은 등급만 남아 있다.

그러나 바로 이러한 이유로 우리는 중국을 일종의 실험장으로 관찰할 수 있다.—누가 실험을 통해 확증된 것을 의심하겠는가? 이 실험장은 자연의 힘이 무엇을 행할 수 있으며, 그 힘에서 발달된 덕이 어떻게 보이는가를 분명하게 보여준다. 덕에 대한 중국적 입장은 중국인들이 오직 영혼의 '완전성'을 강화하고 형성하려 신경을 썼다는 점에서 그 고유성이 드러난다. 그래서 그들은 될 수 있는 한 백성이 악덕을 모르게끔 신경을 써서 이 완전성에 대립하는 악덕을 없앴다. 따라서 —중국인들은 바로 악덕에 대한 투쟁으로 덕을 세운 게 아니었다— 이는 수많은 기독교 신학자의 주장과 반대된다. 다시 말해, '자연의 힘'은 선과 악을 구분하는 능력이다. 그때그때 행위의 결과에 대한 통찰은 선과 악의 구분을 넘어 어떤 것을 하고 어떤 것을 하지 말아야 하는 자극을 선과 악에 대한 객관적 인식과 연결한다. 그러므로 중국에 잘 알려진 덕은 훌륭한 (볼프적) 근거들에 기인한다.

서로 간에 연결되는 역사적 **증거** 셋이 있다. 첫 번째 증거는 중국의 교육 시스템이다. 〔처벌에 대한〕 두려움 또는 〔보상에 대한〕 희망에 의해 생겨난 덕과 이성에 의해 자유롭게 결정된 덕은 근본적으로 다르다는 인식이 중국의 교육 시스템 속에서 빛나는 방식으로 실천에 옮겨졌다. 이와 함께 중국에서는 덕이 가장 성공적으로 장려되었다. 구체적으로 말해, 두 학교 유형이 존재했다. 어린이의 학교〔소학〕에서 어린이들은 두려움으로, 예컨대 부모나 노인과 연장자에 대한 경외심으로 학생들의 발전 단계에 걸맞은 훌륭한 예의범절을 익히게 된다. 어른의 학교〔대학〕는 이에 반해 사물의 근거를 탐구하고 극기에 기초한 자립적인 덕을 알려준다. 중국에 수없이 많은 이 학제는 국가질서에 매우 유용했다. 이 학제의 목적이 어디에 있는가는 황제의 자식들도 소학을 다녔고, 반면에 일반 백성 출신의 지식인들과 구분되는, 항상 주인을 섬기거나 주인을 필요로 하는 하인들은 대학을 다니는 게 허용되지 않았다는 사례에서 드러난다.

두 번째 역사적 증거는 (『강의 계획』과 관련해 말할 수 있는 것처럼) 『대학』(*Ta Hsio*)에 나오는, 덕에 이르는 교육 단계의 다음과 같은 요약이다. 즉 이성을 완전하게 하는 것은 도덕적 통찰과 그에 따른 유덕한 행위를 하기 위한 전제이다. 이 유덕한 행위는 이성의 측면에서 항상 지속적으로 완전하게 되어야만 한다. 이 발언의 근저에 보다 심오한 지혜가 있다는 것을 노엘은 부인했었다. 물론 볼프에게는 자신의 사유로부터 〔노엘과〕 반대되는 것을 입증하는 일이 그렇게 어렵지 않았다. 사실 중국인들은 실천철학의 영역과 관련해 명료한 인식이 없었다. 그러나 그들의 말과 행동에는 정확하게 볼프가 '자연권의 핵심 개념'이라 특징지은 것이 기초로 놓여 있다. 이 둘〔볼프 철학과 중국철학〕이 연결됨으로써, 첫째, 볼프 철학이 중국철학의 숨겨진 합리성을 중국인들의 근거로 해명할 수 있다는 점이 입증되었다. 둘째, —수많은 기독교 신학자가 반대함에도— 중국인이 가진 덕은 (가장 낮은 단계의 덕이기는 하지만) 진정하고도 공정한 덕이라는 점이 입증되었다.

이와 아주 비슷하게 세 번째 역사적 증거가 생겨난다. 볼프는 임산부에게 음악과 이야기를 해주어 덕스러운 생각을 전달해주는 중국의 관습을 다룬다. 이 중국의 관습은 불필요한 듯 보인다. 그러나 볼프가 지지하는 근대 자연과학은 엄마와 태아 사이에는 육체와 정신의 내적 연결이 존재함을 가르쳐준다. 따라서 고대 중국의 관습은 확실한 근거가 있다. 이 관습은 이성적 태교를 덕으로 실현해준다. —연설자[볼프]는 이 사례와 함께 또 한 번 청중의 관심을 붙잡아놓은 다음에 자신과 중국인들의 지혜의 원리가 철저하게 일치한다는 확언으로 연설을 끝맺는다. 교대로 선출되는 후임자가 엄숙한 형식으로 그의 직을 맡기 전에, 볼프는 연설에서 부총장 직무 기간을 되돌아본다.

중국인의 연설에 대한 문헌: (다음의 문헌목록은 볼프에 대한 전기적·신학적 또는 도덕철학적 지향의 논문 대부분에서 취급되거나 언급되었다.) Mariano Campo, *Christiano Wolff e il razionalismo precritico*(『크리스티안 볼프와 전비판적 합리주의』), Tomo secondo(Pubblicazioni dell' Università cattolica del. S. Cuore, Serie prima, vol. 30), Milano 1939 = WW III, Bd. 9, S. 516~46(자연주의와 정교분리사상이라는 비판에 맞서 토마스 아퀴나스와 이후의 새로운 가톨릭 조직신학자들을 증거로 삼은, 볼프의 연설에 대한 가톨릭의 흥미로운 옹호). —Donald F. Lach, "The Sinophilism of Christian Wolff(1679~1754)"(「크리스티안 볼프의 중국 사랑(1679~1754)」), in *Journal of the History of Ideas* 14(1953), S. 561~74(철학적 사실문제들을 완전히 해결하지 못했지만 대단히 풍부한 지식과 자신 있는 개관. 세부적 사항에서 몇 가지 오류가 있음). —John Ho, "Quellenuntersuchung zur Chinakenntnis bei Leibniz und Wolff"(「라이프니츠와 볼프의 중국 지식에 대한 원전 연구」), 박사학위논문, Zürich/Hongkong 1962(원전에 대해 전혀 알지 못하며, 그 밖에 모든 것이 뒤죽박죽이다). —Artur Zempliner, "Die chinesische Philosophie und J. Ch. Wolff"(「중국철학과 크리스티안 볼프」), in *Deutsche Zeitschrift für Philosophie* 10(1962), S. 758~78(겉핥기식이고

첸플리너가 몰랐던 라흐Lach의 논문에 의해 낡은 것이 되었다. 볼프의 국가이론에 대한 몇 가지 중요한 언급이 있음).

"아주 장황하고 극히 지루한 덕에 대한 설교는 실제로 새로운 것이 하나도 없었다"라고 〔빌헬름〕 슈라더가 말할 때(Schrader, Bd. 1, S. 213), 〔이는〕 근거가 없지 않았다. 중국인의 실천철학에 대한 라이프니츠의 깊은 경의, 볼프의 『강의 계획』과 『독일어 윤리학』을 고려해볼 때, 볼프는 실제로 이때 〔두 책에서〕 했던 생각들을 연설에서 반복해 말했다고 할 수 있다. 사람들은 아마도 이 연설을, 특히 자율성이라고 하는 도덕철학적 원리론의 명백하고도 노골적인 표현으로 평가할 수도 있다. '철학적 덕'과 더 높은 등급의 덕의 비교는 단순한 이성('자연의 힘')에 기인하는 '철학적 덕'이 인간적 행위의 판단 기준과 더 높은 덕의 기초를 포함한다는 사실을 보여준다(그렇기 때문에 그것〔철학적 덕〕은 볼프의 『보편적 실천철학』에서 다시 발견될 수 있다). 계시의 진리는 독특한 비합리적 준거의 원천이나 본래적 덕의 원천으로 작용하는 것이 아니라 단지 동기를 강화하는 것으로 작용한다. 따라서 볼프의 실천철학과 신학적으로 정당화된 윤리학 사이의 경쟁이 공개적으로 표명되었다고, 그것도 대학 교과서에서가 아니라 공개적으로 모든 교수와 학생 앞에서 천명되었다고 말할 수도 있을 것이다.

그러나 신학적 토대에 기초한 도덕철학의 거부는 볼프가 자신을 중국 철학뿐만 아니라 중국에서의 이 이론의 실현과 연관시킴으로써 특히 첨예해진다. 이로써 그는 『강의 계획』에서 선언했던 실천을 향한 걸음을 실행에 옮겼다. 여기에 연설의 실제적 새로움이 있다. 연설은 근본적 토대가 되는 이론의 정당성에 대한 실험으로서 중국 윤리 및 국가 체제의 실천적 운용을 관찰한다. 다시 말해, 볼프는 이 실험적 방식은 (단순하게 물리학뿐만 아니라)[15] 철학의 모든 영역에 적용 가능하다는 견해를 가졌다.

볼프는 중국인에 대한 연설에서 『보편적 실천철학』을 실험적으로 검증해보고자 시도했다. 왜냐하면 단지 '자연의 힘'에 의지하는 중국은 『보편적 실천철학』을 위한 적합한 탐구의 장이기 때문이다(반면 볼프의 실험적 신학은 기독교인의 실천을 관찰한다). 볼프의 『보편적 실천철학』의 진리는 —명료하지 않은 형식이지만— 중국에서도 행위의 이론적 토대를 똑같이 가지게 되면서 검증이 된다. 『보편적 실천철학』은 이 검증에 의해 독자적 중대함을 가진다. 다시 말해, 『보편적 실천철학』은 실천적 개별 교과목의 추상적 토대보다 훨씬 폭이 넓을 뿐만 아니라 〔덕의 세 등급에서〕 낮은 형식이기는 하지만 모든 관계의 행위를 위한 특별하고도 충분한 윤리학의 형식이다.

또한 이 〔볼프 윤리학의〕 체계적 관점보다 중국에서 이 윤리학의 실현이 철학적으로 정당화된 실천을 증명한다는 점이 더욱 중요하다. 종교 없는 도덕은 이론적으로 가능할 뿐만 아니라 실제로 관찰 가능한 사실이다. 이 이론이 올바른지는 중국의 도덕성과 국가 운영 기술의 성과에 의해 증명이 된다(볼프는 이 성과가 어느 정도 이미 알려졌다고 전제했다). 여기서 볼프는 『독일어 윤리학』의 논증을 떠올릴 수 있으며, 신이 설령 존재하지 않는다고 할지라도 인간은 유덕한 행위를 해야만 한다고 말한다. 왜냐하면 인간은 '자연(본성)' 자체의 법칙에 의해 그렇게 행위를 할 의무가 있기 때문이다. 실천철학의 이론 영역에서 잠재적 무신론자들에 반대하는 가설들은 이 실험적 실천철학에 의해 방향이 바뀌게 된다. 비종교적 중국인들의 유덕한 삶과 그들의 국가질서에 나타나는 조화는 여

15 Jean École, "De la notion de philosophie expérimentale chez Wolff", in *Les Études philosophiques* 4(1979), S. 397~406 참조.

기서 증거의 성격을 띤다. 그것은 바로 단순한 비종교적인 철학적 덕이 소원할 만한 가치가 있는 결과를 가져온다는 점을 보여주기 때문이다. 사실 중국인들은 '자연종교'를 갖지 않았지만, 볼프는 중국인들을 무신론자로 특징짓는 것을 좋아하지 않았다. (그는 중국인들이 혼란스럽고 불명확한 신神 관념을 갖고 있다고 보았다.) 그는 반대 사례를 경계했다. 그는 기독교 도덕철학의 실천을 증명할 수 있는 실험으로서 유럽의 종교전쟁을 끌어들이려는 생각을 결코 하지 않았다. 물론 이 사례는 볼프의 논증 방법에 어떤 계몽적 폭발력이 숨어 있는지를[16] 보여준다. 볼프의 논증 방법은 실천철학의 실험적 검토를 촉구한다.

연설에서 선교에 대한 생각이 전혀 등장하지 않는 것은 시사하는 바가 크다. 잘 알려진 예수회원들의 중국 선교와 〔중국에 대해〕 다양하게 보고하는 열의가 —이 열의가 라이프니츠로 하여금 중국의 개신교적 선교를 옹호하게 했다— 중국 선교에 대한 생각을 불러일으킬 수도 있었다. 그뿐만 아니라 중국인들이 이교도였다는 단순한 사실도 중국인의 실천철학 주제에 대한 연설에서 선교의 관점을 요구할 수도 있었다. 당시에 그 누구도 중국인들을 많은 유럽인이 북아메리카 인디언들을 보고 생각했던 의미의 '빈곤한, 가난한 이교도'라고 생각하지 않았다. 그러나 볼프의 연설을 듣는 청중은 중국인들의 이교(異敎) 하면 부득불 선교적 생각을 떠올렸을 것이다. 볼프는 사실 중국 선교가 불필요하다고 말하지 않았다. 중국인들은 여기서 불쌍한 대상이 아니라 오히려 경탄할 대상으

16 Günter Gawlick, "Christian Wolff und der Deismus", in *Wolff-Interpretationen*, S. 139~47; S. 142 참조. 볼프는 "한 철학자의 힘, 즉 한 철학자의 수단이 기독교적 종교에 도움을 주었으리라고 정말로 믿었다." 하지만 그는 동시에 "자신이 전혀 사용하지 않은", 그러나 "후대의 사람들이 단지 설정해 사용하기만 하면 되는" 비판적 "논증 가능성"을 제공했다(S. 144f.).

로 나타난다. 당시에 이교의 개념이 보여주는 것처럼 중국인들은 이교에 의해 '비참한 상태'(Zedler, Bd. 12, Sp. 2000)에 있지 않았고, 그들의 사적·공적 덕들과 관련해볼 때 중국인들은 반대로 기독교적 유럽을 위한 모범이 될 수도 있었다. 볼프는 이 점을 명확하게 말하지 않았다. 그러나 —볼프 연설의 논증 틀 안에서— 선교가 중국인들에게 무엇을 가져다줄 수 있는지 묻는다면, 그것은 계시의 진리들에 의해 현재의 덕을 점진적으로 개선하는 일이라 할 수 있다. 은총의 작용들은 중국을 근본에서부터 변화시키는 게 아니라 단지 좀 더 완전하게 만들 수 있을 뿐이다. 중국인들은 개종에 의한 어떤 '전회'(轉回)를 필요로 하지 않는다. 오히려 기독교는 중국에서 보다 지속적으로 유덕한 마음가짐을 활성화하는 수단이 될 수 있으며, 그런 한에서 기능적으로 작용할 뿐이다. 왜냐하면 믿음이 아니라 덕과 공공복지가 볼프의 연설에서는 판단의 척도가 되기 때문이다. 중국인들의 이교는 이 측면에서 오류의 원천이 아니라 이성에 따른 통찰의 원천이다. 중국인들의 실천은 적합한 실천철학을 얻게 해주고 유덕한 행위를 낳게 해줄 자율적 이성 능력에 대한 신뢰를 확증해준다. 이 때문에 볼프의 연설은 무엇보다 독일 계몽주의의 신호가 된다. 실천을 통해 이성의 지배를 실현할 가능성(과 필연성)을 위해 볼프가 마침내 선택한 선견적 사례가 〔중국의〕 학제이다.

§11. 할레에서 볼프의 추방

당시의 많은 신학자는 〔볼프의〕 이 연설에 대해 머리를 절레절레 흔들었을 것이다. 볼프의 할레 동료인 경건주의 신학자들이 얼마나 당황했을 것인가! 볼프가 자신의 후임자를 부총장직에 앉힐 때, 틀림없이 보이지 않는 팽팽한 긴장의 장면이 연출되었을 것이다. 이 후임자는 누구도 아닌 요아힘 랑게(Joachim Lange, 1670~1744)였다. 그는 할레에서 가장 중요한 경건주의자 중 한 사람이었다.

개교한 지 얼마 안 된 프로이센의 이 대학은 18세기 독일의 문화적 삶에 가장 중요한 두 정신적 흐름을 선사했다. 할레에서 최초로 자리를 잡은 (토마지우스와 볼프와 함께하는) 독일 계몽주의와 경건주의였다.

이미 필리프 야코프 슈페너(Philipp Jakob Spener, 1635~1705)는 경건주의의 주요 관심사[17]를 다음처럼 정당하게 정식화한다. 세세한 모든 일에서 신에 대한 새로운 관계를 만들어 경건성을 쇄신하고 심화해야 한다. 또한 인간은 거듭남의 경험을 할 수 있는 방향으로 모든 노력을 기울여야 한다. 이 경험에서 오로지 신에 의해 그리고 오직 신의 활동에 의해 밝혀지고 정당화되는 새로운 삶이 인간에게 주어지게 될 것이다. 새롭게 태어난 신의 자식으로서, 즉 중생자(重生子)로서 인간은 모든 힘을 다해 경건과 복종과 덕의 지속적 완성을 위해서 노력하게 된다. 그런 한에서 18세기 경건주의는 신앙을 윤리화하고 동시에 개인성의 의식을 내면화하고 심화했다. 슈페너의 가장 중요한 제자 아우구스트 헤르만 프랑케(August Hermann Francke, 1663~1727)는 경건주의의 천재적 조직가였다. 그는 —셈족 언어의 교수이자 목사로서 지속적으로 확장되는 교육기관(프랑케 재단)의 설립자라는 지위에 의존해서— 할레에서 이 〔경건주의〕 프로그램을 가장 성공적으로 신자들의 전체 삶과 보편적으로 연관된 (제2의) 종교적·사회적 종교개혁으로 바꾸어놓았다. 거듭남으로 이

---

17 능숙하게 편찬해놓은 다음 책에서 개관적 문헌목록이 발견된다. Martin Greschat (Hrsg.), *Zur neueren Pietismusforschung*(Wege der Forschung, Bd. 440), Darmstadt 1977, S. 435~48; S. 436f.: 계몽주의에 대한 〔경건주의의〕 관계.

어지는 '참회투쟁'이 학교 교육의 목적이었다. '내부 선교' 또한 외부 선교를 위한 수많은 노력과 마찬가지로 프랑케에게서 기인한다. 프랑케는 비록 중국 선교에 대한 라이프니츠의 재촉에 대해 회피하고 망설이다가 나중에 응답했다고 할지라도, 이 〔외부 선교의〕 테두리 안에서 라이프니츠의 『최신 중국 소식』을 환영했다. 프랑케 그 자신은 1687년에 이미 중국 도덕을 다룬 적이 있었다.[18]

우리가 이 시대의 철학을, 무엇보다 볼프에게서 합리주의를 언급할 수 있다고 해서, 경건주의가 몇 가지 계기에서 '루터가 행한 일의 완성'을 위해 노력하며 독일과 프랑스의 신비주의 영향을 받았다고 할지라도, 우리는 경건주의를 비합리적인 것으로 특징지을 수 없다. 경건주의자들에게는 오히려 **완전한** 인간이 중요하다. 단순한 (신학적) 학식이 곧 거듭남을 위한 길은 아니다. 다른 한편으로 이 학식은 단순하게 지성을 밝혀주는 것이 아니라 (무엇보다 인간에게 신과 계시에 대한 올바른 인식을 가능하게 해준다) 또한 그에 못지않게 〔완전한 인간을 향해〕 의지를 돌려놓는다. 여기에 예를 들어 가능한 이교적 덕 또는 의지에 대한 지성 작용의 단계와 같은 '중간'의 것이 차지할 자리는 없다. 특히 할레의 경건주의자 가운데 (특히 성경 주석에서) 가장 학식이 뛰어나고 학문적으로 가장 부지런한 랑게는 순수한 학설과 경건한 삶은 분리할 수 없다는 점을 강조했다.[19]

그래도 할레에서 볼프의 추방으로 최고조에 이른 경건주의와 계몽주

---

18 Eduard Winter, *Halle als Ausgangspunkt der deutschen Rußlandkunde im 18. Jahrhundert* (Deutsche Akademie der Wissenschaften zu Berlin. Veröffentlichung des Instituts für Slawistik, Nr. 2), Berlin 1953, S. 31.

19 Albrecht Ritschl, *Geschichte des Pietismus*, Bd. 2, Abt. I, Bonn 1884(Nachdruck, Berlin 1966), S. 400; S. 386f., 392, 404, 408f., 426 참조. 랑게에 대해서는 이 책, 227쪽의 독역자 주 18 참조할 것.

의 사이의 대립은 처음부터 확고하지 않았다. (그리고 나중에도 둘 사이에는 공통성과 교호관계가 있었다.) 왜냐하면 초기 계몽주의의 가장 중요한 대표자이자 할레 대학의 정신적 설립자인 토마지우스는 처음에 당연히 '경건주의의 변호인'(그의 주 직업은 법학 교수였다)으로 여겨졌기 때문이다. 그는 경건주의자들을 할레로 초빙하는 것을 장려했다. 프랑케와는 개인적으로 매우 가까운 사이였다. 기존의 것에서 벗어난 새로운 학설들을 받아들이려는 투쟁에서 초기 계몽주의와 경건주의는 어깨를 맞대고 협력할 수 있었다. 관용적 사상의 발전을 위해 토마지우스뿐만 아니라 정통주의에 대한 경건주의의 성공적 투쟁도 한몫했다(경건주의자들은 승리 후에 결코 관용의 모습을 보이지 않았다). 진보라는 ―어쨌든 어려운― 술어는 초기 계몽주의와 경건주의 사이의 대립을 표현하는 데는 적합하지 않다.[20] 1699년에 공개적으로 토마지우스와 경건주의 사이의 싸움이 터져나왔다. 이 싸움은 프랑케가 1695년에 설립하고 여러 번 확장했던 학교와 교육기관(고아원)이 갖는 의미에 대해 토마지우스가 제기한 비판에서 시작되었다. 토마지우스는 고아원과의 관계뿐만 아니라 다른 곳에서도 인간학적 비관론에 사로잡혔다. 볼프도 사실 고아원을 비판했다. 그러나 볼프는 ―고아원과 함께 특히 박애주의를 강조했던 전(全) '교육학적 세기'는― 다른 한편으로 〔일정한 방향과 목적을 주입하기

20 그러나 다음의 것도 비교하라. Rosemarie Ahrbeck, "Wolff und Francke-Kontrahenten oder Kampfgefährten?", in *Christian Wolff als Philosoph der Aufklärung in Deutschland. Hallesches Wolff-Kolloquium 1979 anläßlich der 300. Wiederkehr seines Geburtstages*, Hrsg. von Hans-Martin Gerlach, Günter Schenk u. Burchard Thaler(Wissenschaftliche Beiträge der Martin-Luther-Universität Halle-Wittenberg 1980/32[T 37]), Halle(Saale) 1980, S. 101~10; Peter Wermes, "Aufklärung im Streit oder Streit in der Aufklärung? Bemerkungen zum Verhältnis von Pietismus und Wolffianismus", in ebd., S. 111~17.

위한) 인간의 교육 가능성을 의문시했다. 법학 강의 이외에 다른 것은 하지 말라고 왕(프리드리히 빌헬름 1세)이 토마지우스에게 내린 금지(1702)는 프랑케의 성과였다. 프랑케의 추종자 랑게는 그 성과에 별로 만족하지 못했다. 랑게는 싸움을 더욱 첨예하게 했다. 프랑케가 —둘 사이에 공통적인— 기독교적 신앙에 근거해 새로운 왕 프리드리히 빌헬름 1세와 좋은 관계를 가진 것이 1714년에 드러났다. 토마지우스는 몇몇 경건주의자(그리고 때로는 왕)가 원했던 추방은 당하지 않았지만 침묵을 강요받았다. 경건주의자들은 승리했다. 이 이후로 토마지우스는 경건주의자들을 공격해 귀찮게 하지 않았고 갈등을 일으키지 않았다.[21]

1723년 추방을 통해 볼프는 계몽주의의 공적 증인이 되었다.[22] 그 시대가 얼마나 동요되었는가는 1741년에 나온 비(非)볼프주의자들의 다음 두 문장에서 볼 수 있다. "…… 이것으로부터 볼프 씨와 그의 적대자들 사이의 중대한 전쟁이 생겨났다. 이 전쟁에 거의 모든 유럽이 주목했다. 그리고 이 전쟁은 철학자들의 고대 역사서에서도 필적할 것이 없을 뿐더러 어떤 의미에서는 라무스적인, 데카르트적인, 푸펜도르프적인, 토마스(토마스 아퀴나스)적인 논쟁에서도 맨 앞을 차지할 정도로 걱정스러운 상황이다. 또한 이 전쟁은 매우 중요한 점들을 둘러싸고 논쟁을 벌인 양 진영이 매우 흥분한 데서 발생했다. 물론 이 전쟁은 후대에 철학사의 가장 중요한 한 부분이 되는 매우 놀라운 결과의 변화를 가져왔다. 이 위대한 철학자(볼프)는 철학사에서 고대의 아낙시만드로스, 소크라테스, 아리스토텔레스, 데모크리토스, 에피쿠로스, 근대의 (피에르) 아벨라르,

---

21 Carl Hinrichs, *Preußentum und Pietismus, Der Pietismus in Brandenburg-Preußen als religiös-soziale Reformbewegung*, Göttingen 1971, S. 352~87.

22 Norbert Hinske, "Wolffs Stellung in der deutschen Aufklärung", in *Wolff-Interpretationen*, S. 306~19; 315f. 참조.

로저 베이컨, 〔페트뤼〕 라무스, 〔토마소〕 캄파넬라, 〔르네〕 데카르트, 〔사무엘〕 푸펜도르프와 같은 철학자들보다 덜 주목받지는 않을 것이다. 철학사에서는 이와 동일한 또는 유사한 운명을 가진 철학자들을 영원히 기리고 있다."[23]

볼프 추방에 대한 보다 오래된 문헌들은 많은 오류를 포함한다: 대체할 수 없는 논쟁적 문헌에 대한 카를 귄터 루도비치(Carl Günther Ludovici)의 목록은 다음과 같다. Bd. 1, S. 201~321; Bd. 2, S. 504~651; Bd. 3, S. 98~151; ders., *Neueste Merckwürdigkeiten*(『가장 새롭게 주목할 것들』) =WW III, Bd. 3, S. 391~562; vgl. Zedler, Bd. 58, Sp. 974~1221; vgl. auch Hartmann=WW III, Bd. 4, S. 729~1079.

비편파적인 최근 문헌: Schrader, Bd. 1, S. 211~19, 316ff. —Werner Frauendienst, *Christian Wolff als Staatsdenker*(『국가사상가로서 크리스티안 볼프』, Historische Studien, H. 171), Berlin 1927, S. 26~35. —Carl Hinrichs, *Preußentum und Pietismus. Der Pietismus in Brandenburg-Preußen als religiös-soziale Reformbewegung*(『프로이센적인 것과 경건주의. 브란덴부르크-프로이센에서 종교적·사회적 종교개혁 운동으로서의 경건주의』), Göttingen 1971, S. 388~441.

볼프의 추방은 사실 그의 1721년 연설이 원인이었다. 그러나 추방의 역사는 처음부터 계기가 있었다. 여기서 이에 대해 아주 간략하게

23 *Bilder-sal heutiges Tages lebender / und durch Gelahrtheit berühmter Schrift-steller*, von Jacob Brucker u. Johann Jacob Haid. Erstes Zehnt, Augsburg 1741, Nr. 8, S. 3f.(unpag.). 브루커는 여기서 분명하게 시대의 분위기를 표현한다. 그 자신의 입장에 대해서는 이 책, S. LXXVIf. 참조.

정리할 필요가 있다. 경건주의자들은 수학 교수 볼프를 의심스러워했다. 결정론과 또한 이와 관련한 무신론을 다소간[24] 은밀하게 담고 있는 1719년의 『독일어 형이상학』(*Deutsche Metaphysik* = WW I, Bd. 2)이 출간된 이래(『독일어 형이상학』에 대한 공격은 우선 할레에서 나오지 않았다. Ludovici, Bd. 1, S. 190~201 참조), 볼프는 자신을 토마지우스와 같이 전공 영역에만 국한하지 않았다. 경건주의자들이 볼프의 연설을 들었을 때, 그들의 의심은 확실해졌다. 볼프 교수는 올바른 믿음에 대한 중대한 위험이었다. 신학과 학장 프랑케는 볼프에게 연설 원고를 넘기라고 요구했다. 볼프는 거부했고 우선 능숙하게 방어적 자세를 취했다. 경건주의자들은 일종의 강독 클럽에서 볼프의 철학적 저술에 대한 연구에 착수하면서 커져가는 당혹감을 감출 수 없었다. 한때 볼프의 제자였다가 경건주의자들 편에 선 다니엘 슈트렐러(Daniel Strähler, 1690~1750)는 1723년에 볼프의 『독일어 형이상학』—경건주의적 사상은 볼프의 『독일어 형이상학』에 의해 처음으로 대패를 경험했다—에 대항하는 책을 써서 논쟁을 더욱 첨예하게 했다. 랑게는 이 논쟁에서 볼프의 가장 불쾌한 적으로 능력을 발휘했다.[25] 랑게에게서도 다른 경건주의자들처럼 참

---

24 경건주의자들은 자신들이 의심하는 강사들에게 학생을 붙여놓았다. 학생들은 수업에서 강사에게 항의할 만한 발언들을 적어서 경건주의자들에게 제출했다('신고'Angeberei). 토마지우스처럼 익명으로 남아 있는 '신고자'에 대한 아무런 방도도 갖지 못했고 경건주의자들과 싸움을 거는 것이 자신의 체면과 관계된다고 생각했던 볼프는 이미 1717년에 프랑케에게 '위반'(Verstöße)에 대해 사과했어야만 했다. 프랑케는 자신의 일기에 이렇게 썼다. 볼프는 "그에 대해 서서히 진행되고 있는 소송 때문에 나에게 왔었다." 1717년에는 이렇게 썼다. "추밀고문관 볼프가 학교에서 제출했다고 하는 몇 가지 것이 여기에 있다." 그러나 그 자료는 짐작건대 아직도 충분하지 않았다고 한다. Winter, a.a.O., S. 15f. 참조.

25 경건주의자가 아니었지만 요한 프란츠 부데(Johann Franz Budde)도 볼프의 날카로운 적대자로 참여했다. 여기서 부데의 훌륭한 중국 문헌, 특히 전례논쟁에 대한 중

된 기독교를 위한 투쟁의 진정성을 부인할 수 없다. 그러나 분명한 사실은 랑게의 수강생 중 매우 많은 수가 볼프에게로 옮아갔고, 랑게가 자기 아들에게 주려 했던 자리를 볼프가 자신의 제자 루트비히 필리프 튀미히(Ludwig Philipp Thümmig, 1697~1728)를 불러 급하게 막았다는 점이다. — 베를린 중앙정부에서는 〔볼프와 경건주의자 사이의〕 타협을 원했다. 경건주의자들은 그것을 알고 저지하고자 했다. 프랑케와 왕의 접촉은 〔프랑케와〕 토마지우스와의 투쟁에서처럼 결정적이었다. 프리드리히 빌헬름 1세는 친필 소견에서 그의 기독교적 우려와 책임의식을 보여준다. "나는 볼프가 그렇게 무신론자인 것을 몰랐다. 그에게 나의 나라에서 나의 날을 보낼 수 있도록 할 수 없다. 그러나 나는 몰랐기에, 그것은 나의 죄가 아니다"(Hinrichs, S. 417). 왕은 고문(顧問)들의 염려를 물리치고 1723년 11월 8일에 이렇게 쓴다. 볼프는 "교수형에 따라 …… 48시간 이내에" 프로이센을 떠나야만 한다〔그렇지 않으면 교수형을 집행한다는 의미〕. 튀미히도 비정규직 철학 교수 자리를 잃었다. 랑게의 아들은 지체없이 수학 교수로서 볼프의 후임이 되었다. 마기스터 학위를 가진 슈트렐러는 튀미히의 자리를 얻었고, 1733년에 정교수가 되었다.

물론 볼프의 삶은 실제로 위협을 당하지는 않았다. 왜냐하면 볼프는 곧바로 할레를 떠났고 — 그는 추방으로 교육의 자유에 대한 파렴치한 개입의 희생자로서 도처에 알려지고 유명해졌다 — 여러 화려한 제안

국 문헌의 지식이 언급된다. 그 지식은 예컨대 1701년 부데의 저작들에서 나타난다. *Exercitatio historico-moralis de superstitioso mortuorum apud Chinenses cultu. Habita Halae Saxonum die XVI. Iunii Anno MDCCI...* in *Ioan. Francisci Buddei, Analecta historiae philosophicae*. Halae Saxonum Anno MDCCVI, [Abhandlung Nr. 8], S. 261ff.) und von 1703(이 책, 「볼프의 주석」, 27 참조). 부데는 물론 공자가 중국에서 누렸던 명성이 과장되었다고 여겼으며, 라이프니츠에도 불구하고 전례논쟁에서 예수회원들의 입장을 잘못되었다고 여겼다.

가운데서 (오래전부터 있었던) 마르부르크 대학의 초청을 받아들였기 때문이다. 그곳의 학생들은 교수들과는 완전히 대비되게 볼프를 열광적으로 환영했다. 튀미히는 카셀에서 자리를 얻었다. 여기에서 학자들의 언쟁보다 더한 문제가 프랑케의 볼프 추방에 대한 반응에서 분명하게 나타난다. 프랑케는 〔볼프의〕 추방을 섭리가 지배한 것으로 이해했다. 믿는 자들을 '이 커다란 암흑의 힘'에서부터 구원해달라는 그〔프랑케〕의 기도를 신이 들어주셨기 때문이다(Hinrichs, S. 421). 랑게가 나중에 주장한 것처럼 그가 〔알려진 것과〕 달리 생각했다고 하는 것은 정말 믿을 수 없다. 랑게는 쉬지 않고 계속해서 볼프에 대항하는 글을 썼다. 1725년에 중국인에 대한 볼프의 연설이 해적판으로 출간되었을 때, 랑게는 〔그 연설에 대한〕 파괴적인 주석을 쓰기 시작했다. 볼프가 1726년에 자신의 〔중국인에 대한 연설〕 편집본을 출간한 이후, 랑게는 볼프의 주석들에 대한 비판을 달아 자신의 주석을 보완할 수 있었다. 1727년에 볼프의 책들은 프로이센에서 금서(禁書)가 되었다. 그렇지만 1733년 이래 볼프를 다시 초빙하려는 여러 노력이 행해졌다. 1736년에 랑게가 베를린에서 〔볼프가 오지 못하도록〕 간섭했을 때, 아직 그는 신앙심 깊은 왕에게 영향을 끼칠 수 있었다. 그러나 그는 궁정과 아직은 왕세자인 프리드리히 대왕〔프리드리히 2세〕에게 영향을 끼칠 수 없었다. 볼프 저술의 금서 지정은 해제되었다. 더욱이 1739년에는 신학생들에게 볼프의 철학과 논리학을 습득하라는 지시가 내려졌다. 신하들의 (사상의 자유는 아닐지라도) 영혼 구원을 위해 항상 걱정하던 왕은 자기를 극복했다. 그의 후임자〔프리드리히 2세〕는 처음 취한 직무 행위 중 하나로 볼프를 다시 데려오는 것에 성공했다. 볼프는 1740년에 할레의 집으로 돌아왔다. (볼프와 똑같이 늙은 랑게는 자신의 늙은 적〔볼프〕에게 화해의 손을 내밀었다.) 이것은 볼프와 프리드리히 2세, 프로이센 계몽주의의 승리였다. 볼테르는 젊은 철인왕〔프리드리히

2세)을 위한 송가(頌歌)를 지었다. 송가에는 계몽주의의 주요 증인(볼프)을 찬양하는 구절이 있다.

그리고 빛나는 덕을 가진 그대는 박해를 당했구나.
한 신을 입증을 한 그대지만, 무신론자로 불리는구나.
이성의 순교자, 불타는 질투심이
오류의 손에 의해 그를 그의 나라에서 추방했구나.
돌아와라, 그는 두려워하는 철학자일 뿐이다.
소크라테스는 왕좌 위에 있고, 진리가 지배를 하누나.
Et toi dont la vertu brilla persécutée,
Toi qui prouvas un Dieu, mais qu'on nommait athée,
Martyr de la raison, que l'Envie en fureur
Chassa de son pays par les mains de l'erreur,
Reviens, il n'est plus rien qu'un philosophe craigne;
Socrate est sur le trône, et la Vérité régne.[26]

26 *Oeuvres complètes de Voltaire*, éd. par Louis Moland, vol. 10, Paris 1877(Nachdruck, Nendeln/Liechtenstein 1967), S. 312; Marcel Thomann, "Voltaire et Christian Wolff", in *Voltaire und Deutschland. Quellen und Untersuchungen zur Rezeption der Französischen Aufklärung. Internationales Kolloquium der Universität Mannheim zum 200 Todestag Voltaires*, hrsg. von Peter Brockmeier, Roland Desné, Jürgen Voss, Stuttgart 1979, S. 123~36 참조.

§12. 1726년까지의 볼프와 중국. 쿠플레의 공자-편집본

볼프는 중국인에 대한 연설 이후 1687년에 이미 출간되고 널리 퍼져 있던 책을 처음으로 알게 되었다. 1726년 볼프 연설문에서 중국과 관계 있는 주석들의 기초를 이루는 이 책은 『라틴어로 번역된 중국인의 철학자, 공자 또는 중국의 학문』(*Confucius Sinarum philosophus, sive Scientia Sinensis latine exposita. Studio & Opera Prosperi Intorcetta, Christiani Herdtrich, Francisci Rougemont, Philippi Couplet, patrum Societatis Jesu... Adjecta est Tabula Chronologica sinicae monarchiae ab hujus exordio ad haec usque Tempora*, Parisiis ... 1687[27](이하 『중국인의 철학자, 공자』))이다. 이 특제본은 2절판형으로 되어 있으며, 예수회가 (유럽인들에게) 전해준 중국상의 핵심 개념을 가장 설득력 있게 보여준다. 출간한 지 거의 40년이 지났기에 볼프가 이용할 당시 『중국인의 철학자, 공자』는 이미 학문적으로 오래되었다. 분량이 꽤 되는 「서론적 해설」은 리치와 공자를 찬양하며, 이와 관련해 공자에 대한 리치의 해석과 중국인들의 종교적·정치적 속성에 대한 리치의 견해를 찬양한다. 중국 사정에 대한 모든 풍부한 자료와 믿을 만한 지식을 담은 이 책에서는 항상 예수회의 입장을 변호하는 일방적 모습이 소개된다. 이 책은 결국 전례논쟁의 산물이라 할 수 있다. 그러나 특히 『중국인의 철학자, 공자』가 우선시 된 것은, 1660년 이래 견해를 달리하는

27 이 책에 대한 많은 견본이 있다. 그 견본들에는 「중국 황조 편년사 연표」(21~106쪽)의 제2부가 빠져 있다. 출판사의 주소로 'viâ jacobaeâ'라는 곳이 완전한 판본을 제시한 반면, 'via Citharaea'라는 주소의 출판사라고 언급되는 곳은 불완전한 판본을 제시한다. 제목의 글자도 다르게 설정되었다. 종이의 질(質)에서도 차이가 현저하다. 분책 형태 작품(「중국 황조 편년사 연표」는 1686년으로 기입되어 있다)의 여러 부분은 각각의 견본에서는 때때로 서로 다른 순서로 엮이기도 했다.

수많은 저자가 작업을 한[28] 이 책이 충분히 무르익은 예수회원들의 중국 선교의 종합을 보여주었기 때문이다.[29] 따라서 중국인의 신에 대한 믿음은 불완전하게 발전했지만 미신적이지 않다는 것을 책의 가장 중요한 테제로 특징지을 수 있다. 이런 방향으로 『중국인의 철학자, 공자』는 파리에서 최종적으로 꼼꼼하게 재교정되었다(Pinot, S. 152~58). 이 텍스트 변화에 착수했던 사람은 물론 쿠플레[30] 자신이었다.[31]

이 변화는 주로 세 고전(『대학』, 『중용』, 『논어』)에 대한 주(註)가 달린 번역에 해당한다. 노엘은 이 고전(들)에 대해 보다 근대적인, 주희의 편집에 의지한 번역을 제공했다. 리치의 충실한 추종자로서 쿠플레와 그의 협력자들은 그때까지도 신유교와 신유교의 위대한 스승 주희를 거부했다.[32] 그들은 번역을 하면서 오늘날의 중국학에서는 아주 주변적인 견해를 토대로 삼았다. 그것은 이 세 고전에 대해 장거정(張居正)이 주석한 번역(『사서직해』四書直解)이었다. 장거정은 학자로서뿐만 아니라 국가 관료로서 그리고 명대(明代)에 세 황제를 거친 대신(大臣)으로 잘 알려진 인물이다.[33] 그의 고전 작업은 어린 나이에 즉위한 명 황제 신종(神宗, 재위

---

28 이 시도의 지도자는 쿠플레였다. 그 또한 「서론적 해설」, 「중국 세 황가 계보 도표」, 「중국 황조 편년사 연표」를 썼다.

29 일례로 Henri Bernard, *Sagesse Chinoise et Philosophie chrétienne*, Tientsin 1935, S. 128~33 참조.

30 쿠플레에 대해서는 Pfister, Bd. 1, S. 307~14.

31 Alexandre Brou, "Les Jésuites sinologues de Pékin et leurs éditeurs de Paris", in *Revue d'histoire des missions* 11(1934), S. 551~66; S. 553.

32 이외에도 그들은 주희와 신유교에 대한 지식이 전혀 없었다. Knud Lundbaek, "The Image of Neo-Confucianism in Confucius Sinarum Philosophus", in *Journal of the History of Ideas* 44(1983), S. 19~30; ders., "Notes on some early Studies of Neo-Confucianism in the West: From Confucius Sinarum Philosophus to de Harlez", in *Appréciation par l'Europe de la tradition chinoise à partir du XVIIe siècle*(La Chine au temps des lumières, VI), Paris 1983, S. 131~76.

1572~1620)의 교육용이었다고 한다. 신종은 나중에 리치의 후원자가 된다.[34] 라틴어 번역에서는 고전 원전 하나하나에 번호를 매김으로써 장거정의 주석과 고전 원전을 종종 구별한다. 그러나 고전 원전들은 쉽게 인식될 수 없었다. 왜냐하면 무성한 주석이 〔원전에 대해〕 설명을 하고 끝을 맺을 뿐만 아니라 종종 텍스트를 잘라 놓았기 때문이다. 게다가 원전 텍스트에 대해 예수회의 이탤릭체로 된 해설이 더해졌다. 노엘의 번역은 원본에 훨씬 더 가까웠다. 쿠플레가 미화된 공자와 강력하게 정신화된 중국 종교를 제공하는 것이 아닌가 하는 의심이 초기에 이미 표명되었다(Pinot, S. 152).

볼프가 노엘의 번역을 더 많이 신뢰했다고 할지라도(이 책, 「볼프의 주석」, 113), 어째서 볼프는 이 〔쿠플레〕 편집본의 권위[35]를 전혀 의심하지 않았는가? 어째서 그는 이 작품을 열정적으로 다루었는가? 이 책은 예수회의 중국상에 대한 집약적 서술 이외에도—〔중국 하·상·주 세 황조의〕

33 다음을 참조. Robert B. Crawford, "Chan Chü-cheng's Confucian Legalism", in Wm. Theodore de Bary(ed.), *Self and Society in Ming Thought*, New York 1970, S. 367~413; Robert B. Crawford and L. Carrington Goodrich, "Chang Chü-cheng", in *Dictionary of Ming Biography, 1368~1644*, Editor: Carrington Goodrich, Associate Editor: Chaoying Fang, vol. I: A-L., New York/London 1976, S. 53~61; Ray Huang, *1587, A Year of No Significance: The Ming Dynasty in Decline*, New Haven/London 1981, passim.

34 Knud Lundbaek, "Chief Grand Secretary Chang Chü-cheng & the Early China Jesuits", in *China Mission Studies(1550~1800)*, Bulletin 3(1981), S. 2~11; David E. Mungello, *The Jesuits' Use of Chang Chü-cheng's Commentary in their Translation of the Confucian Four Books(1687)*, in ebd., S. 12~22.

35 이 '부패한(korrupten) 편집본'에 대한 근거 있는 강력한 비판에 대해서는 일례로 1713년의 『학자 활동보고』(S. 46~48)의 서평이다. 이 연도에 서로 다른 비평 15편을 기고했던 볼프가 이 서평을 실제로 알지 못했는지, 그가 이 서평을 알려고 하지 않았는지는 더 이상 알 수가 없다.

'계보 도표'에 의해 추가적으로 안전 장치를 해놓은—'중국 황조 편년사 연표'를 포함한다. 볼프는 이미 자신의 연설 속에서 보편적 실천철학의 정당화를 위한 '실험적' 증거로 중국 역사 및 중국적 사유의 실체적 사실을 이용했다. 여기서도 그는 노엘에 의존했다. 그는 노엘의 번역들에서 —아주 올바르게— 중국철학의 '고유성'이 드러난다고 보았다. 중국철학의 증명 방식에서는 서양철학의 논리적 논증 대신에 역사적 사례가 증명 수단으로서 등장한다(Stange, S. 16). 그런데 쿠플레의 〔중국 황조 편년사〕 연표는 신중하게 연대를 기입해놓으면서 중국 역사의 견고한 사실들을 포함한 것처럼 보인다.[36] 쿠플레의 의도에 따라 보면, 볼프는 —아마 공격할 수 없는 경험적인— 이 자료를 고맙게 이용했음에 틀림없다. 물론 오늘날의 관점에서 볼 때, 중국 초기 역사에 대한 진술(예를

36 서양과 중국의 시간 계산 사이의 가장 어려운 문제점들을 쿠플레는 〔마르티노〕 마르티니(Martini)와 연관해서 풀었다. 다음을 참조. Adalbert Klempt, *Die Säkularisierung der universalhistorischen Auffassung. Zum Wandel des Geschichtsdenkens im 16. und 17. Jahrhundert*(Göttinger Baustein zur Geschichtswissenschaft, Bd. 31), Göttingen 1960, S. 108.—대홍수를 다른 연대기(이 해설 §1를 보라)가 아니라 『70인역 성경』(*Septuaginta*)과 연결해 연대를 기록하고, 중국의 역사가 복희(기원전 2952)와 함께 처음 시작하는 것으로, 즉 대홍수 이후 200년부터 시작하는 것으로(*Pr. Decl.*, S. LXXIVf.)해서 해결했다. 따라서 중국인들도 노아의 후손이다. 복희와 대홍수 이후 약 350년을 더 산 믿음이 깊은 노아 사이의 시간적 가까움은 중국인들이 처음에 신을 알고 있었을 것이라고(*Pr. Decl.*, S. LXXVff.) 하는 것에 대한 증명으로서 쿠플레에게 도움이 되었다. Edwin J. Van Kley, "Chinese History in Seventeenth-Century European Reports. A Prospectus", in Appréciation par l'Europe de la tradition chinoise à partir du XVIIe siécle(La Chine au temps des lumières, VI), Paris 1983, S. 195~210; S. 198~200에 따르면, 쿠플레의 「중국 황조 편년사 연표」는 멜키세덱 테브노(Melchisedek Thevenot)의 「중국 황조 연대기 개요」(Synopsis chronologica monarchiae sinicae)의 표절이다. 물론, 구할 수 있는 모든 문헌은 「중국 황조 연대기 개요」가 반 클레이가 뜻하는 1672년이 아니라 쿠플레〔가 「중국 황조 편년사 연표」를 출간한〕 이후 10년 뒤인 1696년에 처음으로 나왔다고 말한다. (그래서 S. 198의 클레이의 주 13은 텍스트에서 언급된 날짜를 상대화해 버린다.)

들어 제국의 건설자 복희伏羲와 모범적 황제 요와 순에 대한 진술)과 함께하는 「중국 황조 편년사 연표」는 극히 빈약한 것이다. 오늘날의 연구는 중국의 초기 역사 일반에 대해 고고학적 증거만을 타당한 것으로 본다. 오직 고고학적 증거만이 —예컨대 연대 기입이 가능한 무덤 발굴에 의해— 이후의 역사 서술에서 역사적 핵심을 분명하게 드러내줄 수 있다. 일례로, 역사의 핵심을 한 종족의 군주 형태로 분명하게 드러나게 해주는 것이다. 이 군주라는 인물은 이전 또는 이후의 전설 및 신화와 결합되었다. 이미 공자는 그와 같은 전승을 거부했다. 실제적인 역사적 사건들에 의존하려 했던 공자의 노력은 그가 요와 순을 넘어서려 하지 않았던 것에서 드러난다. (물론 이 황제들〔요와 순〕 역시 역사적 인물로 확정되지 않는다.) 이후의 역사 편찬은 고대의 역사를 항상 더 확장해버렸다. 기원전 2, 1세기에 오제(五帝, 이에 따르면, 요는 네 번째 황제이고 순은 다섯 번째 황제이다)*의 계열이 생겨난다. 이것은 다섯 원소〔수·화·목·금·토〕를 (다른 다섯 가지 순서를) 응용한 것이다. 예를 들어 사냥·농사·발명의 시기를 대표한다고 하는, 역사의 시작에 설정된(복희와 함께) 삼황(三皇)**은 오제보다 더 앞선다. 이렇게 하면서 연대 계산과 이름, 분류가 여러 번 뒤로 밀려날 수밖에 없었던 것은 자명하다.

Henri Cordier, *Histoire générale de la Chine*(『중국의 일반적 역사』), Bd. 1, Paris 1920(쿠플레의 「중국 황조 편년사 연표」를 확인하는 데서 최상의 수단

---

* 중국 고대 전설상의 다섯 성군(聖君). 소호(少昊), 전욱(顓頊), 제곡(帝嚳), 요(堯), 순(舜)을 이르는데, 소호 대신 황제(黃帝)를 넣기도 한다.

** 고대 전설에 나오는 세 임금. 천황씨(天皇氏)·지황씨(地皇氏)·인황씨(人皇氏), 수인씨(燧人氏)·복희씨·신농씨(神農氏), 복희씨·신농씨·헌원씨(軒轅氏) 등 여러 학설이 있다.

이다). —André Wedmeyer, "Schauplätze und Vorgänge der chinesischen Geschichte gegen Ausgang des dritten und im zweiten Jahrtausend vor Christus"(「기원전 3000년 말엽과 기원전 2000년에 있었던 중국 역사의 무대와 사건들」), in *Hirth Anniversary Volume*(*Asia major*, Introductory Volume), London 1923, S. 456~559(die gemeinsame Schnittmenge der divergierenden Geschichtswerke ergebe den historischen Kern). —Gustav Haloun, "Die Rekonstruktion der chinesischen Urgeschichte durch die Chinesen"(「중국인에 의한 중국 원역사의 재구성」), in *Japanisch-deutsche Zeitschrift für Wissenschaft und Technik* 3(1925), S. 243~70. —Otto Franke, *Geschichte des chinesischen Reiches*(『중국 제국의 역사』), Bd. 1, Berlin/Leipzig 1930, S. 61ff. —Bernhard Karlgren, "Legends and Cults in Ancient China"(「고대 중국의 전설과 제례」), in *The Museum of Far Eastern Antiquities*, Bulletin No. 18, Stockholm 1946, S. 199~365(지극히 박식한 급진적 비판). — Herbert Franke u. Rolf Trauzettel, *Das Chinesische Kaiserreich*(『중국 제국』, Fischer Weltgeschichte, Bd. 19), Frankfurt am Main 1968, S. 18ff.

이 모든 것에도 불구하고 〔중국〕 초기 역사의 연대기적·계보학적 작업은 (현대적 의미의 역사서지학歷史書誌學적 작업이 아니라 할지라도) 〔중국〕 초기 문화에 대한 〔당시 중국인들의〕 자기이해의 중요한 관점들을 보존·정리해놓은 정신적 업적이다. 그러나 쿠플레는 자신의 편집본에서 또한 〔그 편집본의〕 원본을 탈신화화했다. 예컨대 복희는 원래 반은 인간(머리와 상반신)이고 반은 뱀(또는 용; 꼬리)이었다(*Cambridge Encyclopedia*, S. 156 참조). 제국의 설립자가 문자와 달력, 악기 등을 발명했다고 하는 전승에 기초해서 쿠플레는 복희를 단순하게 합리적 철인왕(이 책, 「볼프의 주석」, 7 참조)으로 만들어냈다. 이 왕은 현명함과 아마도 반점이 있는 피부 때문에 뱀과 비교가 되었다(*Tab. chron*, S. XI; *Psychologia empirica* = WW II, Bd. 5, S. 107, §152 참조). ― 따라서 볼프가 정말 역사적 사실이라고 여겼던 것은 후대의 중국적 세계상과 인간상의 투영이다. 다른 역사적 원전, 예컨대 성경에 대한 당시의 연구 수준을 생각해본다면, 볼프가 「중국 황조 편년사 연표」에 보인 신뢰는 물론 놀랄 만한 일이 아니다. 그리고 쿠플레는 볼프에게 어쨌든 전통적인 중국의 역사 서술을 제공했다. 문화적 측면에서 고도로 발달한 민족의 자기해석으로서 이 역사 서술은 사실 역사적 뿌리가 부족하지만, 그 역사 서술에 의해 영향 받은 사회 및 그 사회의 이념에 거대한 역사적 영향을 끼쳤다. 이런 점에서 쿠플레의 「중국 황조 편년사 연표」에서 충분한 의미를 지니는 역사적 자료들이 중요하게 다루어졌다.

볼프가 쿠플레의 책(『중국인의 철학자, 공자』)을 알게 된 시점은 자신과 아주 친한 제자 게오르크 베른하르트 빌핑거(Georg Bernhard Bilfinger, 1693~1750)에게로 소급될 수도 있다. 빌핑거는 뷔르템베르크 주 출신으로 볼프의 강의를 듣기 위해 옛날에 자기의 신부(新婦)를 두고 할레로 왔던 사람이다. 그는 1719년에 튀빙겐의 정원 외 철학 교수가 되었다. 1725년에 그는 볼프의 소개로 〔러시아〕 상트페테르부르크의 논리학, 형이상학, 물리학 교수 자리를 얻었다. 1722년에 그는 전형적인 볼프의 사상에 대한 중요한 저술 "『빌핑거가 방어하는 항목들 …… 지식의 세 측면, 즉 역사, 철학, 수학에 대하여』(*De triplici rerum cognitione, historica, philosophica et mathematica, articulos... defendet Georgius Bernhardus Bülffinger*, Tübingen 1722)에서, 물론 출전을 밝히지 않은 채로, 쿠플레를 상세하게 인용했다(*Lib. II*, S. 43f, 그리고 *Lib. I*, S. 26f, 19, *Tab. chron.*, S. 67). 〔이 책의〕 주제는 순 임금의 탁월한 현명함(prudentia)과 중국 국가철학의 귀납 원리이다. 그것은 모든 사회적 구조를 가족의 개념에로 (여기서 왕은 백성에게는 부모와 마찬가지이다) 소급하는 것이었다. —볼프의 중국인에 대한 연설 편집본 이전의 볼프 저술에서 볼프가 쿠플레의 책을 알고 있었다는 언급은 전혀 발견되지 않는다.

볼프는 1723년의 『독일어 물리학』(*Deutsche Physik*)에서 편지 수취인인 〔러시아〕 표트르 대제에게 귀에 듣기 좋은 말을 했다. 우리는 플라톤이 말한 철인왕이 실존하는 것을 확신하기 위해 이제 더 이상 중국 편년사의 '본보기'가 필요하지 않다. "우리는 단지 러시아로만 가면 될 것이다 ……"(WW I, Bd. 6, S. 10[unpag.]).[37] 이 발언은 『독일어 형이상학에 대한 주석』(*Anmerkungen zur Deutschen Metaphysik*, 1724)에서 볼프가 경건주의자들과 그들의 교육기관에 대해 벌였던 논쟁과 마찬가지로 1721년의 연설에서 벗어나지 않는다. 중국인들과 볼프는 동일한 도덕의 근본 원리를 가졌다. 중국인들은 그것〔도덕의 근본 원리〕을 "자연적 덕에서 …… 매우 넓게 행했다." 그러나 기독교인들 사이에서는 다른 도덕적 견해를 대변하는 사람들이 존재한다. 따라서 그들은 "덕을 훈련하는 기관을 설립했지만, 이 기관의 훈육에서 나오는 대부분이 망가졌을 정도로 아주 나쁘게 설립했다"(WW I, Bd. 3, S. 213f.). 그러므로 볼프가 나중에 소학과 자립적 '이성의 사용'을 처음으로 가르치는 대학이 있는 중국의 학제를 —이 학제는 중국인들이 '도덕적 실천에 대한 올바른 통찰'을 얻었음을 증명한다— 힘주어 칭찬했던 것은 놀랄 일이 아니다(ebd., S. 228f.). 여기서 지금 볼프가 고아원에 대해 빈정대는 것은 아주 분명하다. (이 빈

37 1725년 볼프는 '러시아의 젊은 주인'의 교육을 위해 '군주제적 원리의 정치학'을 저술하기 위한 아이디어를 생각했다. 그것은 "가장 영광스러운 황제의 삶에서 나온 본보기에 근거를 두어야만 했다." 그리고 "일찍이 중국인들이 빛나는 인물들에게 동일한 방식으로 정치학과 도덕을 가르쳤다는 것과 단지 그들에게는 개념들의 명료한 효과와 규칙의 상호 결합이 결여되었음을 나는 발견한다"(Kunik, S. 45f.).

정댐은 214쪽의 보완과 상응하는 1727년 제2판 299쪽의 보완에 의해 계속해서 상세하게 서술되었고 날카롭게 행해졌다.)

1724년에 빌핑거는 — 중국인의 학설을 '학문의 형식'으로 가져가기를 원했던 1721년의 볼프의 생각과 관련해서 — 중국의 도덕과 국가철학에 대한 상세한 서술을 또다시 펴냈다. 그것은 『국가에 적용된 철학의 사례로서 고대 중국의 도덕과 정치 학설의 표본, 중국 민족의 고전들의 발췌, 공자의 말씀 또는 행위 전체』(*Specimen doctrinae veterum Sinarum moralis et politicae; tanquam exemplum philosophiae gentium ad rempublicam applicatae; excerptum libellis sinicae genti classicis, Confucii sive dicta, sive facta complexis. Accedit de Litteratura Sinensi dissertatio Extemporalis. Opera Georgii Bernhardi Bülffingeri*, Frankfurt am Main 1724)이다. 볼프가 이 작품을 1721년의 자신의 연설에서 별로 중요하지 않게 생각했기에, 여기서는 내용만 요약하려 한다. 빌핑거는 정치에서 철학의 적용에 대한 문제 제기를 한다. 이 목적을 위해 그는 우선 중국인의 도덕을 다룬다. 다시 말해, 선과 악의 인식을 위한 지성의 형성, 의지의 개선, 감정의 지배, 외적 행위의 올바른 수행과 의무(예컨대 제사) 같은 내용을 다룬다. 의무론의 두 번째 부분은 국가의 행정이 탐구되기 이전에 정부 당국의 권리와 의무를 다룬다. 결론적으로 그는 기독교 철학과 중국철학을 비교하면서 중국철학의 결함을 보여준다. 빌핑거는 진리의 추구에서 계시의 의미를 강조하기 때문이다. 볼프가 1726년에 확신했던 것처럼(*Ausführliche Nachricht*=WW I, Bd. 9, S. 424) 빌핑거는 "중국인들에 비해 우리 유럽인들의 도덕에 장점을……" 부여한다. 경건주의자들에 대한 볼프의 논쟁에 나오는 이 책은 분류한다면, 결코 논쟁적 저술이 아니라 볼프의 신중한 방어(물론 볼프의 이름을 정말 비워둔 채 어느 곳에서도 언급하지 않고 있다. 일례로 107쪽을 참조하라)로 볼 수 있다. 그러나 이 방어는 원칙적으로 볼프의 중국철학에 대한 고백을 언급하지 않고 —볼프주의자의 작품으로 읽히는 것처럼— 〔중국철학에 대한〕 기독교〔철학〕의 우위를 훌륭하게 볼프주의적인 것으로 강조한다. 빌핑거의 책은 전적으로 쿠플레의 편집본에 의존한다. 물론 〔쿠플레에 대한〕 당대의 비판이(이에 대해서는 앞의 S. LV, Anm. 35 참조) 언급되기는 한다(S. 19). 그럼에도 빌핑거는 쿠플레가 믿을 만하다고 여겼다. 볼프는 쿠플레의 사례를 따를 수 있었다. 볼프는 노엘에게서 만들어낸 자신의 연설을 입증 가능한 전거와 함께 제공하려 했기에 그렇게 했어야만 했다. 왜냐하면 "노엘의 번역은 빌핑거가 구할 수 없었을 정도로 아주 드문 것이었기 때문이다"(S. 17). 노엘의 번역에 대한 참조사항은 어떤 사람도 찾아볼 수 없었을지 모른다(예를 들면, 랑게는 —이 해설 §14을 보라— 노엘을 알 수가 없었다. S. 35, Anm. 78). 그러므로 볼프가 쿠플레(특히 「중국 황조 편년사 연표」)를 평가했던 내적 이유와 더불어 자신의 연설 주석에서 노엘이 아니라 쿠플레를 인용한 것에 대한 아주 가치 있는 외적 이유가 존재한다. 동시에 볼프는 쿠플레의 책을 통해 자신의 지식을 현저하게 확대했다. 노엘과 쿠플레의 책은 서로 아주 잘 구분이 되기 때문이다. 노엘의 구절은 아주 커다란 노력을 기울여야만 쿠플레에게서 발견될 수 있다. 볼프는 자신을 위해 새로운 책〔쿠플레의 『중국인의 철학자, 공자』〕을 다시 완전하고 철저하게 연구했어야만 했다. 그러나 그 책의 내용은 분명 볼프의 가장 커다란 관심을 끌었을 것이다. 이 이외에도 〔노엘과 쿠플레〕 두 번역의 차이는 볼프에게 그 두 번역을 비교하고, 중국의 원본이 본질적으로 무엇을 말하는가를 신중하게 검토할 수 있는 가능성을 제공했다.

§13. 볼프와 자신의 연설의 판본

드디어 1726년에까지 이르게 되었다. 볼프는 1721년 연설의 허가받지 않은 텍스트 인쇄물에 대한 대답으로서 이 연설 자체를 출판한다(이 책, 「편집사」를 보라). 그는 연설에다 「머리말」, (여백에 앉힌 중간 제목들에 대한) 난외주(欄外註)와 216개 주석을 함께 제공했다. 이 주석들은 연설 텍스트를 뒷받침하고, 해명하고, 확장하는 수많은 쿠플레-인용문을 포함한다. 그뿐 아니라 볼프는 —『독일어 형이상학에 대한 주석』(*Anmerkungen zur Deutschen Metaphysik*) 또는 물리학에 대한 작품들에서도 비슷하게— 그의 적대자들이 그에게 잘못된 종교성에 대한 책임을 전가하면서 그의 체계로부터 잘못된 결론을 이끌어내는 것을 보여주고자 시도했다. 이 관점은 볼프가 에른스트 살로몬 퀴프리안(Ernst Salomon Cyprian, 1673~1745)에게 보낸 편지에서 특히 분명하게 드러난다. 물론 이 편지는 〔볼프가〕 경건주의자들과의 싸움에서 고타(Gotha)의 정통주의 교회협의회를 자신의 편으로 끌어들이려는 의도를 띠었다. 볼프는 주석 작업을 하는 동안인 1725년 11월 5일에 퀴프리안에게 편지를 보낸다(Wotschke, S. 61). 자신의 철학이 "요즘 시대의 세속성에 대항해 청소년을 지키고 종교와 덕[순서에 주목하라!]에 대한 존중을 그들〔청소년〕에게서 이끌어내는 가장 확실한 수단이다. …… 내가 …… 이 의도로 나의 철학을 썼다는 …… 것을 나는 신을 증인으로 내세울 수 있다"(ebd., S. 59)〔는 것이다〕. 볼프가 이렇게 썼다고 해도, 볼프를 위선자라 말할 수 없다. 대략 그의 편집본이 마무리되기 1주일 전쯤에, 다시 말해 1726년 1월 10일에 볼프는 "가장 넓게 생각해본다면, 기독교적 종교의 진리는 …… 이성이 끝나는 바로 그곳에서 출발한다. 이는 이미 내가 중국인에 대한 연설의 주석에서 **도덕들**을 제시했던 것과 같다. 그리고 실제로 이는 철학 논문에서 내가 기독교적 종교를 위한 길을 개척하고, 기독교적 종교의 숭고함을 논증적 방식에 따라 개념적으로 파악하고자……"(ebd., S. 64) 했던 것이 나의 의도였다고 했다. 〔볼프의〕 주석은 이 의도가 볼프가 신학자들 앞에서 결코 굽실대지 않았음을 증명해준다. 볼프는 자신의 사유가 가진 중요한 의도를 분명히 밝히려고 연설에 대한 주석에서 몇 가지 선동적 발언을 다시 한 번 약화했다(특히 공자, 모세, 무함마드, 그리스도를 비교하는 주석 27~31까지가 그렇다).

이 주석들에 나타난 다양한 생각과 항상 긴장 상태에 있던 연설에 대한 주석 사이의 관계는 여기에서 보다 더 근본적으로 다룰 만한 가치가 있다. 주석 내용에 대한 최초의 정보로서 주석 139가 사용될 수 있다. 그 주석에는 다른 주석들이 다루는 중국에 대한 주제 대부분이 목록화되어 있다. 볼프는 아주 빈번하게 선행하는 주석들을 지시했다. —볼프가 〔1721년 연설의〕 해명과 변호를 위해 자신의 다른 작품들을 수없이 지시하는 것을 제쳐두고 본다면, 마찬가지로 아주 자주 등장하지는 않지만, 이따금씩 약간 은밀하게(이 책, 「볼프의 주석」, 149도 참조) 등장하는 경건주의자들에 대한 공격을 제쳐두고 본다면, 볼프의 주요 관심사는 아래와 같이 요약될 수 있다.

1. 주로 역사적 지향의 일련의 주석은 중국의 초기 역사와 학문적·정치적·도덕적 업적을(주석 1, 3, 7~13, 33) 다룬다. 그 점에서 중국 편년사의 보고에 대한 신뢰는 중국의 역사 서술이 어떻게 구성되는가에 대한 설명으로 분명하게 정당화된다(주석 19, 82, 또한 138도 참조). 볼프의 유일한 원전은 쿠플레의 책이다. 이것〔쿠플레의 책〕에 의해 전례논쟁에 대한 〔볼프의〕 입장이 형성되었다(주석 27, 54). 그럼에도 볼프는 쿠플레(그리고 리치)가 강조한 중국인들의 신에 대한 믿음을 신에 대한 단순하고도 '혼란스런 인식'으로 낮춤으로써 원본과 직접적인 모순에 빠져들

지 않고, 논쟁을 벌이는 당파들에 대해서도 독립적 위치를 취하고자 했다. 다른 한편으로 중국인들은 무신론이라는 비난에서도 벗어날 수 있었다. 중국인들은 신을 부인하는 사람들이 아니기 때문이다.—오히려 똑같이 공자를 다룬 주석들의 많은 관점도 이 역사적 관심으로 분류될 수 있다(주석 5, 14, 18, 20, 22~25, 32, 58, 66, 78, 80, 84, 106, 126, 149, 153, 158~60). 주석 58은 더욱이 공자가 "충족이유의 원리(principium rationis sufficientis)를 인식했고 〔이를〕 도덕에 응용했다"(Wotschke, S. 65)라고 주장한다. 물론 여기서는 무엇보다 공자의 덕에 대한 물음과, 도덕이 어떻게 실험적 검증의 방식으로 얻어질 수 있는가라는 문제와 연결되는 사실적 물음이 중심을 이루고 있다.

2. '실험'이라는 주제와 관련된 발언들을 〔서로〕 나란히 세워놓는다면,—아주 통일적이지는 않지만—이런 그림이 생겨난다. 즉 공자는 자신의 학설을 자신의 윤리적 행동으로 검증함으로써(주석 5, 20) 자신의 학설의 타당성을 확고히 했다. 이와 같은 방식으로 얻어진 학설은 견고하며 믿을 만하다(주석 22). 그것들은 경험에 의해 인식될 수 있다는 장점도 있다. 왜냐하면 〔그 학설들은〕 실제로 수행된 것이기 때문이다(주석 55, 비교: 주석 126, 148). 볼프가 (주석 73에서) 이성과 경험을 대립적인 것으로 파악함으로써 점차 〔경험에〕 제한을 두는 것은 분명하게 나타난다. 경험은 이성을 지지해주는 역할을 하거나 또는 이성이 충분하지 않은 사례에서 단지 이성을 도와주는 역할을 부여받기 때문이다. 원칙적으로 〔경험에 의지하지 않는〕 아 프리오리(*a priori*)한 인식이 〔경험에 의지하는〕 아 포스테리오리(*a posteriori*)한 인식보다 〔행해지기가〕 쉽다(주석 82, 주석 189도 참조). 그럼에도 볼프는 지성을 〔경험적으로〕 검증함으로써 (즉 아 프리오리하지 않게) '방법의 법칙'을 발견했던 것에 대해 자랑스러워했다(주석 134). 다른 한편으로 그는(주석 136) 오직 아 프리오리한 추론에 의

해서만 명석한 개념에 도달한다고 생각했지만, 동시에 그는 이 개념들이 '공자의 검증 방법'으로 확증되고 확장되어야만 한다는 말을 덧붙인다. 다시 말해, 바로 이 검증 방법으로 '근본 개념들'이 얻어질 수가 있다. — 보다 지속적인 어려움은 경험에 기초하는 학습의 문제에서 나타난다. 주석 80에서는 다른 사람의 덕에 대한 명석한 인식에 의해 자신의 의지를 보다 유덕하게 만드는 일이 어째서 가능한지 그 근거가 밝혀진다. 반면에 주석 125에서는 그러한 모범들의 가치가 아주 강하게 제한된다. 사람들은 그런 모범에서 행위의 외적인 면만을 보기 때문이다. 따라서 사람들은 도덕적 진리 그 자체를 검증해야만 한다. 또한 볼프는 도덕철학의 실험적 검증에서 이론과 실천의 필요한 결합이(주석 106, 111) 어떻게 구체화될 수 있는가라는 물음을 던지면서 그 자신이 일종의 검증 단계에서 있는 것처럼 보인다.

3. 단지 이성에 근거하는 '철학적 덕'의 가능성과 관련해서 볼프는 보다 더 확고한 지반 위에 서 있다. 이 '철학적' 덕은 신의 은총에 기인하는 게 아니라 이성의 '본성'에 대한 통찰과 그것에 의한 행위의 객관적 도덕성으로 확립된다. 이 점에서 그는 더욱 많은 권위 있는 전거를 인용한다(객관적 도덕성은 주석 39, 187, 190, 철학적 덕은 주석 53, 67, 180~82 참조). 경건주의자들은 이 'iustitia civilis'('시민적 정의', 이것을 볼프는 '철학적 덕'으로 말한다)를 엄격하게 거부했던 만큼 해당되는 인용들로 인해 당혹해할 수 있다. 그래서 볼프는 역점을 두어 강조하면서[38] 철학적 덕을

38 1721년에 이미 볼프는 한 편지에서 프랑케에게 도발적인 말을 한다. "순수한 루터 교회가 옛날에 언제나 올바르게 여긴 것은, 예를 들면 행위들이 하나의 내적 도덕성을 갖는다는 점이다. 비록 개선이 의지가 아니라 지성에서 출발해야 한다는 인식의 척도에 따를지라도, 의지는 다른 것이 아닌 선을 향해서만 노력해야 하며, 설령 신이 존재하지 않는 것이 가능하다고 할지라도 자연의 법칙은 있을 것이다. 그리고 이

인용했는지 모른다. 이 철학적 덕을 볼프는 중국인들에게서 발견할 수 있다고 믿었다.

볼프가 이 〔철학적 덕에 대한〕 물음으로 시간을 보내는 많은 주석에서 (주석 51~53, 55, 57, 59, 66, 70, 78, 80f., 83, 120, 126, 158, 166, 179f., 182, 188f.) 어려움이 분명하게 나타난다. 이들 어려움의 원인은 주로 두 가지이다. 볼프는 첫 번째로 철학적 덕을 공자가 자신은 거기에 도달하지 못했다고(주석 66, 80, 158, 166) 언급한 그런 완전성과 동일시한다. 『독일어 윤리학』에서는 이에 대립해서, 완전성은 궁극적으로 단지 신에게만 존재한다는 점을 보여주었었다. 반면에 인간이 도달할 수 있는 최상의 선은 하나의 특별한 완전성에서 또 다른 완전성에로 발전해나가는 곳에 존재한다(이 책, 「독역자 해설」, 46쪽을 보라). 바로 공자가 이 요구에 부응했다고 한다(주석 80 참조). 여기서 더 나아가 볼프가 나중에 정확하게 수미일관한 결론을 이끌어내려 할 때, 사람들은 철학적 덕과 최상의 완전성의 동일화에 대한 볼프의 시도를 거의 설득력이 없는 것으로서 평가하고, 1721년 연설을 약화하려는 모든 기회를 갖게 된다.[39] 다른 구절에서 중국인들이 그들의 덕으로 매우 칭찬을 받는 반면(주석 57, 58), 다른 한편으로 중국인들의 철학적 덕이 문제시되었다(주석 59, 66, 80). 이 차이가 발생한 이유는, 볼프가 두 번째로 중국인들과 관련해 대체적으로 유덕한 의도를 이 의도의 결과와 분명하게 구분하지 않았다는 데에 있다. 덕을 향한 지극히 인상적이고 가장 진지한 공자의 평생에 걸친 노력

와 같은 것이 더 많이 존재한다. ……"(Wuttke, in WW I, Bd. 10, S. 22).

39 이에 대해 주석 53도 언급할 수 있을 것이다. 주석 53은 철학적 덕은 거의 불가피하게 예외를 만들어 그 예외 때문에 악덕에 빠질 수 있는 위험에 처한다고 말한다. 더 나아가 체계적 측면에서 철학적 덕이 악덕에서 자유롭다고 할지라도, 철학적 덕은 신의 마음에 들지 않기 때문에 죄라고 특징지을 수 있다(주석 182).

은 이 문제를 불식하는 데 한몫했을지도 모른다. 한편으로 공자가 철학적 덕에 요구되는 모든 계기를 철저하게 인식했지만 자신의 모든 행위에서 악덕과 관계없는 철학적 덕을 실현할 수 없었다는 점과, 다른 한편으로 그가 '정직한 의도'에서 행위를 했다는 것이 주석 182에서 처음으로 분명하게 드러난다. 그러나 이 차이는 주석 189 이하에서 다시 발견되지 않는다. '중국인의 덕'이 철학적 덕으로 관찰되고 비난받지 않게 될 때에도, 원래 볼프가 의미하고자 했던 것이 무엇인지 밝혀지지 않았다.

볼프가 이 주제〔중국인의 철학적 덕〕를 다루는 방식은 그가 왜 공공연하게 그 밖의 중국학 문헌을 끌어들이지 않았는지 이해할 수 있게 한다. 그는 중국철학을 중립적으로 다루지 않았고, 〔중국철학과〕 역사적으로 거리를 두지도 않았다. 오히려 중국철학의 기본 사상을 그 자신의 기준으로 작업해내고, 정리·평가하고, 자신의 숙고를 위해 유익한 것으로 만들려 시도했다. 그는 근본 원리에서 그 자신의 것과 중국적 사유의 근친성에 근거해 텍스트를 예수회 해석자들보다 더 잘 이해할 수 있다고 믿었다. 또한 여기서 상술되어야만 하는 마지막 주제에서 볼프는 어떠한 역사적 탐구도 내세우지 않았다.

4. 중국인들이 국가를 가족으로서 파악했다는 것은 어느 정도 이미 잘 알려진 사실로 전제가 되어 있다. 볼프는 빌핑거가 인용한 구절 중 어떤 구절도 끌어들이지 않았다. 바로 그렇기 때문에 볼프의 가부장적 (또는 부계적) 국가이론이 어느 정도까지 중국의 영향에 의지했는지 물어볼 만하다. 다른 한편으로 볼프의 국가이론은 다른 어떤 저술에서보다도 여기(주석 7, 비교: 주석 101, 155)에서 분명하게 발언된다. 그런 만큼 중국인에 대한 연설은 〔볼프의〕 국가이론에서 중요한 원전이다. 이 점을 〔독일 역사가〕 베르너 프라우엔딘스트(Werner Frauendienst)[40]가 아주 올바르게 보았다. 보다 최근의 연구[41]는 이 문제 제기를 파악하지 못하고 가부장적 국

가이론[42] 일반과 그것이 볼프에게서 갖는 의미를 보지 못하게 만들어버렸다. 주석에서는 —영주 권력이 부모 자식 간의 관계처럼 정당화되면서— 신하가 군주와의 관계에서 처벌에 대한 두려움과 보상에 대한 희망을 바라지 않는다는 점이 이 이론이 갖는 장점으로 분명하게 드러난다. 왜냐하면 신하들은 노예가 아니라 그 자신의 동인(動因)에 의해 복종하는 자식이 되었다고 하기 때문이다(주석 91, 97, 107, 142, 그러나 주석 116도 참조). 그들〔신하들〕 앞에는 철인왕의 모습을 한 아버지가 서 있다.

---

40 *Christian Wolff als Staatsdenker*(Historische Studien, H. 171), Berlin 1927, S. 104f. 프라우엔딘스트는 예컨대 타당하게 『독일어 정치학』(=WW I, Bd 5, S. 200~05) §§264~69를 지시한다.

41 개괄적이며 두루뭉술하게 된 서술은 다음의 책에서 보인다. Christoph Link, "Die Staatstheorie Christian Wolffs", in *Wolff-Interpretationen*, S. 171~92(주석에서는 대개 최근의 논문들이 인용되었다).

42 다음을 참조하라. Robert v. Mohl, *Encyklopädie der Staatswissenschaften*, Tübingen ^{2}1872(^{1}1859), §40, S. 301~04 및 여러 곳. 여기서 이미 이 주제가 학문적으로 거의 다루어지지 않았다고 개탄하고 있다(S. 304, Anm. 1). 여하튼 (〔로베르트 폰〕 몰Mohl과 연결되는) 〔요한 카스파르〕 브룬칠리(Bluntschli)의 '가부장제와 가부장적 국가이념'(Patriarchie und patriarchalische Staatsidee)이라는 항목이 발견된다. In Johann Caspar Bluntschli, Karl Brater, *Deutsches Staats-Wörterbuch*. Bd. 7, Stuttgart/Leipzig 1862, S. 754~57. 여기서는 중국 제국의 사람들이 가부장제가 항상 지속되기를 바라는 것으로 말한다(S. 756). —에른스트 카를 빈터(Ernst Karl Winter)의 고무적인 논문인 "Der paternale Staat", in *Zeitschrift für öffentliches Recht* 10(1931), S. 213~57과 동일한 저자의 사전 항목인 '부계적 국가이론'(Der paternale Staatstheorie)(『국가 사전』*Staatslexicon* 5. Aufl., Bd. 4, Freiburg 1931, Sp. 64~76)은 연구에서 어떤 반향도 얻지 못했다. 『국가 사전』의 이후 판본에서는 이 표제어가 없다. 그 주제는(예컨대 6, Aufl., Bd. 7, Freiburg 1962, Sp. 530f. 참조) 다른 사전 또는 안내서들에서처럼 여기서도 아주 중요하지 않게 다루어진다. 프라우엔딘스트는(앞의 책, 104쪽)도 매우 오해받기 쉽게 이처럼 표현했다. "그것〔부계적 국가이론〕 때문에 가부장적 왕국을 미루어 추측할 수 있게 폭넓은 잘못을 저질렀다." 그는 자신이 요약한 볼프의 표현들을 가지고 반대의 것을 증명했다. —Artur Zempliner, "Die chinesische Philosophie und J. Ch. Wolff", in *Deutsche Zeitschrift für Philosophie* 10(1962), S. 758~78; S. 775~77.

이 아버지는 모범적으로 의무를 완수함으로써 전제 군주보다 더 커다랗고 훨씬 더 나은 영향력을 행사했다(주석 107, 비교: 주석 152).

이 관점은 아주 훌륭하게 유가적(儒家的)이다. 그리고 리치 이래 전형으로 잘 알려진 중국에 대한 관점이다. 비록 이 관점이 볼프의 가부장적 국가이론의 뿌리는 아니었다고 할지라도, 볼프의 국가이론은 이 관점에 아주 많이 의존했던 것이다. 볼프가 보았던 것과 같은 가부장적 국가는 이론을 넘어서서 중국의 초기 역사에서 경험적으로 입증 가능한 실재[43]였다. 따라서 가부장적 국가는 국가 유형 발전 모델의 단순한 이론 및 단계가 아니었다. 오히려 중국은 이상이 현실이 되도록 하는 것에 성공했다. 그런데 어째서 이 모든 것이 —이제까지의 연구에 따라 믿어야만 하는 바와 같이— 국가와 정치에 대한 볼프의 다른 저작들에 아무런 흔적도 남기지 않았는가에 대해서는 특별한 설명이 필요하다. 에크하르트 헬무트(Eckhart Hellmuth)는 곧 나올 자신의 논문[44]에서 항상 프라우엔딘스트와 연계해서 볼프가 "시종일관 가족 내적인 행동 형식을 하나의 국가적 공동체 기획의 주도적 본보기로 삼았다"라고 설명한다.

1726년 2월 21일, 볼프는 자신의 연설의 출간을 예고했다(『1726년의 학술 상황에 대한 새로운 신문』*Neue Zeitungen von Gelehrten Sachen des Jahrs 1726*, 제1부, 138쪽). 그는 이와 관련해 네 가지 점을 강조했다. 이 출간본은 "…… 중국인들의 숨은 지혜가 이론과 실천에서" 또한 '원리에서' 볼

43 이 사실에 대한 주제에 대해서는 다음을 참조하라. Friedrich Andreae, "China und das achtzehnte Jahrhundert", in *Grundrisse und Bausteine zur Staats- und Geschichtslehre. Zusammengetragen zu den Ehren Gustav Schmollers*... von Kurt Breysig u.a., Berlin 1908, S. 121~200; S. 188~90. 그러나 또한 다음도 참조하라. Wilhelm, *Li Gi*, S. 94f. —중국인들에게 왕이 부모와 같다고 1722년 빌핑거가 자세하게 인용했던 것은 볼프에 의해 은폐되었다(이 책, 「볼프의 주석」, 91과 107 참조).

44 *Naturrechtsphilosophie und Bürokratie in Preußen im späten Absolutismus*. Kap. II. 4.

프의 철학과 중국의 철학 사이의 일치를 보여준다. 그것은 '증명적인 방식'[45]으로 자연과 은총 사이의 구분(즉 철학적 덕의 문제, 주석 53 참조)을 다룬다. 그리고 이 출간본은 중국철학에 대한 빌핑거의 책을 인용하면서(그러나 주석 208에서만!), 빌핑거의 책이 "이 연설과 주석에서 유용하게 읽힐 것"이라고 말한다. 이 언급은 한 제자〔빌핑거〕의 작품을 추천하는 것 이상의 의미를 담고 있다. 사실 〔제자의 책에 대한〕 언급을 〔볼프 자신이〕 당대 중국학 연구를 제대로 소화하지 못했다는 고백으로 보려 한다면, 그 제자를 과대평가하는 일이 될 수도 있다. 그럼에도 그의 연설 텍스트 주석은 원래 기대했던 중국철학에 대한 학문적·체계적 서술을 제공하기에는 형식적으로 볼 때 적합한 것이 아니었다. 짐작건대 비록 볼프가 다른 많은 것을 서술하고 있을지라도, 아마도 그 자신은 전반적으로 빌핑거의 일목요연하게 정리된 책으로 그 〔서술〕 작업을 대신할 수 있으리라고 생각했던 것 같다.

그래도 볼프는 빌핑거의 업적을 자랑스러워했다. 실제로 볼프의 출간본은 1721년의 연설과 중국의 실천철학에 대한 —노엘과 더욱이 쿠플레를 훨씬 넘어서는(주석 34)— 〔자신의〕 존중을 근본적으로 정당화할 뿐만 아니라 유교를 이해하는 데 중요한 많은 자료도 제공한다. 그리고 볼프의 출간본은 모든 체계적 구성(주석 139에도 불구하고) 너머에 있는 볼프 사유에 대한 생생한 인상을 전달해준다. 1726년 3월 2일, 볼프

45 다음을 참조하라. 퀴프리안에게 보내는 1726년 3월 26일자 편지. 볼프는 이 편지와 함께 〔1721년 연설의〕 출간본을 보냈다. "나는 우리 신학자들의 시민적 정의(iustitiam civilem)를 분명하게 설명했고, 기독교적 덕의 차이를 보여주었고, 어째서 그것들이 신의 마음에 들 수 있는 일들이 아닌지에 대한 이유를 제공했습니다. 또한 그러한 시민적 정의를 얻을 수 있는 과정은 인간의 개종과는 완전히 구분되는 것입니다. 이 점에 자연주의(Naturalismum)를 증명적으로 반박할 수 있는 진정한 이유들이 포함되어 있습니다"(Wotschke, S. 67).

는 신간을 상트페테르부르크의 아카데미에 보냈다고 공지했다(Kunik, S. 72). 3월 26일에 그는 신간을 퀴프리안에게도 보냈다(Wotschke, S. 67). 5월 4일에는 〔독일 튀링겐 주〕 아이제나흐의 궁정 설교가 요한 지그문트 묀히(Johann Siegmund Mönch)에게도 보냈다(Wotschke, S. 69).

§14. 볼프의 연설에 대한 당대의 판단

볼프가 중국학에 영향을 주었는지 아니면 날개를 달아주었는지 하는 물음은 아직까지 탐구되지 않았다. 여기에서는 직접적으로 볼프의 연설 내용을 다루는 텍스트 몇 가지를 소개하고자 한다. 우선 제일 처음으로 랑게의 『새로운 해부』(*Nova Anatome*)[46]가 언급될 수 있다. 볼프의 〔1726년 연설〕 편집본이 나온 뒤 바로 출간된 이 책은 〔본문에서는〕 1721년의 연설(S. 1~62)을, 부록에서는 1726년의 〔볼프의〕 주석들(S. 159~74)을 비평한다. 이 책의 주요 부분은 이전에 작성되었고, 부록은 볼프의 편집본이 출간된 뒤 곧바로 작성되었다(이 책, 「편집사」를 보라). 랑게의 비판은 그 자신이 1736년 프리드리히 빌헬름 1세에게 청원한 진정서에 적절하게 요약되어 있다. 이에 따르면, 볼프는 자신의 연설에서 이렇게 주장했다. a) "중국인들은 해 아래 가장 거친 무신론자들이다"(*Ausführliche*

46 랑게에 반대하는 당대의 논쟁적 저술과 그 밖의 것은 다음을 참조하라. Jakob Friedrich Müller, *Wahres Mittel, alle Puncten, worüber zwischen Herrn... Wolffen und seinen Gegnern bißher gestritten worden, leicht einzusehen, und ohne Mühe zu beurtheilen...*, Frankfurt am Main 1726. 여기서 랑게의 『새로운 해부』에 대해 이렇게 말한다. 랑게의 "이성은 철학적인 것들에서 장님이며, 그의 병든 지성을 고칠 수 있는 적합한 약초나 고약은 없다"(S. 288).

Beantwortung, in WW I, Bd. 21.4, [후반부], S. 344f.). 실제로 1726년에 이미 랑게는 볼프가 중국인들에게 모욕이 될지라도(S. 14, Anm. 37a), 중국인들과 공자를 무신론자라 여겼다(예컨대 S. 13~16)고 거듭 강조했다.— 1736년에 랑게는 계속해서 볼프가 b) 중국인들이 가장 현명하고 가장 유덕한 사람들이며, 세계의 모든 민족이 〔이들을〕 후대의 본보기로 삼아야 한다(WW I, Bd. 21.4, [후반부]), S. 344f.)고 말했다고 주장한다. 1726년의 책〔『새로운 해부』〕에서도 랑게에게는 〔무신론과 덕은〕 대립적 모순관계였다. 무신론은 모든 덕을 불가능하게 만들기 때문이다(S. 50, Anm. 139). 볼프는 주석 54에서 사실 중국인은 신을 부인하는 사람들이 아니며 다만 신에 대한 혼란스러운 표상을 가졌을 뿐이라고 주장하면서 〔무신론과〕 세밀한 차별화를 꾀했다. 그러나 랑게는 그것을 '무지에 의한 무신론'으로 파악한다. 〔그가 보기에〕 그러한 무지에는 지혜도 덕도 결합될 수가 없기 때문이다(S. 165, §XIII; S. 15, Anm 37e 참조).—볼프의 연설에 대한 랑게의 요약은 다음처럼 끝난다. c) "나, 저자는 나의 철학을 그들〔중국인〕의 원리들에 따라서 정리해놓았다"(WW I, Bd. 21.4, [후반부], S. 346). 여기서 그들의 원리란 무신론적 근본 원리이다. 이로써 볼프의 정체가 폭로되었다. 사실 랑게는 볼프를 무신론자로서 직접적으로 특징짓는 것을 조심했고, 반복해서 〔볼프를 무신론과〕 세심하게 구분하려 했다. 이 구분은 1726년에 했던 다음과 같은 말에서 드러난다. 즉 볼프는 무신론을 비호하거나 무신론을 가르치지 않았지만, 그의 이론은 무신론으로 귀결된다는 것이다(Praefatio, S. 6; S. 173, §XXIII 참조). 예컨대 볼프에 의해 주장된 객관적 행위의 도덕성은 랑게에게는 그 자체로 오류인 이론일 뿐만 아니라 또한 무신론적인 이론이다(S. 29, Anm. 58; S. 52, Anm. 144; S. 39, Anm 94 참조). 〔랑게가 보기에〕 신하들이 두려움 없이 복종을 해야만 한다는 볼프의 요구는 오류로 설명될뿐더러(S. 56,

Anm 160) 신에 대한 두려움을 위협한다(S. 53, Anm 148). 따라서 볼프가 스스로 무신론이라고 고백하지 않는다면, 근본적으로 볼프는 수미일관하지 않다고 할 수밖에 없다. 무신론은 직접적으로 그의 이론에서 나오기 때문이다.

랑게는 노엘을 알지 못했고(S. 35, Anm 78) 쿠플레를 이용하지 못했다. 따라서 그의 비판은 주로 내재적 비판이다. 예를 들어 복희와 〔중국〕 초기 역사의 다른 황제들을 우화의 나라로 추방하기 위해(S. 3f., Anm. 11f.), 그는 여러 번 마르티노 마르티니(Martino Martini, 중국명 위광국衛匡國, 1614~61)가 번역한 『중국사에 대한 첫 10권』(*Sinicae Historiae decas prima*, München 1658)*의 구절들, 즉 중국의 여러 편년사에서 나온 구절들에 의지했다. 랑게는 연대 설정(일례로 『70인역 성경』의 연대 설정)의 문제를 신뢰하지 않았기에 여기서 대홍수 이전으로 거슬러 올라가는(S. 159f., §I과 §V) ―즉 성경에 반대되는― 계보가 제시되었다는 견해를 표출했다. 랑게는 당시 사람들이 복희와 노아를(S. 34, Anm. 73) 동일시한 것을 인용했다. 그러나 랑게는 당시 사람들이 그 동일시에 의해 연대기 문제의 해결책을 찾으려 했다는 점에는 주목하지 않았다. 그의 관심은 중국이 아니라 오직 위장된 무신론자로 추정되는 볼프였〔기 때문이〕다. 〔랑게에 따르면〕 볼프는 노엘의 주장들을 인용했다고 한다. 그런데 그 인용에서는 한 가지 결론만이 도출될 수 있다는 것이다. 중국인들의 고전은 읽을 가치가 없다는 결론이다(S. 41, Anm. 105).

1726년 토마지우스도 볼프의 연설을 둘러싼 논쟁에 대해 발언하기 시

---

* 전체 제목은 『인민의 시초에서부터 그리스도의 탄생까지의 극동에서 일어난 사건들 또는 중국인의 대제국 건설을 포함하는 중국사에 대한 첫 10권』(*Sinicae historiae decas prima res a gentis origine ad Christum natum in extrema Asia, sive magno Sinarum imperio gestas complexa*)이다.

작했다. 이미 1689년에 토마지우스는 쿠플레의 『중국인의 철학자, 공자』에 대해 서평을 했고, 공자의 명성이 근거하는 '권위의 선입견'에 대해 반대했다. 〔토마지우스가 보기에〕 공자는 소크라테스 옆에 설 수 있는 위인이 아니었다. 사실 그는 정의롭고 이성적인 인물일 수 있다. 그러나 그의 저술은 잘해야 마르틴 루터(Martin Luther)의 『탁상 담화』(*Tischreden*)에 비교될 정도이다. 여러 발언에서 공자는 바보[47]처럼 보인다. — 1726년에 토마지우스는 이와 관련해서 다음처럼 비판했다. "몇 년 전에 새로운 유가(儒家)와 라이프니츠주의자가 공식적 연설에서 중국의 학문과 공자의 지혜를 아주 뻔뻔하게 칭찬하는 대담무쌍함을 보였다. ……." 토마지우스는 예수회원, 라이프니츠, 철학의 수학적 방법에 반대하는 투쟁에서 '유가' 볼프에게 아주 깊은 불신을 보였다. 그는 독자들에게 아래와 같이 경고했다.

> "늑대(볼프)가 부당한 방식으로 양의 털을 쓰고 너희를 뜯어 먹지 않도록 ……."[48]

그럼에도 토마지우스는 한때 자신에게 승리를 거둔(이 책, 「독역자 해설」, §11을 보라) 적대자인 경건주의자들의 〔볼프에 대한〕 압박에는 동의하지 않았고, 볼프에 반대하는 논쟁적 저술을 써대는 많은 저자의 무리에 끼지도 않았다. 물론 그들은 표어인 '유가'를 아주 잘 이용할 수 있었다. 이에 따르면, 볼프는 그의 적대자 요한 프란츠 부데(Johann Franz

47 Eduard Horst von Tscharner, *China in der deutschen Dichtung bis zur Klassik*, München 1939, S. 48f.

48 [Christian Thomasius], *Anhang Zu denen Thomasischen Gemischten Händeln*, Halle im Magdeburgischen 1726, S. 146f.

Budde, 1667~1729)처럼 이성적으로 선택을 하는 절충주의자가 아니라 〔유가라는〕 종파주의자였다. 부데의 제자 요한 다비트 레온하르트(Johann David Leonhard)는 아엘리우스 사비누스(Aelius Sabinus, Ludovici, Bd. 1, S. 277f., §375 참조)라는 익명으로 출간한 『유명한 사람 크로사 출신의 요한 페터에게 보내는 편지. 신, 세계, 인간의 운명에 대한 성찰에 대하여』(*Epistola ad virum celeberrimum Io. Petrum de Crosa super commentatione de deo mundo et homine atque fato*, Leipzig 1727. 이 책은 1727년 1월 31일 프로이센 왕의 칙령에 의해 금서가 되었다)에서 위대한 토마지우스가 볼프주의자들을 유가들이라 불렀고 이 표현을 아주 마음에 들어 했다(S. 25; S. 24 참조)라고 썼다. 〔『유명한 사람 ……』〕 16쪽에서 레온하르트에 의해 "추밀 고문관 〔볼프〕 씨에 의해 보존된/ 중국인의 철학에 대한 연설/ 때문에/ 오래된 비가가 반복되었다"(『헤센의 이전과 현재의 학식에 대한 간략한 역사 2』*Kurtze Historie der vormaligen und gegenwärtigen Gelehrtheit derer Hessen 2*, Frankfurt am Main 1726, S. 279).

같은 잡지(『간략한 역사 2』)의 이전 호는 이미 볼프의 중국인에 대한 연설의 출간을 알렸다(ebd., S. 49~52). 그러나 이 알림은 「머리말」의 재현에 국한되었다. "우리는 연설 자체를 발췌하고 싶지 않다./ 할레의 랑게 박사가 〔볼프의 연설과〕 같은 것을 출판하고, 자신의 주석과/ 또한 추밀고문관〔볼프〕이 만든, 상세하고 박식한/ 주석들에 대한/ 비평들과 함께 새롭게 감행해서/ 새로운 논쟁을 불러일으켰기 때문이다./ 이 자료를 말할 수 있는/ 기회가 논쟁의 계속된 진전에 따라 우리에게 주어지게 될 것이다"(S. 51).

그렇지만 지크프리트 아우구스트 카엘러(Siegfried August Kaehler, 1885~1963)는 훌륭한 근거를 바탕으로 이렇게 말한다. 이 알림은 마르부르크의 오랜 많은 연구자에게 "한 새로운 시대와 새로운 정신이 란

(Lahn) 강에 있는 작은 도시〔마르부르크〕로 이주해왔다"라는 것을 분명하게 알려주었다. "이보다 더 중요한 새로운 소식은 …… 이 『간략한 역사』에서 알려지지 않았다"(*Die Philipps-Universität zu Marburg 1527~1927. Fünf Kapitel aus ihrer Geschichte(1527~1866)* von Heinrich Hermelink u. Siegfried August Kaehler, *Die Universität Marburg seit 1866 in Einzeldarstellungen*, Marburg 1927, S. 333, 332).

그럼에도 다음 신간의 세 게시물은 본질적으로 보다 풍부한 내용을 담고 있다.—1726년 『학자 활동보고』(S. 232~40) 5월호는 〔볼프의 1721년〕 연설과 주석들(특히 S. 238f.)의 모든 중요한 사상을 가능한 한 완전하게 다시 보여주고자 시도한다. 그 필자는 볼프의 순서를 따라가지 않겠다고 설명한다(S. 232). 〔이 게시물은〕 전체를 조망하기 어렵지만 내용 보고는 상세하다.—1726년의 『유럽의 학술 역사』(*Histoire littéraire de l'Europe*, S. 319~29) 12월호는 보다 분명한 중점을 두었다. 이 자유롭고 여러 차례 독립적으로 요약된 보고에서는 예를 들어 볼프와 공자의 일치(S. 320), 객관적인 도덕성(S. 320f.), 중국인의 두 학교(〔소학과 대학〕, S. 323f.), 임산부를 위한 시책들(특별한 관심과 함께, S. 324~26)이 강조되었다. 볼프의 주석들로부터는 예컨대 가부장적 국가관(S. 326f.), 중국인의 비(非)무신론적 입장(S. 327), 편년사의 신뢰성(S. 328f.)이 보고되었다.—1727년 『학자 저널』(*Journal des sçavans*) 1월호(S. 53~55)는 이에 반해 1721년 연설의 재현에 국한되었다. 〔그 게시물의〕 마지막 문장은 이렇다. "다양한 저자에게서 나온 매우 진기한 역사적 주석들이 이 담론을 이끌고 있으며, 이들 주석이 책의 커다란 부분을 차지한다"(S. 55). 앞에서 언급한 학술지들이 당시의 일반적 방식으로 볼프의 중국인에 대한 연설을 소개했고, 어떤 비평의 말도 하지 않았다는 점은 전체적으로 확실하다.

독일의 중국학—여기에는 중국어를 전혀 할 수 없었던 독일 중국학의 선구자들까지 중국학자로 포함한다—은 이에 반해 완전히 다르게 판단했다. 야코프 프리드리히 라임만(Jacob Friedrich Reimmann, 1668~1743)의 『중국철학의 역사』(*Historia Philosophiae sinensis*, Braunschweig [1]1727, [2]1741)[49]에는 주석이 달린 중국 문헌목록이 있다. 초판은 27개 책 제목을 포함했고, 제2판은 5개 책 제목을 보완했다. 볼프의 연설 편집본 텍스트는 두 판본에서 아주 중요하지 않은 것으로 구분되었다(1. Aufl.: S. 28f.; 2. Aufl.: S. 51f.). 라임만은 해설을 하면서 〔볼프의〕 중국인에 대한 연설의 '역사'를 위한 증인을 언급한다. 그는 다름 아닌 랑게이다. 랑게의 『볼프 형이상학 체계의 잘못되고 위험한 철학에 대한 소박하고도 상세한 발견』(*Bescheidene und ausführliche Entdeckung Der falschen und schädlichen Philosophie in dem Wolffianischen Systemate Metaphysico...*, Halle 1724)은 '역사적 예비 보고'에서 짤막하게 볼프 연설의 결과로 빚어진 논쟁들을, 물론 경건주의 시각에서 다루고 있다. 연설 내용과 관련해서 랑게는 볼프가 "공식적 연설에서 자신의 철학과 중국 공자의 원리 사이의 조화에 대해 어떤 의구심도 표하지 않음으로써 아주 불쾌하고 기독교에 손해가 되는 것들을 제안했다"(S. 8, §VII)라고 언급한다. 라임만은 이 견해에 동조한다. 그는 볼프의 테제 중 어떤 것도 언급하지 않은 채, 〔볼프의 1721년〕 연설은 볼프의 명성이 과장되었음을 보여주며, 정말로 볼프는 철학자들의 체면을 손상한다고 뭉뚱그려 설명했다. 라임만은 볼프가 원전에서 새롭게 만들고자 시도했던 것을 알지 못했고, 오히려 2차문헌의 무지에 대해 볼프를 비난했다. 그는 볼프를 이렇게 비난한다. 볼프는 '우리의 신학

49 초판은 익명으로 출간되었고, "eruditorum omnium, ac in iis praecipue, Johann. Burchardi Menckenii"라는 표제 때문에, 이 책은 종종 요한 부르크하르트 멘케(Johann Burkhard Mencke)의 작품으로 여겨졌다.

자들'에 대해 아주 방자하게 말을 한다. (그중) 많은 것이 기독교적 신앙과 모순된다. 중국철학에 대한 볼프의 강연은 볼프에 의해 증명되지 않는다. (강연의) 많은 것이 모순적이고 그냥 머리에 떠오르는 것을 말했을 뿐이다. 따라서 주석들은 볼프가 연설에서 했던 내용을 취소하거나 개량한 것을 모아놓은 것이다.

이에 반해 라임만은 랑게가 『새로운 해부』에서 행한 볼프 비판과 관련해 원칙적으로 동의를 하며 이렇게 서평을 했다. 랑게의 예리함은 관대한 부드러움을 지녔다고 비난받는다(1. Aufl.: S. 29; 2. Aufl: S. 52f.). 그럼에도 볼프에 대한 라임만의 판단은 볼프 적대자 그룹의 범위를 훨씬 넘어 (폭넓게) 주목을 받을 수 있었다. 당시 사람들은 라임만을 중국 문헌의 탁월한 전문가로 여겼다. 그뿐만 아니라 사람들은 라임만이 엄격한 중립적 태도를 취했다고 여겼고, 논쟁에서 부데의 편협함이 비난을 받았다(1. Aufl.: S. 27f.; 2. Aufl.: S. 50f.). 라임만이 볼프의 적대자 부데와 부데의 학파에 보인 —이미 1725년에 시작된— 학술적 반목은 이 인상을 더욱 강화했다. 볼프 자신은 1726년에 라임만의 부데 비판을 증거로 끌어댔다(Wotschke, S. 69f.). 그리고 라임만은 1724년의 빌핑거 책을 매우 공정하게 (빌핑거 자신의 문체에 기대어) 다음처럼 극구 찬양했다. "빌핑거는 공자의 저술들을 정리해놓은 **최초의 인물**이다. 중국의 국가철학을 체계적으로 서술해놓은 **최초의 인물**이다. 중국철학을 기독교 철학 및 신학과 비교한 **최초의 인물이다.** 그는 중국인들의 철학에 대해 토론했던 우리들에게서 나온 **최고로** 분별이 있는 사람이다"(1. Aufl.: S. 29f., 2. Aufl.: S. 53; S. 20, 33도 참조). 라임만은 빌핑거가 볼프보다 더 적은 문헌을 이용했다는 점은 언급할 가치가 없다고 보았다.

라임만이 끼친 영향은 많은 독자를 지닌 중요한 철학사가 요한 야코프 브루커(Johann Jacob Brucker, 1696~1770)의 『비판적 철학의 역사의 부록』(*Historiae criticae philosophiae appendix*)에서도 아주 분명하게 나타난다(Leipzig 1767; Nachdruck, Hildesheim/New York 1975=Historia Philosophiae 4-Appendix). 브루커는 우선(S. 891~93) 볼프의 추방을 자세하고 정확하게 다룰 것을 예고했다. 그는 자신의 이전 발언들(이 책, 「독역자 해설」, 64쪽 이하를 보라)을 게재하고, 볼프주의자 요한 크리스토프 고트셰트(Johann Christoph Gottsched, 1700~66)와 카를 귄터 루도비치(Carl Günther Ludovici, 1697~1724)의 저술들을 참조하고 모든 직접적 입장을 피하는, 완곡한 구절들로 볼프의 추방을 충분하게 다룰 것이라 했다.

브루커는 100쪽이 넘는 분량에서 의견을 훨씬 더 분명하게(S. 979~81) 나타냈다. 브루커는 그 책에서 라임만에게 했던 것과 유사하게 철학사에 대한 볼프의 하찮은 지식을 비난하면서 볼프와 랑게, 빌핑거의 책에 대한 라임만의 논평도 모두 게재한다. 이에 더해, 브루커는 볼프 연설 편집본을 구하기 어려워서 라임만의 상세한 설명을 게재한다고 정당화한다. 〔또한〕 볼프의 연설에 대해 정보를 얻고자 하는 사람은 전문가이며 완전히 중립적 학자인 라임만의 '자유로운 판단'에 의지할 수 있다고 한다. 브루커는 볼프 연설 내용에 대해 볼프가 공자의 도덕철학과 국가철학에 보인 찬양을 빼면 남는 것이 거의 없다고 보았다(S. 979). 그에 따르면, 최근의 철학사에서 연설이 가장 커다란 의미를 갖게 된 것은 그 연설과 연관된 논쟁에 의해서만 설명이 된다(S. 980).

〔볼프가 행한〕 중국인에 대한 연설이 독일철학에서 차지하는 사실적 비중이 얼마나 작은가는 특히 브루커가 언급했던 볼프주의자들, 즉 고트셰트와 루도비치 같은 교수들의 반향에서도 드러난다. — 고트셰트는 자신의 『간략한 철학적 역사』(*Kurze philosophische Historie*)에서 사실 노아와 동일시되는 복희와 그의 '산술'에 깊은 존경을 표한다. 이에 반해 고트셰트는 중국인들에게 공자는 두 번째로 위대한 세계 현자라고만 언급

한다. 고트셰트는 여하튼 공자의 철학에 동의하지 않고, 곧바로 관련 문헌목록만을 언급한다. 그 점에서 볼프의 연설은 읽을 만한 것으로 특징지어지나 다른 책들(특히 라이프니츠의 책들) 뒤로 밀려나야만 했다. 이어지는 단락은 이렇게 시작한다. "중국인들이 매우 깨어 있으며 맑은 지성을 최상으로 사용했다는 것을 보여주는 ……" 나침반, 화약, 인쇄술, 비단, 도자기 등이 언급된다.[50] 볼프가 가장 흥미를 적게 보인 게 고트셰트가 볼 때 유일하게 중요한 것이었다. 이에 반해 고트셰트는 볼프에게 자극을 주었던 중국의 도덕철학과 국가철학에 더 이상 접근하려 하지 않았다.

이것은 특히 1754년에 세상을 떠난 볼프를 위한 1755년 고트셰트의 〔볼프〕 칭송문(Lobschrift)에서 명료하게 나타난다. 사실 고트셰트는 그냥 지나치지 않고 볼프의 중국인에 대한 연설에 대해 몇 가지를 언급한다. 그는 〔칭송문에서〕 성인전(聖人傳)에서 볼 수 있는 것처럼 찬양하는 문체를 쓰지 않으려 노력했다. 그래도 그가 노력한 결과는 학문 자유의 완곡한 옹호 이상이 아니었다. "그것〔볼프의 중국인에 대한 연설〕에 대해 중립적으로 판단한다면, 〔볼프가〕 한 기독교 대학〔할레 대학〕에서 고대의 이교도 철학자〔공자〕를 칭송했다고 해서 범죄로 볼 수 없다. …… **공자**는 그 밖의 오류에도 불구하고 교훈적인 도덕가였을 수 있다. 그리고 추밀고문관 볼프가 〔자신이〕 윤리론의 여러 점에서 그〔공자〕와 일치한다고 고백했다고 해서, 그〔볼프〕가 신과 신적인 것에 대한 모든 오류에서조차 그〔공자〕와 하나가 되었다고 결론을 내려야만 하는가?"(WW I, Bd. 10, S. 56). 여기서 단순하게 볼프가 다른 위대한 종교 창시자들과 공자를 비교했던

---

50 Johann Christoph Gottsched, *Ausgewählte Werke*, hrsg. von P. M. Mitchell, Bd. 5.1: *Erste Gründe der gesammten Weltweisheit*(*Theoretischer Teil*), Berlin/New York 1983, S. 27~9, §7~10.=WW III, Bd. 20.1, S. 11f. 『간략한 철학적 역사』는 제1판(1733)이 아니라 제4판(1743)에서 발견된다.

사실을 생각해보면, 그가 공자를 사소한 인물로 다루었다는 것은 확실하다. 왜냐하면 아무도 모세를 '교훈적인 도덕가'로 특징지으려 하지 않을 것이기 때문이다.

볼프 철학과 관련해, 탁월한 역사가 루도비치의 입장(1748)은 몰이해적이 아니라 오히려 비판적이다. "우리는 철학(Weltweißheit)에서 …… 아주 위대한 거장을 …… 다루는 일에 기꺼이 손을 대고 싶지 않다"(Zedler, Bd. 58, Sp. 574). 여기서 루도비치는 아주 조심스럽게 표현하고 있다. 왜냐하면 그는 볼프의 연설이 중국인의 실천철학을 ―루도비치는 토마지우스의 말을 반복한다― "너무나 지나치게 찬양했다 ……"(ebd.)는 점을 발견했기 때문이다. 루도비치의 주요 논증은 요컨대 계시와 이성 사이의 구분이다. 이성은 단순하게 달이다. 달은 모든 빛을 계시의 태양으로부터 받는다. 따라서 단지 이성을 자신을 인도하는 별로 삼는 이교도 철학자는 항상 어둠 속에서 계속 불안하게 걷는다(Sp. 574f.). 그런 만큼 (볼프와 같은) 기독교 철학자와 (공자와 같은) 이교도 철학자 사이의 일치는 전적으로 불가능하다. 볼프는 자신의 연설에서 그런 일치를 "공개적으로 찬양하기 위해 애를 썼지만, 그렇게 잘 행하지 못했다"(Sp. 575). 신학자들은, 도를 지나치기는 했지만, 볼프를 박해할 수 있는 훌륭한 근거들을 가졌다.―이와 같은 이성과 계시 사이의 구분이 볼프의 '보편적 실천철학' 전반을 무력하게 한다는 것을 루도비치는 깨닫지 못했다. 일례로 그는 〔볼프의〕『독일어 윤리학』에 대해 아무것도 비난할 수가 없었다. 〔볼프의〕 중국인에 대한 연설이, 그리고 그 연설만이 단순하게 이성에 근거한 도덕성이 가진 폭발력을 분명하게 보여주자, 루도비치는 볼프가 극복하기를 원했던 반대편으로 되돌아왔다.

볼테르는 이 사실을 완전히 다르게 보았다. 1764년『철학사전』(*Dictionnaire philosophique*)의 "중국에 대한"(De la Chine) 항목 둘째 단락은 바로 볼프의 중국인에 대한 연설을 다음과 같이 소개한다. 볼프는 중국인들이 최상의 신을 경배했고 덕을 사랑했다는 것에 대해 칭찬했다. 우리가 알아야만 하는 결과는 할레의 볼프가 1,000명의 학생들을 모든 나라로부터 끌어들였으며, 랑게는 그냥 자기의 강의실에서 아주 맑은 고독감 속에서 얼어붙고 있었다는 것이다. 결코 중국에 가보지 않은 몇몇 저자가 중국인들에게 무신론이라는 죄를 전가했기 때문에 (랑게의) 시기심은 중국인들을 칭찬하는 자는 무신론자라는 —논리적으로 빈약한— 결론을 이끌어냈다. 인색한 왕〔프리드리히 빌헬름 1세〕이 계산을 해서 볼프를 쫓아냈지만, 이후 그를 고국으로 데려올 때는 더 많은 비용을 들여야 했다. 따라서 왕들은 중상모략을 듣지 말아야 하며, 위대한 사람을 바보의 증오 앞에서 보호해야만 한다.[51] —〔볼프를 할레 대학으로 다시 부른〕 프리드리히 대왕〔프리드리히 2세〕과 볼테르 사이의 관계에 대한 암시와 항목의 전반적인 냉소적 기조를 제외해놓고 보면, 중국인에 대한 연설의 저자는 계몽주의의 영웅으로 분명하게 나타난다. 이 저자는 위선적 경건이 아니라 덕과 비(非)교조주의적 신을 중요하게 생각하며 이로써 시대의 새로운 기조와 만났다. 중국인에 대한 연설을 볼프의 계몽주의적 태도의 표현으로 파악하고 그것으로부터 볼프의 상을 그려낸 사람은 교수직에 있던 볼프주의자들이 아니라 볼테르였다.

51 *Oeuvres complètes de Voltaire*, éd. par Louis Moland, vol. 18, Paris 1878(Nachdruck, Nendeln-Liechtenstein 1967), S. 156.

§15. 볼프와 중국 1726~54년

볼프는 자신의 책(1726년의 연설 편집본)을 부끄러워하지 않았다. 오히려 그 책을 나중에 많은 저술에서 인용했다. 아래에서 중국적 사유가 볼프의 작품에 끼친 지속적 영향을 남김없이 기술하기란 가능하지 않다. 이제까지 제대로 다루지 못한 주제를 피상적으로나마 처음 다루려 할 때, 이와 관련한 몇몇 구절—특별한 문맥에 대한 고려 없이—이 반드시 언급되어야만 한다. 이들 구절에서 볼프는 자신의 중국인에 대한 연설의 주제들을 계속해서 다루거나 분명하게 자신을 중국과 연관시켰다.

중국인의 덕에 대한 물음은 1726년에 다시 주목을 받게 된다. 왜냐하면 〔볼프에 따르면〕 중국인들과 그들의 위대한 스승 공자는 "덕의 참된 특성과 더불어 자연법칙의 근거와 자연적 구속성"을 통찰했기 때문이다. 중국인들이 "하나님의 속성을 알지 못했고 더욱이 그것을 덕을 위해 응용하지도 못했다"라고 해서 여기서 그들이 '충분히 상세한' 윤리적 개념들을 '갖지 못했다'라는 것은 아니다(*Ausführliche Nachricht* = WW I, Bd. 9, S. 397, §137, S. 564, §201).[52] 상세하지 않은 어떤 개념이 분명하게 (더욱이 명료하게) 드러나는 경우처럼 아래의 〔볼프의〕 1728년 발언은 중국인에 대한 찬양을 반박하는 것처럼 보인다. "그리고 이것에 의해 나〔볼프〕는 경건한 〔종교적인〕 사람과 다른 사람 사이에 얼마나 커다란 차이가 있는가를 보여주었다. 이 다른 사람이란 중국인들의 스승 공자처럼 단순하게 자연적 이성의 추동에 의해 유덕한 행위에 전념하는 사람이다." 그런 까닭에 기독교인과 단순하게 이성에 의해 행위하는 인간의 유덕한 행위

52 인용된 〔볼프의〕 발언들은 이미 1726년의 초판에 들어 있다. 1733년의 제2판은 이에 대해 어떠한 확대나 보완을 포함하지 않았다.

들은 '바깥에서 볼 때' 같아 보이지만, 실제로 그 행위들은 "완전히 다르다"(*Deutsche Ethik*=WW I, Bd. 4, Vorbericht zur 3, Aufl., §6).

여기서 동인(또는 충동)의 문제—이 문제와 관련해 볼프는 중국인에 대한 연설에서 계시의 진리들에 기초한 행위의 우월성과 확실성을 명백하게 보여주었다—가 강조된다면, 중국인들에게도 단순한 외양 이상의 덕이 남아 있어야 한다. 왜냐하면 중국인들에게 속하는 가장 낮은, 아직 완전하지 않은 덕의 등급도 덕이며 단순한 속임수가 아니기 때문이다. 볼프는 『독일어 윤리학』 제3판의 「머리말」에서 이 덕의 형식에 대해 유죄판결을 내린다. 이 판결은 볼프가 세속적 현자(그의 학설은 단순하게 이성적 덕에 제한되어 있다)와 기독교인을 구분하고 아마도 자신이 아주 대단한 기독교도였음을 강조하고 싶었던 것과(a.a.O.) 관련이 있을지 모른다. 그러나 2년 후에(1730) 그는 신학자가 '자연적 덕'을 '그것의 불완전성' 때문에 **'외적 진정성'**으로 특징짓는 것을 정당하다고 여긴다(*Horae*, Bd. 2=WW II, Bd. 34.2, S. 200f., vgl. S. 212). 1750년에는 모든 것이 다르게 들린다. 이제 공자는 '덕의 열정'을 위한 드문 사례로서 언급된다. 중국은 항상 (단순한) 학식보다는 덕을 상위에 놓은 만큼 중국에서는 덕에 대한 최상의 조건들도 존재했었을 것이다. 한 철학자가 덕을 향해 실천을 많이 하면 할수록 그는 더욱 더 중요한 사람으로 여겨질 수가 있었다(*Ethica*, Bd. 1=WW II, Bd. 12, S. 75f., §54). 사실 여기서 부가적 동인들에 대한 (그리고 이에 연관해 암시적으로 보다 높은 덕의 등급들에 대한) 물음을 다시 제기할 수 있다. 그렇지만 이 물음은 결정적이지 않다. 덕에 대한 열정으로 행위하는 자는 분명하게 단순히 외적인, 표면상의 덕보다 더 많은 것을 소유하고 있다. 따라서 여기서 중국에서의 덕에 대한 사랑과 같이 유럽에서는 학문에 대한 사랑이 크다는 점이 기독교적 유럽과 관련해 언급된다(ebd., S. 76). 볼프는 아마도 이 양자를 결합할 수 있기를 희망했었던 것 같다.

또한 아주 다른 강조점이 '70세의 공자'라고 하는 표제어에 놓인다. 〔볼프는〕 1727년에 이렇게 말을 한다. "감각적 욕구와 자기 자신의 의지가 일치하는 것,* 그것은 처음 소년기에서부터 시작하여 지속적으로 노력해 70세의 공자가 마침내 도달한 덕의 아주 드문 등급이며, 그런 한에서 자연적 덕이 될 수 있다"(*Anmerkungen zur Deutschen Metaphysik*＝WW I, Bd. 3, S. 216f., §132). 사실 사도들도 그리스도의 승천 이후 바로 이 등급에 도달했다고 한다(ebd., S. 217). 그러나 공자는 그들과 비교할 때 어떠한 질적 차이도 없다. 이에 반해 1730년에 볼프는 〔공자의 생애에 대한〕 사실의 서술을 변경하지 않은 채 다른 곳에 중점을 두어, 공자가 모든 노력에도 불구하고 70세에 이르러서야 비로소 자연적 의무를 충분하게 행할 수 있게 되었다고 하는 점은 그가 '이성의 빛'을 결여하고 있음을 보여준다고 말한다(*Horae*, Bd. 2＝WW II, Bd. 34.2, S. 211). 여기서 공자 생애의 업적은 사도들이 아닌 모든 사람들에게 해당하는 평범한 모범이며, 오히려 모든 기독교인이 얼마나 쉽게 덕과 함께 하고 그런 모범을 가지고 있는지를 보여줄 뿐이다. 이 점에서 볼프의 주제('기독교적 덕에 근거해 느끼는 기쁨')가 그로 하여금 펜을 잡게 했을 것이다.

이에 반해 1732년에 볼프는 감각적 노력과 이성적 노력의 일치**는

---

* 공자가 『논어』 「위정」(爲政) 편에서, "나이 일흔에 마음이 하고자 하는 대로 하여도 법도에 어긋나지 않았다"(七十而從心所欲不踰矩)라고 했던 말을 의미한다.

** 여기서 '감각적 노력과 이성적 노력'은 'appetitus sensitivus'와 'appetitus rationalis'를 독역자가 번역한 말이다. 독역자는 'appetitus'를 단수는 'Streben'으로, 복수는 'Bestrebungen'으로 번역했다. 'Streben'이나 'Bestrebungen'은 무엇을 얻기 위한 '노력' 또는 '열망', '나아감'으로 번역된다. 독역자가 'Begierde'(욕구) 대신에 'Streben'이라는 번역어를 선택한 이유는 '욕구'가 부정적 의미가 있는 감각적 욕구로 이해되기 때문이다. 볼프 저작의 초창기 번역자인 하겐(G. F. Hagen)은 'appetitus'를 일관

인간이 ('이성의 빛'에 제한하는 것은 여기서 언급되지 않는다) 일반적으로 도달할 수 있는 가장 커다란 완전성에 속한다고 강조한다. 따라서 그 일치는 공자 스스로도 70세에야 비로소 도달했다고 했을 정도로 아주 드문 것이다(*Psychologia empirica*=WW II, Bd. 5, S. 685, §909). 1737년의 〔볼프의〕『자연신학』(*Theologia naturalis*, Bd. 2=WW II, Bd. 8)은 이 주제를 무신론의 문제와 연결한다. 이 주제는 중국인에 대한 연설의 주석 54(중국인들은 혼란스런 신의 관념을 가지고 있다)에서 한 말 대신에 중국인들은 사실 무신론자들(=신을 부인하는 자)은 아니지만, 신에 대한 어떠한 지식도 없었다라고 말한다("simpliciter ignorarunt": S. 390, §427; vgl. 519, §540; "nulla notio": S. 500, §517; 1736년의 『상세한 답변』*Ausführliche Beantwortung*, in WW I, Bd. 21.4, S. 344 참조; 그것에 반해 『자연신학』*Theologia naturalis*, Bd. 2의 S. 494, §580은 공자가 신에 대한 명료한 인식이 없었다고 말하면서, 중국인에 대한 연설을 다시 생각나게 한다). 〔70세에 이르러서야〕 공자가 유덕하게 행위를 할 수 있게 되었음에도 불구하고 중국인에 대한 연설 속 공자는 가능성의 사례로서 쓰인다. 이 덕이 단지 불완전하고 덕의 가장 낮은 등급(ebd., S. 494f.)이라 할지라도, 〔그것에〕 다른 사람들은 결코 도달하지 못했고 공자는 70세에 이르러서야 도달할 수 있었다.

우리가 1738년의 『보편적 실천철학』(*Philosophia practica universalis*, Bd. 1=WW II, Bd. 10)에서 사람은 지속적으로 보다 더 커다란 완전성을 향

해서 'Begierde'로 번역하기도 했다. 그러나 볼프는 'appetitus'를 중립적으로 사용했다. 볼프는 'appetitus'와 관련해 'appetitus sensitivus'는 'sinnliche Begierde', 즉 감각적 욕구로 번역하고 'appetitus rationalis'(이성적 욕구)는 'Wille', 즉 '의지'로 번역하기도 했다(*Ausfuhrliche Nachricht*=WW I, Bd. 9, S. 261). 이 책에서는 독역자의 번역에 따라 'appetitus'를 'Streben', 즉 '노력'으로 번역하려 했지만, 문맥상 어색한 경우가 많고 뜻이 통하지 않는 경우도 있어 볼프의 원문에서는 '욕구'로 통일해 번역했다.

해 방해받지 않고 나아가는 것보다 더 높은 선에 도달할 수 없다고 읽을 때, 보다 높은 완전성 및 보다 높은 〔덕의〕 등급은 단순한 구성처럼 보인다. 공자는 지속적으로 보다 더 커다란 완전성을 향해 나아가는 모범이 된다(S. 294, §374). 여기서 볼프가 1730년에 다룬, 덕에 근거해 느끼게 되는 기쁨이라는 주제가 다시 등장한다. 공자는 ―자기 자신의 훌륭한 행위의 인식에서 흘러나오는― 이 즐거움을 권유하고 처벌에 대한 두려움 또는 보상에 대한 희망을 행위의 동기로 삼는 것을 거부하는 사람이다(ebd., S. 273, §348, vgl. §349; vgl. S. 285, §363; vgl. S. 290, §368). 1739년에 볼프는 70세 공자의 도덕적 업적을 새롭게 강조한다. 이 나라〔중국〕에서 사람들은 유감스럽게도 플라톤적 이념에 속한 것을 한가한 철학자들의 상상력이라고 생각하지만 공자는 그것을 실천으로 옮겼다(*Philosophia practica universalis*, Bd. 2 = WW II, Bd. 11, S. 542f., §584).

도덕철학과 국가철학 이외에도 공자에 대한 언급이 발견된다. 공자가 충족이유의 원리를 알았다고 하는 중국인에 대한 연설의 통찰은 1729년에 『독일어 형이상학』의 제4판(WW I, Bd. 2, S. 17, §30)에 삽입되었고, 같은 해에 『존재론』(*Ontologia* = WW II, Bd. 3, S. 49, §71)에서 반복되었다. 공자는 아르키메데스와 라이프니츠를 대신한다. 볼프가 볼 때, 공자는 자기의 철학과 방법론에 결정적 의미를 지닌, 잘 알려진 그런 근본 원리를 가진 〔철학의〕 아버지 중 한 사람이었다. 볼프는 수미일관한 방식으로 1729년에도 공자에게 '체계적 지성'(intellectus systematicus)을 부여했다(*Horae*, Bd. 1 = WW II, Bd. 34.1, S. 117, 143). ―볼프는 공자를 (아마도) 가장 쉬운 것을 주의해서 다루는 데 성공한 철학자의 모범 사례로서 이용했다(*Psychologia empirica* = WW II, Bd. 5, S. 185f., §254f.; *Philosophia practica universalis*, Bd. 2 = WW II, Bd. 11, S. 598f., §650).

다른 한편으로 볼프는 ―고대 중국 편년사의 철학적 내용과 신빙성

(*Horae*, Bd. 2=WW II, Bd. 34.2, S. 587)에 대한 신뢰 속에서 그리고 쿠플레의 중국 초기 역사의 합리화(*Psychologia empirica*=WW II, Bd. 5, S. 106f., §152)와 연관해서— 진부하게 보이는 중국 원전에서 숭고함을, 무질서에서 질서를, 모순들 속에서 연결점을 발견하는 데(*Ontologia*=WW II, Bd. 3, S. 139, §169; S. 567, §760) 성공했다. 이 점에 한해 볼프는 위대한 공자의 이론에 의지하고 있다. (지금 중국인에 대한 연설의 주제와 같은) 『보편적 실천철학』에 대한 근본적 통찰은 1726년보다 1729년이 더욱 완전하고 올바르다(ebd., S. 567, §760를 보라). 이 근본적 통찰은 사실 공자에게서도 발견된다. 그러나 볼프는 "공자의 '체계적 지성'이 올바르게 생각했던 것"에서부터 처음으로 체계(*Horae*, Bd. 1=WW II, Bd. 34.1, S. 117f.)를 만들어냈다. 그 체계는 명료한 개념으로 구성된다. 따라서 선구자의 학설을 명료한 개념이 될 수 있도록 재생해서 —이것으로 볼프는 원칙적으로 전통에 대한 자신의 관계를 특징짓는다— 개념들이 체계의 질서 속에서 서로 결합될 수 있도록 하는 것이 중요하다. 그러한 선행적 방식의 사례로서 1729년에 볼프는 중국인에 대한 연설을 언급한다(ebd., S. 118).

볼프 자신의 경우에서 볼 수 있는 것처럼(*Ausführliche Beantwortung*, in WW I, Bd. 21.4, [후반부], S. 346) 그 자신의 준칙과 중국인들의 준칙 사이의 일치가 드러날 때, 바로 그 이유로 일치가 우연 이상이며, 〔볼프의〕 고유한 학설이 현실적으로 중국인들이 뜻하는 의미와 일치한다고 먼저 확신해서는 안 된다(*Horae*, Bd. 3=WW II, Bd. 34.3, S. 494). 그러나 내적 일치에 대한 증거가 성공적으로 제시될 때, 다른 한편으로 둘〔볼프의 준칙과 중국인들의 준칙〕 사이의 차이도 분명하게 나타날 것이다. 그래서 볼프는 공자가 자신의 학설을 자신의 '실험'에 기초했다고 새롭게 강조한다. 반면에 볼프는 이 어렵고도 오랜 길을 갈 필요가 없었다. 그는 훌륭하게 근거 지워진 체계에 기초해서 올바른 개념들에 도달할 수 있었기 때문이다(*Horae*, Bd. 2 = WW II, Bd, 34.2, S. 590). 이 1730년의 주장은, 이미 중국인에 대한 연설에서처럼 1739년의 확언, 즉 공자가 사람들이 그들의 고유한 경험에 의해서만 도덕적 진리를 획득할 수 있다는 점을 인식했었다(*Philosophia practica universalis*, Bd. 2 = WW II, Bd. 11, S. 240, §264)는 확언과 대립된다.

볼프의 입장에서, 〔자신과〕 공자에 대한 관계는 서로 득이 되며, 자기의식적이고 개념적으로 조절된 근친성으로서 특징지어질 수 있다. 공자는 볼프에게 종교의 창시자가 아니라 많은 측면에서 모범적인 철학자였다. 볼프는 위협을 당하고 자신의 삶이 위험에 처한 이유로 공자를(*Horae*, Bd. 2 = WW II, Bd. 34.2, S. 378, 399) 박해받고 핍박받은 철학자들의 긴 계열 중 맨 앞에 세우는 데 대해 의심을 품지 않았다. 그 계열의 마지막에서 그는 자기 자신을 본다. "그러나 나는 공자와 함께 한탄할 수밖에 없다. 왜냐하면 나의 학설이 경멸당하기 때문이다"(Wuttke, in WW I, Bd. 10, S. 80; *Horae*, Bd. 2 = WW II, Bd. 34.2, Praefatio 참조). 볼프가 1730년에 공자가 모든 박해에도 불구하고 오늘날까지 중국인들의 기억 속에 살아 있고 거의 신과 같이 숭배되고 있다고 설명했을 때, 그는 자기 자신에 대해서도 생각했었을 것이다(*Horae*, Bd. 2 = WW II, Bd. 34.2, S. 424f.).

그런 까닭에 경건주의자들에 대한 볼프의 자기의식적 등장은 깜짝 놀랄 일이 아니다. 1727년에 볼프는 경건주의자들과 그들의 고아원(이 책, 「독역자 해설」, 77쪽 이하를 보라)에 대한 자신의 논쟁을 첨예화했다. 볼프의 서술에 의하면, 어린이들을 위한 중국의 학교〔소학〕는 동물들을 위한 학교(*Nova Anatome*, S. 30, Anm. 60)라고 하는 랑게의 비난에 대해, 그렇게 아무것도 모르는 사람은 스스로 이 학교에 한번 가보아야 할 것이라고 주장했다(*Anmerkungen zur Deutschen Metaphysik* = WW I, Bd. 3, S. 229f.,

§141). 그리고 위에서(이 책, 「독역자 해설」, 90쪽) 언급된 1736년 랑게의 고발에 대한 『상세한 답변』에서 볼프는 최후의 심판을 경고하는 데까지 나아갔다. 랑게는 —〔그가〕 크게 변하지 않는다면— 공자에 의해 "모욕을 느끼게 될 것이다"(In WW I, Bd. 21.4, [후반부], S. 347). 즉 거룩한 기독교 신학의 대변자가 유덕한 이교도에 의해 모욕을 느끼게 될 것이다.

볼프는 오랫동안 거의 주목을 받지 못했던[53] 1730년의 저술 『철인왕과 통치하는 철학자』(*De rege philosophante & Philosopho regnante*)에서 자신의 국가철학적 사상들을 중국적 사례들을 들어 특히 자세하게 증명한다(*Horae*, Bd. 2 = WW II, Bd. 34.2, S. 563f.). 본질적으로 중국인에 대한 연설에서 했던 발언들이 여기서도 반복된다(예컨대 철인왕 복희와 후계자들의 업적, 환원의 원리에 의한 가족으로서의 국가 형태, 세습적 제위 계승자 대신에 최상의 후계자 선발에 대한 것 등). 이들 발언은 비록 놀라움과 함께 서술되었다고 할지라도, 여기서 중국의 상황을 묘사할 뿐만 아니라 〔볼프 자신의〕 국가철학에 대한 증거 성격도 갖는다. 유감스럽게도 이 주제에 대한 근본적인 작업은 아직 이루어지지 않았다. 물론 이 작업은 직접적인 중국 인용문들[54]에만 국한되어서는 안 될 것이다. 오히려 그것은 볼프 국

53 그러나 새로이 다시 나온 다음의 책을 참조하라. Christoph Böhr, "Erkenntnisgewißheit und politische Philosophie. Zu Christian Wolffs Postulat des philosophus regnans", in *Zeitschrift für philosophische Forschung* 36(1982), S. 579~98.

54 예를 들어 볼프가 어느 정도로 '제왕의 덕'을 열거하는 데 〔기존과는〕 다른 자료들을 사용했는지, 아니면 단순하게 중국에 대한 참조사항을 생략했는지 검토되었어야 할 것이다. 군주는 동일한 행위에 대해 법적 강요가 아니라 스스로 덕스러운 모범을 보임으로써 자신의 신하들에게 의무를 지우게 해야만 한다(중국인에 대한 연설에서처럼 여기서도 "그 군주에 그 신하다"Wie der Herr, so's Gescherr라고 말한다)는 것은 이런 의미에서 볼프가 스웨덴의 왕 프리드리히 1세, 헤센 카셀의 영주 프리드리히 1세를 찬양하기 전에, 물론 중국인들에게서 나타난다(*Horae*, Bd. 3 = WW II, Bd. 34.3, S. 568f.).

가철학 일반에서 그러한 계기들의 의미와 그 결과를 찾아야만 한다. 이는 볼프의 도덕철학에도 해당한다. 1752년에 볼프는 자신의 『윤리학』(*Ethika*)에서 공자의 학설을 철학적으로 근본부터 철저하게 숙고했고("ex intima penitus Philosophia"), 그것을 증명하고 이성의 원칙으로 만들 수 있었다고 설명했다(Kunik, S. 151). 주의해서 보면, 여러 권으로 된 『윤리학』의 어느 곳에서도 중국인들에 대한 언급은 나오지 않는다. 그렇다고 해서 볼프의 이 발언이 윤리학을 염두에 두지 않은 것은 아니다. 오히려 이 발언은 볼프가 『윤리학』 제2, 3, 4권과 함께 (백작 라스모프스키Cyrill Rasumowski에게) 보낸 편지에 나온다. 그의 발언은 편지에서 이 책들을 가리키는 문장 뒤에 바로 나온다. 즉 볼프의 발언은 『윤리학』 전체 및 그것의 원리에 해당한다. 볼프는 자신의 정치적 저술들에서도(ebd., S. 152) 동일한 것을 주장한다. 중국인의 견해에 따르면, 국가의 안녕이 보증되고 확대될 수 있는 동일한 원리들이 이 정치적 저술들에서 흘러나온다. 1721년 볼프가 "중국인들의 도덕과 국가이론을 학문의 형식"으로 가져올 수(이 책, 「독역자 해설」, 51쪽 이하 참조) 있었으면 하고 말했던 희망은 자신이 세상을 떠나기 2년 전에 가장 충분하게 실현되었다고 확신했던 것 같다(이는 볼프 연구가 언젠가 검증해야만 한다). 극동의 진리들은 중국인들 또는 공자가 그때그때마다 세부적으로 거론되지 않고서도 볼프의 체계 속에 보존되어 나타난다.

동일한 것이 『경제학』(*Oeconomica*)에도 해당한다. 볼프는 이에 대해 단지 첫 권만 마무리할 수 있었다. 책은 볼프가 세상을 떠난 해인 1754년에 출간되었다. 그러나 책에서는 볼프가 중국의 관계를 다루는 구절이 보다 많이 발견된다. 1726년 이래의 저작들은 볼프가 노엘과 쿠플레에 힘입어 본질적으로 중국과 공자에 대해 알았다고 확신한 것을 보여준다. 『경제학』에서는 그사이에 새로운 주제가 떠오른다. 또한 새로운 문헌이 언급된다(WW II, Bd. 27, S. 64, §44; 제목은 물론 1668년부터 유래한다). 결코 시들해지지 않았던 볼프의 중국에 대한 관심은 경제학(이는 경제학이라기보다 가정경제, 즉 사회적 제도로서 하인들을 포함한 가족에 대한 이론이다)의 문제 제기에 의해 새롭게 생명을 얻은 것처럼 보인다. 따라서 그는 여기서 노엘(!)의 구절들에 의지해서 중국의 임산부들을 위한 배려(S. 374f., §222)뿐만 아니라 어린이들의 나이에 맞는 교육체계의 문제도 다룬다. 사실 볼프는 나이보다는 발전 단계에 따른 교육을 하는 것이 더 올바르다고 생각했다. 그럼에도 중국의 방법은 비난할 수가 없다(S. 389, §233). (볼프는 그의 의도가 실제로 중국의 검증체계와 얼마나 일치하는지 몰랐다.) 볼프는 신랑이 신부의 부모에게 돈을 지불해야 하는 중국의 신부 매매에 대해 어떤 평가도 하지 않고 간단하게 이를 유럽에서 신부의 부모가 결혼을 가능하게 하기 위해 〔신랑 측에〕 주는 지참금에 비유했다(S. 76, §51).

이에 반해 볼프는 단순하게 출생에 의해 특권을 가지는 귀족들의 문제[55]를 다루었다. 그러한 특권은 자연권에 토대를 둔 것이 아니고 실증적인 시민적 법에 의해 가능한 것이며, 따라서 신분에 맞지 않는 결혼의 제한이 합법적일 것이라는 점이 §44에서 설명된다. 그러나 솔직한 공감과 함께 중국적 사례가 그것에 대한 대조로 제시된다. 중국에서 황제는 자신의 부인을 보통의 백성에서 찾곤 했다(S. 64). 이 사례는 §49에서 더욱 강렬하게 작용한다. 결혼 상대자를 우리는 결혼의 행복과 관련해서 찾아야 하지 신분에 따라 찾지 말아야 한다. 중국인들이 개인의 덕을 결정적인 것으로 여기고 출신에 대해 아무런 의미도 부여하지 않았을 때, 중국인들은 옳았다(S. 71f.). 출생의 특권이 아니라 훌륭한 **교육**(§177)을

55 1745년에 볼프 자신은 제국의 세습 남작 지위로 상승했다. Gottsched, in WW I, Bd. 10, S. 124 참조.

부모가 자식들에게 해주어야만 한다. 중국인들은 귀족의 칭호가 단지 개인적 업적에 의해서만 주어진다는 것을 알고 있었다. 귀족 칭호는 상속되는 것이 아니며 따라서 자식들에게 함께 부여되지 않지만 귀족이 된 사람의 아버지에게는 부여된다. 그 귀족 칭호는 아버지가 자식을 훌륭하게 교육해 얻게 된 것이기 때문이다. 이 방향은 우선적인 방식으로 자연권에 상응한다(S. 294f.; S. 353f., §212 참조). 볼프의 교육 파토스 및 그의 귀족에 대한 비판은 중국적 사례가 유럽적 정신에 대해 얼마나 효과적인가를 결국 또 한 번 증명해준다. '교육적 세기'는 1789년 프랑스혁명에서 귀족의 칭호와 특권을 폐지했다. 18세기가 중국을 주목하지 않았더라도, 확실히 그런 일은 발생할 수 있었을 것이다. 그렇지만 〔유럽에 끼친〕 중국의 영향을 잊는다면, 17~18세기 유럽의 정신사는 불충분하게 서술될 수밖에 없을 것이다.

1. 편집본(Ausgaben)

볼프는 논란이 많은 1721년 7월 12일 〔할레 대학〕 부총장 연설을 출판하는 것에 대해 오랫동안 망설여왔다. 그 중요한 이유는 인쇄에 앞서 연설문을 검사할 수 있게 제출하라는 〔대학〕 신학부의 요구 때문이었을지도 모른다(Ludovici, Bd. 1, S. 57~59.=Zedler, Bd. 58, Sp. 636f. 참조). 볼프가 연설문을 간행하기로 결정적인 자극을 받은 것은 1725년에 나온 아래의 무단 인쇄물 때문이다.

P POMUM ERIDIS,/ *HOC EST*,/ DE SAPIENTIA SINENSIUM/ ORATIO,/ *IN SOLEMNI PANEGYRI*,/ QUUM/ FASCES PRORECTORALES/ SUCCESSORI TRADERET,/ IN IPSO FRIDERICIANAE NATALI XXIIX./ DIE XII. IVLII A.R.S. MDCCXXI./ RECITATA/ A/ CHRISTIANO WOLFIO/ ... / ROMAE, / Cum Censura & Approbatione S. Officii Inquisitorii/ A. O. R. MDCCXXII./ RECUSA TREVOLTII,/ Cum Consensu Societatis Jesu/ apud JOANNEM BOUDOT,/ *Bibliopolam Regium*

& *Acad. Scientiarum Reg. Ordinarium.*/ ANNO MDCCXXV. —26 S.(unpag.).

P 불화의 사과*/ 즉/ 중국인의 지혜에 대한 연설/ 프리드리히 왕 탄생 28주년인/ 서기 1721년 7월 12일에/ 부총장의 권한을/ 후임자에게 넘겨주는/ 축하 모임에서 있었던/ 크리스티안 볼프의 강연/ 〔로마의〕 이단심문소의 검열 및 승인과 함께/ 서기 1722년/ 예수회의 동의와 함께/ 트레부에서 인쇄됨./ 왕실 과학 지식과 일반 서적 판매업자/ 장 부도(Jean Boudot) II,/ 1725년. —26쪽(unpag.).

이 (희귀한) 편집본과 관련하여 또 다른 판본(Auflage)도 있다. 이 판본은 앞서 언급한 편집본과 단지 축약된 제목만 다를 뿐이다. 축약된 제목에는 '불화의 사과'(Zankapfel〔=Pomum eridis〕)라는 것만 빠져 있고, "DE/ SAPIENTIA SINENSIUM/ ORATIO/ *IN SOLEMNI PANEGYRI*"라는 표제는 위와 같았다. 모든 당대 사람들이 이 편집본만을 언급하는 것으로 봐서는 '불화의 사과' 편집본이 좀 더 오래된 것으로 보인다.

〔위 무단 인쇄물의〕 표제에 쓰인 정보는 의심할 여지 없이 사실에 부합하지 않으며, 오히려 개신교 독자들에게 볼프가 교황주의자이며 예수회의 총아라는 점을 보여주려 하는 밀고문(密告文) 모음집이다. 이 표제는 이른바 로마에서 초판 인쇄를 했다고 알려주지만, 물론 초판의 책은 존

---

* 그리스 신화에 나오는 불화의 여신 에리스가 바다의 여신 테티스와 테살리아의 프티아 국왕 펠레우스가 결혼할 때 그들에게 선물로 주고 간 황금사과. 이 황금사과로 상징되는 미의 여신 자리를 놓고 헤라·아테나·아프로디테 세 여신이 경쟁하고, 아프로디테가 미의 여신이 된다. 이때 심판을 본 트로이아의 왕자 파리스로 인해 트로이아 전쟁이 일어나게 된다.

재하지 않았다. 볼프의 적대자 요아힘 랑게는 연설문이 '작년', 즉 1725년에 출간되었다고 확신에 차서 1726년 자신의 〔연설문〕 편집본 「머리말」(아래를 보라)을 시작한다. 물론 로마의 '초판 인쇄'라는 정보는 랑게도 활용하지 못했다. 표제의 정보는 로마 그리고 종교재판소와 연관을 지어 볼프를 밀고의 대열에 끼워놓고자 하는 목적을 띠었다. 알 수 없는 편집자는 종교재판소가 출판 허가권이 전혀 없음을 모른 것처럼 보인다.

'재인쇄'의 장소로 〔프랑스〕 트레부가 선택된 까닭은 거기서 예수회의 학술 잡지 『트레부 저널』(*Journal de Trévoux*)이 발간되고 있었기 때문이다. 아마도 편집자는 모든 사람이 이 사실을 잘 모른다고 생각했던 것 같다. 그래서 그는 재인쇄본에다가 이른바 '예수회의 동의'라고 덧붙여놓았다. 아마도 볼프가 (그의 편집본 「머리말」, 주석 a에서) 행한 것은 옳았을 것이다. 앞 표제의 정보는 1723년 볼프의 한 저작에 대한 일종의 반박이었기 때문이다. 볼프는 이 저작에서 라이프니츠의 국제적 명성을 입증하기 위해 『트레부 저널』의 판단을 증거로 끌어들였었다. 라이프니츠와 『트레부 저널』은 그것(『트레부 저널』의 판단)을 넘어서 오래전부터 좋은 관계에 있었다. 라이프니츠는 이미 1701년에 세 편의 기고문을 보내 『트레부 저널』에 참여했었다.

장 부도(Jean Boudot II)는 〔P, 즉 1725년의 무단 인쇄물을〕 사실 트레부가 아니라 파리에서 인쇄했다. 프랑스 아카데미의 출판인쇄업자로서 그는 라이프니츠에 대한 찬양의 글을 썼던 프랑스 아카데미의 비서 퐁트넬(〔Bernard Le Bovier de〕 Fontenelle)과 연락선을 구축하고 있었다. (라이프니츠에 대한 퐁트넬의 이 글은 부도에게서가 아니라 다른 곳에서 인쇄되었다.) 볼프는 라이프니츠에 대한 찬사를 1723년에 증거로 (그의 〔편집본〕 「머리말」, 주석 b 참조) 내세웠었다. 그러므로 그 〔표제의〕 정보들은 아마도 볼프의 연설 발언에 대한 반응이었을 것이다. 아무튼 P는 독일 이외의 어떤 곳에서도 인쇄되지 않았다.

유감스럽게도 루도비치(앞의 책, 같은 곳)는 이 표제의 정보들을 맹신했다. 게다가 1722년 초판본의 포맷(Quart, 4절판)이라는 말을 추가했다. 그러나 소문 이외에 단지 P의 표제만 그에게 제시되었을 수 있다. 왜냐하면 다른 모든 정보가 여기에서 다시 발견되기 때문이다. 이에 반해 루도비치는 결코 1726년 볼프의 「머리말」을 충분하게 검토하지 않았다. 그럼에도 그의 서술은 항상 받아들여졌다.

P의 표제는 아주 잘못되었지만, 한편으로 그 연설 텍스트의 인쇄는 아주 정확하다. 이는 그 연설 텍스트가 볼프의 연설 동안에 듣고 작성된, 하나 또는 여러 개의 세심한 녹취에서 나왔음을 아주 분명하게 보여준다. 볼프에 반대하기 위해 할레의 경건주의자들은 밀고하려는 목적에서 연설 녹취를 빈번하게 이용했다(이 책, 「독역자 해설」, §11 참조).

볼프는 곧바로 '불화의 사과'의 출간에 반응했고, "이것을 자신의 작품"으로 인정하지 않는다고 천명했다. 『1725년 그해의 학술적 사실에 대한 새로운 신문』(*Neue Zeitungen von Gelehrten Sachen des Jahrs*) 및 〔신문의〕 다른 부분의 795쪽(10월 15일)도 보라. 동시에 볼프는 "주석을 단 자신의 연설이 인쇄에 들어갔다"라는 것을 알렸다(ebd.). 좀 더 정확히 말하면, 이는 사실에 부합하지 않는다. P의 출간으로 비로소 볼프는 자신의 연설을 편집해 출판하려고 마음먹었기 때문이다. 그러나 가능한 한 독자들로 하여금 '불화의 사과'를 사서 이용하지 못하도록 하려는 그의 의도를 이해할 수 있다. —랑게도 볼프의 발표를 읽고 그의 편집본이 전혀 인쇄되지 않았음을 정확하게 짐작했다. 랑게는 P의 텍스트를 아주 파렴치한 것으로 여겼다. 그래서 그 때문에 무엇보다 볼프가 '개선된' 텍스트를 제시하고자 자신의 편집본을 출간하려 한다고 생각할 수밖에 없었다(랑게, 「머리말」, S. 4f. 참조). 이렇게 해서 볼프뿐만 아니라 동시에 랑게도 연설문 편집본 수정 작업에 착수했다. 랑게는 가능한 한 볼프에 앞서서 대중들에게 새롭게 수정된 인쇄물을 통해 P의 텍스트를 연설 당시 글자 그대로의 원문으로서 확고하게 제시하고자 했다. 그럼에도 볼프가 더 일찍 작업을 마쳤다. 볼프는 아주 서둘러서 작업을 했다. 그는 신년 축하 인사를 쓰는 것조차 미루어놓았다. "왜냐하면 나는 중국인들에 대한 나의 연설을 끝마칠 수 있을 것이라고 생각했기 때문이다. 그러나 그것〔수정된 인쇄물〕은 한 주와 또 한 주를 더 기다려야 할지도 모른다"(퀴프리안에게 보내는 1726년 1월 10일자 편지: Wotschke, S. 61; ebd., 1725년 11월 5일자 편지 말미 참조). 볼프는 이미 1726년 1월 19일(「머리말」의 날짜)에 작업을 완료했고 2월 21일에 인쇄가 끝났다고 알릴 수 있었다(『1726년 그해의 학술적 사실에 대한 새로운 신문』 제1부, 138쪽; "바로 여기 안드레이 서점에서 완성되었다. ……"(위 LXIX쪽 참조)).

W CHRISTIANI WOLFII,/ ... / ORATIO/ DE/ SINARUM PHILOSOPHIA/ PRACTICA,/ IN SOLEMNI PANEGYRI/ RECITATA,/ CUM/ *IN IPSO ACADEMIAE HALENSIS/ NATALI XXVIII, d. XII. Julii A.O.R.* 1721./ FASCES PRORECTORALES SUCCESSORI/ TRADERET,/ NOTIS UBERIORIBUS ILLUSTRATA./ *FRANCOFURTI* ad *MOENUM*, MDCCXXVI./ Apud Joh. B. Andreae & Henr. Hort. —Vorwort: 6 S.(unpag.) 112 S.

W 크리스티안 볼프/ …… / 1721년 7월 12일, 할레 대학 개교 28주년에 부총장의 권한을 후임자에게 넘겨줄 때/ 축하 모임에서 행했던/ 중국인의 실천철학에 대한 연설을/ 상세한 주석과 함께 해명을 하다./ 프랑크푸르트 암 마인, 1726년./ 요한 B. 안드레아와 하인리히

호르트 출판사. —「머리말」 6쪽(unpag.)과 112쪽.

이 연설 텍스트 인쇄본이 분명 P가 아니라 할지라도, 그 차이는 단지 미미한 정도이다. (텍스트 구성 및 독법을 비교하라.) 실제로 '상세한 주석'(Kunik, S. 70)은 — 적어도 축어적으로 — 1721년의 연설 내용 중 아무것도 철회하지 않았다(이 책, 「독역자 해설」, §13 참조). 볼프는 자기의 중국에 대한 지식이 기초하는 두 원천이 예수회 선교사들에게서 나왔다는 사실을 결코 숨기지 않았다. 여백(가장자리에 설정된 중간 제목들)을 통해 연설 텍스트는 분류되었고 그 의미가 강조되었다. — 적어도 한 달 뒤에 랑게의 편집본이 출간되었다.

Lange NOVA/ ANATOME,/ SEU/ IDEA ANALYTICA/ SYSTEMATIS METAPHYSICI/ WOLFIANI,/ ... / CUI E SPECIALI CONSILIO ET CONSENSU/ *ORDINIS THEOLOGORUM IN ACAD. FRIDER. PRAEMITTITUR/* ORATIO/ *DE/ SAPIENTIA SINARUM/ CONFUCIANA,/* ... / NOTIS ELENCTICIS/ UBERIORIBUS INSTRUCTA:/ AC SUBIUNGITUR / *EPICRISIS IN NOTAS/* ISTIUS ORATIONIS WOLFIANAS,/ AUCTORE/ D. JOACHIMO LANGIO,/ ... / *FRANCOFURTI ET LIPSIAE/* IN BIBLIOPOLIO KNOCHIANO MDCCXXVI. — Vorwort: S. 3~8, 174 S. ; S. 1~62: Wolffs Rede mit Langes Anmerkungen, S. 159~74: Langes Beurteilung der Anmerkungen Wolffs.

랑게 새로운 해부/ 또는 볼프의 형이상학적 체계에 대한 분석적 사고,/

…… / 프리드리히 아카데미 신학부의 합의와 특별위원회 위원들에게 보냄/ …… / 상세하게 준비된/ 반박의 주석과 함께/ 그리고 볼프의 연설의/ 주석에 대한 비판적 판단과 함께/ 공자의/ 중국인의 지혜에 대한/ 연설/ …… / 저자 요하임 랑게,/ 프랑크푸르트와 라이프치히/ 크로치아노 출판사/ 1726년. —「머리말」 3~8, 174쪽; 1~62쪽: 랑게의 주석이 딸린 볼프의 연설, 159~74쪽: 볼프의 주석에 대한 랑게의 판단.

그러므로 랑게는 중국인에 대한 연설만 다루지 않았다. 책의 주요 부분에서 그는 볼프 체계의 비판적 해부(Anatomie)를 시도했다. 그는 연설 텍스트를 글자 그대로 P에서 가져왔고, ('공자의'CONFUCIANA라는 말만 보완해서) 표제만 약간 바꾸었다. 광범위한 주석들은 대개 볼프의 무신론적 입장을 대변한다(이 책,「독역자 해설」, §14 참조)는 방향으로 흘러갔다. 인쇄 과정에서 —(2월 말이라고 날짜가 적힌)「머리말」은 먼저 인쇄에 들어갔다— 볼프는 랑게가 아주 깜짝 놀랄 정도로 거의 P와 같았던 자신의 편집본을 출간했다. 더욱이 연설의 주석들에서 '교리적 논란'(「머리말」 137쪽 이하 주석 a), b), c))을 더욱 증폭시켰다. 그러므로 랑게는 볼프의 주석들을 인쇄하지 않은 채, 재빨리 그것에 대한 비판을 덧붙였고 볼프의 표제지를 보완했다. 랑게가 시간에 쫓기지 않고 볼프의 주석들을 수용했었더라도, 그는 그 내용에 최악의 의구심을 표출했을 것이라고 가정해도 좋다. 따라서 볼프가 자신의 주석이 '아무에게도 알려지지' 않도록 하기 위해 랑게가 자신의 주석을 빠트렸다는 주장은 올바르지 않다(*Ausführliche Beantwortung*, in WW I, Bd. 21.4, [후반부], S. 343). 그 주장은 또한 볼프가 "랑게의 비방 때문에 어쩔 수 없이" 자신의 연설을 인쇄했다는 말과도 맞지 않는다(ebd.). 〔요컨대〕 볼프로 하여금 자신의 편집본을 내도록 동기 유발을 한 것은 '불화의 사과'의 출판이었다.

M Christiani Wolfii, .../ Oratio de Sinarum Philosophia practica, in solemni pane-/ gyri recitata, cum in ipso Academiae Halensis natali 28. d./ 12. Julii A.O.R. 1721. fasces prorectorales successori/ traderet, notis uberioribus illustrata. In: Christian Wolff, MELETEMATA/ MATHEMATICO-PHILOSOPHICA/ ... / QUIBUS ACCEDUNT/ DISSERTATIONES/ ... / HALAE MAGDEBURGICAE/ IN BIBLIOPOLEO RENGERIANO/ MDCCLV(=WW II, bd. 35), Sect. III, S. 22~126.

M 크리스티안 볼프, …… / 할레 대학 탄생 28주년인/ 서기 1721년 7월 12일에/ 부총장의 권한을/ 후임자에게 넘겨주는/ 축하 모임에서 행한/ 중국인의 실천철학에 대한 연설을/ 상세한 주석으로 해명하다. 크리스티안 볼프, 학위논문으로 제출된/ 수학-철학 에세이/ …… / 마그데부르크 할레/ 렝거 서점/ 1755년. (=WW II, Bd. 35), Sect. III, S. 22~126.

M은 볼프의 사후 1년 뒤에(1755년) 출간되었고, (여기저기 맹종적으로) W의 충실한 복제가 되기 위해 노력했다. 1726년의 난외주는 더 이상 텍스트 가장자리에 있지 않고 그 중간에 삽입되었다. 수많은 인쇄 오류가 교정되었지만 다수는 그대로 수용되었고, 새로운 인쇄 오류가 다수 발생했다. 볼프의 「머리말」 뒤에는 보다 중요한 주석들의 목차가 삽입되었다(S. 25~27). 이 목차는 쪽수 매김을 대충 했고 내용적으로 중대한 오해를 포함하고 있었다. 예를 들어 (볼프 주석 78에 대한) Nr. 69와 Nr. 74를 비

교하라. 이 목차에 대한 표제(überschrift)에서 중국인에 대한 연설은 대문자로 1723년으로 기록되었다(S. 25). 이 오류는 다음과 같은 결과를 낳았다. 22쪽과 24쪽의 머리표제가 정확하게 "DE ANNO 1721"(1721년부터)라 쓰여 있다면, 26쪽부터는 계속해서 "DE ANNO 1723"(1723년부터)으로 되어 있다. 말할 것도 없이 아주 뒤죽박죽이 된 볼프의 중국인에 대한 연설에 대한 편집사는 이 〔편집의〕 오류가 지속적이고, 완전히 불필요한 분규를 일으켰음을 알게 해준다.

2. 번역

Hagen Rede/ von der/ Sittenlehre/ der/ Sineser. In: Herrn Christian Wolffs,/.../ Gesammlete/kleine philosophische/ Schriften,/ Sechster ... Theil,/ aus dem Lateinischen übersetzt,/ ... / von/ G.[ottlieb] F.[riedrich] H.[agen] .../ HALLE, im Magdeburgischen, 1740./ Zu finden in der Rengerischen Buchhandl. (=WW I, Bd. 21.6), [전반부], S. 1~320.

하겐 중국인의/ 실천철학/ 에 대한/ 연설. 크리스티안 볼프 씨의/ ……/ 철학 저작 소전집 …… 제6부/ 라틴어에서 번역된/ …… / 고틀리프 프리드리히 하겐/ 마그데부르크 할레, 1740./ 렝거 서점에서 찾을 수 있음. (=WW I, Bd. 21.6), [전반부]. S. 1~320.

이 번역도 따로따로 출판되었을 것이다. 그러나 이 판본은 구입할 수 없었다. —W 자료를 보완하는 번역자의 몇몇 언급이 달린 고틀리프 프리드리히 하겐(Gottlieb Friedrich Hagen)의 완전한 번역은 의미 있는 업적이다. 하겐은, 〔자신의〕 다른 번역과 마찬가지로, 적절한 추론을 하면서 라틴어를 독일어로 번역할 때의 문제와 요구들을 철저하게 고려했다(die Vorreden in Bd. 1 und 2=WW I, Bd. 21.1 u. 2 참조). 이 점에서 바이로이트 김나지움의 철학 교수 하겐의 지식이 설득력 있는 것으로 드러났다. (무엇보다 볼프의 덕택으로) 이 시대에 비로소 독일의 학문언어가 생겨난 것은 하겐의 책임이 아니다. 그러니까 하겐은, 포르마이(Formey, 아래를 참고하라)와 다르게, 독일어 텍스트를 종종 한눈에 알아볼 수 없게 만드는 라틴어 문자 구성을 가능한 한 살리려 노력했다. 그리고 그는 거의 모든 단어를 독일어로 번역했다. 예를 들어 'collega'(동료)는 'Kollege'(동료)가 아니라 'Amtsgehülfe'(직장 동료, 312쪽) 또는 'Mitgehülfe'(동업자, 316쪽)로 번역했고, 'interpres'(해석자)는 'Interpret'(해석자)가 아니라 'Ausleger'(주석자, 177쪽)로, 'metaphysica'(형이상학)는 'Hauptwissenschaft'(주요 학문, 94, 145쪽과 여러 곳)으로, 'Ontologia'(존재론)는 'Grundwissenschaft'(근본 학문, 6쪽과 여러 곳)로, 'hypothesis'(가설)는 'Meinung'(견해, 의견, 11쪽) 또는 'willkührlicher Satz'(자의적 명제, 12쪽)로, 'methodus'(방법)는 'Lehrart'(교수법, 5쪽과 여러 곳)로, 'philosophia practica'(실천철학)는 'Sittenlehre'(윤리론) 또는 'ausübende Weltweisheit'(실행적 철학, 222쪽과 여러 곳)로, 'systema'(체계)는 'Lehrbegriff'(학설적 개념, 291쪽과 여러 곳)로, 'Theologus'(신학자)는 'Gottesgelahrter'(신에 대해 학식 있는 자, 95쪽), 'Apostolus'(사도)는 'Mundbote'(말씀의 전령, 145쪽)로, 'res astronomicae'(천문에 대한 것)는 'Astronomie'(천문학)가 아니라 'Sternsehekunst'(별을 보는 기술, 32쪽)로, 'mathesis'(보편(수)학)는 'Mathematik'(수학)이 아니라 'Meßkunst'(측정 기술, 5쪽 여러 곳)로,

'microcosmos'(소우주)는 'kleine Welt'(작은 세계)로, 'macrocosmos'(대우주)는 'grosse Welt'(커다란 세계, 176쪽과 여러 곳) 등으로 번역했다. 오늘날의 독자는 해당 개념들을 다시 번역해야만 할 것이다. 물론 하겐의 독일어는 예를 들어 222쪽의 "statt einer Probe"(한 시험 대신에 = als Probe 시험으로서)과 "Wie ich zu mehrern Jahren gekommen bin"(수많은 세월에 걸쳐 내가 도달했던 것처럼), "gröser worden"(보다 크게 되었다) 등에서 볼 수 있는 것처럼 정서법과 구두법에서만 아주 낡은 것이 아니다.

Christian Wolff, Rede von der Sittenlehre der Sineser. In: Das Weltbild der deutschen Aufklärung, hrsg. von Fritz Brüggemann(Deutsche Literatur in Entwicklungsreihen, hrsg. von Heinz Kindermann. Reihe Aufklärung, Bd. 2.), Leipzig 1930(Nachdruck, Darmstadt 1966), S. 174~95.

크리스티안 볼프, 중국인의 윤리론에 대한 연설, 『독일 계몽주의의 세계상』, 프리츠 브뤼게만 편집(발전 시리즈의 독일 문헌, 하인츠 킨더만 편집, 계몽 시리즈 제2권, 라이프치히 1930(영인본, 다름슈타트 1966), 174~95쪽.

하인츠 브뤼게만(Heinz Brüggemann)은 하겐의 번역에서 〔볼프의〕 1721년 연설 텍스트를 (「머리말」, 난외주와 주석 없이) 떼어냈다. 그리고 〔사람들에게〕 알리지도 않은 채, 마지막에 있는 신임 부총장의 취임사는 생략해버렸다(Hagen, S. 310~ 20). 텍스트는 정서법상 때로 아주 가볍게(일례로, 178쪽의 'funffzehenden'은 'funfzehenden'으로, 'seye'는 'seie'로, 'Glükseeligkeit'는 'Glückseeligkeit'로) 그러나 대개는 보다 강하게 현대화되었다. 하겐의 오류는(일례로, 186쪽과 192쪽에 'Noël'이 아니라 'Noel'로, 193쪽에 'Lieu'가 아니라 'Lien'으로) 그대로 수용되었다. 편집자의 간략한 서론(S. 174, S. 14도 참조)은 아주 빈약한 문헌 보고를 제시한다. 이 문헌 보고에서 M은 (〔출간일이〕 1755년이 아니라) 1765년으로 기록되었고, 하겐은 이를 한 번도 언급하지 않았다.

Formey DISCOURS/ SUR/ LA MORALE/ DES/ CHINOIS,/ PAR MONSIEUR/ WOLFF. (Mit eigener Zählung in:) LA/ BELLE/ WOLFIENNE,/ TOME SECOND,/ AVEC UN DISCOURS SUR LA/ MORALE DES CHINOIS,/ TRADUIT DE MR./ WOLFF./ A LA HAYE./ ... / MDCCXLI(In: WW III, Bd. 16.1). —Avis sur ce Discours: 4 S.(unpag.), 76 S.

포르마이 볼프 씨에 의한/ 중국인의 도덕에 대한 연설. (그 자신의 숫자 매김과 함께 『훌륭한 볼프 철학』, 제2권. 볼프 씨에 의해 번역된 중국인의 도덕에 대한 연설과 함께./ 헤이그/ …… / 1741(In: WW III, Bd. 16.1). —이 연설에 대한 리뷰는 4쪽(unpag.), 76쪽.

하겐 이후 1년 뒤에 요한 하인리히 사무엘 포르마이(Johann Heinrich Samuel Formey, 1711~97)가 〔볼프의 1721년 연설〕 프랑스어 번역본[1]을

---

1 중국인에 대한 연설의 영어 번역본*은 존재하지 않는다. 그럼에도 이 프랑스판 번역은 실수로 영국 박물관의 1955년까지 출판된 도서목록 일반의 볼프-문헌에 수록되었다. *British Museum General catalogue of Printed Books to 1955. Compact Edition*, New York 1967, vol. 27, p. 411(Spalte 189).

* 영어 번역본은 이 알브레히트 교수의 편집본에 기초해 1992년에 나왔다. 영어 번역본에서는 볼프의 주석을 온전히 다 번역해놓지 않았다. Julia & Willard G. Oxtoby, *Moral Enlightment: Leibniz and Wolff on China*, Nettetal: Steyler Verlag 1992.

출간하였다. 이 번역 역시 W에 기초했다. 이 번역은 볼프가 의도했던 의미를 재현하려 했음에도, 하겐의 번역보다 더 자유롭고 더 유려했다. 포르마이는 하겐과는 다르게 'Sistême', 'Astronomie'(2쪽 이하), 'Microcosme', 'Macrocosme'(19쪽), 'Philosophie Pratique'(58쪽) 등과 같은 말을 사용했거나 사용할 수 있었기 때문에 번역하기가 수월했다. 물론 볼프의 주석은 그것이 필요한 한에서 아주 빠듯하게 제시되었지만, 가끔 예리하게 정리되어 제시되기도 했다. 구석의 괄호에서 번역자의 몇몇 해설과 지시사항이 발견된다. 이렇게 주석의 나머지 텍스트는 포르마이가 정식화했던 것과 같은 번역의 모습을 띠게 된다. 포르마이의 번역은 볼프의 「머리말」을 포함하지 않았고, W의 104쪽까지만 번역해놓았다. 따라서 이 번역은 원텍스트를 브뤼게만(의 번역)보다 더 많이 생략했다.

Jargow ... Herrn Wolfs Rede/ Von der/ Sittenlehre der Chineser. In: Die/ Schöne/ Wolfianerin./ Zweytes Bändgen: / Nebst/ HERRN/ Christian Wolfs/ ... / Rede/ Von der/ Sittenlehre der Chineser,/ Ins Deutsche übersetzet/ Und mit/ Anmerkungen/ Versehen/ Von/ C.[hristoph] G.[eorg] J.[argow]./ ... / Frankfurt und Leipzig, 1741, S. 77~168.

야르고프 … 볼프 씨의 중국인의 윤리론에 대한 연설. 『훌륭한 볼프 철학』 제2권./ 주석과 함께 크리스토프 게오르크 야르고프가 독일어로 번역한/ 크리스티안 볼프 씨의 중국인의 윤리론에 대한 연설과 더불어./ …… / 프랑크푸르트와 라이프치히, 1741, 77~168쪽.

이 번역은 포르마이와 같은 해에 출간되었다. 번역은 눈에 띌 정도로 단순히 포르마이에게만 의지했다. 예비적 보고(77~79쪽)는 단순히 포르마이 '견해'의 번역이다. 이 견해는 나중에(79~84쪽) 루도비치(§5의 8~10쪽과 §67의 57~59쪽)에게서 나온 해당되는 두 구절을 게재했어도 분명하게 드러나지 않는다. 84쪽에서는 (추가적 주석은 빠진 채) 포르마이의 완전한 텍스트에 대한 충실한 번역이 시작된다. 포르마이의 오류(예컨대 132쪽의 'Hutter'가 아니라 'Hutten')와 오해를 살 만한 어법(예컨대 161쪽의 일치신조에 대한 것)이 그대로 수용되었다. 이것들은 동시에 번역자의 부족한 교육을 증명해준다. 번역자가 법학자 크리스토프 게오르크 야르고프(Christoph Georg Jargow)라는 것은 마찬가지로 1741년에 편집된 책의 제목에서도 나온다. 이 책은 의심할 여지 없이 야르고프가 편집한 것이며, 책에는 다시 약호 'C. G. J.'가 등장한다(Burkhard Gotthelf Struve, *Discurs vom Uhrsprung, Unterschied und Gerechtsahmen der Land-Stände in Teutschland* ... herausgegeben von C. G. J., Hamburg 1741).

CHRISTIANI WOLFII.

CONSIL. AULICI HASSIACI, MA-
THEMATUM AC PHILOSOPHIÆ PROFES-
SORIS PRIMARII IN ACADEMIA MARBURGENSI,
PROFESSORIS HONORARII IN ACAD. SCIENT. PE-
TROPOLITANA, SOCIET. REG. BRIT. & BOR.
SODALIS,

ORATIO

DE

SINARUM PHILOSOPHIA PRACTICA,

IN SOLEMNI PANEGYRI
RECITATA,

CUM

IN IPSO ACADEMIÆ HALENSIS
NATALI XXVIII. d. XII. Julii A.O.R. 1721.

FASCES PRORECTORALES SUCCESSORI
TRADERET,

NOTIS UBERIORIBUS ILLUSTRATA.

FRANCOFURTI ad *MOENUM*, MDCCXXVI.

Apud JOH. B. ANDREÆ & HENR. HORT.

CHRISTIANI WOLFII,
CONSIL.AULICI HASSIACI, MA-
THEMATUM AC PHILOSOPHIAE PROFES-
SORIS PRIMARII IN ACADEMIA MARBURGENSI,
PROFESSORIS HONORAII IN ACAD. SCIENT. PE-
TROPOLITANA, SOCIET. REG. BRIT. & BOR.
SODALIS,

ORATIO
DE
SINARUM PHILOSOPHIA
PRACTICA,

IN SOLEMNI PANEGYRI
RECITATA,

CUM
IN IPSO ACADEMIAE HALENSIS
NATALI XXVIII. d. XII. Julii A. O. R. 1721.
FASCES PRORECTORALES SUCCESSORI
TRADERET,
NOTIS UBERIORIBUS ILLUSTRATA.

FRANCOFURTI ad MOENUM, MDCCXXVI.
Apud Joh. B. Andreae & Henr. Hort.

헤센 추밀고문관, 마르부르크 대학 수학과 철학의 제1교수,
상트페테르부르크 과학 아카데미의 명예교수, 영국 왕립학회,
프로이센 왕립학회의 회원인

크리스티안 볼프[1]가

1721년 7월 12일, 할레 대학 개교 28주년에
부총장의 권한을 후임자에게 넘겨줄 때,

축하 모임에서 행한

중국인의 실천철학에 대한 연설을
(Oratio de Sinarum philosophia practica)

상세한 주석으로 해명하다.

프랑크푸르트 암 마인 1726년

요한 B. 안드레아와
하인리히 호르트(Joh. B. Andreae und Heinr. Hort.) 출판사

1 크리스티안 볼프는 프로이센 왕국에서 추방당한 후, 1723년 말에 헤센-카셀의 영주 카를 1세에 의해 헤센-카셀 대공의 추밀고문관 및 마르부르크 대학의 철학과 제1교수와 수학 공직 교사로서 승인되었다(Ludovici, Bd. 2, S. 110). 1725년에 예카테리나 1세는 볼프가 제안된 부총장 자리를 거절하자, 그에게 상트페테르부르크 아카데미의 명예교수직(Honorarprofessur)을 수여했다(Gottsched, in WW I, Bd. 10, S. 77). 볼프는 약 1710년 이래로 영국 왕립학회 회원이었으며, 1711년부터는 베를린 아카데미(프로이센 왕립학회)의 회원이기도 했다(ebd., S. 33f.). 할레의 프리드리히 대학은 대학 설립자, 즉 브란덴부르크 선제후 프리드리히 3세(1701년부터 〔프로이센〕 국왕 프리드리히 1세)의 37번째 생일인 1694년에 문을 열었다(따라서 대학 이름을 '프리데리치아나'Fridericiana라고도 부른다). 프리드리히 3세의 생일이 7월 11일인 반면에, 이 행사가 7월 12일에 개최된 것은 아마도 당시에 행해졌던 달력 개혁과도 관련이 있을 것이다. 나중에 설립일을 개교기념일로 쳤기에, 부총장직의 연례적 교체와 연관된 개교 27주년 행사(볼프는 제27대 부총장이었다. 이 책, 221쪽의 독역자 주 15 참조)는 28번째 설립일을 축하하기 위한 것이었다. 〔대학〕 설립의 역사에 대해서는 Schrader, Bd. 1, S. 63ff., 73(Anm. 48). — 신임 부총장은 요아힘 랑게였다. Anm. zu S. 69, Z. 65f. 참조. — 책의 출판자는 요한 벤야민 안드레아(Johann Benjamin Andreae d. Ä., 1705~78)였으며, 이 업무는 처음부터 그의 처남 파울 하인리히 호르트(Paul Heinrich Hort)가 이끌었다(NDB, Bd. 1, S. 281 a, Nr. 8).

Ab ineunte aetate veritatis evidenter cognoscendae desiderio flagrans in prima statim juventute omnem movi lapidem, ut methodi Mathematicis usitatae rationes intimius perscrutarer, & eandem ad disciplinas philosophicas transferrem. Quos in hoc studio juvenis fecerim progressus, ex primo specimine Academico Philosophiae practicae universalis liquet: quod cum viris doctis probaretur & inprimis viri etiam post fata summi Leibnitti *favorem mihi conciliaret, calcar addidit ad illud in hunc usque diem continuandum. Quinam ulteriores fuerint progressus in hoc genere, illorum esto judicium, qui scripta mea cum mathematica, tum philosophica attenta mente pervolverunt, & de methodo judicium ferre valent. Monui jam aliquoties, me ad/huc*

머리말

나는 어릴 적부터[1] 명증한 방식으로 진리를 인식하려는 열의에 사로잡혔다. 그래서 곧바로 수학자들이 이용하는 방법의 논거[2]를 탐구하고 그러한 방법을 철학 교과목에 응용하고자 모든 것을 행했다. 어릴 적부터 이와 같은 노력을 하면서 내가 이룬 발전은 나의 최초의 학문적 시험작인 『보편적 실천철학』[3]에서 분명하게 드러난다. 이 작품은 당시 지식인들에게서[4] 호평을 받았다. 특히 사후(死後)에 높은 명성을 얻은 라이프니츠의 총애[5]를 내게 안겨주었다. 이 때문에 나는 이런 자극을 받아 오늘날까지도 그러한 노력을 계속해오고 있다. 이 영역에서 내가 계속해서 이룬 발전은 나의 저서들, 즉 나의 수학 및 철학 저서들을 주의 깊게 정독하고 그와 같은 방법에 대해 판단할 수 있는 사람들만이 판단할 수 있

1 "어릴 적부터"라는 볼프의 고백은 자주 반복된다. 일례로, *Mathematisches Lexicon*의 「머리말」의 첫 문장=WW I, Bd. 11(unpag.) 참조.

2 Wuttke, in WW I, Bd. 10, S. 121f. 참조.

3 *Philosophia practica Universalis, Mathematica methodo conscripta*, Leipzig 1703, in *Meletemata*=WW II, Bd. 35, Sect. II, Num I, S. 189~223.

4 *Ausführliche Nachricht*=WW I, Bd. 9, S. 390f., §136 참조.

5 Gerhardt, *Briefwechsel*, S. 8, 15; Walther Arnsperger, *Christian Wolff's Verhältnis zu Leibniz*, Weimar 1897, S. 24~26 참조.

adolescentem id mihi proposuisse, ut ad maturiorem aetatem profectus totus in excolenda philosophia practica desudarem. Cum vero arduum hoc negotium aggressus experirer, methodi gratia non vulgares in Mathesi requiri progressus, rationes ex Psychologia, Ontologia & Theologia naturali potissimum petendas esse, Physicae autem, si rite tractetur, studio comparari facultatem obseervationibus ac experimentis in scientiis utendi, nec non rationum finalium notitiam, quibus actiones naturales determinantur, earundem cum iis, per quas determinari debent morales; universae philosophiae studium cum mathematico esse conjungendum intellexi. Atque ea fini animum ad Mathesin profundius rimandam appuli, praesertim cum ad eam docendam divina providentia destinarer, & universam philosophiam excolere coepi. Prima laborum stamina in scriptis philosophicis Germanicis videre licet: ipsam telam mox pertexturus sum in Latinis Operibus, quam primum mihi fuero redditus. Postquam in Ontologia | notionem perfectionis in genere evolveram, & in Physica rationes finales scrutatus theorema Metaphysicorum,

을 것이다. 어릴 적부터 어른이 되면 오로지 실천철학의 작업[6]을 위해 노력할 것이라는 생각에 사로잡혔던 것을 나는 종종 떠올리곤 했다. 그러나 내가 이 어려운 작업에 착수했을 때, 그 방법을 위해서는 비상한 수학의 발전이 요구되며, 무엇보다 심리학과 존재론과 자연신학에서 나오는 논거도 취해야만 한다는 것을 경험했다. 그러나 물리학의 연구가 올바르게 추진된다면 그것에 의해 여러 학문의 관찰과 실험에 적용될 수 있는 능력뿐만 아니라 모든 자연적 행위가 규정되는 최종 원인들—이는 도덕적 행위들을 규정하는 원인들과 동일한 원인들이다—에 대한 지식도 얻을 수 있다는 사실 또한 경험했다. 그 때문에, 나는 철학 전반에 대한 연구는 수학 연구와 결합되어야만 한다는 것을 깨달았다. 그리고 이 목적을 위해 나는 수학을 보다 깊이 있게 탐구했다. 특히 신의 섭리로 내가 수학을 공적으로 가르쳐야[7] 할 운명이라고 생각한 터라 〔나는〕 전체 철학을 다루기 시작했다. 내가 지금까지 노력해서 엮어온 기본 가닥은 독일어로 쓴 나의 철학 저서 속에서 볼 수 있을 것이며, 자유로운 시간이 주어진다면 곧 나의 라틴어 작품 속에서 이 직조물을 완성하고자 한다. 나는 나의 존재론에서 완전성 일반의 개념[8]을 전개해왔고 물리학에서는 목적인의 탐구[9]에 따라 각각의 존재자는 완전하다는 형이상학자들의 정

---

6 *Ratio praelectionum*=WW II, Bd. 36, S. 191f., §3; Baumeister, *Vita*(in WW I, Bd. 10, S. 30) 그리고 Ludovici, Bd. 2, S. 41 참조.

7 1706년 말에 볼프는 할레 대학의 수학(여기에는 물리학도 속한다) 정교수에 임명되었다. Gottsched, in WW I, Bd. 10, S. 29 참조.

8 *Deutsche Metaphysik*=WW I, Bd. 2, S. 78ff., §152ff.—나중에 나온 다음의 저술도 참조. *Ontologia*=WW II, Bd. 3, S. 390ff., §503ff.

9 이 일은 볼프가 자신의 물리학의 제2부와 제3부라고 특징지은 *Deutsche Teleologie*와 *Deutsche Physiologie*=WW I, Bd. 7~8에서 일어났다(이에 반해 제1부, 즉 *Deutsche Physik*=WW I, Bd. 6은 작용인을 다루고 있다). 이에 대해서는 다음의 것도 참조. Hans Poser, "Teleologie als Theologia experimentalis. Zum Verhältnis von Erfahrung

quod omne ens sit perfectum, innumeris experimentis confirmaram, immo in Metaphysicis ipsam universi integri perfectionem introspicere mihi datum fuerat; directionem actionum liberarum ad perfectionem microcosmi meditatus didici, eam non diversam esse ab illa, quae lege naturali praecepta unanimi omnium consensu habetur, eandemque directionem, quae ad microcosmi perfectionem tendit, ad ipsam macrocosmi tendere perfectionem. Atque sic tandem convincebar, primum non modo juris naturalis, sed ipsius quoque decori principium esse actionum humanarum ad perfectionem microcosmi, consequenter ipsius macrocosmi directionem. Cum libros classicos

리(定理)[10]를 수없는 실험[11]을 통해 강화해왔고, 또한 형이상학[12]에서 전체 우주의 완전성을 통찰하는 일이 나에게 허락된 연후에, 내가 자유로운 행위는 소우주의 완전성을 지향하고 있다는 것에 대해 깊이 생각했을 때, 나는 전자〔대우주〕가 후자〔소우주〕와 다른 것이 아님을 파악했다. 이 소우주는 자연법칙을 통해 모든 것과의 협동적 일치를 따르도록 정해져 있다. 그리고 소우주의 완전성을 위해 노력하는 것 또한 대우주의 완전성을 위해 노력하는 것과 같은 방향이다. 결국 나는 자연법뿐만 아니라 품행(Decorum)[13]의 제일 원리도 소우주의 완전성을 향한 인간 행

---

und Finalität bei Christian Wolff", in *Redliches Denken. Festschrift für Gerd-Günther Grau zum 60. Geburtstag. Hrsg. von Friedrich Wilhelm Korff*, Stuttgart-Bad Cannstatt 1981, S. 130~43; ders., "Die Einheit von Teleologie und Erfahrung bei Leibniz und Wolff", in *Formen teleologischen Denkens. Kolloquium an der Technischen Universität Berlin, WS 1980/81*, hrsg. von Hans Poser(TUB-Dokumentation Kongresse und Tagungen, H. 11), Berlin 1981, S. 99~117; ders., ("Rezension zu WW I, Bd. 7-8") in *Studia Leibnitiana* 14(1982), S. 136~38.

10 Ludovicus Carbo, *Compendium absolutissimum totius Summae theologiae D. Thomae Aquinatis*, Köln 1609(¹1587), S. 8b: "Omne ens est actu, & idèo perfectum …"(모든 존재는 현실성을 갖는다. 그러므로 완전하다 ……. Thomas von Aquin, *Summa Theologiae* I, quaestio 5, articulus 3) 참조.

11 세 권으로 된 *Allerhand nützliche Versuche*=WW I, Bd. 20, 1~3을 가리킨다. ―다른 곳에서 볼프는 자신의 실험을 물리학의 부분이 아니라 실험적-철학으로 특징지웠다. *Ausführliche Nachricht*=WW I, Bd. 9, S. XIX der Einleitung von Hans Werner Arndt을 보라.

12 *Deutsche Metaphysik*=WW I, Bd. 2, S. 436ff., §701ff.

13 볼프는 'galantería'(예의 바른 행동)라는 발타사르 그라시안(Baltasar Gracián, 1601~58) 이상의 영향과 'honnête homme'(17세기 프랑스의 이상적 인간상)라는 프랑스적 관념의 영향 아래, 'Decorum'(당시에 통용되던 외국어)에 대한 자신의 이론을 발전시켰다. 이 이론에는 경건, 인륜, 교육, 그리고 무엇보다 귀족적 삶의 형식과 교제 형식(예절 바름Wohlanständigkeit)이 서로 결합되어 있었다. Carl Hinrichs, *Preußentum und Pietismus. Der Pietismus in Brandenburg-Preußen als religiös-soziale Reformbewegung*, Göttingen 1971, S. 354~62, 372ff.;

Imperii Sinensis attenta mente[•] *evolverem; nullus dubitavi, quod* Sinis *antiquissimis,* Confucio *praesertim, eadem fuerit notio, etsi confusa, minime distincta, ut non agnoscatur nisi a possidente. Postquam praecepta & facta in libris istis obvia ad rationes generales revocassem, nec | praxin* Sinarum *a mea abludere intelligebam. Quoniam itaque* Sinarum *sapientia vulgo non censetur illa, cujus gratia* China *sit adeunda, vel illorum judicio, qui res morales data opera petractarunt; Anno* 1721. *fasces rectorales successori traditurus & ex more Orationem praemissurus thema Auditoribus gratum fore judicabam Philosophiae practicae Sinensis interiorem rationem & cum mea consensum. Orationem istam nunc publici juris facio, propterea quod tenebrio quidam me inscio ac invito apographum non satis exactum in lucem protulerit levissimum animum vel hoc ipso prodens, quod mentiatur, eam excusam esse Romae cum censura & approbatione S. Officii inquisitorii A. O. R.* 1722 *& recusam Trevoltii cum consensu Soc. Jesu apud* Joannem Boudot, *Bibliopolam Regium & Acad. Scientiarum Reg. ordinarium A. 1725. Aegre nimirum fert homo a probis moribus alienus, quod ob theses quasdam* Leibnitianas *systemati metaphysico insertas Deo hominibusque*

• *mente*] *menta* W, M.

위, 결국 대우주 자체의 완전성을 향한 인간 행위임을 확신했다. 내가 중국 고전들[14]을 주의 깊게 연구했을 때, 나는 고대의 중국인들 특히 공자가 이와 같은 개념을 가지고 있었다고 확신했다. 물론 그 개념은 그 개념을 가진 한 사람〔공자〕에게만 인식될 정도로 혼란스럽고 분명하지는 않았다. 중국 고전 속에 나타난 가르침과 사실들의 보편적 근거를 이해하고 나서야 나는 중국인의 행위도 내가 주장하는 바와 일치한다는 것을 깨달았다. 그러나 대개 중국인들의 지혜는 그것을 얻기 위해 중국으로 여행[15]을 가야만 할 정도로 높게 평가되지는 않았고, 도덕을 부지런히 논하는 그러한 사람들에게서도 높게 평가되지는 않았다. 이러한 이유로, 나는 1721년에 부총장의 직무를 나의 후임자에게 이양하면서 관례대로 행해온 연설 속에서 중국의 실천철학의 내적 근거가 나의 것과 일치하는 것을 주제로 삼았다. 나는 이 주제가 청강자들에게 환영을 받을 것이라고 생각했다. 지금 내가 이 연설문을 간행하고자 하는 이유는, 어떤 사기꾼이 나도 모르게 나의 의지에 반해 아주 정확하지 않은 사본[16]을 출판했기 때문이다. 게다가 그는 출판을 하면서 이 연설문이 서기 1722년에 종교재판소의 검열과 출판 허가를 받아 로마에서 간행되었고, 예수회의 동의를 얻어 합법적 왕실 출판업자이자 왕립학술원의 출판업자인

Werner Schneiders, *Naturrecht und Liebesethik. Zur Geschichte der praktischen Philosophie im Hinblick auf Christian Thomasius*(Studien und Materialien zur Geschichte der Philosophie 3), Hildesheim/New York 1971, S. 281~84. 또한 Wolffs, *Philosophia practica universalis*, Bd. I=WW II, Bd. 10, S. 154f., §194 참조. 이에 대해서는 Baumeister, *Philosophia definitiva*, Teil 2=WW III, Bd. 7, Teil 2, S. 9~11 참조. 다음도 참조하라. 〔Johann Heinrich〕 Zedler, Bd. 58, Sp. 82~92. ―이 책, 「볼프의 주석」, 162도 참조.

14 노엘(Noël)의 번역에 의한 중국 고전들. 이 책, 「독역자 해설」, §7을 보라.

15 이 책, 「볼프의 주석」, 34 참조.

16 이 책, 「편집사」 참조.

exosas vexas creantibus in Commentatione luculenta o | stenderim, Diarii Trevoltiensis Autores cum scientia & eruditione virtutem conjungentes moderatius judicare atque ab imputandis consequentiis, quas• Leibnitius *diserte respuit, abhorrere (a) & Cel.* Fontenellium *in elogio viri*

(a) p. 60. (b) 58. (c) in Annot. Met. §.112. p. 162.

• *quas*] *quae* W, M.

장 부도(Jean Boudot)에 의해 트레부(Trévoux)에서 1725년에 다시 출판되었다고 거짓말을 하는 경솔함을 드러냈다. 나는 나의 형이상학 체계 속에 삽입했던 라이프니츠의 테제[17]와 관련해서 신과 인간에게 혐오스러운 괴롭힘을 주는 그런 사람들에게 **명료한 해석**을 통해 학문과 교육과 덕을 함께 결합했던 『트레부 저널』의 필자들이 보다 적절한 판단을 내려, 라이프니츠가 분명하게 반박했던(a)[18] 그와 같은 결론들을 라이프니츠

---

17 예정조화론(Lehre von der prästabilierten Harmonie), *Deutsche Metaphysik*=WW I, Bd. 2, S. 478ff., 645f.; §765ff., 1050~52을 보라.

(a) 69쪽.

18 Christian Wolff, "De differentia nexus rerum sapientis et fatalis necessitatis, nec non systematis harmoniae praestabilitae et hypothesium Spinosae luculenta commentatio", in WW II, Bd. 9, S. 60을 보라. 텍스트의 오류('quas' 대신 'quae')는 볼프가 자신의 인용 "*Ne tribuamus illustri viro consectaria, quae ipse diserte respuit*"으로부터 관계문을 변화시키지 않은 채 수용하는 것에서 기인한다. 인용은 라이프니츠의 『신정론』(*Essais de Théodicée*)에 대한 서평에로 소급된다. In *Mémoires pour servir à l'histoire des sciences & des beaux arts*(*Journal de Trévoux*) 13(1713; Nachdruck, Genf 1968), S. 1178~99; S. 1187: "N'imputons pas à l'illustre Auteur de conséquences qu'il désavoüe." 이 구절에 대한 라틴어 번역은 예수회 신학자인 바르톨로메우스 데 보제스(Bartholomäus des Bosses, 1668~1738)가 다음과 같은 자신의 신정론 번역 앞에다 놓았던 "Monitum Interpretis"에서 기원한다. *Godefridi Guilielmi Leibnitii Tentamina Theodicaeae*, Frankfurt 1719, S. 3(unpag.). 『트레부 저널』의 서평에 대해서는 라이프니츠와 데 보제스 사이의 편지 교환인 Gerhardt, Bd. 2, S. 482(Nr. 107), 483(Nr. 109), 484(Nr. 110), 486(Nr. 112), 487(Nr. 113), 488(Nr. 114), 490(Nr. 116) 참조.—볼프는 데 보제스의 다음과 같은 글에 의지한다. "Monitum Interpretis", in *Langens Anmerckungen*, in WW I, Bd. 17, S. 75 및 in *Buddei Bedencken*, in WW I, Bd. 17, S. 117.—'Consequentien-Macher'(결론을 만들어내는 자[즉 경건주의 신학자들])에 대항하는 볼프의 가장 쓰라린 투쟁에 대해서는 다음을 참조하라. 예를 들어 B. Hartmann, S. 743~47; *Anmerkungen zur Deutschen Metaphysik*=WW I, Bd. 3, S. 357f., 464f., 544f.; §207, 276, 332, 그리고 다른 곳; *Ausführliche Nachricht*=WW I. Bd. 9, S. 139ff., §42; *Logica*, Teil 3=WW II, Bd. 1.3, S. 749~53, §1046~52; *Horae*, Bd. 2=WW II, Bd. 34.2, S. 406~16; Schrader, Bd. 1, S. 195, Anm. 95: 볼프

incomparabilis de ipsius scientia theologica & invento harmoniae praestabilitae aliter sentire quam adversarios (b): immo alibi (c) de hypothesibus philosophicis locutus, quatenus tolerari debeant, monstraverim quid rationis solidae subsit, cur Curia Romana systemate mundi Copernicano *uti permiserit tanquam hypothesi, etsi eam damnaret*

에게 떠넘기는 것을 거부했다는 점과, 퐁트넬*이 이 비범한 인간〔라이프니츠〕을 찬양하는 글[19]에서 그의 신학과 예정조화라는 착상을 그들의 적대자(b)와 다르게 판단했다는 점과, 내가 철학적 가설이 어느 정도까지 허용되어야만 하는지에 대해 언급하고 있는 다른 구절[20]에서(c) 로마교황청이 코페르니쿠스의 우주론을 명제로서 저주하면서도 가설[21]로서 그

는 1723년 왕에게 신학 교수들에게 결론을 만들어내는 것을 금지해달라고 요청했다.

* 베르나르 르 보비에 드 퐁트넬(Bernard Le Bovier de Fontenelle, 1657~1757): 프랑스의 가장 중요한 초기 계몽주의자 가운데 한 사람으로, 백과전서파 사상가이자 문학가. 저술로는 『사자(死者)의 신(新)대화』(*Nouveaux Dialogues des morts*, 1683: 국역본은 『新 죽은 자들의 대화』, 신용호 옮김, 케이시, 2005), 『세계의 다양성에 대한 대화』(*Entretiens sur la pluralité des mondes*, 1686), 『신탁의 역사』(*Histoire des oracles*, 1687) 등이 있다. 합리주의에 기초하여 신화나 종교에 의해 왜곡된 역사의 실체를 비판하고 폭로하여 18세기의 격렬한 반종교주의자, 계몽사상 선구자 역할을 했다. 프랑스 아카데미의 종신 간사로서 프랑스 아카데미에 제출된 연구논문집을 간행하기도 했다.

19 Bernard Le Bovier de Fontenelle, Éloge *de Leibniz*(1717), in Fontenelle, *Oeuvres complètes*, éditées par Georges-Bernard Depping, Bd. 1, Paris 1818(Nachdruck, Genf 1968), S. 226~52; 예정조화론에 대하여: S. 243; 신학자로서의 라이프니츠에 대하여: S. 244f. 볼프는 아마도 다음과 같은 독일 번역을 이용했을 것이다. Johann Georg v. Eckhart, "*Lebens-Beschreibung Herrn Gottfried Wilhelm von Leibnitz ... durch den Herrn von Fontenelle*", in Leibniz, *Essais de Théodicée*(in deutscher Übersetzung von Georg Richter), Amsterdam[=Hannover/Leipzig] 1720. [Teil 2], S. 1~78; 예정조화론에 대하여: S. 55f.,; 신학자로서의 라이프니츠에 대하여: S. 58ff.

(b) 58쪽.

20 볼프는 자신의 *Anmerkungen zur Deutschen Metaphysik*을 1724년 초판에 따라 인용한다. 제4판(=WW I, Bd. 3), S. 186f.의 주석 참조.

(c) "형이상학에 대한 주석" §112, 162쪽.

21 갈릴레오 갈릴레이(Galileo Galilei)와 로마 사이 논쟁의 테두리에서 1616년 니콜라우스 코페르니쿠스(Nikolaus Kopernikus〔Nicolaus Copernicus〕, 1473~1543)의 저서 『천체의 회전에 대하여』(*De revolutionibus orbium coelestium*, [1]1543)가 금서목록에 포함되었지만, 무조건적으로 금지된 것은 아니었다. 그 책은 교설의 '가설적 성격'을 분명하게 하는 삭제 및 보충설명과 더불어(1620년에 필수적 변경들

의 목록이 공포되었다) 다시 출판될 수도 있었다(그런 일은 일어나지 않았다). — '가설'은 (적어도) 당시에 상이한 세 가지 의미가 있었다. 1) 참된 '체계'라는 의미에서 코페르니쿠스, 요하네스 케플러(Johannes Kepler, 1571~1630)와 갈릴레이에게 실상을 묘사해준 태양중심설은 코페르니쿠스에 의해서도 '가설'로서 특징지어진다, 2) 개연적이며, 증명되지 않은 가정, 3) 실상을 보여주지 못하는 허구. 안드레아스 오지안더(Andreas Osiander, 1498~1552)가 1543년에 코페르니쿠스의 저작에 덧붙인 「머리말」은 저자의 의도에 거슬려서 저자의 이론을 이 의미에서 가설로서 특징지웠다. 금서목록 회의(Index-Kongregation)는 코페르니쿠스의 세계체계를 성경에 모순된다고 하여 오류로 간주했다. 그러나 코페르니쿠스의 세계체계를 (나중에 불리게 된 것처럼 테제가 아니라) 가설(허구)로서 서술하는 책들은 허용이 되었다. 그러므로 볼프는 금서목록 회의의 결정을 (허구적) 자구로 적절하게 기술한다. 볼프는 그것에다가 자신이 주장하는 '가설'의 두 번째 의미를 삽입한다. 이 주제에 관한 가장 중요한 문헌은 이와 같다. Emil Wohlwill, *Der Inquisitionsprocess des Galileo Galilei*, Berlin 1870, S. 8~15, 26f., 31f., 88. — Franz Heinrich Reusch, *Der Process Galilei's und die Jesuiten*, Bonn 1879, S. 113, 121~24, 340f., 464~66. — Hartmann Grisar, *Galileistudien*, Regensburg/New York/Cincinnati 1882, S. 55~62. — [Nikolaus Kopernikus] — *Three Copernican Treatises*, translated with introduction and notes by Edward Rosen, New York 1939, S. 22~33. — Guido Morpurgo-Tagliabue, *I processi di Galileo e l'epistemologia*, Milano 1963, S. 33ff., 46~61. — Arpád Szabó, Giorgio Tonelli, Nicholas Rescher, "Hypothese, Hypothesis", in *Historisches Wörterbuch*, Bd. 3, Sp. 1260~66. — 금서목록 회의의 결정에 대한 확실한 존중을 보여주는 '가설'(Hypothesis)에 대한 볼프의 의미 변화는 검열 목록의 옹호를 위한 가톨릭 문헌 속에서도 발견된다. 예컨대 다음을 참조. Adolf Müller, *Der Galilei-Prozeß(1632~1633) nach Ursprung, Verlauf und Folgen*(Stimmen aus Maria Laach, Erg.-H. 102), Freiburg i. Br. 1909, S. 63: "우리는 책의 핵심, 즉 지구의 운동을 필요한 가설로 유지하도록 했다." 이 가설이 피에르 뒤앙(Pierre Duhem)이 논쟁적 물음에 부여했던 전환에 영향을 끼치지 않았다고 할 수 없다. 뒤앙은 위대한 천문학자의 '실재론'을 몹시 비난하고, 이에 대해 오지안더와 금서목록 회의의 입장을 논리적으로 그리고 학문적으로 올바르다고 지적했기 때문이다(*Sōzein ta phainomena. Essai sur la notion de théorie physique de Platon à Galilée*, Paris 1908; 영역본은 *To Save the Phenomena, an Essay on the Idea of Physical Theory from Plato to Galileo*, Chicago/London, 1969), 이에 대해서는 다음을 참조. Karl R. Popper, "Three Views Concerning Human Knowledge(1956)", in ders., *Conjectures and Refutations*, London 1963, S. 97~119, 특히 S. 98f. — Paul K. Feyerabend, "Realismus und Instrumentalismus: Bemerkungen zur Logik der Unterstützung durch Tatsachen(1964)", in ders., *Ausgewählte Schriften*, Bd. 1:

tanquam dogma. Ut autem pluribus prodessem, notis amplissimis in Oratione concinna brevitate exposita illustravi. Usus sum in citandis Sinarum *libris classicis versione non* Noëllii, *sed* Coupleti *& Sociorum, quoniam ista in paucissimorum, haec in plurium manibus est. Historica pleraque desumsi ex*

것의 적용을 어째서 허용했는지에 대한 확실한 이유를 보여주었다. 이런 것을 보여주자, 선한 도덕을 모르는 이 인간(P판의 출판자)은 이에 대해 불쾌해 했다.

그러나 나는 한정된 짧은 시간의 강연에서 서술했던 것을 더 많은 독자가 이용할 수 있게 상세한 주석을 달아 해설했다. 중국의 고전들을 인용하는 경우, 나는 노엘의 번역[22]이 아니라 쿠플레와 그의 동료들의 번역을 사용했다. 전자는 단지 소수의 번역을, 후자는 다수의 번역

Der wissenschaftstheoretische Realismus und die Autorität der Wissenschaften(Wissenschaftstheorie, Wissenschaft und Philosophie 13), Braunschweig, Wiesbaden 1978, S. 79~112, 특히 S. 85~89. Robert S. Westmann, "Kepler's Theory of Hypothesis and the 'Realist Dilemma'", in *Internationales Kepler-Symposium, Weil der Stadt 1971*, hrsg. von Fritz Krafft, Karl Meyer, Bernhard Sticker(arbor scientiarum. Beiträge zur Wissenschaftsgeschichte. Reihe A, Bd. 1), Hildesheim 1973, S. 29~54, 특히 S. 29~32; S. 178(토론). —볼프의 금서목록 회의에 대한 입장을 오해하지 않기 위해, 볼프의 입장이 독일에서 비교적 초기에 쓰인, 코페르니쿠스 세계상에 대한 오해의 여지가 없는 옹호의 글에 속한다는 것을 알릴 필요가 있다. 이 세계상은 루터, 필리프 멜란히톤(Philipp Melanchthon, 1497~1560)과 칼뱅주의에서는 결정적인 거부에 부딪쳤었다. 볼프의 *Mathematisches Lexicon*=WW I, Bd. 11, Sp. 1346~48 참조. 이외에도 Ernst Zinner, *Entstehung und Ausbreitung der Copernicanischen Lehre*(Sitzungsberichte der Physikalisch-medizinischen Sozietät zu Erlangen 74), Erlangen 1943, S. 383 참조. —볼프의 가설에 대해서는 다음을 참조. *Anmerkungen zur Deutschen Metaphysik*=WW I, Bd. 3, S. 519, §311; *Ausführliche Nachricht*=WW I, Bd. 9, S. 619~50, §216~20; *Discursus*=WW II, Bd. 1.1, S. 60~64, 98~100, §126~29, 168; *Logica*, Teil 2=WW II, Bd. 1.2, S. 448~50, §606~10; *Horae*, Bd.1=WW II, Bd. 34.1, S. 177~230 또한 *Anmerkungen zur Deutschen Metaphysik* 201과 203. —최근의 문헌: Hans Werner Arndt, "Rationalismus und Empirismus in der Erkenntnislehre Christian Wolffs", in *Wolff-Interpretationen*, S. 31~47; S. 35. —Cornelius-Anthonie van Peursen, "Ars inveniendi im Rahmen der Metaphysik Christian Wolffs. Die Rolle der ars inveniendi", in ebd., S. 66~88; S. 66. —볼프가 예정조화의 '체계'를 '가설'로서 명명한 것은 라이프니츠 자신의 언어 사용과 일치한다. 일례로 Gerhardt, *Briefwechsel*, S. 32 참조.

22 이 책, 「독역자 해설」, §7, 12 참조.

Tabula Chronologica & Declaratione prooemiali, quarum istam Confucio *suo subjunxit, hanc praemisit*• Coupletus. *Chronologicas dis | quisitiones non institui, cum sint a praesenti instituto alienae. In factis acquiesco, quae probationis nervum ingrediuntur. Non dubito fore, ut tricas chronologicas, quae difficultates facessunt, extricaturus sit vir in hoc studiorum genere versatissimus Cl.* de Vignoles, *qui lucem Chronologiae Sinarum se affusurum promisit. Praeter principia Philosophiae practicae* Confuciana *hactenus non satis intellecta eorumque cum meis consensum in notis id etiam egi, ut principia evidentia exhiberem, quibus ardua illa de discrimine inter Naturam & Gratiam doctrina, non invitis libris nostris Symbolicis &*

• *praemisit*] M / *proemisit* W.

을 제공해주기 때문이다. 역사적인 것은 나는 대개 「중국 황조 편년사 연표」(Tabula chronologica monarchiae sinicae)와 「서론적 해설」(Proemialis Declatatio)에서 가져왔다. 쿠플레는 「중국 황조 편년사 연표」를 「공자의 생애」(Confucii Vita) 뒤에 부록으로 덧붙였고, 「서론적 해설」은 그 앞에 배치했다. 편년사에 대한 연구[23]를 나는 시도하지 않았다. 왜냐하면 그것은 현재 〔강연에 주석을 달아 해설하는〕 의도와 맞지 않기 때문이다. 나는 나의 논거의 핵심에 해당하는 사실들을 제공하는 것에 만족한다. 비뇰 씨*는 이 연구 영역에 매우 정통한 사람이며, 연대기적 혼란과 어려움을 일으킨 중국인들의 편년사에 빛을 밝혀 해명하겠다고 약속했다.[24] 나는 약속대로 그가 그 문제를 해결할 것이라 확신한다. 이제까지 충분히 이해되지 못한 공자의 실천철학 원리들과 나의 철학 원리들 사이의 일치 이외에도 나는 주석에서 명백한 원리들을 제시하기 위해 신경을 썼다. 이 명백한 원리들을 통해서 자연과 은총[25] 사이의 구분에 대한

---

23 연대기의 의미에 대해서는 이 책, 「독역자 해설」, §1 참조.

* 알퐁스 데 비뇰(Alphonse des Vignoles, 1649~1744): 프랑스의 종교개혁주의적 사상가이자 학자. 생제니의 오베 성 성주(sieur)로 태어났다. 유럽의 여러 대학에서 수학과 자연과학, 신학을 공부했다. 아버지가 작고한 뒤, 고향에서 설교자로 일했다. 1685년 낭트 칙령(칼뱅파 프로테스탄트인 위그노 교도에게 일정한 지역 안에서 신앙의 자유를 누릴 수 있도록 하고 가톨릭교도와 동등한 정치적 권리를 갖도록 인정한 칙령) 폐지 이후에 고향을 떠나 제네바, 로잔, 베른을 거쳐 프로이센으로 갔다. 1686년, 독일에서 프랑스에서 이주해온 종교개혁 공동체의 설교가로 활동했다. 1700년에 베를린 아카데미 회원이 되었으며, 3년 뒤에는 왕의 부름에 따라 베를린의 천문대에서 일했다. 중국과 이집트의 시간 계산에 대한 책 두 권을 집필했다.

24 Alphonse des Vignoles, "De Cyclis Sinensium Sexagenariis", in *Miscellanea Berolinensia* 4, Berlin 1734, S. 24~53; ders., Παρεργον *SINICUM*, in ebd., S. 245~48; ders., "Supplementum ad Disquisitionem de Cyclis Sinensium", in ebd., 5, Berlin 1737, S. 3~9.

25 이 책, 「볼프의 주석」, 53, 181, 182 참조.

Theologorum sententiis, demonstrari possit. Si quis fuerit, cui non placeant nostra; illum ut meliora det, hortor. Si quis vero hebetior fuerit, quam ut veritatem capere possit, illius judicium tanquam temerarium contemnam: neque enim mataeologis haec scribuntur, nec Bonziis *a sinceritate* Confuciana, *quam commendamus, alienis. Dabam Marburgi d. XIX. Jan. A. O. R. MDCCXXVI.* |

어려운 이론을 증명할 수 있다. 그러기에 우리의 상징적 책들과 신학자의 견해들이 충돌하지 않을 수 있다. 나의 작품이 마음에 들지 않는 사람이 있다면, 그것을 보다 좋게 고치라고 부탁하고 싶다. 그러나 어떤 사람이 진리를 파악하기에 너무 우둔하다고 한다면, 나는 그의 판단을 고려하지 않은 채 내버려둘 것이다. 다시 말해, 아래의 글은 멍청한 수다쟁이(Mataeologi)[26]나 우리가 추천하는 공자의 진정함을 알지 못하는 승려를 위한 것이 아니다.

서기 1726년 1월 19일 마르부르크에서 쓰다.

26 코페르니쿠스도 아주 유사하게 표현하고 있다. *Gesamtausgabe*. Bd. 2: *De revolutionibus orbium caelestium*, hrsg. von Franz Zeller u. Karl Zeller, München 1949, S. 6, Z. 27~31(aus der Widmung an Papst Paul III.); 이에 대해서는 S. 434(Anm) 참조.

ORATIO DE SINARUM PHILOSOPHIA PRACTICA

중국인의 실천철학에 대한 연설

Philosophiae Sinarum antiquitas & celebritas.

Quamvis, Auditores omnium Ordinum honoratissimi, ab antiquissimis• (1) retro seculis celebrata fuerit Sinensium sapientia, nec minus depraedicata fuerit eorundem in Rep. administranda singu | laris prorsus prudentia (2): quae tamen vulgo de utraque | in medium proferuntur, parum singularis, parum egregii prae se ferre videntur (3). *Confucius* tantae sa || pientiae Autor inter nos celebratur (4): sed qui sic sentiunt, rerum Sinensium parum periti existimantur (5). |

Confucius non est Autor philosophiae Sinicae.

Dudum ante *Confucium* floruit *Sinarum* Resp. optimis legum institutis, cum Principes & verbo, & exemplo summae perfectionis normam subditis traderent, cum morum Doctores ac formatores a teneris unguiculis tam Imperatoris, Regum ac virorum illustrium, quam ipsos plebis infimae liberos ad bonos mores componerent & adultos in boni malique cognitione confirmarent, cum Principes ac subditi de virtutis gloria inter se contenderent (6). Nimirum prisci *Sinarum* Imperatores & Reges iidem erant Philosophi: Quid ergo | mirum, juxta istud *Platonis* beatam fuisse Remp. ubi Philosophi regnabant, Reges philosophabantur?

• antiquissimis] antiquis P.

중국인의 철학의 고대 역사성과 명성에 대하여

존경하는 청중 여러분, 고대 이래로[1)] 중국인들의 지혜가 칭송을 받아왔고, 이에 못지않게 그들이 정말 탁월하게 보여준 국가 관리의 현명함에 대한 칭송도 자자했습니다.[2)] 그렇다고 하더라도, 이 두 가지 것에 대해 일반적으로 퍼져 있는 것은 〔그 두 가지 것이 가진〕 탁월한 점과 훌륭한 점을 하나도 보여주지 않는 것처럼 보입니다.[3)] 공자는 아주 중요한 지혜의 창시자로서 우리에게 칭송을 받았습니다.[4)] 그러나 그렇게 판단하는 사람은 중국에 대한 전문적 지식이 전혀 없는 사람임에 틀림없습니다.[5)]

공자(孔子)는 중국철학의 창시자가 아니다

공자보다 훨씬 오래전에 중국인들의 국가는 최상의 법률 제정을 통해 두각을 나타냈습니다. 군주들은 자신들의 말뿐만 아니라 모범에 의해 신하들에게 최고로 완전한 규범을 전달해주었기 때문입니다. 스승과 교육자는 예절을 통해 어린이들, 즉 황제와 제후와 귀족의 자식들이나 가장 〔신분이〕 낮은 백성의 자식들을 어릴 때부터 훌륭한 예절로 이끌었고 어른들에게 선과 악의 인식을 강화했기 때문입니다. 또한 군주들과 그들의 신하들은 서로 덕의 명성을 얻기 위해 경쟁했기 때문입니다.[6)] 확실히 중국인들의 고대 황제들과 왕들은 〔황제와 왕인〕 동시에 철학자입니다. 그러므로 플라톤(Platon)의 말에 따르자면,[1] 철학자가 지배하는 국가 또는 왕이 철학을 하는 국가가 행복하다는 것이 어찌 놀라운 일이겠습니까?

---

1 Platon, *Politeia*, 473 c-e. 이 책, 「독역자 해설」, 105쪽과 Kurt von Fritz, *Platon in Sizilien und das Problem der Philosophenherrschaft*, Berlin 1968; Werner Schneiders, "Philosophenkönige und königliche Völker. Modelle philosophischer Politik bei Platon und Kant", in *Filosofia oggi* 4(1981), S. 165~75.

Philosophiae Sinicae Autores.

Primus in his laudatur *Fo hi* (7), quem scientiarum ac im- | perii in China fundatorem venerantur *Sinae*. Successe | re *Xin num*• (8), *Hoam ti* (9), *Yao* (10) atque | *Xun* (11), qui, quae *Fohi* primus instituerat, ulterius perficiebant, donec tandem Imperatores familiarum•• *Hia*, *Xam* & *Cheu* (12) tam regimen, quam leges ad summam, quam | attigere, perfectionem evexerunt.

Resp. Sinarum collabitur.

Enimvero quae est rerum humanarum vicissitudo! vix ad tantum fastigium ascenderat *Sinarum* sapientia & in Rep. administranda prudentia, cum sensim sensimque utraque iterum deficeret ac tantum non prorsus evanesceret, Principibus a virtutis tramite recedentibus, nec legum a Majoribus tam caute sancitarum rationem ullam habentibus, Doctoribus in scholis muneri suo non amplius satisfacientibus, subditis quibusvis ad mores degeneres pronis & | in vitiorum stadio circumerrantibus (13). Deploranda | profecto tum erat imperii Sinensis facies! Quis enim non lugeret, *Auditores*,

---

• *Xin num*] N, P / Xin nun W, M.

•• familiarum] *fehlt* P.

중국철학의 창시자

중국인들이 학문과 제국의 창시자로서 경배하는 복희(伏羲, Fo hi)[7]가 그들〔중국인들의 고대 황제들과 왕들〕 가운데 처음입니다.[2] 복희의 뒤를 이어 신농(神農, Xin num),[8] 황제(黃帝, Huang ti),[9] 요(堯, Yao),[10] 순(舜, Xun)[11]이 등장해 복희가 최초로 도입했던 것을 계속해서 완성해나갔습니다. 이런 일은 하(夏, Hia), 상(商, Xam), 주(周, Cheu)[12]의 족속에서 나온 황제들이 정부 및 법칙을 자신들이 도달했던 최상의 완전성에로 가져갈 때까지 계속되었습니다.

중국인들의 국가가 쇠퇴하다

참으로 인간의 일은 변하기 마련인가 봅니다![3] 중국인들의 지혜와 국가 관리에 대한 그들의 현명함이 최상의 수준에 도달하자마자, 이 두 가지가 점차 다시 쇠퇴하고 거의 완전히 몰락하게 되었다고 합니다. 왜냐하면 군주들이 덕의 길을 벗어나 선조들이 세심하게 확립해놓은 법률들을 근거 없는 것으로 여겼기 때문입니다. 그리고 학교에서 스승들은 더 이상 자신들의 의무를 완수하지 못했고, 신하들은 완전히 퇴화된 예절에 기울어졌고 악덕의 영역에서 헤매었기 때문입니다.[13] 정말로 당시 중국의 상태는 탄식할 만했습니다! 존경하는 청중 여러분, 왕권이 최상의 부

---

2 François-Noël, S. 2f.(주희의 『대학』 서문〔大學章句〕에 나온다). 지배자 목록에는 '삼황'〔三皇: 중국 고대 전설에 나오는 세 임금. 천황씨天皇氏 · 지황씨地皇氏 · 인황씨人皇氏, 또는 수인씨燧人氏 · 복희씨 · 신농씨, 복희씨 · 신농씨 · 헌원씨軒轅氏 등 여러 학설이 있다〕과 '오제'〔五帝: 중국 고대 전설상의 다섯 성군. 소호少昊 또는 황제, 전욱顓頊, 제곡帝嚳, 요堯, 순舜〕 중에서 가장 유명한 마지막 두 황제〔즉 요와 순〕에 대해 요약 · 소개된다. 이 책, 「독역자 해설」, 74쪽 참조.

3 Terenz, *Eunuchus* 276, in *Térence*: Tome I, Texte établi et traduit par Jules Marouzeau, Paris [4]1967([1]1942), S. 241 참조.

Majestatem optima sui parte, virtute ac prudentia, orbatam; leges, quibus communis omnium salus continebatur, pessime conculcatas; scholas, in quibus animi tenelli optimis moribus imbuebantur, adulti in recto honestatis tramite detinebantur, tantum non collapsas[•]; populum denique universum segnitie ac deliciis diffluentem ad devia delapsum? Verum enimvero cum adeo perturbatus[••] esset rerum *Sinensium* status,

Confucius res Sinarum collapsas restaurat.

Confucius (14), virtute ac doctrina sin | gulari excellens (15), divina providentia datus (16), collapsum instaurare coepit. Equidem non ea ipsius erat felicitas, ut in regia dignitate collocatus (17) leges Reip. | salutares condere, conditas promulgare, ad promulgatas alias[•••] alligare valeret; sed solas Doctoris (18) partes pro virili explere integrum ipsi erat. Quamobrem etsi facere non posset, quod vellet; fecit tamen, quod potuit, nec quicquam eorum praetermisit, quae ad Doctoris munus ornandum, nedum obeundum, ab ingenio ejus proficisci poterant.

Dogma antiquum Sinarum fundamentale.

Altas tunc temporis in animis Sinensium radices egerat dogma

• non collapsas] non penitus collapsas P.

•• perturbatus] P / perturbata W, M.

••• alias] alios P.

분들, 즉 덕과 현명함을 빼앗겨버리고, 만인의 보편적 행복을 포함하는 법률이 가장 나쁘게 억압되고, 또한 어린 마음을 최상의 예절로 이끌어 주고 어른들에게는 명예의 정도를 걷게 해주던 학교가 거의 완전히 쇠퇴해버려 결국 민족 전체가 나태와 향락에 빠져 악한 길을 걷게 된 것을 누가 한탄하지 않겠습니까?

공자가 쇠퇴한 중국을 회복하다

그렇지만 중국이 매우 혼란스러울 때, 공자[14]가 그 쇠퇴한 상태를 회복하기 시작했습니다. 공자는 덕과 탁월한 학식을 갖추고[15] 신적 섭리에 의해[16] 중국에 보내졌습니다. 사실 그 자신은 국가를 치유할 수 있는 법률을 제정하고, 제정된 법률을 공포하고, 공포된 법률에다 다른 법률을 연결할 수 있는 왕의 위임을 부여받는 행운을 얻지 못했습니다.[17] (그래서 그는 자신이 원하는 것을 할 수가 없었고) 단지 스승의 역할[18]을 힘을 다해 수행할 수밖에 없었습니다. 그러나 그는 자신이 할 수 있는 것은 행했습니다. 그리고 그는 단순히 스승이라는 직위에 안주하지 않고 그 직위에 합당한 명성을 갖기 위해 자신의 모든 재능을 발휘했습니다.

중국인들의 오래된 근본적인 가르침

당시 중국인들의 마음속에는 하나의 가르침이 뿌리 깊게 자리 잡고 있었습니다.

ab antiquis Phi | losophis, qui iidem erant Imperatores ac Principes, egregie stabilitum, Imperatoris ac Regum exempla subditis esse actionum normam, cumque Imperatores ac Reges antiquissimi eam vitae ac regiminis rationem elegissent, quae exemplo aliis esse poterat, iidem tum ob morum suavitatem & elegantiam, tum[•] ob summam in regimine prudentiam uno omnium ore adhuc celebrantur.[••]

Unde Confucius sua hauserit.

Confucius itaque priscorum Imperatorum ac Regum Annales (19) sollicita cura evolvit, quae ab iis de | recte vivendi regendique norma fuerant sancita ipsorumque exemplis confirmata excerpsit, quae summo cum studio excerpserat animo volvit[•••] iterumque revolvit ac tandem satis excussa & in seipso comprobata[••••] (20) discipulis ad seros nepotes transmittenda tradidit. En *Confucium* sapientiae *Sinicae* nan autorem, verum restauratorem (21)! Etsi autem non novam vivendi atque re | gendi normam cuderet Philosophus (22), proprio ingenio minime destitutus (23), cum non vana laudum | libidine duceretur (24), sed in gentis suae felicitatem ac beatitatem[•••••] ferretur (25):

• elegantiam, tum] elegantiam, tum ob virtutis claritatem & excellentiam, tum P.

•• celebrantur] celebrabantur P.

••• volvit] P / voluit W, M.

•••• & in seipso comprobata] *fehlt* P.(P에는 없음)

•••••• ac beatitatem] *fehlt* P.(P에는 없음)

이 가르침은 동시에 황제 또는 군주이기도 했던 고대의 철학자들이 완전하게 확립해놓은 것입니다. 다시 말해, 황제와 왕들이 보여준 모범은 아랫사람들에게 행동의 규범이 되었습니다. 그리고 원시 고대의 황제와 왕들은 다른 사람들에게 모범이 될 수 있는 것을 자신들의 삶과 통치의 척도로 선택했습니다. 그래서 황제와 왕들은 도덕에서 보여준 그들의 너그러움과 예의바름 때문에 그리고 통치에서 보여준 그들의 대단히 뛰어난 현명함 때문에 이구동성으로 항상 칭송을 받았습니다.

공자는 자신의 가르침을 어디에서 얻었는가

그러므로 공자는 고대 황제와 왕들의 편년사[19]를 아주 세밀하게 연구했습니다.* 그는 어떻게 살아야 하며 어떻게 통치해야만 하는가라는 올바른 규범과 관련하여 고대 황제와 왕들이 제정한 것과 그들이 모범을 통해 강화한 것을 찾아냈습니다. 엄청난 노력을 기울여 찾아낸 것을 그는 또다시 철저하게 생각했습니다. 그는 충분할 만큼 연구를 하고, 또한 스스로에게 입증한 것[20]을 자신의 제자들에게 전해주었습니다. 이렇게 해서 제자들이 이것을 후세에 전했습니다. 공자는 중국의 지혜를 창시한 사람이 아니라 그러한 지혜를 복구한 사람입니다![21] 이 철학자가 어떻게 살아야 하고 통치해야만 하는가에 대한 새로운 규범을 만들어내지는 않았다고 할지라도,[22] 그는 공허한 명예욕에 유혹되지 않고[23] 민족의 행복과 지복(至福)을 위해 노력하면서[24] 자신의 고유한 창조적 재능[25]을 사용했습니다.

---

* 공자는 본래 노(魯)나라의 사관(史官)이 기록한 궁정 연대기(宮廷年代記)를 연구하고, 거기다 독자적 역사의식과 가치관을 가지고 필삭(筆削)하여 『춘추』(春秋)를 완성했다고 한다.

Confucii autoritas.

tanta tamen ipsius & olim | erat, & hodienum existit autoritas, ut, cum olim Doctoris munere fungeretur, ter mille discipuli ad dogmata ejus haurienda confluerent (26), nunc vero eum *Sinenses* eodem in pretio habeant (27), quo Ju- || daei (28) *Mosen*, Turcae *Mohammedem* (29) habent, im- | mo quo nos Christum (30) habemus, quatenus eum | tanquam (31) Prophetam seu Doctorem a Deo nobis datum veneramur.•

Fata dogmatum Confucii.

Equidem nec *Confucius* effecit, ut bonum regimen, mores boni constanter in *China* efflorescerent; habuit perinde post *Confucium* atque ante eundem *China* sua intervalla, in quibus tum Doctores a *Confucii* acumine ac ingenio procul remoti dogmatum Philosophi summi sublimitatem & profunditatem minime attingebant; tum Imperatores atque Reges a priscorum Heroum exemplis fulgentissima luce ingenii | *Confuciani* collustratis abhorrebant, tum populus denique universus non eo tramite, quem monstraverat *Confucius*, dux circumspectus & providus (32), sed diverso incedebat; nostrum tamen non est tantas in praesenti discutere vicissitudines rerum (33),

• *Mosen*, Turcae *Mohammedem* habent, immo quo nos *Christum* habemus, quatenus eum tanquam Prophetam seu Doctorem a Deo nobis datum veneramur.] MOSEN, nos CHRISTUM, quatenus eum tanquam prophetam seu doctorem a Deo nobis datum veneramur, Turcae MUHAMEDEM habent. P.

공자의 명망

그러는 동안에 공자의 명성은 매우 커졌습니다. 그의 명성은 오늘날에도 대단합니다. 그가 스승의 역할을 맡았을 때, 그의 가르침을 받기 위해 3,000명의 제자들이 몰려들 정도였다고 합니다.[26] 그리고 그는 오늘날 중국인들에게 유대인들의 모세(Moses)[27]나 터키인들의 무함마드(Muhammad)[28]와 똑같은 존재로 여겨집니다.[29] 아니 더 나아가 그는 중국인들에게 우리의 그리스도처럼 여겨질 정도입니다.[30] 물론 우리가 그를 신이 우리에게 보내준 예언자 또는 스승으로 존경한다는 전제[31] 아래 드리는 말씀입니다.

공자의 가르침의 운명

사실 공자는 중국에서 훌륭한 통치와 훌륭한 도덕이 안정적으로 꽃피는 것을 보지 못했습니다. 중국은 공자 이전과 이후에 과도기였습니다. 이 과도기에 학자들은 공자의 예지와 독창성과는 멀리 떨어져 이 위대한 철학자가 보여준 가르침의 높이와 깊이에 이르지 못했거니와, 황제와 왕들은 공자의 반짝이는 재능으로 밝혀진 옛날 영웅들의 모범들을 외면해버렸습니다. 결국 백성 모두는 사려 깊게 앞을 내다보는 지도자[32] 공자가 가리켜준 그 길을 가지 않고 반대의 길을 가게 되었습니다. 그렇지만 우리는 여기서 이 변화들에 대해 세세하게 논의하지 않겠습니다.[33]

Autoris propositum.

quin opus potius | magis praeclarum molituri & vestra, Auditores, attentione digniora propositituri in arcana *Philosophiae Sinensis* paulo penitius inquiremus & abdita morum ac regiminis principia ultima ex abysso forsan non cuilibet accessa (34) eruemus, eruta in apricum producemus, | in aprico posita discernemus.

Attentio & benevolentia paratur.

Agedum itaque, Auditores, favete dicenti, aures praebete benignas &, si tam arduum opus aggredientis ingenio diffidatis, vestrae in me benevolentiae specimina edite, quovis reciproco officiorum genere demerenda. Res, de quibus dicemus, navita quadam pulchritudine gaudent, qua animos sublimium curiosos delectare valent• (35), nec pomposo verborum apparatu indigent, quo aures animis absentium demulceant. Ignoscite•• adeo humili dicendi genere utenti & sculptores imitanti qui venustae foeminae signum ex lapide sculpturi nudam fingunt, ut, quos in forma sapientiae nervos natura, quos in imitamine industriae nervos ars naturae aemula intendit, iidem inter se copulati sub adspectum veniant, ac sic demum oculi irretorti pascantur, animi voluptate suaviter blandiente perfusi exsaturentur.

• valent] valeant P.

•• Ignoscite] Ignoscetis P.

저자의 의도

존경하는 청중 여러분, 차라리 더 가치 있는 일을 시작하고, 청중 여러분의 관심에 보다 더 부합하는 것을 제시하고자 우리는 **중국철학**의 비밀을 보다 더 근본적으로 탐구해, 아마도 그 누구도 이해할 수 없는[34] 깊이에 감추어진 도덕과 통치의 최종 원리를 끄집어내고자 합니다. 이렇게 끄집어낸 것을 빛으로 밝히고자 합니다. 그리고 빛으로 밝혀낸 것을 판단하고자 합니다.

관심과 선의를 베풀어주시기를

자, 그러면 존경하는 청중 여러분, 이 강연자에게 호의를 베풀어 관대하게 귀 기울여주시기 바랍니다. 제가 가진 재능이 이 어려운 일을 해낼 수 있을지 믿지 못한다면, 청중 여러분께서 저에게 선의의 모범을 베풀어주시기 바랍니다. 이 모범을 통해 제 편에서도 여러분들에 대해 모든 종류의 호의를 빚지고 있음을 깨닫게 해주시기 바랍니다. 우리가 말하려는 주제는 확실한 자연적 아름다움을 기뻐하며, 그러한 아름다움을 통해 고상한 것을 알고 싶어 하는 사람들의 마음을 즐겁게 해줄 것입니다.[35] 그리고 이 주제는 마음을 함께하지 않는 사람들의 귀를 간지럽혀 줄 미사여구가 필요하지 않습니다. 그러므로 청중 여러분께서는 제가 일상적 말투로 조각가를 흉내 내는 것을 관대하게 봐주시기 바랍니다. 조각가는 돌로 우아한 여인의 상을 조각하고 싶을 때, 이 여인의 상을 나상(裸像)으로 보여줍니다. 이 나상을 통해 조각가는 자연이 지혜의 형태로 팽팽하게 만든 현(弦)과 자연을 본받으려 애쓰는 예술이 자연을 부지런히 모방함으로써 팽팽하게 만든 현이 서로 결합되어 하나가 된 것을 보여줍니다.[4] 이렇게 해서 조각가는 〔조각상을〕 응시하는 눈에 자양분을 주고, 달콤하게 위로해주는 즐거움으로 마음을 채워주고 만족시켜줍니다.

Lapis Lydius Sapientiae Sinarum.

Sapientiae *Sinensium* uno omnium sermone per tot secula concelebratae principia (36) ad examen, *Audi* | *tores*, curatius revocaturi Lydio quodam lapide opus habemus, ut genuinum ab adulterino distinguere ac suo unumquodque pretio aestimare valeamus. Nostis sapientiam non aliam esse a felicitatis scientia (37), qua felicitate nemo perfruitur, nisi qui optimis in Rep. optima moribus utitur (38). Quis ergo vestrum dubitabit, sapientiae principia genuina censeri debere, quae mentis humanae naturae conveniunt, tanquam adulterina rejici debere, quae mentis humanae naturae repugnant (39)? Quemadmodum enim omnium eorum, quae | rebus vel insunt, vel ab iis quomodocunque proficiscuntur, ratio ab essentia ac natura ipsorum• petenda est (40); | ita non minus illorum, quae a mente nostra pendent, ratio non aliunde, quam ex ipsa mentis nostrae natura reddenda.•• Immo si quis fieri juberet, cujus per naturam mentis humanae non pateret ratio; is hominem ad ea, quae fieri nequeunt, obligare dicendus foret.

• ipsorum] ipsarum P.

•• reddenda.] reddenda est. P.

중국인들의 지혜에 대한 시금석

존경하는 청중 여러분, 중국인들의 지혜의 원리[36]를, 즉 수많은 세기를 거치면서 모든 사람이 이구동성으로 칭송해온 원리를 세심하게 시험해보기 위해 우리는 진짜와 가짜를 구별해 각기 그것에 맞는 가치를 판단해줄 시금석이 필요합니다. 여러분은 지혜는 행복의 학문[37]과 다르지 않으며, 최상의 국가에서 최상의 도덕을 사용하는 사람만이 기뻐하는 행복이 어떤 것인지를 압니다.[38] 인간 정신의 본성과 일치하는 그와 같은 원리를 지혜의 참된 원리로 여기고, 반면에 인간 정신의 본성과 모순되는 원리를 거짓으로 비난하는 것에 대해 여러분 가운데 누가 의심하겠습니까?[39] 다시 말해, 사물 자체에 내재하거나 어떠한 방식으로든 그 사물들에서 생겨나는 모든 것에 대한 근거를 그 사물의 본질이나 본성으로부터 취해야만 하는 것과 같이,[40] 정신에 의존하는 것에 대한 근거를 정신의 본성 이외의 다른 곳에서 제시해서는 안 됩니다. 사실 어떤 사람이 인간의 정신에 의해 그 근거가 분명하게 이해될 수 없는 어떤 것을 하라고 명령하려 한다면, 이는 그에게 할 수 없는 것을 하라고 말하는 것이나 마찬가지입니다.

---

4 예증을 위해 *Deutsche Physiologie*(=WW I. Bd. 8)의 표지 그림이 인용되었을 것이다. 표지 그림은 (신의 찬미를 위해) '류트'가 자연과 함께 잘 울리는 것을 보여준다.

Objectioni respondetur.

Equidem non ignoro, Viros ultra humanam sortem sapientes, quos Theologorum nomine veneramur (41), | non ex vano contendere, quod divina gratia (42) suffultus efficere possit, quae naturae viribus superiora (43) deprehenduntur. Quamvis vero, quod divino lumine illustrati (44) perspiciunt, utique cum rei veritate consentire debeat (45): idem tamen nostro asserto minime repugnat (46). Cum enim anima hominis gratiae divi | nae capax (47) sit, alias oblatam in se admittere non valeret (48); in ipsius essentia atque natura ratio aliqua contineri debet, cur eam in se admittere possit, quaecunque tandem illa fuerit (49). Est itaque humanae naturae conveniens, ut vires naturae vi gratiae extendantur & ad majorem gradum evehantur (50). Nil adeo• ob- | stat, quo minus lapidem Lydium principiorum sapientiae sive instruant, sive dirigant, eorundem cum natura mentis humanae convenientiam statuamus, ut scilicet tanquam genuina admittamus, quorum inde ratio reddi potest, tanquam adulterina rejiciamus, quorum nulla in eadem ratio continetur. Ab hoc lapide Lydio minime abhorrent principia sapientiae *Sinicae*.

Primum principium Philosophiae Sinarum.

Quod | enim primo loco commendari debet, nihil *Sinae* de actionibus

---

• adeo] itaque P.

반론에 대한 대답

사실 저는 초인간적 지혜를 가진 사람들이 — 우리는 이들을 신학자라는 이름으로 존경합니다[41] — 훌륭한 근거를 가지고, 신의 은총[42]을 받은 사람은 분명하게 자연의 힘을 초월하는 어떤 것을 성립시킬 수 있다고 주장하는 바를 모르지 않습니다.[43] 물론 신의 빛에 의해 깨달은[44] 사람들이 인식하는 것이 곧바로 사실의 진리와 일치함에 틀림없지만,[45] 그렇다 하더라도 그것이 저의 주장과 전혀 상반되지는 않습니다.[46] 인간의 영혼은 신의 은총을 받아들일 능력이 있습니다.[47] 그렇지 않고 인간의 영혼이 신의 은총에 대립된다면, 인간의 영혼은 신의 은총을 자체 내에 받아들일 수 없을 것입니다.[48] 이 때문에 어떠한 것이 되었든 인간의 영혼의 본질과 본성 자체에는 인간의 영혼이 왜 신의 은총을 그 자체 내에 받아들일 수 있는가에 대한 근거가 포함되어 있습니다.[49] 따라서 자연의 힘이 은총의 힘으로 확장되고 더 높은 단계로 고양되는 것은 인간의 본성에 적합합니다.[50] 그래서 우리가 이러한 원리를 인간 정신의 본성과 일치하는지 판단함으로써 지혜의 원리에 대한 시금석을 내세우거나 수립하는 데 방해가 되는 것은 없습니다. 따라서 그것의 근거가 그 자체로부터 제시될 수 있는 원리는 참된 것으로, 그리고 어떠한 근거도 갖지 않는 원리는 참되지 않은 것으로 비난할 수 있습니다. 중국의 지혜의 원리는 이 시금석과 전적으로 일치합니다.

중국인들의 철학의 제일원리

제일 먼저 강조되어야만 하는 바는 중국인들이 인간의 행위와 관련하여

hominum praeceperunt, neque de virtutum ac morum exercitiis constituerunt, nisi quod menti humanae apprime convenire intelligerent. Non ergo est, quod miremur, molimina ipsorum non caruisse successu, cum nihil invita natura fuerint aggressi. Qui res morales profundius scrutantur, iis satis superque cognitum ac perspectum, actionum humanarum, etiam si legi conformes sint,• varia esse motiva.

Differentia actionum honestarum & virtutis specierum.

Nimirum aut mens sibi repraesentat status humani cum interni, tum externi mutationem, quae ex actione consequitur; aut motivis utitur attributis ac providentia, immo autoritate Numinis summi; aut motiva denique praebent veritates divinitus revelatae, ac naturali evidentia destitutae, quales sunt, quas de Christo, Servatore generis humani, religionis nostrae fundamenta agnoscimus. Qui actiones ex eventu aestimant, solo rationis ductu actiones dirigunt, quasque colunt, virtutes solis naturae viribus tribuendae veniunt (51). Qui attributorum divinorum ac providentiae Numinis contemplatione solo rationis lumine facta ad agendum determinantur, eorum virtutes a religione naturali ortum ducunt (52). Qui denique veritatibus divinitus•• reve | latis ac evidentia naturali destitutis••• ad actiones impelluntur, eorum virtutes gratiae viribus acceptae ferri debent (53).

• si legi conformes sint] si rite se habeant P.

•• divinitus] divinis P.

••• destitutis] destituti P.

자신들의 행위가 인간의 정신과 일치하는지 통찰하는 것 이외에 아무것도 미리 규정해놓지 않았으며, 덕과 도덕의 실천과 관련해서도 아무것도 확고하게 정해놓지 않았다는 점입니다. 그러므로 그들의 노력이 대단한 성과를 거둔 것에 놀랄 이유가 없습니다. 그들은 본성과 거슬리는 것은 아무것도 시도하지 않았기 때문입니다. 도덕적 문제를 깊이 탐구하는 사람들은 인간 행위의 동인(動因)이 설령 법칙과 조화를 이룬다고 할지라도 매우 다양하다는 것을 너무나 잘 알고 있습니다.

유덕한 행위와 덕의 종류의 구분

정신은 행위에 근거해 일어나게 되는 인간의 내적·외적 상태의 변화를 나타내거나 가장 위대한 신성의 속성과 섭리, 더욱이 권위를 동인으로 이용하기도 합니다. 끝으로 어떤 자연적 증거로도 증명될 수 없는 신으로부터 계시되는 진리들에 의해 동인이 제공되기도 합니다. 이렇게 인류의 구원자이신 그리스도로 인해 우리가 우리 종교의 토대로서 믿는 진리들이 만들어졌습니다. 행위를 그것의 결과로 판단하려는 사람은 자신의 행위를 이성의 인도에 의해서만 통제하려는 사람입니다. 그리고 그가 닦은 덕들은 단지 자연의 힘에 속하는 것이라 할 수 있습니다.[51] 오로지 이성의 빛에 의지해 신의 속성 및 신성한 섭리를 관찰하고 그것을 통해 행위를 하고자 하는 사람들의 덕은 자연종교로부터 기인합니다.[52] 끝으로 어떠한 자연적 증거로도 증명될 수 없는 신으로부터 계시되는 진리에 의해 자신의 행위를 하고자 하는 사람들은 자신의 덕을 은총의 힘에 돌립니다.[53]

Sinis infimus virtu :: tis gradus fuit.

Sinenses antiqui, de quibus nobis sermo est, || cum nulla universi Autorem ignorantibus (54) esset re | ligio naturalis, multo minus aliqua revelationis divinae | documenta innotuissent, non aliis quam naturae viri || bus iisque ab omni religione puris (55) ad virtutis ex | ercitium promovendum uti poterant (56). Eos autem felicissime iisdem usos fuisse, mox plenius constabit (57). |

Quomodo Sinae virtutis exercitium promoverint.

Missis itaque mentis humamae imperfectionibus, unde tanquam ex fonte vitia, scelera, flagitia propullulare solent: ad ejusdem perfectiones aciem intenderunt, ut vires a natura concessas agnoscerent, quodque iis non impervium existeret consequerentur (58). Erunt forsan, qui reprehensuri sunt (59), *Sinenses* imperfectionis | humanae nullam habuisse rationem, nec de mentis aegritudine ad vitiorum fugam (60) sananda fuisse sollicitos.

Objectioni respondetur.

Enimvero alia longe mentis, quam corporis est ratio, nec ab hujus morbis ad istius infirmitates tuta sem | per (61) fit argumentatio. Qui virtutes discit, eadem opera vitia dediscit: virtutes enim vitiis contrariae, nec ambo una locum habere possunt (62). Ubi virtus adest, ibi vitium ei oppositum abest, & quemadmodum virtutis notitia semper prodest, ignorantia semper obest (63), ita e contrario vitiorum ignorantia constan | ter prodest, notitia saepe obest (64).

중국인들은 덕의 가장 낮은 단계를 가졌다

여기에서 언급되는 고대 중국인들은 세상의 창조자를 몰랐기 때문에[54] 자연종교를 가지지 못했습니다. 더욱이 그들은 신의 계시에 대한 어떠한 증거도 알지 못했습니다. 그래서 그들은 덕의 행사를 장려하기 위해 모든 종교로부터 자유로운[55] 자연의 힘만을 사용했습니다.[56] 그러나 그들이 이 힘을 가장 성공적으로 사용했다는 점은 곧 보다 완전하게 확증될 것입니다.[57]

중국인들은 덕의 행사를 어떻게 장려했는가

악덕, 죄악과 악행이 싹터 나오는 원천과 같은 인간 정신의 불완전성을 그들은 더 이상 고려하지 않고 완전성에 주목했습니다. 이 완전성은 자연에 의해 보증되는 힘들을 인식하고, 이 힘들에 접근하게 해줄 수 있습니다.[58] 아마도 몇몇 분[59]은 중국인들이 인간의 불완전성에 전혀 주목하지 않아 병든 영혼의 치유를 위해 악덕을 피하는 점[60]을 전혀 고려하지 않았다고 비난할지도 모릅니다.

반론에 대한 대답

그러나 영혼은 육체와 완전히 다른 성질을 지녔습니다. 그러므로 육체의 병에서 영혼의 허약함을 추론하는 것이 항상 확실한 방법은 아닙니다.[61] 덕을 배우는 사람은 이 노력을 통해 악덕의 일을 잊어버리게 됩니다. 덕은 악덕과 대립하고 양자는 동시에 발생할 수가 없기 때문입니다.[62] 덕이 현존하는 곳에 덕과 대립하는 악덕은 없습니다. 그리고 덕을 아는 것이 항상 유용하고 덕을 모르는 것이 항상 해가 되듯이,[63] 거꾸로 악덕을 모르는 것이 항상 유용하고 그 반면에 악덕을 아는 것이 자주 해가 됩니다.[64]

Cur Sinae magis de virtutis studio quam vitiorum fuga cogitarint.

Non ergo a veri tramite aberrarunt *Sinae*, dum de vitiorum sordibus parum solliciti in id potissimum incubuerunt, ut virtutis studium effloresceret, omnes vero in universum vitiorum fere ignorantia tenerentur. Atque ea in re imitati sunt Logicos intelligentes, qui de praejudiciis cavendis parum cogitant, sed in vires intellectus inquirunt, & quomodo iis ad veritatem perscrutandam sit utendum, pervestigare solent certi, quod praejudiciis locus non sit, ubi verum a falso exacte discernitur; frustra vero praejudicia vitari jubeantur, ubi vires ad veri cognitionem deficiunt (65). Quod mentis humanae sint aliquae (66) vires ad actiones bonas committendas, ma | las vero iisdem oppositas fugiendas, neminem esse arbitror qui dubitet (67).

⁝ Vires naturae quaenam.

In vulgus notum, eam esse | ipsius indolem, ut non appetat, nisi quae bona judicat nec aversetur, nisi quae mala reputat (68): unde du | dum ab aliis annotatum, si quando contingat (contingit autem proh dolor! quam saepissime) malum eligi, quod bonum videatur; hoc repudiari, quod• mali quandam speciem prae se ferat. Pro comperto nimirum habemus, homines sensuum judicio stantes bonum voluptate, qua perfunduntur; malum dolore ac taedio, quo

• quod bonum videatur; hoc repudiari, quod] bonum repudiari, quod malum boni, bonum P.

어째서 중국인들은 악덕을 피하는 것보다 덕에 대한 노력을 더 많이 생각했는가

그러므로 중국인들이 악덕의 비열함에 대해 전혀 마음을 쓰지 않고 덕의 연구가 꽃피도록 한 반면에, 거의 악덕에 대해서는 무지했을 때 그들은 진리의 길에서 벗어나지 않았습니다. 그리고 그들은 그 점에서 선입견을 방지하는 것에 신경을 쓰지 않고, 지성의 힘을 추구하여 진리 탐구를 위해 지성의 힘을 어떻게 사용해야만 하는지 탐구해온 현명한 논리학자들의 뒤를 따랐습니다. 왜냐하면 그들은 진리와 거짓이 확연히 구별되는 곳에 선입견이 지배하지 못한다는 것을 확신하고 있었기 때문입니다. 그러나 진리를 인식하기 위한 힘이 거부되는 곳에서 선입견을 피하라고 요구하는 것은 소용없었습니다.[65] 인간의 영혼이 훌륭한 행위를 완수하고 그러한 행위에 대립되는 사악한 행위를 억제하기 위해 몇 가지 힘[66]이 있음을 아무도 의심하지 않으리라고 저는 생각합니다.[67]

자연의 힘이란 무엇인가

인간의 본성은 자신이 좋다고 여기는 것만을 욕구하며, 그리고 자신이 나쁘다고 여기는 것만을 혐오한다는 점은 일반적으로 잘 알려져 있습니다.[68] 따라서 악한 것이 선한 것처럼 보이기 때문에 악한 것을 선택하게 되는 일이 발생하며(유감스럽게도 이러한 일은 너무나 자주 발생합니다), 이렇게 되면 선한 것이 악한 것처럼 보여 선한 것을 거부하게 된다고 이미 다른 사람들이 말을 해왔습니다. 우리가 잘 알고 있듯이 사람들은 감각의 판단에 붙들려 쾌가 충족되면 그것을 좋은 것이라고 판단하고, 자신들에게 아픔을 주는 고통과 불쾌를 나쁜 것이라 판단합니다.

afficiuntur, aestimare. Quamobrem cum sensus non nisi• praesentia repraesentent, futura vero procul ab iis removeantur; transitoria cum perennibus confundentes bona apparentia veris praeferunt & a bonis veris saepius abhorrent, quod voluptatem (69) pariant venturo demum tempore, in praesenti minime praevisam. Has ergo syrtes, hos scopulos evitaturus ventura prospicere atque ex iis actionum ac rerum, quae homines tangunt, valorem determinare debet (70). Inest menti facultas | bonum a malo, malum a bono discernendi ac mentis nebulas, quas sensus objiciunt, dispellendi (71). Nimirum actiones vel bonae, vel malae sunt, quatenus hanc vel istam statui nostro mutationem inferunt (72): ratio autem probe exculta (73) mutationes praevidet, quae | ex actionibus sive commissis, sive omissis consequuntur.

Principia praxeos morum.

Cum, quae bona sunt, statum nostrum minime perturbent, sed tranquillum ac quietum conservent; quae vero mala sunt, omnia confundant, summa imis misceant, immo turbas perpetuas excitare soleant: mens utrumque praevidens actionum bonarum delectatione capitur; malae autem displicent, quamdiu rationis judicio statur. Habemus adeo stimulum ad prosequendum bonum, quod cognoscimus, & fugiendum malum, cuius turpitudinem agnoscimus (74). Ut propo | siti simus memores atque tenaces, memoriae ac

• non nisi] P / nisi W, M.

왜냐하면 지각은 현재적인 것만을 눈앞에 펼쳐 보이고, 장래의 것은 멀리하기 때문입니다. 그래서 사람들은 사라져버릴 것을 지속적인 것과 혼동하며, 참다운 선보다 선한 것처럼 보이는 것을 선호하며 참다운 선에 대해서는 알려고 하지 않습니다. 왜냐하면 이 참다운 것은 현재에는 미리 볼 수 없는 기쁨[69]을 미래의 시간에 생겨나게 하기 때문입니다. 그러므로 이와 같은 모래톱과 암초를 벗어나고자 하는 사람은 미래를 내다보아야만 하며, 행위의 가치와 인간에 해당하는 가치를 그러한 미래로부터 규정해야만 합니다.[70] 정신에는 좋은 것을 나쁜 것으로부터 나쁜 것을 좋은 것으로부터 구별하고, 감각이 정신에 대립해서 세워놓은 정신의 안개를 사라지게 하는 능력이 내재되어 있습니다.[71] 행위는 상황에 따라 이렇게 저렇게 변화될 수 있기에 훌륭할 수도 있고 나쁠 수도 있습니다.[72] 그러나 훌륭하게 교육된 이성[73]은 인간이 행했거나 또는 중단했던 행위에 근거해서 앞으로 일어날 변화를 미리 내다봅니다.

윤리적 행위의 기본 원칙

선한 것은 우리의 상태를 불안하게 하지 않고 안정적으로 그리고 평화적으로 유지해주는 반면, 악한 것은 모든 것을 혼란시키며 최상의 것을 최하의 것으로 뒤바꿔놓으며, 이에 더해 항상 지속적인 무질서를 야기합니다. 그러므로 이 두 가지 것을 미리 보는 정신은 좋은 행위에 끌리게 되고, 우리가 이성의 판단에 머물러 있는 한 나쁜 행위를 밀쳐내게 됩니다. 따라서 우리는 아는 선을 행하고, 해롭다고 알고 있는 악을 피하도록 격려해야 합니다.[74] 우리가 여기서 밝혀진 것을 잊지 않고 고수하는 것은 결코 기억과 이성의 힘을 넘는 일이 아닙니다. 기억과 이성은 서로

rationis vires amico vinculo inter se colligatas neutiquam excedit: quemadmodum alibi a me explicatum fuit disertius (75). Cum itaque homo naturae viribus usus bonum ac malum dinstinguere, illius dulcedine capi, hujus amaritudinem fastidire ac propositi memor esse possit: non video, qua fronte quis negare ausit, esse quasdam (76) naturae vires ad virtutis (77) exercitium & vitiorum fugam sufficientes. Et quoniam *Sinenses*, quibus non alius virium usus quam iste fuit relictus, virtutis ac prudentiae gloria praeclari extiterunt•; quod virium istarum usus non incassum cadat, exemplo suo abunde docuerunt (78).

An virtuti limites sint constituendi.

Quemadmodum vero teme | rarium, audax ac periculi plenum habetur intel | lectui terminos in veritate investiganda assigna || re (79); ita nec audaciae ac temeritatis notam effugiet, | qui naturae vires in bono prosequendo limitibus coërcere sustinuerit (80). Utut•• enim ad intimiorem prae | sertim mentis humanae notitiam admissus (81) docere possit, quantum *Sinae* profecerint, siquidem ipsorum Annales (82), quibus antiquissimorum••• Imperatorum | ac Regum gesta & facta celebrantur, curatius evolvere ipsi detur: cum tamen certum sit, eos metam ultimam haud quaquam attigisse (83),

• extiterunt] extiterant P.

•• Utut] ut P.

••• Annales, quibus antiquissimorum] *fehlt* P.(P에는 없음)

간에 호의적으로 결합되어 있습니다. 이 점에 대해서는 제가 다른 곳에서 상세하게 언급한 적이 있습니다.[75] 그러므로 자연의 힘을 사용하는 사람은 선과 악을 구별하며 선의 달콤함에 사로잡혀 있을 수 있기에 악의 쓴맛을 거부하고 원래의 목적에 남아 있을 수 있습니다. 그 때문에 저는 덕을 행사[76]하고 악덕을 회피하기에 충분한 몇 가지[77] 자연의 힘이 존재한다는 것을 부인할 정도로 뻔뻔한 사람은 보지 못했습니다. 그리고 사실 중국인들에게는 이 자연의 힘을 사용하는 것 외에는 다른 길이 없었습니다. 그들이 유명한 자신들의 덕과 현명함에 의해 이 자연의 힘을 드러냈을 때, 그들은 이 힘들의 사용이 효과가 있음을 자신들의 사례를 통해 완전하게 보여주었습니다.[78]

덕에 한계를 설정해야 하는가

그러나 진리를 탐구하면서 지성에 한계를 설정하는 것[79]을 사려 깊지 못하고 무모하며 위험하기 짝이 없다고 여기는 것처럼 선의 실행을 위한 자연의 힘을 한계 지우려 하는 사람 역시 무모하며 사려 깊지 못하다는 비난을 피할 수 없을 것입니다.[80] 특히 인간 정신에 대해 보다 깊은 인식에 도달했을 때,[81] 우리는 중국인들이 얼마만큼 그러한 것을 실행해왔는가를 보여줄 수도 있을 것입니다. 왜냐하면 우리는 가장 오래된 황제나 왕들의 업적과 행위를 기록했던 중국인들의 편년사[82]를 보다 더 세심하게 연구할 수 있기 때문입니다. 그러나 그들이 결코 최상의 목표에 도달하지 못한 것은 확실합니다.[83]

quod ibi sistendum sit, | quo illi pervenerunt, quis affirmare ausit? Veniendum itaque in rem praesentem, nec quousque progrediendum sit, multa cum sollicitudine percontandum, quin potius, quantum datur, progrediendum. Haec a consuetudine *Sinarum* antiquorum aliena non sunt (84), qui majorum suorum exempla in casibus non modo | similibus, verum etiam dissimilibus imitati sunt, nec alibi quam in summa perfectione (85), hoc est, nunquam sistendum esse docuerunt. Videtis Fontem, | Auditores, unde sapientiae ac prudentiae rivulos olim deduxere *Sinenses*: Sed agedum!• contemplemur etiam (id quod nobis inprimis propositum est) rivulos, ut, quam limpida sit aqua, quae per ipsos decurrit, palam fiat.

Magnum praxeos morum principium.

Maximum ad virtutem momentum affert distinctio inter partem animae superiorem ac inferiorem (86), veterum nonnullis etiam animadversa, etsi non sufficienter intellecta & explicata. Referuntur (87) ad partem inferiorem sensus, imaginatio atque affectus, hoc est, quod confusum in perceptionibus existit & ab•• iis, quatenus confusae sunt, pendet (88): ad partem vero su | periorem pertinent intellectus (qui ad vocis ambiguitatem inconstantia loquendi eidem conciliatam tollendum (89) purus interdum appellari solet) ratio

---

• agedum!] *fehlt* P.(P에는 없음)

•• existit & ab] existit ab P.

그래서 중국인들이 도달한 곳에 우리가 그대로 머물러 있어야만 한다고 말하고 싶은 사람은 누구입니까? 우리가 얼마나 멀리 가야 하는지 묻는 대신에 우리의 주제로 돌아가서 우리가 할 수 있는 만큼 가보겠습니다. 이렇게 하는 것은 고대 중국인들의 관습에도 맞습니다.[84] 중국인들은 그들 선조의 모범들을 유사한 경우뿐만 아니라 유사하지 않은 경우에도 모방했습니다. 그리고 최상의 완전성[85]에 도달할 때까지 멈추지 말라고 가르쳤습니다. 다시 말해, 결코 중간에 서 있지 말라고 가르쳤습니다. 존경하는 청중 여러분, 이제 여러분들은 당시에 중국인들의 지혜와 현명함이라는 시냇물이 흘러나오는 원천을 보겠습니다. 자, 그럼 한번(무엇보다 우리의 의도이기도 하지만) 물이 얼마나 맑은지 보기 위해 흐르는 시냇물을 관찰해보겠습니다!

도덕적 행위의 중요한 원리

영혼의 윗부분과 아랫부분의 구분은 덕과 관련해 중요한 의미를 지닙니다.[86] 그러한 구분이 비록 충분하게 이해되거나 설명되지는 않았지만 몇몇 고대인은 그와 같은 구분에 주목했습니다. 영혼의 아랫부분에 감각, 상상력과 감정이 속합니다.[87] 다시 말해, 이것들은 지각들 속에 혼란스레 있습니다. 이것들은, 혼란스러운 상태에 있는 한, 지각들에 의존합니다.[88] 이에 반해 영혼의 윗부분에는 지성(intellectus: 우리가 일관성이 없게 말을 하면서 발생하게 된 불명확한 말뜻을 피하기 위해 '순수지성'[5]이라고 부르곤 하는 지성입니다)[89]과 이성과 자유의지가 속합니다. 한마디로 말

5 *Deutsche Metaphysik*=WW I, Bd. 2, S. 155, §282; *Psychologia empirica*=WW II, Bd. 5, S. 228ff., §313ff. '순수지성'(intellectus purus)과 '비순수지성'(intellectus impurus)의 데카르트적 구분을 위해서는 다음도 참조. Zedler, Bd. 47, Sp. 1967~69, 2021.

atque libera voluntas, hoc est, ut verbo dicam, quod in perceptionibus distinctum reperitur & ab iis, quatenus distinctae sunt, proficiscitur.

Unde consuetudo bene agendi virtutem mentiens.

Qui in confusa rerum cognitione acquiescunt, nec appetitu alio, quam quem sensitivum Philosophi appellant, ac ortis hinc affectibus ad actiones stimulantur; solam recte agendi consuetudinem contrahunt metu superioris potissimum conservandam, ne data occasione per contrariam tollatur (90). Neque in hoc statu a brutis differt homo, quibus equidem natura rationis usum non concessit, ast sensus tamen &, qui hinc oritur, appetitum non denegavit. Quo pacto itaque animantia bruta ad certas quasdam actiones adsuefieri solent, eodem quoque homines in isto statu ad actiones nostro arbitratu edendas adsuefiunt.

⁝ **Unde vera virtus.**

Enimvero qui ad distinctam rerum cogni | tionem mentem elevant ac appetitu, quem Philosophi rationalem vocant, in bonum feruntur, illi voluntate libera ad actiones bonas determinantur, nec, ut in bono persistant, superiore opus habent, propterea quod boni ac mali discrimen intrinsecum agnoscunt aliisque, ubi opus fuerit, sufficienter explicare valent. Qui in formandis hominum moribus haec rectius observaverit, quam *Sinenses*, ego profecto! novi neminem (91). |

한다면, 이것들은 지각들 속에서 판명하게 발견될 수 있는 것입니다. 그리고 이것들은, [이것들이] 판명한 상태에 있는 한, 지각들을 떠나는 것입니다.

덕을 그럴듯하게 속여 보이게 하는 훌륭한 행위의 습관은 어디에서 오는가

사물에 대한 혼란스러운 인식에 만족하고 철학자들이 바로 감각적 욕구라고 부르는 것에 의해 그리고 그것에서 생겨나는 감정의 움직임에 따라 행위를 하는 사람은 주로 주인에 대한 두려움에 의해 올바른 태도를 유지하는 단순한 습관을 습득해야 올바른 행위를 할 수 있습니다. 그래야 기회가 생기더라도 이 습관이 그 반대되는 것에 의해 사라지지 않게 됩니다.[90] 이러한 상태의 인간은 동물과 구분되지 않습니다. 동물에게는 자연이 이성의 사용을 허락하지 않았지만, 지각과 지각에서 생겨나는 욕구를 사용하도록 했습니다. 그러므로 이러한 상태의 인간도, 우리가 비이성적 동물들을 특정한 행위에 익숙해지도록 길들이는 것처럼 우리의 자의에 따라 완수될 수 있는 행위들에 익숙해져야 합니다.

참된 덕은 어디에서 오는가

그러나 사물에 대한 판명한 인식에로 자기의 정신을 고양하는 사람은, 그리고 철학자들이 이성적이라고 부르는 것을 통해 선을 위해 분발하는 사람은 자유로운 의지를 통해 훌륭한 행위를 하도록 정해져 있고, 선에 머물기 위해 어떠한 주인도 필요로 하지 않습니다. 왜냐하면 그는 선과 악의 내적 구분을 인식하고, 필요하다면 그 구분을 다른 사람들에게 충분히 설명할 수 있기 때문입니다. 실제로 저는 인간의 도덕 교육에서 중국인들보다 그 점에 대해 더 관심을 기울였던 사람을 한 명도 알지 못합니다.[91]

Duplex Sinarum schola ad formandos mores.

Cum status *Sinensium* sub Imperatoribus, quos supra commendavimus, effloresceret; duplex ubivis locorum in imperio *Chinae* vigebat schola (92). Altera vocabatur *schola parvulorum* (93), quae parte animae inferiori tanquam fundamento innitebatur: altera vero *schola adultorum* (94), quae ad partem animae superiorem tota referebatur. Atque haec erat ratio, cur scholam parvulorum frequentarent pueri ab octavo aetatis anno usque ad decimum quintum (95), quamdiu nempe usu | rationis carentes sensuum ministerio duci flectique debebant; ad scholam vero adultorum non admitterentur, nisi qui decimum quintum aetatis annum attigissent, ut rationis usu sese exerente ad altiora eniterentur. Immo eadem erat ratio, cur in scholam parvulorum mitterentur promiscue omnes tam Imperatoris, Regum ac virorum illustrium, quam ipsius plebis infimae liberi: ast in scholam adultorum non pateret ingressus nisi liberis Imperatoris, Regum ac virorum illustrium, ex plebe autem non admitterentur, nisi qui ingenio, judicio ac solerita ceteris praestarent.

Scholae adultorum necessitas & ratio.

Cum in schola parvulorum ad bonos mores adsuefierent pueri, consuetudo autem in bono ibidem contracta sine metu superioris conservari non posset; quae ibi didicerant, minime sufficiebant olim

도덕 형성을 위해 중국인들이 만든 두 학교

제가 앞에서 언급했던 황제들 아래에서 중국이 꽃을 피웠을 때, 중국 제국의 모든 지역에는 두 학교가 있었습니다.[92] 그 가운데 하나는 '어린이를 위한 학교'[93]* 입니다. 그것은 기초로서 영혼의 아랫부분에 의지하고 있습니다. 다른 하나는 '어른을 위한 학교'[94]**라 불리며 완전히 영혼의 윗부분과 관련을 맺고 있습니다. 그리고 8세에서 15세까지의 어린이가 학교를 다녀야만 하는 근거[95]는 그들이 이성을 사용할 수 없기에 감각의 도움에 의해 인도되고 지도되어야 하기 때문입니다. 그러나 '대학'은 15세 이상이 되는 사람들에게만 허용됩니다. '대학'은 이성의 사용을 훈련해서 그들이 보다 고차적인 것을 향해 노력할 수 있도록 합니다. 이것은 어째서 '소학'에 모든 어린이, ―즉 황제와 제후, 귀족들, 그리고 가장 〔신분이〕 낮은 백성의 자식들 모두가 공통적으로 보내져야만 하는가에 대한 이유이기도 합니다. 그러나 '대학'의 입학은 황제와 제후, 귀족의 자제들에게만 열려 있으며, 백성 중에서는 창의력과 판단력, 근면성이 다른 사람들보다 뛰어난 자에게만 허용됩니다.

'대학'의 필요성과 그 이유

'소학'은 어린이들로 하여금 좋은 예절을 익히도록 하는 데 도움을 줍니다. 그러나 이렇게 해서 생겨난 선에 대한 습관은 주인〔부모 또는 윗사람〕에 대한 두려움으로 유지되기에 '소학'에서 배운 것은 아마도 제국을

---

* 소학(小學). 중국 고대 학교의 명칭으로 원래 태자·왕자·제후 및 공경대부의 자식들을 교육하던 곳이다. 이하에서는 '소학'으로 번역한다. 유교 경전을 말할 경우에는 소학은 『소학』으로 표시한다.

** 대학(大學). 소학을 마친 후 대학에 들어갈 수 있었다. 이하에서는 '대학'으로 번역한다. 유교 경전을 말할 경우에는 『대학』으로 표시한다.

imperio potituris, vel ad parendum minus pronis: illi enim superiorem non habent, a cujus nutu pendent (96); hi suo genio, quam alterius jussu regi malunt (97). Quoniam itaque in schola adul | torum docebantur, quomodo unusquisque se ipsum regere debeat, ut sponte faciat (98), quod laudem meretur; sponte fugiat (99), quod turpitudinis labe notatur; ea formandis illorum moribus conveniebat, qui vel olim alios regere debebant nullius imperio ipsimet subjecti, vel sub imperio alterius sponte facere debebant a superiore praecepta, vel praecipienda. E contrario autem ad serviendum nati ex hac schola arcendi erant, tum quod stupidi non caperent, quae ad seipsum regendum praecipiebantur, tum quod sub imperio alterius degens seipsum regere non habeat opus, ubi in obsequium proclivis fuerit (100). Omnia• *Sinarum* molimina ad bonum regimen tanquam metam (101) tende | bant, ut nimirum in Rep. bene constituta falicitatem consequerentur (102), quotquot in eadem degerent.

Scholae utriusque institutum.

Hinc in schola parvulorum ad obsequium, in schola adultorum ad imperium praeparabantur, ut, quemadmodum modo diximus, ad serviendum nati imperantibus parerent, imperantes nonnisi salutaria praeciperent suoque exemplo praeirent, intelligentes denique•• ab imperio exclusi atque parentium numero adscripti

---

• Omnia] Omnium P.

•• suoque exemplo praeirent, intelligentes denique] ac intelligentes P.

계승하고자 하는 사람들에게나 복종하기를 꺼려하는 사람들에게는 충분하지 않습니다. 전자에게는 그들이 의존해야 하는 의지를 가진 주인이 없기 때문입니다.[96] 그리고 후자는 다른 사람의 명령보다 자기의 성향에 지배되기를 원하기 때문입니다.[97] 그러므로 '대학'에서는 그들에게 각자가 스스로를 어떻게 지배해야 하는지 가르치는 까닭에 그들은 스스로 칭찬받을 만한 일을 할 것이고,[98] 수치스러운 행위로 비난받는 것을 피하게 될 것입니다.[99] 그런 만큼 이 학교(대학)는 타인의 지배에 복종하지 않고 언젠가 다른 사람을 지배해야 하는 그런 사람들의 도덕 형성을 위해 적합합니다. 또는 주인의 지배 아래에서 주인이 제정해놓은 것이나 앞으로 제정되어야만 할 것을 스스로 행하는 사람들의 도덕 형성을 위해 적합합니다. 이와 반대로 노예적 복종을 하는 사람들은 이 학교로부터 배제되어 있습니다. 그들은 우매함 때문에 자기 자신을 다스리기 위해 규정되어 있는 것을 파악할 수 없어서입니다. 그뿐만 아니라 또 다른 사람의 지배 아래에 사는 사람은 복종을 하는 경향 때문에 자기 자신을 다스릴 필요가 없어서입니다.[100] 중국인들의 모든 노력은 훌륭한 통치를 목적으로 하며,[101] 이 훌륭하게 질서 지워진 국가에 사는 모든 사람은 행복할 것입니다.[102]

두 학교에서의 수업

따라서 그들(중국인들)은 '소학'에서는 복종을, '대학'에서는 통치를 준비하게 됩니다. 그렇게 해서 제가 방금 전에 언급한 것처럼 섬기도록 정해져 있는 자들은 지배자에게 순종하고, 지배자는 유익한 명령을 내리고 솔선수범합니다. 그리고 끝으로 통치에서 배제되어 신하에 속하게 되는 현명한 자들은 자발적으로 군주의 명령과 일치하는 것을 행합니다.

superiorum jussui conformia proprio motu facerent. In schola itaque parvulorum reverentia inprimis (103) erga parentes, seniores ac superiores urgebatur ac modestiae submissionisque legibus animi tenelli imbuebantur: in schola vero adultorum rationes rerum (104) aperiebantur• & ad regendum cum•• se, tum alios regulae salutares tradebantur. In utraque nihil a discentibus exigebatur, nisi quod in vita (105) usum haberet: in utra | que etiam discentes non modo operam dabant, ut, quod ipsos agere deceret, probe intelligerent; verum omnes etiam corporis animique vires indefesso unusquisque studio intendebat, ut, quod cognovisset, ipso opere exequeretur (106). Haec quidem utriusque scholae facies | erat, cum in aureo *Sinarum* seculo Resp. maxime floreret, imperantibus pariter ac parentibus muneri ac officio suo satisfacientibus (107).

Laudanda Sinarum instituta.

Nec parum laudis in eo | mihi consecuti videntur *Sinenses*, quod omnem studiorum rationem ad finem quendam retulerint, nec in ea quicquam admiserint, nisi quod ad hunc conduceret (108). Non minorem laudem in eo mihi meruisse videntur, quod eandem studiorum rationem ad vitam quoque retulerint, nec quicquam in ea admiserint, nisi quod ad felicitatem consequendam faceret (109): quod ipsum in causa fuit, ut florentissimo isto seculo nemo in tota *China*

• aperiebantur] reperiebantur P.

•• cum] *fehlt* P.(P에는 없음)

그러므로 '소학'에서는 특히 부모와 노인, 군주에 대한 공경[103]을 권하여 어리고 연약한 영혼들을 겸손과 순종의 법칙에 익숙해지게 합니다. '대학'에서는 사물의 근거[104]가 해명되고 자신뿐만 아니라 다른 사람을 지배할 수 있는 유익한 규칙들이 전수됩니다. 이 두 학교 모두에서 학생들에게 요구하는 것은 무엇이 삶에서[105] 유용할 수 있는가라는 것뿐이었습니다. 그러기에 두 학교에서 학생들은 자신들이 추구해야만 하는 것을 훌륭하게 이해하려 노력했을뿐더러 각자가 쉬지 않고 부지런히 자신이 알고 있는 것을 스스로 실천하고자 육체와 정신의 모든 힘을 다했습니다.[106] 중국의 황금시대에 국가가 최고로 꽃피었을 때, 그리고 지배자와 신하가 그들의 직무와 의무를 다했을 때 이렇게 이 두 학교의 형태가 만들어졌습니다.[107]

칭찬할 가치가 있는 중국인들의 제도

다음의 이유로 중국인들에게 작지 않은 칭송이 뒤따라야 할 것으로 저에게는 보입니다. 중국인들은 그들이 공부하는 모든 이유를 확실한 목적에로 향하게 하고, 이 목적에로 이끌어주는 것만을 허용했다는 점에 대해 작지 않은 칭송을 받을 것으로 저에게는 보입니다.[108] 또한 중국인들이 이 공부의 이유를 실제 생활과 관련시키고 생활에서 행복을 얻게 해주는 유익한 것만을 허용했다는 점에 대해서도 작지 않은 칭송을 받을 것으로 저에게는 보입니다.[109] 이것이 바로 중국이 최고로 번성했던 시기에 중국 전체에서 공부에 전념하지 않은 사람을 찾아보기가 어려웠

reperiretur, qui non studiis operam daret, | quantum ingenium permittebat, vitae[•] conditio exigebat (110). Immo in eo etiam laudandi mihi videntur *Sinenses*, quod non modo morum praecepta tradiderint, sed discipulos quoque in virtutis studio exercuerint eorumque mores formaverint (111). Videamus vero paulo propius, quantum in boni cognitione, quantum in ejusdem prosecutione profecerint. A. R.[••] Pater *Franciscus Noël*, e Societate Jesu, vir eruditione multivaria praestans (112) & vitae integritate conspicuus, postquam per viginti annos & amplius libris imperii Sinensis classicis pervolvendis studium haud proletarium impendisset, eos tandem in Latinum idioma transtulit (113) | & ante decem circiter annos (114) luci publicae Pragae exposuit. In iis loco primo comparet libellus quantivis pretii (115) a *Confucio* conscriptus, qui, cum contineat doctrinam, cui adulti vacare debent, *schola*[•••] *adultorum* fert nomen.

Principia Sinarum practica.

Diximus superius, *Confucium* non nova invenisse, sed antiqua renovasse: quamobrem in hoc libello reperias genuina sapientiae *Sinensis* principia. Urgebant itaque *Sinae*, ut primo omnium loco ratio probe excolatur, cum ad distinctam boni malique cognitionem

---

• vitae] & vitae P.

•• A. R.] Adm. Rev. P.

••• *schola*] *scholae* P.

던 까닭입니다. 사람들은 자신의 재능과 생활 형편이 되는 한 공부에 전념했습니다.[110] 또한 중국인들은 도덕적 가르침을 〔학생들에게〕 전달해 주었을 뿐만 아니라 학생들 역시 덕을 쌓기 위해 노력을 하며 자신들의 도덕을 형성했다는 점도 중국인들이 칭찬을 받아야 할 것으로 저에게는 보입니다.[111] 그러면 어느 정도로 그들이 선에 대한 인식을 가지고 그것을 실천해왔는지 조금 더 자세하게 들여다보겠습니다! 다방면에 걸친 뛰어난 학식을 지니고 삶 전체를 통해 탁월함을 보여준, 경탄할 정도로 존경할 만한 예수회 출신의 신부 프랑수아 노엘(François Noël)[6][112]은 20년 넘게 비상한 노력으로 중국의 고전들을 철저하게 연구한 후에 이 고전들을 드디어 라틴어로 번역해냈습니다.[113] 그리고 그것을 약 10년 전쯤에[114] 프라하에서 출간했습니다. 그 고전 번역서 가운데 제1권으로 무엇보다 값어치를 매길 수 없는 귀중한 소책자[115]가 들어 있습니다. 공자가 저술한 이 소책자는 성인들이 매진해야만 하는 가르침을 담고 있으며, 제목은 『대학』*이라고 합니다.

중국의 실천 원리

우리가 앞에서 언급한 것처럼 **공자**는 새로운 것을 만들어낸 것이 아니라 옛것을 새롭게 했습니다. 그래서 이 소책자〔『대학』〕에서는 중국적 지혜의 진정한 원리를 발견할 수 있습니다. 중국인들은 무엇보다 먼저 이성이 올바르게 형성되어야 한다고 재촉합니다. 왜냐하면 주인에 대한 두

---

6 이 책, 「독역자 해설」, §6, 7 참조.

* 『예기』(禮記) 가운데 제42편을 주희가 독립시킨 유교 경전. 『대학』은 공자의 말씀에 기초하나 공자가 저작하거나 편찬한 책은 아니다. 『대학』의 저자에 대해서는 여러 설이 있는데, 전통적으로 공자의 손자인 자사(子思)가 『대학』과 『중용』을 지었다는 견해가 지배적이다.

pervenire debeat, absque metu superioris ac sine* spe praemii ab eodem obtinendi virtuti operam daturus (116), boni vero malique notitiam perfectam haud | quaquam assequi liceat, nisi rerum naturis ac rationibus perscrutatis, & discipulus *Confucii* inter ceteros eminens *Tsem*** *Tsu* ex Annalibus imperialibus probat (117), sapientes Heroas*** semper in id incubuisse, ut rationem indies (118) magis magisque perficerent.****

Ratio illorum.

Neque vero haec gratis asserebant: agnoscebant enim, hominem libere agentem, qui vel alterius imperio non subest, vel, si subsit invitus, mallet tamen non subesse, non agere bonum, nec fugere malum, nisi prius appetitus in mente, motus cordis in corpore iisdem respondentes in ordinem redigantur (119); appetitus in mente, motus cordis in corpore in ordinem redigi non posse, nisi homo in vero boni amore, vero mali odio stabiliatur (120); nec verum boni amorem, nec verum mali odium locum habere posse, nisi | quis perfectam boni malique notitiam assequatur & quidem per ratiocinium mentis (121); mentis

---

* sine] P, M/fine W.
** *Tsem*] ISEM P.
*** Heroas] Heroes P.
**** perficerent] perspicerent P.

려움이나 주인에게 보상을 바라지 않고 덕에 헌신하기 위해서는 선과 악에 대한 분명한 인식을 가져야 하기 때문입니다.[116] 그러나 선과 악에 대한 완전한 인식은 사물의 속성과 근거를 탐구하지 않고서는 획득할 수가 없습니다. 그리고 다른 제자들보다 더 뛰어난 공자의 제자인 증자(曾子, Tsem Tsu)*는 황제 편년사[117]에 근거해서 현명한 영웅들은 자신의 이성을 매일매일[118] 조금씩 더 완전하게 한다고 증거합니다.

그들의 근거

실제로 중국인들은 이 원리를 훌륭한 근거를 가지고 주장했습니다. 다시 말해 중국인들은 다음과 같은 것을 인식했습니다. 즉 자유롭게 행위하는 사람, 다시 말해 다른 사람의 지배를 받지 않거나 자신의 의지에 반해 복속되었을 때 복속되지 않으려 하는 사람은 먼저 정신의 욕구와 몸의 움직임에 상응하는 마음의 움직임이 질서 있게 되지 않으면 선을 행할 수도 없고 악을 피할 수도 없다는 것을,[119] 또한 사람이 선에 대한 진정한 사랑과 악에 대한 진정한 증오가 확고하지 않다면 정신의 욕구와 몸 안의 마음의 움직임이 질서 있게 될 수가 없다는 것을,[120] 사람이 선과 악에 대한 완전한 인식에, 더욱이 정신의 이성적 추론에 의해서 선과 악에 대한 완전한 인식에 도달하지 못한다면 선에 대한 진정한 사랑도 악에 대한 진정한 증오도 확실하게 자리 잡을 수 없다는 것을,[121] 사물의

---

* 중국 노나라의 유학자(기원전 506~기원전 436). 본명은 삼(參), 자는 자여(子輿)이며, 지금의 산둥성에서 태어났다. 공자의 수제자로 효심이 두텁고 내성궁행(內省躬行)에 힘썼다. 『효경』의 저자라고 하지만, 확실한 근거는 없다. 노나라에서 제자들을 교육하는 데 주력했다. 하루에 세 번 반성(一日三省)하는 수양 방법을 제창했다고 한다. 공자의 덕행과 사상을 조술(祖述)하여 자사(子思)에게 전했다. 증자의 사상은 자사와 그의 제자를 거쳐 맹자(孟子)에게 전해졌다.

ratiocinio perfectam boni malique notitiam minime obtineri,* nisi perscrutatis rerum naturis ac rationibus (122).

Modus demonstrandi Sinarum.

Equidem non multo argumentorum nexu haec demonstrabant, distincta rerum cognitione destituti, quae in hunc usque diem plerisque negatur (123): longa tamen experientia freti affirmabant, quae virtute illustrium Heroum exempla non sine mentis acumine meditati (124) assecuti fuerant & quae ipsimet in virtutis stadio decurrentes ex semetipsis (125) didicerant.

: Certitudo principiorum Sinarum.

Ecquis vero in dubium vo | cabit, quae multiplici experimento dudum confirmata sunt, praesertim cum jam supra ostenderimus, nullibi gentium hujus rei experimentum tutius (126) capi posse quam apud *Sinas* antiquos, qui religione omni (127) cum naturali, tum revelata carentes nullis unquam motivis extrinsecis usi fuerunt? Quoniam enim sola motiva intrinseca ex ipsa actionum humanarum natura petita penes ipsos locum habuere; quantum ea valerent, ipsorum exemplo dilucide constabat.

Autoris in hoc genere studium.

Ego sapientiae Sinensis prorsus ignarus (128), sed in felicitatem

---

* obtineri] comparari P.

본성과 근거를 탐구하지 않고서는 정신의 이성적 추론에 의한 선과 악에 대한 완전한 인식에 결코 도달할 수 없다는 것[122)]을 알았습니다.

중국인들의 증명 방식

사실 그들〔중국인들〕은 사물들에 대해 판명한 인식을 갖지 못해서 논증의 긴 연결고리를 통해 이것을 증명하지 않았습니다. 이 판명한 인식은 〔중국에서〕 오늘날까지 거부되고 있습니다.[123)] 그렇지만 그들은 자신들의 오랜 경험을 신뢰하고, 그 경험을 통해 통찰했던 것을 주장합니다. 즉 그들은 상당한 정신적 통찰력을 가지고 덕으로 유명한 영웅들의 사례들을 숙고한 뒤에,[124)] 그러한 사례를 통해 그들 자신이 그런 덕의 길을 계속 걸어왔던가를 스스로[125)] 되돌아봅니다.

중국적 원리의 확신

그런데도 다양한 시험을 통해 오래전에 확증된 것을 누가 의심하려 하겠습니까? 특히 우리가 앞에서 보여준 것처럼 이런 사실의 시험이 모든 민족 가운데서도 고대 중국인들보다 더 확실하게[126)] 발견될 수 있는 민족은 없으며, 자연종교든 계시종교든 결코 어떠한 종교도 없었던[127)] 고대 중국인들이 결코 외적 동인을 이용하지 않았음을 누가 의심하겠습니까? 그들에게는 인간 행위의 본성들로부터 얻어진 내적 동인만 있었기 때문에, 그들이 행한 행위의 사례들을 통해 동인이 얼마나 큰 힘을 가지고 있는가가 분명하게 드러나게 됩니다.

이 영역에서 저자〔볼프〕의 연구

저는 중국의 지혜를 전혀 알지 못했지만,[128)] 타고난 성품으로 인해 인

generis humani natura pronus, valde adhuc juvenis (129) res morales curatius, nec invita prorsus Minerva (130) (absit | jactantia dicto!) meditari coepi, testibus iis, quae ante annos plures (131) in vicina quadam eaque illustri Musarum sede (132) speciminis loco (133) de Philosophia practica universali publico eruditorum examini ea, qua par erat, modestia submisi. Ubi ad aetatem maturiorem perveni, judicium maturius majusque acumen adeptus (134) easdem profundius scrutatus sum & ex intimis mentis humanae penetralibus deduxi, quae ad sapientem actionum humanarum directionem faciunt (135). Etsi autem mihi non profuerint *Sinensia* utpote ignota ad mea invenienda; mea tamen, quae propria ingenii vi assecutus fueram, mihi profuerunt, ad *Sinensia* intimius | perspicienda (136).

Cur Autori Sinensia alia apparuerint, quam Interpreti.

Etenim cum laudatus supra interpres librorum classicorum imperii *Sinensis*, vir acumine ac judicio pollens, viginti annorum & amplius studium in iis pervolvendis non segniter posuisset, ut genuinum sensum, quem plerumque intellectu non adeo facilem se deprehendisse fatetur, satis assequeretur; tandem in praefatione versioni praemissa judicavit, non reconditam ac sublimem ibi contineri doctrinam, sed solam Ethicen vulgarem, morum

류의 행복을 위해 마음을 쏟게 되었습니다.[7] 그때 저는 아직 새파란 청년[129)]으로 도덕적인 것들에 보다 주의를 기울여 숙고하기 시작했습니다. 그리고 그 일에 대해 성과가 없는 것도 아니었습니다.[130)] (제 말은 결코 허풍이 아닙니다!) 몇 해 전에[131)] 제가 이웃하고 있는 유명한 뮤젠지츠(Musensitz)[132)]에서 학자들의 공개 시험을 받기 위해 겸손하게 제출한 『보편적 실천철학』 초고[133)]가 그러한 성과를 말해줍니다. 원숙한 나이에 접어들자, 저는 성숙한 판단과 보다 더 많은 통찰력을 얻게 되었습니다.[134)] 그리고 이러한 물음들을 더욱 정확하게 탐구해 인간 정신의 가장 내면적인 것에서부터 인간 행위의 현명한 방향 설정에 도움이 되는 것을 도출해냈습니다.[135)] 제가 전혀 알지 못했던 중국의 가르침들은 저의 발견에 쓸 수 없었지만, 제가 제 자신의 창조적 재능의 힘으로 도달한 발견들은 중국의 가르침들을 보다 더 깊이 인식하는 데 유용했습니다.[136)]

왜 중국의 교설이 저자에게는 번역자와 다르게 보였는가

다시 말해, 앞에서 언급한 날카로운 통찰력과 판단력을 지닌 중국 고전의 번역자는 중국 고전의 진정한 의미를 (그가 고백한 것처럼 종종 지성으로는 이 의미를 쉽게 찾아내기 어려웠습니다) 올바르게 파악하기 위해 20년이 넘는 세월을 부지런히 중국 고전 연구에 매진해왔습니다. 그런 후에 그는 마침내 자신의 번역 앞에 붙인 「머리말」[8]에서 중국 고전에는 비밀

---

7 *Deutsche Metaphysik*=WW I, Bd. 2, 제1판 「머리말」, S. 2[unpag.](이와 상응하는 구절이 랑게의 눈에도 띄었다. S. 39f., Anm. 97). *Ausführliche Nachricht*=WW I, Bd. 9, 「머리말」, S. 1(unpag.). ―이 발언이 오늘날 주의를 끌고 있는 것과 달리, 그 당시에는 그렇게 눈에 띄지 않았다. 일례로, Leibniz(Guerrier II, S. 75f. 176, 208) 참조.

8 볼프는 여기서 자신의 노엘에 대한 서평 구절을 반복한다(S. 123; 이 책, 「독역자 해설」, §7을 보라). 이 구절은 노엘의 「머리말」, S. 2(unpag.)에로 소급된다.

compositionem,[•] familiae disciplinam & fere semper boni regiminis artem, adeo ut non tam ipsa argumenti ac materiae praestantia, quam ingens hominum multitudo, qui illis dant operam, ipsum impulerit ad aggrediendum[••] versionem, aliquoties ab aliis tentatam, sed centum & amplius annis, ex quo missio *Sinensis* exordium coeperat (137), non abso | lutam (138): ego contra libros istos vix obiter inspiciens | reconditam quandam in iis sapientiam absconditam esse | deprehendi (139), utut arte opus sit ad eam eruendam: intellelexi enim, quae nullo ibi ordine digesta compa | rent, pulcherrimo nexu inter se cohaerere (140), siquidem intimius inspiciantur, & quae nulla ratione munita nude affirmantur, summa cum ratione dicta deprehendi, ubi ad examen revocantur (141). Ego quoque repereram,[•••] verum esse quod a veteribus asseritur, si quis solis naturae viribus fretus, non ex consuetudine, nec metu superioris, sed ex libertate arbitrii (142) & cum voluptate virtuti operam navare debeat, illi ab intellectus cultura incipiendum esse, atque in hanc veritatem incidi naturam mentis humanae meditatus, quem veritatum moralium Lydium lapidem esse supra (143), nisi me omnia fallunt, abunde demonstravi. Nimirum virtus in mente residet, non in[••••] corpore (144), etsi actus virtuosi in hoc terminentur. Actus externi appetitibus | animae respondere

---

• Ethicen vulgarem, morum compositionem] Ethicen, vulgarem morum compositionem P.

•• aggrediendum] aggrediendam P.

••• repereram] reperiebam P.

•••• in] *fehlt* P.(P에는 없음)

스럽고 고상한 가르침이 아니라 단지 평범한 윤리, 인륜의 질서, 가족과 일반적인 올바른 통치에 대한 가르침이 들어 있다는 견해를 제시하기에 이르렀습니다. 그는 이 〔중국 고전의〕 논증과 소재 자체의 탁월함보다는 이 고전들을 연구했던 수많은 사람을 고려해서 스스로 이〔중국 고전〕 번역에 착수하기로 했습니다. 이 번역은 여러 차례에 걸쳐 여러 사람이 시도했지만, 중국의 선교화가 시작된[137] 이래 100년이 더 지난 지금도 끝나지 않은 것입니다.[138] 이와 반대로 저는 이 작품들을 처음 훑어보면서 이 비밀스러운 지혜를 밝히기 위한 특별한 재능이 필요하지만 그〔중국 고전〕 속에는 비밀스러운 지혜가 숨겨져 있음을 이미 느꼈습니다.[139] 중국 고전을 좀 더 정확하게 관찰한다면, 중국 고전에는 질서가 없는 것처럼 보이는 것들도 정말로 서로 간에 가장 아름다운 연결고리에 의해 엮여 있음을,[140] 그리고 근거들에 의해서 확증되지 못하고 빈약하게 주장되는 것을 검토해보면, 그것은 최상의 근거들을 가지고 언급된 것임을 저는 통찰했습니다.[141] 또한 저는 고대인들〔고대 중국인들〕의 다음과 같은 주장이 참임을 발견해냈습니다. 즉 우리가 단순하게 자연의 힘을 신뢰하고, 습관이나 주인에 대한 두려움이 아니라 의지의 자유[142]에 근거해 기쁘게 덕을 쌓는 일에 전력을 다해야만 한다면, 우리는 그러한 일을 지성의 형성과 함께 시작해야만 한다는 것입니다. 그리고 저는 인간 정신의 본성을 깊이 생각한 후에 그러한 진리와 마주치게 되었습니다. 모든 것이 저를 속이지 않는 이상, 저는 이러한 진리가 도덕적 진리를 위한 시금석임을 앞에서 완전하게 논증했습니다.[143] 다시 말해, 비록 유덕한 행위가 육체에서 완수된다고 할지라도, 덕은 육체가 아니라 정신 속

---

* 독일어 번역본은 'appetitus'를 'Bestrebungen'으로 영어 번역본은 'tendencies'로 번역했다.

debent (145), appetitus oriuntur ex motivis, motiva praesentis casus in distincta boni malique congitione consistunt; bonum & malum dignoscitur ex status nostri, quam parit, perfectione ac imperfectione; sensus perfectionis voluptatem parit, sensus imperfectionis taedium gignit; qui voluptatem ex bono capit, bonum amat; quem malum taedio afficit, is malum odio prosequitur.•

Voluntatis perficiendae modus.

Quis non videt, omnia tandem ex distincta boni malique cognitione ortum ducere, atque ideo intellectus acumine perfici voluntatem. Haec naturae mentis conformia (146), principiis *Sinarum* consona sunt (147), praeclaris experimentis a *Sinensibus* confirmata (148), quamvis non omnibus appro | bata (149), cum pars animae superior ab inferiori vulgo non satis discernatur, *Sinis* hoc discrimen optime observantibus (150).

Subordinatio officiorum in colenda virtute.

Urgebant autem *Sinenses*, ut quis ante mores suos & vitam rite componeret, quam patrem familias ageret; ut ante domum suam bene gubernaret, quam ad regimen admitteretur (151): nec mea | quidem sententia male haec urgebant. Qui enim fieri potest,•• ut familiae•••

• prosequitur.] P, M. / prosequitur, W.

•• potest] poterit P.

••• familiae] domui P.

에 거주하는 것입니다.[144] 외면적 행위는 영혼의 욕구들*에 부합해야만 합니다.[145] 욕구는 동인에서 생겨 나오기 때문입니다. 앞에서 주어진 사례의 동인들은 선악의 분명한 인식에서 생깁니다. 선악은 그것의 결과로 생겨난 우리 상태의 완전성과 불완전성을 통해 서로 구분됩니다. 완전성의 지각은 쾌를 주며, 불완전성의 지각은 불쾌를 산출합니다. 선을 통해 쾌를 느끼는 자는 선을 사랑합니다. 악의 불쾌로 가득 찬 사람은 증오에 의해 악을 따라다닙니다.

의지는 어떻게 완전해지는가

결국에는 모든 것이 선과 악에 대한 판명한 인식에서 생겨나고, 따라서 지성의 날카로움에 의해 의지가 완전하게 된다는 것을 누가 모르겠습니까? 이것은 정신의 본성과 상응합니다.[146] 그것은 **중국의** 원리들과 일치합니다.[147] 물론 모든 사람이 시인하지는 않는다고 할지라도,[148] 중국인들이 그 점에 대해 뛰어난 방식으로 검증을 해서 확인해왔습니다.[149] 영혼의 윗부분이 보통 아랫부분과 충분하게 구분되지 못했을 때에도, 중국인들은 이 구분에 가장 정확하게 주목했기 때문입니다.[150]

덕의 훈련에서 의무의 단계들

그러나 중국인들은 가장(家長)이 되려면 먼저 자신의 도덕과 삶을 올바르게 세우고, 통치를 하려면 먼저 자신의 집안을 훌륭하게 이끌어야 한다고 촉구합니다.[151] 그리고 저의 의견에 따르면, 그들의 촉구는 정당합니다. 한 번도 자신을 다스려보지 않은 사람이 어떻게 자신의 가족을

suae praesit, qui sibi soli praeesse nequit? Qui fieri poterit, ut multos alios regat, qui seipsum ac familiam[•] suam, hoc est, paucos regere nescit & quos propius novit? Accedit, quod alios recturus exemplo suo (152) docere debeat, & fieri posse, quae praecipiuntur, & ideo praecipi, quod ad media felicitatis consequendae referantur.

Studium Sinarum emendandi alios.

Neque vero satis erat *Sinensibus* in id omni studio eniti, ut ipsimet virtutis iter ingrediamur,[••] nec ad vitiorum devia declinemus[•••]: sed omnem quoque moveri lapidem jubebant, ut & alii idem iter ingrediantur & ab iisdem deviis declinent. Inter sapientiae itaque *Sinensium* principia non postremo loco habendum est, quod, ubi in bono profecerant, alios sui similes reddere pro virili conarentur (153). | Quod ipsi consecuti fuerant acumen, eodem ut ceteri[••••] excellerent curae cordique habebant: qua ipsi boni malique cognitione gaudebant, eadem[•••••] ut alii imbuerentur, summopere studebant: qua ipsi voluptate fruebantur, eadem[••••••] ut & alii perfunderentur, in votis maxime habebant: quod ipsi amore, quod odio prosequebantur, idem ut & alii amore, ut odio prosequerentur

---

• familiam] domum P.

•• ingrediamur] imgrediantur P.

••• declinemus] declinent P.

•••• ut ceteri] ut & ceteri P.

••••• eadem] P /eodem W, M.

•••••• eadem] P /eodem W, M.

다스리는 것이 가능하겠습니까? 자기 자신과 가족을, 다시 말해 그가 잘 아는 사람이라고 해도 소수의 사람들을 다스리는 것을 알지 못하는 사람이 어떻게 다른 많은 사람을 다스리는 일이 가능하겠습니까? 덧붙여 말하자면, 다른 사람을 통치하기를 원하는 사람은 자신의 모범[152]을 통해 〔그들을〕 가르쳐야 합니다. 그리고 그가 명령하는 것은 사람들이 따를 수 있는 것이어야 하며, 〔사람들의〕 행복을 증진할 수 있는 이유에서만 명령을 내려야 합니다.

다른 사람을 개선하려는 중국인들의 노력

그러나 중국인들에게는 덕의 길을 걷고 악덕의 나쁜 길로 빠지지 않기 위해 모든 노력을 기울여 연구하는 것으로 충분하지 않았습니다. 오히려 다른 사람들도 덕의 길을 걷고 악덕의 길로 빠지지 않게 하기 위해 뭐든지 취해야만 한다고 생각했습니다. 그래서 그들이 선에서 진전을 이룬 다음, 힘닿는 대로 다른 사람들도 자신들처럼 만들려 했다는 것은 **중국의** 지혜의 원리들 가운데 마지막에 위치해 있지 않습니다.[153] 중국인들은 다른 사람들도 그들 자신이 얻었던 것과 같은 날카로운 통찰을 통해 두각을 나타내도록 하기 위해 매우 노력해왔습니다. 그래서 중국인들은 자신들이 기뻐하는 선악에 대한 인식의 교육을 다른 사람들도 받을 수 있도록 하기 위해 매우 노력해왔습니다. 중국인들은 다른 사람들도 자신들이 즐기는 것과 같은 기쁨으로 채워질 수 있기를 매우 원했습니다. 그래서 그들은 다른 사람들이 그들 자신이 사랑하고 증오하는 것과 같은 것을 사랑하고 증오하도록 하기 위해 노력을 기울였습니다. 끝으로 그들은

operam dabant: qua denique ipsi virtutis gloria fulgebant, eadem ut & alii effulgerent, summa industria conabantur. Hinc erat, quod Imperatores ac Reges populo (154), patres familias domui, parentes liberis exemplo essent (155), sicque iis prodessent, quos ra | tionis imperio subjicere non licebat (156).

Finis Sinarum ultimus.

Inculcabant autem potissimum *Sinenses*, sive tibi ipsi, sive aliis emendandis vaces, non subsistendum esse nisi in summa perfectione (157), hoc est, cum eam attingere non detur (158), nunquam: quin potius continuo ulterius progrediendum, ut cum ipsimet, tum alii ad altiorem indies (159) virtutis gradum evehamur. Dirigebant adeo | Sinenses actiones suas omnes ad summam sui aliorumque perfectionem tanquam ad finem ultimum (160): Qua directione summam totius juris naturalis (161), immo quicquid in actionibus nostris quocunque titulo (162) laudari potest, contineri a me dudum demonstratum est (163). Equidem non apparet, quod distinctam | hujus perfectionis notionem habuerint (164), quin potius sororium istud vinculum quo actiones ad perfectionem status humani tendentes inter se colligantur, quodque a me (165) in apricum productum est, minime perspicientes perfectionem tanquam gradum virtutum unice considerasse videntur (166): Quodsi tamen | cum regulae,• tum exempla morum in libris ipsorum classicis passim obvia

• regulae] P/regulas W, M.

다른 사람들도 그들 자신이 빛을 발하는 것과 같은 덕의 명성에서 빛을 내도록 하기 위해 최상의 노력을 기울였습니다. 그러므로 황제와 왕은 그들의 백성에게,[154] 가장은 그의 가솔에게, 부모는 그의 자식들에게 모범으로서 헌신해[155] 이성의 지배를 받을 수 없는 사람들에게 아주 유용한 도움을 주었습니다.[156]

중국인들의 궁극 목적

특히 중국인들은 자기 자신이든 또는 다른 사람을 더 낫게 하기 위해서든지 간에, 최상의 완전성[157]*에 이를 때까지 결코 멈추어서는 안 된다는 것을 심어주고자 했습니다. 쉽게 말하면, 우리는 이 완전성에 도달할 수 없기에[158] 지속적으로 앞으로 나아가는 수밖에 없습니다. 이와 함께 우리나 다른 사람이나 하루하루[159] 보다 더 높은 단계의 덕으로 올라설 수 있게 됩니다. 이렇게 중국인들은 자신들의 전체적 행위를 궁극 목적으로서 자신의 완전성에, 즉 자신과 다른 사람들의 최상의 완전성에 맞추어놓았습니다.[160] 이 행위의 지향에는 이름이 어떻든 간에[161] 항상 칭송될 만한 전체 자연법의 핵심[162]이 포함되어 있습니다. 이 점은 제가 얼마 전에 입증한 바 있습니다.[163] 사실 그들은 이 완전성에 대해 판명한 개념이 없는 것처럼 보였습니다.[164] 그들은 한 번도 인간 상태의 완전성을 목표로 하는 행위를 서로 결합해주는, 제가 분명하게 밝혔던,[165] 그런 자매결연을 알지 못했기 때문입니다. 그리고 그들은 완전성을 단지 덕의 단계로만 여겨온 것처럼[166] 보이기 때문입니다. 그러나 그들의 고전 곳곳에 나타나는 도덕 규칙과 사례를 보다 주의 깊게 숙고해보면, 적어도

---

* 볼프가 말하는 이 가장 커다란 완전성은 신에게서만 찾아볼 수 있다. 그러기에 완전성은 인간 행위가 지향할 것으로 설정되어 있지만 도달될 수 없다고 하는 것이다.

accuratiori trutina examinentur, confusa minimum idea ipsis non defuisse videtur (167). Neque hoc mirum nobis videri debet, cum & in ceteris, quae nos explicatiora dedimus, notiones valde confusas habuerint: quae etiam causa fuit, cur interpres post tot annorum studium non satis intellexerit, quid verbis Philosophorum Sinensium subsit. Quaenam notiones confusae cum verbis conjungantur, non ex nudis semper verbis patet (168): verum qui ex confusione ipsas extricarunt, confusarum cum distinctis identitatem conjecturis plerumque assequi debent (169).

⁝ **Summum bonum Sinarum.**

In non | impedito progressu ad majores indies perfectiones summum hominis bonum consistere (170), a me alibi• (171) demonstratum est. Quoniam *Sinae* tam studiose inculcarunt, in virtutis tramite continuo progrediendum esse ulterius, nec in ullo perfectionis gradu sistendum, nisi ad summum perveneris (172), quem tamen ut quis attingat fieri non potest (173); mea quidem sententia ipsorum quoque Philosophis ea animo sedit opinio, hominem beatiorem fieri haud quaquam posse, quam ut ad majores perfectiones indies progrediatur.

• alibi] alibi satis superque P.

그들이 〔완전성에 대한〕 혼란스러운 관념이 없지 않았다는 점을 알 수 있을 것입니다.[167] 제가 보다 자세하게 드러내 보여드리는 것처럼 그들이 다른 것에 대해서도 매우 혼란스러운 개념을 가졌다는 것에 놀라지 말아야 합니다. 이렇게 된 까닭은 번역자[9]가 수많은 세월에 걸친 노력으로 번역을 했지만, 중국 철학자들이 행한 말들이 무엇을 내포하는지를 올바르게 통찰할 수 없었기 때문입니다. 왜냐하면 단순한 말들로부터는 그 말들이 어떤 혼란스러운 개념들과 결합되어 있는가가 분명하게 드러나지 않기 때문입니다.[168] 그러나 이 개념들을 혼란스러움에서 이끌어낸 사람은 주로 추론에 의해 혼란스러운 개념들을 명석한 개념들과 일치시켜야 했습니다.[169]

중국인들의 최고선

날마다 더 커다란 완전성을 향해 끊임없이 발전해가는 곳에 인간의 최고선(最高善)이 존재한다는 것[170]은 제가 다른 곳[171]에서 입증한 바가 있습니다. 그 누구도 닿을 수 없는[172] 최상의 정도에 도달하지 않았다면,[173] 어떤 단계의 완전성에도 머물러 있어서는 안 된다는 것을 중국인들은 부지런히 머릿속에 심어주고자 했습니다. 그러기에 저의 견해에 따르면, 중국의 철학자들은 사람이 매일매일 더 커다란 완전성을 향해 나아가지 않는다면, 결코 더 행복해질 수 없을 것이라고 확신했을 겁니다.

9 노엘을 말한다.

Motiva Sinarum.

Enimvero ut tanto alacrius ad metam contenderent, eodem stimulo utebantur, quo eruditi ad praeclara in quovis eruditionis genere praestanda incitantur, nimirum benefactorum gloria (174), quae ardua licet aggre | dientibus vires dabat. Videmus hinc *Sinas* luculenta Imperatorum• ac Philosophorum exempla regularum loco habuisse (175), ut ad gemina•• praestanda alios inflammarent: Qui enim gloria ducuntur, paria cum aliis laudem merito suo consecutis praestare conantur, immo superiores iisdem evadere student (176).

Modus motiva proponendi singularis.

Annotavi autem modum quendam prorsus••• singularem (177), quo Philosophi *Sinenses* usi sunt ad imitandum praeclare facta discipulos accensuri. De personis, quarum•••• merita magno in pretio erant, paradoxa narrabant discipulis, ut attoniti mirarentur, quid ipsas••••• | impulerit ad tale quid faciendum: ubi diu multumque in quaerenda ratione, ast frustra desudassent, quid ejusdem subesset, tandem exponentes ad imitationem in casibus similibus calcar addiderunt.

• Imperatorum ac] Imperatorum, Regum ac P.

•• gemina] genuina P.

••• prorsus] P, M / prosus W.

•••• quarum] P / quorum W, M.

••••• ipsas] ipsos P.

중국인의 동인들

중국인들은 더욱 더 열성적으로 이 목표〔최고선 또는 완전성〕에로 나아가기 위해 학자들을 고무하는 것과 같은 방식을 이용했습니다. 이 방식은 학자들로 하여금 학문의 각 영역에서 뛰어난 성과를 이룰 수 있도록 고무하는 방식입니다. 요컨대 그들은 훌륭한 활동에 대한 명성[174)]의 방식을 이용했습니다. 이 방식은 학자들로 하여금 어려운 일을 하도록 했지만 그러한 것을 행할 수 있는 힘을 주었습니다. 따라서 우리는 중국인들이 규칙 대신에 황제와 철학자들의 빛나는 모범 사례들을[175)] 이용해 다른 사람들도 같은 것을 행하도록 고취하는 것을 보게 됩니다. 다시 말해, 명성에 의해 움직이는 사람은 업적에 의해 칭송을 받는 사람들과 같은 것을 행하려 시도합니다. 더욱이 그는 그러한 것을 넘어서고자 노력합니다.[176)]

동인을 앞으로 끄집어내는 특별한 방식

그러나 저는 중국의 철학자들이 훌륭한 행위를 따라하도록 제자들에게 자극을 주기 위해 사용했던 아주 특별한 방식에 주목했습니다.[177)] 그들은 제자들에게 대단히 중요한 공헌을 한 인물들에 대해 얼핏 보기에 모순되는 듯한 말을 합니다. 그러면 제자들이 놀라고 이상하게 생각해서 앞서 언급한 위대한 인물들이 그렇게 될 수 있었던 동인이 무엇인지 묻지 않을 수 없었습니다. 제자들이 그 근거를 오랫동안 그리고 충분히 찾았어도 찾지 못하게 되었을 때, 그제서야 그들은 어떠한 이유가 있었는지를 설명하고, 비슷한 사례를 들어 위대한 인물들을 따라 할 수 있도록 〔제자들을〕 고무했습니다.

An Sinis fuerit virtus.

Videor mihi audire austeros (178) quosdam morum censores susurrantes, quod Sinenses ambitione ducti egerint, quae externam virtutis speciem habent (179), a vera autem virtute adeo fuerint alieni (180), ut ipsorum actiones | splendidorum vitiorum (181) labe inquinatas recte omnino dixeris. Ast ignoscant boni illi viri, quod ipsis assentiri nequeamus (182). Cum ambitione non con | fundenda est gloria, quas• toto coelo differre alibi a no | bis demonstratum est (183). Quis, quaeso, jure reprehendet actiones bonas edentem, ut benefactorum conscientia fruens laetetur (184)? Quis reprehendet omnem in dirigendis actionibus adhiberi diligentiam, ut non habeant malevoli, quod reprehendant, habeant vero alii, quod laudent ac imitentur•• (185)? Quis de | nique reprehendet virtutem ipsa sui pulchritudine placuisse, ut ea••• ornatum esse laudi nobis ducamus, ea carere in vituperium vertamus (186)? Porro quis ignorat intrinsecam esse actionibus bonitatem? Quis nescit, actiones labe carere, quatenus•••• ob intrinsecam bonitatem amantur, aestimantur, patrantur••••• (187)? Quamobrem cum in superioribus ostenderimus, *Sinas* actionibus bonis operam dedisse, quod intrinsecam earum bonitatem intimius introspicerent; quod in iis jure (188) reprehendamus, non habemus:

• quas] quae invicem P.

•• imitentur] P, M / imitentur, W.

••• ut ea] quin tantum abest, ut ea P.

•••• quatenus] quae P.

••••• patrantur] *fehlt* P.(P에는 없음)

중국인들에게 덕이 있었는가

저는 몇몇 엄격한 도덕 심판관[178]에 대해서도 들어볼 생각입니다. 이 도덕 심판관들은, 당시의 중국인들이 명예욕 때문에 덕의 겉모습[179]을 행했을 것이며, 따라서 진정한 덕은 그들에게 아주 낯선 것이었다고[180] 중얼거립니다. 또한 중국인들의 행위는 현란한 악덕의 오명으로 얼룩져 있다고[181] 말하는 것이 전적으로 옳다고 중얼거립니다. 그러나 제가 그 점에 대해 동의할 수 없는 것[182]을 이 훌륭한 분들께서 용서해 주시기 바랍니다. 명성은 명예욕과 혼동하면 안 됩니다. 명성과 명예욕은 하늘과 땅 만큼이나 차이가 있음을 저는 다른 곳에서 이미 증명했습니다.[183] 그렇다면 제가 묻겠습니다. 자신이 행한 훌륭한 행위를 즐겁게 의식하고 그에 대해 기뻐하여 훌륭한 행위를 하는 사람을 누가 비난할 수 있겠습니까?[184] 악의적인 사람들에게 비난거리를 주지 않고, 다른 사람들이 칭송하고 따라 할 수 있게 하기 위해, 모든 세심한 주의를 기울여 행위를 하고자 한 사람을 누가 비난할 수 있겠습니까?[185] 더 나아가 덕은 그 자체의 아름다움에 의해 마음에 드는 것이며, 따라서 우리가 그 덕으로 치장할 때 그것은 칭찬할 만한 것이고, 우리가 그 덕을 갖지 못할 때 수치스러운 것으로 해석한다면, 이를 누가 비난하려 하겠습니까?[186] 더 나아가 행위의 내적 선함이 존재한다는 것을 누가 모릅니까? 행위가 그 내적 선함에 의해 사랑받고 판단되고 행해지는 한, 어떠한 오명도 쓰지 않으리라는 것을 모르는 사람이 있습니까?[187] 중국인들은 자신들의 내적 선함을 보다 정확하게 관찰했기 때문에 훌륭한 행위를 위해 노력했다는 것은 제가 앞에서 계속해서 지적해왔습니다. 그래서 저는 우리가 중국인들에 대해 정당하게[188] 비난할 만한 것을 아무것도 찾지 못했습

superius namque jam monstravi, non alia ipsis fuisse motiva, quam mutationem status ex actionibus consequentem (189). Ecquis vero | in dubium vocabit, quod Deus actiones quasdam praecipiens, alias prohibens ad eandem respexerit (190)? Quis ad haec animum advertens affirmare non erubescit,[•] hominem culpari debere, quod eam ob rationem[••] actiones alias committat, alias omittat, ob quam[•••] Numen sapientissimum idemque optimum easdem praecipit atque prohibet (191)?

Rituum usus in cultura virtutis.

Restat adhuc singulare quoddam *Sapientiae Sinensis* principium, de quo ut dicamus, instituti nostri ratio postulat. Ritibus olim valde delectati *Sinae* eorum numero abundabant ac in schola parvulorum, quam omnes totius imperii incolae frequentabant, eosdem[••••] edocebant. Unde etiam hodienum inter libros | classicos quinque priscorum sapientum, qui diversi sunt ab iis, quos *Noëllius* vertit, *liber* quidam *rituum* comparet (192) saepius[•••••] citatus in libris classicis Latine versis. Videtur Interpres librorum *Sinensium* eundem exigui fecisse, quod ab eo vertendo abstinuerit: ast optarem ego, ut versio quaedam prostaret, me in illo (quod in proverbio dicitur)

• erubescit] erubescet P.

•• eam ob rationem] ob id P.

••• quam] quod P.

•••• eosdem] P/easdem W, M.

••••• saepius] saepe P.

니다. 제가 이미 앞에서 보여준 것처럼 중국인들은 자신들의 행위에 근거해 생겨난 현재 상태를 변화시키려 하는 것 이외에는 다른 동인을 갖지 않았습니다.[189] 그러나 신이 어떤 특정한 행위들을 명하고 다른 행위들을 금지할 때, 신이 그 행위를 예견한다는 것을 누가 의심하겠습니까?[190] 이 의미를 아는 사람이라면, 가장 현명하고 가장 선한 신의 뜻이 어떤 행위를 명령하고 어떤 행위를 금지했던 동일한 이유에서 어떤 행위를 실행하고 어떤 행위를 하지 않은 사람을 책망해야만 한다고 뻔뻔하게 주장할 수 있겠습니까?[191]

덕의 교육에서 관례의 유용성

이제 중국인들의 지혜의 특별한 원리가 남아 있습니다. 이것을 다루는 것이 저의 의도입니다. 중국인들은 당시에 관례(ritus)를 대단히 좋아했습니다. 그들은 풍부한 관례를 가지고 있었고, 온 나라의 모든 주민이 다녔던 '소학'에서 그러한 것들을 가르쳤습니다. 그러므로 고대의 현자들이 쓴 다섯 고전* 가운데 『관례의 책』(*Liber rituum*)[192]** 이 오늘날까지도 존재합니다. 이 고전들은 노엘이 번역했던 것과 다른 고전들***입니다.[10] 이 『예기』는 앞에서 언급한 라틴어로 번역된 고전들 속에서 빈번하게 인용된 책입니다. 중국 고전의 번역자(노엘)는 그것을 그다지 중요하게 생각하지 않은 듯 보입니다. 그러기에 그는 그것을 번역하지 않았습니다.

---

* 유교의 다섯 경서인 『역경』(易經), 『서경』(書經), 『시경』(詩經), 『예기』, 『춘추』를 말한다.

** 『예기』. 이하 『예기』로 번역한다.

*** 노엘이 번역한 것은 오경이 아니라 『논어』·『대학』·『중용』·『맹자』의 사서와 『효경』·『소학』이다.

10 이 책, 345쪽의 독역자 주 228 참조.

reperturum confidens, non quod pueri in* faba. Quantus enim sit ceremoniarum usus in virtutis exercitio, alibi (193) a me luce meridiana clarius monstratum esse norunt, qui, quae a me eam in rem publicata sunt, accuratiori trutina examinarunt. Testantur autem specimina in libris Latine versis hinc inde obvia, *Sinarum* ritus habere rationes (194) sapientia ipsorum dignas. Dicto fidem facturus unicum mihi commemorasse sufficiat exemplum. Olim, hoc est, cum status imperii *Sinensis* florentissimus esset, mulier praegnans objecta turpia adspicere, voces lascivas audire minime audebat (195). Vespere Musicae Praefectus, qui erat coecus, ut sonos rectius dignosceret (196), duas | libri Carminum odas de recta rei domesticae disciplina, ipsa auscultante, decantabat (197) ac res honestas narrabat. Haec quidem eum in finem fiebant, ut infans ingenio praestans nasceretur: id quod

* quod in] ut P.

저는 그 책에 대한 어떤 번역이라도 나왔으면 하고 소원했었습니다. 왜냐하면 〔저는〕 (격언에서 말하는 바와 같이) 소년이 콩 속에서 찾은 것[11*]을 찾으려 하는 것이 아니기 때문입니다. 다시 말해, 덕을 실행하는 데서 관례의 유용함이 얼마나 큰가는 한낮의 태양이 비추는 것보다 더 분명하다는 점을 제가 이미 다른 곳에서[193)] 언급한 바가 있습니다. 제가 이에 대해 썼던 것을 보다 세심하게 숙고한 사람들은 그것을 알고 있을 것입니다. 그러나 라틴어로 번역된 책들의 많은 구절에서 나타나는 특징들을 보면, 중국인들의 관례가 중국인들의 지혜에 적합한 근거들[194)]을 가진 것임을 증언해줍니다. 이 점을 확증하기 위해서는 한 가지 사례만으로도 충분합니다. 그때는, 즉 중국 제국이 가장 융성했을 때는 임산부가 창피한 것을 보거나 음란한 말들을 듣지 못하도록 했습니다.[195)] 눈이 멀어 음조를 더욱 잘 구별할 수 있었던[196)] 음악의 대가[12]는 저녁에 『노래의 책들』(*Libri carminum*, 〔시경〕)에서 집안을 올바르게 이끌 수 있는 내용의 두 송가를 골라 불러주었고, 그녀는 그 송가에 대해 귀를 기울였습니다.[197)] 그리고 그는 유덕한 일들에 대해서도 이야기해주었습니다. 이것은 뛰어난 재능을 가진 아이가 태어나게 하려는 목적에서 행해졌습니다.[13] 이것

---

11 "소년이 콩 속에서 찾은 것"은 사소한 것, 하찮은 것이라는 뜻이다. August Otto, *Die Sprichwörter und sprichwörtlichen Redensarten der Römer*, Leipzig 1890(Nachdruck, Hildesheim 1962), S. 128, Nr. 620; Plautus, "Aulularia" 818. in *Plaute*. Tome I, Texte établi et traduit par Alfred Ernout, Paris [7]1970([1]1932), S. 197과 Anm.

* *quod pueri in faba*, 즉 "소년이 콩 속에서 찾은 것"이라는 라틴어 격언은 "*quod pueri clamitant in faba se repperisse*", 즉 "소년이 콩 속에 숨었다가 자신을 찾았다고 소리를 치는 것"을 볼프가 생략해 쓴 것이다.

12 Noël, S. 173. (Buch XV, 41); 볼프는 자신의 노엘에 대한 서평(이 책, 「독역자 해설」, §7을 보라)에서 이 구절을 취했다(S. 127). Legge, Bd. 1, S. 305f.; Wilhelm, *Lun Yü*, S. 181f. u. Anm., Stange, S. 153 참조.

13 태교심리학은 1971년에 '태교심리학 국제학회'(Internationale Studiengemeinschaft

eventu comprobatum fuisse testatur *Lieu Hiam*• in libro, quem de mulierum instructione conscriptum posteritati reliquit (198). Licet•• nobis ritui huic facem praeferre nostram, ut appareat, quantum solidae rationis eidem subsit (199). Nostis, Auditores, quantus inter mentem ac corpus consensus intercedat (200), quodque, dum foetus in ute | ro formatur, nihil in forma organorum mentem propius respicientium immutari possit, quin idem aliquam in mente mutationem cum mutatione in corpore facta consentientem inferat (201). Nec latet, quod ob communem sanguinis in matre ac foetu circulationem fluidorum motus in foetu cum motu fluidorum in matre conspiret. Neque ullum superest dubium, quin ideis mentis immaterialibus quaedam in cerebro respondeant ideae materiales in

• *Hiam*] ITIAM P.

•• Licet] Liceat P.

이 어떤 결과로 나타났는지는 유향(劉向, Lieu Hiam)이 부인들의 가르침에 대해 써서 후대에 남겨준 자신의 책[14]*이 증언해주고 있습니다.[198] 이 관례에 강력한 근거가 들어 있음을 보여주기 위해 제가 이 관례를 해명하는 게 좋겠습니다.[199] 존경하는 청중 여러분께서는 정신과 육체 사이에 얼마나 커다란 일치가 있는지 알고 계십니다.[200] 어머니의 몸속에 있는 태아가 성장하는 동안에, 정신의 변화가 육체 속에서 일어나는 변화와 일치하는 결과가 없다면 정신과 더욱 밀접하게 연관되는 기관의 형성에 아무런 변화가 있을 수 없다는 점도 아실 것입니다.[201] 어머니와 태아의 공동적인 혈액 순환으로 태아와 어머니의 혈액 운동이 일치하는 것 또한 잘 알려진 사실입니다. 신경계의 운동 속에 있으며 뇌의 신경관들에 의해 일정한 속도로 움직이게 되는 어떤 물질적 표상이 뇌 속에 있는

---

für pränatale Psychologie, ISPP)가 설립될 정도로 최근에 새롭게 커다란 관심을 불러일으켰다. ISPP 회의에서 나온 최근 두 모음집은 다음과 같다. *Geburt. Eintritt in eine neue Welt. Beiträge zu einer Ökologie der perinatalen Situation*, hrsg. von Sepp Schindler, Göttingen/Toronto/Zürich 1982; *Pränatale und perinatale Psychosomatik. Richtungen, Probleme, Ergebnisse*, hrsg. von Theodor F. Hau u. Sepp Schindler, Stuttgart 1982(S. 220~33: Literatur). 다음도 참조. Ökologie der Perinatalzeit, hrsg, von Sepp Schindler u. Hans Zimprich, Stuttgart 1983(S. 189~207: Literatur).

14 이 책의 저자(기원전 약 77~기원전 6)에 대해서는 다음의 책을 참조. Forke, Bd. 2, S. 64~73; 언급된 책의 영어 번역: Albert Richard O'Hara, *The Position of Woman in Early China: According to the Lieh Nü Chuan*, "*The Biographies of Eminent Chinese Women*", Washington 1945(Catholic University of America, *Studies in Sociology* 16). Nachdruck, Westport 1981.

* 유향(劉向)이 쓴 『열녀전』(列女傳)을 뜻한다. 유향은 전한(前漢)을 대표하는 학자로 한 고조 유방(劉邦, 기원전 247~기원전 195)의 후예이다. 본명은 경생(更生)이고 자는 자정(子政)이다. 황실 종친으로 30여 년간 관직 생활을 했는데, 황궁의 장서고(藏書庫) 석거각(石渠閣)에서 서적을 정리·분류·해제하는 사업을 진행했다. 『열녀전』은 역대 여성들의 전기집 모음이라 할 수 있으며, 동아시아 유교 문화권에서 여성 교훈서로 널리 읽혀왔다. 유향 지음, 이숙인 옮김, 『열녀전』, 글항아리, 2013 참조.

motu fluidi nervei per tubulos cerebri nervosos (202) determinata quadam celeritate lati consistentes, & quod, sicuti ex perceptionibus appetitus in mente nascuntur, ita ex ideis materialibus motus organorum appetitibus istis respondentes in corpore oriantur (203). Patet ergo, quod ideis materialibus[•] in ce | rebro matris tempore graviditatis excitatis[••] similes quadantenus[•••] in cerebro infantis causentur (204) atque similes etiam in eodem motus consequantur, quales hinc in matre consequuntur. Quamobrem cum ideae semel impressae cerebro quandam concilient dispositionem ad eas iterum excitandas, consequenter etiam ad motus inde pendentes; quis non intelligit, similiter cerebro infantis quandam conciliari dispositionem ad certi generis ideas ac pendentes inde in corpore motus, in mente appetitus. Constat praeterea, ideas firmius imprimi cerebro per Musicam & concentum,[••••] quam per orationem (205). Quis ergo dubitet, quin ritus a *Sinis* olim foeminis[•••••] gravidis praescripti fuerint rationi conformes?

• ideis materialibus] ideae materiales P.

•• excitatis] excitatae P, W, M.

••• quadantenus] *fehlt* P.(P에는 없음)

•••• concentum] cantum P.

••••• foeminis] P/foemininis W, M.

정신의 비물질적 표상에 상응한다는 것과,[202] 정신 안의 욕구(*appetitus*)가 지각들에서 생겨나는 것처럼 물질적 표상들로부터 이 욕구에 상응하는 몸 기관의 운동이 생겨난다는 것 또한 의심할 여지가 없습니다.[203] 따라서 임신기 어머니의 뇌 속에서 일어나는 물질적 표상들을 통해 아이의 뇌 속에 거의 유사한 물질적 관념이 발생하며,[204] 이 점에서 어머니에게서 발생하는 것과 같은 유사한 운동들이 〔태아의 뇌에서〕 발생한다는 것도 분명합니다. 한번 각인된 표상들이 뇌에다 그 표상을 다시 불러올 수 있도록 소질을 마련해놓기 때문에 그것에 의존하는 운동들이 일어납니다. 이와 동일한 방식으로 특정한 종류의 표상과 그것에 따른 몸의 운동 및 정신의 욕구가 산출해내는 성향이 아이의 뇌에 마련된다는 것을 누가 깨닫지 못하겠습니까? 이 밖에도 말보다 음악과 노래를 통한 표상들이 뇌 속에 더욱 확실하게 각인될 수 있음은 확실합니다.[205] 그러므로 임산부들을 위해 중국인들이 정한 관례가 이성과 일치한다는 것을 누가 의심하겠습니까?

Conclusio.

Exposui vobis, Auditores, sapientiae antiquissimorum *Sinarum* (206) principia, quae cum meis consenti | re tum alias publice (207) professus sum, tum in hac illustri panegyri quadantenus (208) ostendi. Iisdem* tanquam cynosura (209) usus fui in Pro-Rectoratus mu | nere, quo hactenus fungi mihi incubuit, quantum** li | cuit: nostis enim Pro-Rectorem Academiae non ex suo arbitratu, sed secundum leges & statuta, saepius ex voluntate collegarum regere cives.*** Quidni ergo fieri pos | sit, ut, quae nonnulli a me facta improbent, eadem & improbem egomet ipse! Sed nec est, quod me poeniteat regiminis, tum quod plurimis me satisfecisse persuasus sum, tum quod ea sub regimine meo contigit Academiae felicitas, ut plures cives in album academicum relati fuerint, quam sub ullo alio Pro-Rectoratu factum fuisse novimus (210), cum numerus eorum ultra septingentos excreverit. Deo igitur, supremo rerum omnium arbitro, gratias mente humillima persolvo, cujus gratiae acceptum fero, quicquid boni cum in me, tum in Academiam redundavit ex Pro-Rectoratu meo. Nec

---

* Iisdem] P, M / Iiisdem W.

** quantum] quantum quidem P.

*** cives] cives Academicos P.

결론

존경하는 청중 여러분, 저는 여러분들에게 고대 중국인들[206]이 가진 지혜의 원리들을 설명하고자 했습니다. 이 원리들은 저의 원리들과 일치합니다. 저는 이 점에 대해 종종 다른 곳에서도 공개적으로 알렸고[207] 그리고 이 고상한 축하 모임에서도 이 점에 대해 어느 정도 제시했습니다.[208] 이제까지 부총장직[15]을 수행해오면서 저는 가능한 한 이 원리들을 〔저를 인도해주는〕 북극성으로[209] 삼고자 했습니다. 여러분들도 이미 아시고 계시듯이, 이 대학의 부총장직은 자신의 마음대로가 아니라 법과 규정에 따라서, 때로는 동료들의 뜻에 따라서 대학의 구성원들을 관리하는 자리입니다. 그렇다면 몇몇 사람이 부인하는 저의 행위의 원리들을 제 스스로 부인하는 것이 어째서 불가능할까요? 지금 저는 저의 직무 수행에 대해 후회하지 않습니다. 저의 직무 수행이 대부분의 사람들을 만족시켰다고 확신하기 때문입니다. 그리고 이미 아시는 바와 같이, 저의 지도 아래 다른 부총장 때보다도 더 많은 사람이 대학 학적부에 등록되고, 그 수가 700명[16] 이상이나 되어 대학이 더욱 발전하는 행운을 누릴 수 있었기 때문입니다.[210] 그러므로 만물을 지배하는 최상의 주님이신 하나님께 지극히 겸손한 감사를 드립니다. 저의 부총장직 수행으로 저와 대학에 일어난 모든 좋은 일은 모두 신의 은총 때문입니다. 마찬가지로 가장 자비롭고, 가장 강력한 프로이센의 군주〔프리드리히 빌헬름 1세〕께

---

15 부총장은 〔대학〕 설립 때부터 할레 대학의 최고 관료직이었다. 이에 반해 총장직은 명예직에 불과했다. 총장직은 브란덴부르크-프로이센 지배자 가문의 구성원이 행사했다. 1718년 총장직은 대체 없이 폐지되었다. Schrader, Bd. 1, S. 75f.; Bd. 2, S. 384ff. 참조. 따라서 볼프가 이 구절 이하에서 부총장이라고 해야만 하는 곳에서 종종 '총장'이라고 하는 것은 〔그의〕 부주의로 인한 실수가 아니다.

16 Fritz Juntke, *Matrikel der Martin-Luther-Universität Halle-Wittenberg 1(1690~1730)*, Halle 1960, S. 699: 685 Immatrikulationen 1720/21.

minus grata mente praedico insignia prorsus (211) beneficia, quibus Potentissimus Borussiae Rex,• Dominus noster longe clementissimus, hoc anno Academiam *Fridericianam* & me in ea•• cumulavit. Servet Numen benignissimum Regem optimum cum Domo Regia, ut sub ipsius regimine nova indies hoc Lyceum capiat incrementa!••• Gratias denique ago omnibus ac singulis, quocunque nomine mihi compellandi veniant, qui consilio pariter atque auxilio Magistratum gerenti adfuerunt, tum etiam iis, qui alieniori in me animo virtutem exercendi ansam suppeditarunt. Ast nec vos silentio praeterire debeo, *Juvenes optimi*, partim genere, partim animi dotibus praestantes, qui operam dedistis, ne mihi munus Pro-Rectoratus redderetis grave ac molestum. Vix novi taedia, quae mihi creaveritis, cum ad devia delapsi dicto meo audientes faci | le vos iterum in viam reduci passi fueritis, uno forsan alteroque excepto, quod in tanto studiosorum numero mirum videri haud debet. Et quamvis quidam•••• male sani nec ingenuis, qui studiosum decent, moribus praediti••••• seditionem•••••• moverent (212); eas tamen sola verborum omnis affectus praeter amorem expertium vi statim, ut nostis,••••••• composui (213). De aliis taediis non con | queror, cum singula,

---

• Rex] REX FRIDERICUS WILHELMUS P.

•• & me in ea] *fehlt* P.(P에는 없음)

••• incrementa!] P / incrementa? W, M.

•••• quidam] *fehlt* P.(P에는 없음)

••••• praediti] praediti ex theologico ordine P.

•••••• seditionem] seditiones P.

••••••• ut nostis] ut nobis morem gerent P.

서 올해 이 프리드리히 대학과 저에게 베풀어주신 극진한 후의[211]에 감사와 함께 찬양을 드리는 바입니다. 가장 선하신 신이시여, 최고의 군주와 그 가족을 보호하시어 이 대학이 그의 지배 아래 매일매일 새롭게 번성해가도록 하시옵소서! 끝으로 저는 어떤 이름으로 불러야 할지 모르지만, 저에게 조언과 행동으로 도움을 주신 모든 분 한 분 한 분에게 감사를 드립니다. 더 나아가 적대감을 통해 저로 하여금 덕을 훈련할 수 있는 기회를 주신 분들께도 감사를 드립니다. 또한 출신으로나 정신적 재능으로나 남들보다 특출 나게 뛰어난 **가장 훌륭한 젊은이들**인 여러분들에 대해 아무 말도 하지 않고 그냥 넘어갈 수는 없습니다. 여러분들은 제가 부총장직을 수행할 동안 저를 고통스럽게 하거나 어렵게 하지 않기 위해 정말 노력해주었습니다. 저는 여러분들에게서 불쾌한 일을 거의 경험하지 않았습니다. 여러분들이 잘못된 길에 빠져 있을 때조차 여러분들은 저의 말을 귀 기울여 듣고 스스로 올바른 길로 돌아왔기 때문입니다. 아마 한두 명의 예외가 있겠지만, 수많은 학생을 생각해본다면 그것은 결코 특별한 일이 아닙니다. 그리고 몇몇 학생이 저 자신도 모르게 현혹되어 마땅히 갖추어야 할 올바른 예의도 갖추지 못하고 소요를 일으켰다고 할지라도,[212] 여러분들이 이미 아시는 바와 같이, 저는 사랑 이외의 어떤 다른 감정도 담지 않은 단순한 말의 힘만으로 그들을 즉각 진정시켰습니다.[213] 그 밖에 제가 겪은 다른 불쾌한 일들에 대해 더 이상 하

quae mihi obtigere, in usus longe amplissimos converterim (214), atque adeo haud parum proficiendi occasio mihi suppeditata fuerit. Molestias nullas sensi, cum mihi oneri non sit, quod officii postulat ratio: Opto autem, ut meo in hoc munere Successori• non magis, quam mihi sit molestum!

Compellatio Pro-Rectoris creandi.

Jubet enim Rex Potentissimus (215), Dominus noster longe indulgentissimus, ut Pro-Rectoratus munus in virum summe reverendum•• atque doctissimum, Dn.••• *Joachimum Langium*, S. S. Theologiae Doctorem•••• & P. P. O. Polygraphum celeberrimum,

---

• Successori] P, M/Suucessori W.

•• reverendum] Reverendum Excellentissimum P.

••• Dn.] Dominum P.

•••• Theologiae Doctorem] Theol. Doct. P.

소연하지 않겠습니다. 저는 제가 당한 모든 일들을 최상의 이익이 되는 방향으로 바꾸어 주목할 만한 발전을 이루는 기회로 삼았기 때문입니다.[214)] 저의 직무가 요구하는 것을 부담으로 생각해본 적이 없기에 저는 어떤 불편도 느끼지 못했습니다. 지금 저는 이 직무가 저의 후임자에게는 저보다 더 무겁지 않기를 바랍니다!

새롭게 선출된 부총장에 대한 인사말

가장 강력한 왕이시며, 우리의 가장 자비로운 군주께서는[215)] 오늘 부총장직을 높은 존망과 학식을 지닌 신학박사이자 정교수이며 고명한 다작 저술가(Polygraphus)[17]인 요한 요아힘 랑게(Johann Joachim Lange)[18] 교

17 말 그대로 번역하면, 글을 많이 쓰는 사람이다. 랑게도 그렇게 이해했다. 랑게는, 이 말이 칭찬이라고 할지라도, 그 칭찬을 거부했다고 한다(Lange, *Nova Anatome*, S. 60, Anm. 171 참조). 그렇기 때문에 볼프의 적대자이자 부데의 제자인 레온하르트는 볼프의 중국인에 대한 연설과 관련해 볼프가 연설 말미에서 랑게에게 불쾌감을 주었다고만 보고했다. Johann David Leonhard, *Epistola ad virum celeberrimum Io. Petrum de Crosa super commentatione de deo mundo et homine atque fato ... ab Aelio Sabino*[=Johann David Leonhard], Leipzig 1727, S. 16을 보라. 고트셰트(Gottsched, in WW I, Bd. 10, S. 57)와 루도비치(Ludovici, Zedler, Bd. 58, Sp. 576)는 모호한 표현이라는 견해를 가졌다. 연설에서 볼프는 부총장직 위임식이 언어적으로 품위 있게 진행되어야만 한다는 의도만 가졌을 것이다. 그는 'Polygraphus'(다작 저술가)의 개념이 프랑스에서 가졌던 (오늘날까지도 가지고 있는) 긍정적 의미로 알고 있었을 것이다. 다음을 보라. Daniel Georg Morhof, *Polyhistor literarius, philosophicus et practicus*, [Bd. 1], Lübeck ^{2}1714(1747년의 제4판에서 거론되는 구절은 동일하다. 1970년 알렌에서 영인되었다). S. 175, 265f.: 모르호프는 'Polygraphus'를 발언을 해야 할 모든 것을 종이 위에 휘갈겨 쓰는 사람이며 쓸모없는 것을 모으는 사람이라는 뜻의 비난으로 알고 있다. 그러나 그는 이 의미와 나란히 아우구스티누스, 토마스 아퀴나스, 루터, 멜란히톤, 수아레스〔프란시스코 수아레스Francisco Suárez: 스페인의 예수회 신학자·철학자(1548~1617)〕 등 모두가 'Polygraphus'라는 점에 동의한다. 이 점에서 모르호프는 프랑스의 출전에 의지하는 셈이다(S. 262~65). 예를 들면 요한 프리드리히 베르트람(Johann Friedrich Bertram, *Anfangs-Lehren Der Historie*

hodierna luce transferatur. Equidem cum is unanimi Collegarum consensu (216) Pro-Rector in annum sequentem eligeretur, votis | nostris annuens se hoc munus in se suscepturum promisit & Rex Borussiae potentissimus, Dominus noster longe clementissimus, electionem approbavit ac literis gratiosis confirmavit. Quoniam

수에게 수여하라고 명령하셨습니다. 그는 사실 동료들의 만장일치[216]로 다음 해의 부총장으로 선출되어 우리의 바람에 따라 이 직을 맡기로 약속했습니다. 그리고 가장 강력한 프로이센 왕이시며, 우리의 가장 자비로운 군주께서는 이 선거를 승인해주셨고 기꺼이 서명을 통해 확증해주셨습니다. 부총장이 자신의 취임이 자신의 의지에 반해 이루어진 게 아

---

der Gelehrsamkeit, Zum Gebrauch Der auf Schulen studierenden Jugend abgefasst, Braunschweig 1730)도 학술사와 서지학의 이 프랑스적 전통에 서서 다음과 같이 말한다. 수많은 책을 저술해서 'Polygraphus'라는 이름을 얻은 학자들이 있다. 그들 가운데는 아리스토텔레스, 플라톤, 바로〔마르쿠스 테렌티우스 바로Marcus Terentius Varro: 고대 로마의 철학자·저술가(기원전 116~기원전 27)〕, 키케로, ……, 아우구스티누스, ……, 루터, …… 가 있다. 오늘날 'Polygraphus'로서는 부데, 랑게, 볼프가 …… 그들이다"(S. 133). 빌헬름 크루크(Wilhelm Traugott Krug, *Allgemeine Allgemeines Handwörterbuch der philosophischen Wissenschaften*, 2. Aufl., Leipzig 1832~38[Nachdruck, Stuttgart-Bad Cannstatt 1969])는 다음처럼 중재하려 시도한다. 그 개념은 보통 깔보는 의미로 쓰인다. 그러나 또한 훌륭한 'Polygraphus'로서 예컨대 플라톤, 아리스토텔레스, 라이프니츠, 칸트, 루터, 멜란히톤이 있다(Bd. 3, S. 295f.). 1870년에 에드문트 플라이더러(Edmund Pfleiderer)는 완전히 다르게 말을 했다. 그는 이 개념을 프랑스 저자와 언급하지만, 이 개념이 프랑스에서 긍정적으로 평가되었음은 깨닫지 못했다. 그래서 다음과 같이 말한다. "쿠쟁 씨가 라이프니츠를 '이 비교할 수 없는 폴리그라푸스, 즉 글을 많이 쓰는 사람!!'으로만 생각했기에, 쿠쟁 씨는 오늘도 그를 본받아 더욱 바쁘게 글을 쓸 것이다"(*Gottfried Wilhelm Leibniz als Patriot, Staatsmann und Bildungsträger*, Leipzig 1870, S. 24).

18 요아힘 랑게(1670~1744)는 청소년 시절부터 경건주의의 정초자들인 프랑케와 슈페너에게 깊이 영향을 받았다. 1698년 그는 베를린의 프리드리히베르더 김나지움 교장이 되었고, 1699년부터는 동시에 프리드리히베르더 교회 목사로 있었다. 1709년에는 할레 대학의 신학과 정교수로 초빙되었다. 그는 이 대학에서 죽을 때까지 가르쳤다. 랑게는 프랑케의 가장 중요한 추종자로서 등장해 경건주의의 적들(예컨대 정통주의, 토마지우스, 그리고 볼프)과 매우 열정적으로 싸웠다(이 책, 「독역자 해설」, §11을 보라). 그의 저술 중 가장 성공적인 것은 —약 100개 장으로 되어 있는— 1707년의 라틴어 문법책으로 26쇄까지 찍었다. 1720년대 이래 랑게의 저자와 대학 교수로서의 성공은 점점 더 볼프의 그늘에 가려지게 되었다. *Realencyklopädie für protestantische Theologie und Kirche*, 3. Aufl., hrsg. von Albrecht Hauck, Bd. 11, Leipzig 1902, S. 261~64.

tamen moris est ac statuta jubent, ut Pro-Rector inaugurandus publice declaret, se non invitum adire Magistratum; ideo in hac illustri panegyri ex Te quaero, Vir summe Reverende, Excellentissime atque Doctissime, Dn.[•] *Joachime Langi*, S. S. Theologiae Doctor & P. P. O. celeberrime, num eo adhuc sis animo, quem nobis in consessu collegarum declarasti, quod scilicet per annum sequentem fasces academicas suscipere velis, utque animi tui sententiam omnibus, qui nunc praesentes sunt, alta voce exponas rogo.

Hic interposita est declaratio Langiana de munere Pro-Rectoratus suscipiendo.[••]

Inauguratio Pro-Rectoris.

Postquam igitur ex te, *Vir summe reverende*, satis superque intelleximus, Te in ea sententia firmiter persistere, ut ad dignitatem Pro-Rectoris Academiae *Fridericianae* eveharis; agedum! Fiat Tibi secundum voluntatem tuam. Ascende igitur ad me in hanc cathedram, ritu solenni ad tantum munus inaugurandus.

Quod itaque felix faustumque sit ac in Academiae *Fridericianae* decus ac emolumentum cedat! ego, *Christianus Wolffius*, Academiae *Fridericianae* huc usque Pro-Rector, Te[•••] *Joachimum Langium*,

• Dn.] Domine P.

•• *Hic interposita* bis *suscipiendo.*] *fehlt* P.(P에는 없음)

••• Te] Te Dominum P.

니라는 점을 공개적으로 천명하는 것이 관습이며 또한 규정이 요구하는 사항인 만큼 저는 이 고상한 자리에 모인 분들 앞에서 높은 존망을 받으며, 탁월하고도 높은 학식을 지닌 신학박사이며 정교수이자 고명한 저자인 랑게 교수에게 묻습니다. 대학 동료 모임에서 천명한 바와 같이, 다가오는 한 해 동안에 대학의 직무를 수용하기를 원한다는 점을 아직 원하시는지를 묻고자 합니다. 그리고 귀하께 여기 모인 모든 분들에게 귀하가 진정 〔그 점을〕 원한다는 것을 큰소리로 선서해주시기를 부탁드립니다.

(이어서 부총장의 직무를 맡겠다는 랑게 교수의 선서가 행해졌다.)

부총장 취임

이제 저는 존경하는 귀하〔랑게〕에게서 귀하가 프리드리히 대학의 부총장 직위에 오르는 확고한 결정을 했음을 충분하게 들었습니다. 자! 이제 귀하가 뜻하시는 대로 모든 일이 이루어지기를! 자 이제 관례에 따라 이 중요한 직위에 임명되는 것을 축하하기 위해 귀하는 이 연단 위에 있는 제게 와주십시오.

지금까지 프리드리히 대학 부총장이었던 저, 크리스티안 볼프는 가장 강력한 프로이센 왕이시며, 우리의 가장 자비로운 군주의 명령과 지시에 따라, 그리고 동료들의 만장일치에 근거해서 높은 존망을 받는 신학박

S. S.[•] Theologiae D.[••] & Prof. P. O.[•••] jussu & autoritate Potentissimi Regis Borussiae, Domini nostri longe clementissimi, ex unanimi collegarum consensu, Pro-Rectorem Academiae *Fridericianae* Magnificum creo, pronuncio atque[••••] proclamo, | utque ab omnibus ac singulis pro eodem habearis & Cives inprimis nostri obsequium ac reverentiam Tibi legitimo Magistratui praestent, pro ea, qua ad praesens negotium polleo, autoritate Regia volo ac jubeo. Salve igitur, Academiae hujus *Pro-Rector Magnifice*, quo Te nomine primus compello fausta quaecunque Tibi apprecatus, ut omnes ac singuli intelligant, dignitatem Rectoralem[•••••] nunc ex me in Te esse translatam, utque meo exemplo excitentur alii, en! quod debeo obsequium, quam debeo reverentiam sponte promitto. Cum Tibi nunc incumbat munus Pro-Rectoris, Vir *Magnifice*, pallium etiam purpureum summi, quem per annum sequentem geres, Magistratus insigne ab humeris meis ablatum tuis impono, ut appareat, Te in Dignitate eminenti esse constitutum, utque ipsemet intelligas, arduum hoc, ad quod promotus es, munus ea Tibi prudentia, ea animi moderatione obeundum esse, ne vilescat autoritas Tua, immo ut Collegae meminerint, singulos per statuta curare debere, ne autoritati Tuae ac eminentiae quidpiam decedat. Aucturus

---

• S. S.] M/S, S. W.

•• D.] Doctorem P.

••• Prof. P. O.] P. P. O. P.

•••• atque] *fehlt* P.(P에는 없음)

••••• Rectoralem] *Pro-Rectoralem* P.

사이며 정교수이자 고명한 저자인 랑게 교수 귀하를 프리드리히 대학의 존경스러운 부총장으로 공식적으로 임명하고 선언하며 이렇게 선포합니다. 모든 일에 행운이 있고 성공하기를 바라며, 이 모든 것이 프리드리히 대학의 명성을 높이고 〔프리드리히 대학에〕 유익이 되기를 바랍니다! 그리고 모든 사람이 귀하를 부총장으로 여기며, 특히 우리 대학 구성원들은 귀하의 적법한 공권력에 순종하고 존경을 바칠 것을 현재 제가 부여받은 왕의 권한을 빌려 기꺼이 명령하는 바입니다. 어떤 이름으로 불러야 할지 모르지만, 이제 제가 제일 먼저 이 대학의 부총장이신 귀하에게 축하 인사를 드리며, 귀하에게 모든 행운이 있기를 바랍니다. 이제 모든 사람은 총장직*이 이제 저로부터 귀하에게 넘어갔음을 알게 되었습니다. 제가 모범을 보여서 다른 사람들이 배울 수 있도록 저는 저에게 의무가 있는 복종과 존경을 〔귀하에게〕 보낼 것을 자발적으로 약속합니다. 존경하는 귀하께서 부총장직을 맡게 됨으로써 다음 한 해 동안에 귀하께서 입어야 할 높은 직무의 상징인, 저의 어깨에 걸치고 있는 자주색 가운을 귀하에게 넘겨드립니다. 이 자주색 가운은 귀하가 높은 직책에 임명된 것을, 귀하의 현명함과 분별력을 사용해 귀하가 수행해야만 할 막중한 직무를 보여줍니다. 더욱이 귀하의 동료들이 각각 규정을 주의 깊게 따라야 한다는 것을 염두에 두는 이상, 귀하의 권위는 사라지지 않을 것이며, 귀하의 권한과 위엄 가운데 아무것도 쇠퇴하지 않을 것임을 보여줍니다. 이 〔부총장〕직의 영광을 더하기 위해 그대의 머리에 이 모자를 씌워드립니다. 이 모자를 바라보면서 귀하는 고귀한 〔대학〕 설립자가 매우 현명하게 규정을 통해 명령한 것과 이에 의거해 판결을 내려야 한다는 점과 귀하의 재능을 통해 귀하가 맡은 직의 권위를 더욱 높여야 할 것

* 부총장직은 실질적으로 총장직을 수행했기에 총장직으로 불리기도 했다.

splendorem dignitatis Tuae capiti mitram hanc rectoralem• impono: eam intuitus•• meminisse debes, in Statutis prudentissime cautum esse a Serenissimo Conditore, ut jus ita reddas, quo autoritatem dignitatis ingenio Tuo augeas. Accipe bina, quae Tibi trado, sceptra, vera Majestatis, insignia, quibus Tibi confertur jurisdictio in cives academicos, sed ita, ut memineris, a quo Tibi collata sit, atque adeo non Tuo arbitratu, sed juxta leges ac statuta a Potentissimo Rege nostro praescripta justitiam administres. Eum in finem hic Tibi porrigo leges, statuta ac privilegia atque curae Tuae commendo, | ut sancte custodiantur atque serventur. Eadem diurna atque nocturna volves manu, ut in nullo negotio ne latum unguem ab iisdem recedas. Ut autem••• noris, quinam Tibi obsequium debeant, & quinam jurisdictioni academicae subsint, en! Tibi trado Album academicum, cui nomina Civium atque Studiosorum diligenter inferre neque adeo impune ferre debes, ut, qui studiorum causa apud nos commorantur, nomina sua apud Te non confiteantur. Habes hic etiam sigilla, quibus munire debes omnia decreta & scripta, quae sub Tuo & Senatus academici nomine publicantur. Tandem Tibi porrigo claves•••• & cum iis Tibi potestatem trado auditoria ac carcerem quoque, quando opus fuerit, aperiendi, ut coërcere possis refractarios & quos monitis ad meliorem frugem reducere non licet. Atque ita nihil superest,

---

• rectoralem] *Pro-Rectoralem* P.

•• intuitus] intuens P.

••• autem] *fehlt* P.(P에는 없음)

•••• claves] *claves aureas* P.

을 잊지 말아야 합니다. 귀하는 제가 건네는 두 홀(笏)을 받으십시오. 이것은 높은 직책을 나타내는 진정한 상징입니다. 이것을 통해 귀하에게 아카데미 구성원들에 대한 법적 정당성이 부여됩니다. 그러나 귀하는 이 권한이 누구에게서 부여되었는지 잊지 말아야 합니다. 그리고 귀하는 귀하의 재량대로가 아니라 우리의 가장 강력한 왕께서 제정해놓은 법률과 규정에 따라서 정의롭게 직책을 수행해주셔야만 합니다. 이 목적을 위해 저는 귀하에게 이제 법률과 규정, 그리고 자유를 넘겨드리오니 귀하가 이것들을 세심하게 다루어주시기를 부탁드립니다. 이것들은 귀하를 소중하게 지켜주며, 귀하를 지켜보게 될 것입니다. 귀하는 밤낮으로 이것들을 숙지해서 모든 일을 처리함에 이것들과 한 치라도 어긋나지 않아야 합니다. 그러나 귀하에게 누가 복종을 해야 하는지, 누가 아카데미의 판결에 따라야 하는지를 귀하는 알고 있어야 하기에 귀하에게 대학의 명부를 넘겨드립니다. 이 명부에 〔대학의〕 구성원들과 학생들의 이름을 세심하게 기록해야만 합니다. 그리고 우리와 함께 공부하러 왔지만, 이름을 알리지 않는 사람들을 처벌하지 않은 채 그대로 놔두어서는 안 됩니다. 또한 귀하는 여기서 인장(印章)을 받게 됩니다. 귀하는 이 인장으로 모든 결정과 귀하의 이름과 대학평의회의 이름으로 간행되는 모든 문서를 인증해주어야 합니다. 끝으로 저는 귀하에게 열쇠들을 넘겨드립니다. 이 열쇠들과 함께 저는 귀하에게 강의실을 열 수 있는, 필요한 경우에는 고집불통인 학생들과 경고를 해도 더 나은 생활의 변화를 보여줄 수 없는 학생들을 처벌하기 위한 학생 감옥을 열 수 있는 권한을 넘겨드립니다. 이제 존경하는 대학 부총장으로 취임을 하게 된 귀하가 맡

quam ut Tibi, *Vir*• *Magnifice, Academiae Pro-Rector*, de tanta dignitate, qua nunc effulges, gratulatus summum Numen invocem, ut sub Tuo regimine floreat *Fridericiana* nostra!

DIXI.

• *Vir*] *fehlt* P.(P에는 없음)

게 된 고귀한 직무를 위해 행운을 빌어드리고, 귀하의 지배 아래서 우리 프리드리히 대학이 번영할 수 있게 하나님께서 함께 하기만을 기원합니다!

볼프의 주석

1) 중국인이 모든 민족 가운데 가장 오래된 민족이라는 것은 이론의 여지 없이 확실하다. 중국을 건설한 복희(伏羲)는 기원전 2952년에 통치하기 시작했다. 그때부터 그의 뒤를 잇는 황제의 계통이 확실하게 전해 내려왔다. 「중국 황조 편년사 연표」에 근거해보면, 이 점은 확실히 믿을 만하다. 이 편년사는 『라틴어로 번역된 중국인의 철학자, 공자 또는 중국의 학문. 예수회 신부들인 프로스페로 인토르체타,* 크리스티안 헤르드트리히,** 프랑수아 드 로즈몽***과 필리프 쿠플레****의 연구와 작업』〔이하 『중국인의 철학자, 공자』〕에〔작업의 뒤에〕 첨부되어 있다. 「중국 황조 편년사 연표」는 1683년까지 다루어져 있고, 존경하는 신부 쿠플레가 이것을 중국어에서 라틴어로 번역해 1686년 파리[1]에서 간행했다.***** 그러나 중국인의 국가론과 도덕

---

* Prospero Intorcetta, 1626~96: 중국명 은탁택(殷鐸澤). 이탈리아 시칠리아 출신의 예수회 신부. 박해를 받으며 중국에서 선교 활동을 했나. 쿠플레와 함께 강남(江南) 지역에서 활동했다. 1672년 로마로 가서 전례논쟁에서 예수회를 옹호했다. 중국철학에 관심을 보여 1662년에 사서(四書)에 대해 연구하고, 『대학』과 『논어』를 라틴어로 번역한 『중국의 지혜』(*Sapientia Sinica*, 1662)를, 『중용』을 번역한 『중국정치윤리학』(*Sinarum scientia politico-moralis*, 1667)을 펴냈다.

** Christian Herdtrich, 1625~84: 오스트리아 출신의 예수회 신부. 인도네시아를 거쳐 1660년 이후 산서(山西)와 하남(河南) 지역에서 선교 활동을 하다가 1671년에 북경의 궁정으로 가서 수학자로 활동했다. 중국어에 대한 깊은 지식을 갖춘 것으로 알려져 있다.

*** François de Rougemont, 1624~76: 중국명 노일만(魯日滿). 벨기에 출신의 예수회 신부. 마카오, 절강·광주 등 중국 남부 지역에서 선교 활동을 했다.

**** Philippe Couplet, 1623~93: 중국명 백응리(柏應理). 이 책, 「독역자 해설」, §12를 보라.

1 「중국 세 황가 계보 도표」와 「중국 황조 편년사 연표」는 〔간행 연도가〕 1686년으로 기록되어 있다. 분책으로 간행된 전체 작품은 제목에서 그리고 책의 끝에서(Couplet, *Tab. chron.*, S. 108; Extrait du Privilege du Roi) 〔간행 연도로〕 1787년을 언급한다. 이 책, 「독역자 해설」, §12도 참조.

***** 독역자 주석에서 쿠플레의 책을 확인해보면, 1787년은 1687년(M. DC.

론의 근원은 〔중국〕제국의 시초로까지 거슬러 올라간다. 그때부터 우리 시대까지 4,677년[2]이 지나갔다. 사실 중국인의 편년사는 복희 시대보다 더 위로 거슬러 올라간다. 그러나 쿠플레 신부는 「중국 황조 편년사 연표」 서론 §1, 3쪽[3]에서 이전에 몇몇 역사가가 그러한 시대에 대해 설명했던 것 가운데 대부분은 중국학자들과 유명한 역사가에 의해 거짓이며 믿을 수 없는 것으로 거부되었다고 말한다. 그렇다 해도 우리가 중국 학문의 연대를 복희 시대를 넘어 확장하는 것은 불필요한 일이다. 우리가 쿠플레 신부가 여러 논거를 통해 옹호한 그의 「중국 황조 편년사 연표」가 적어도 옳다고 인정한다면, 중국인의 철학보다도 더 오래된 철학에 대한 증거가 없기 때문이다.

2) 이 민족이 오늘날까지 사용하는 다음의 격언은 여기에서 반드시 인용해야 할 정도로 너무나 잘 알려져 있다. "중국인들만이 두 눈을 가지고 있으며, 나머지 사람들은 모두 장님이다." 그리고 『중국인의 철학자, 공자』의 「서론적 해설」 11, 12쪽[4]에서 쿠플레는 선교사들이 믿기 어려운 노력과 집요함으로 중국 언어와 학문에 대한 지식을 획득한 후에 자신들이 의도하는 바를 한문으로 쓸 수 있게 되자, 결국 중국인들은 유럽인들도 한 개의 눈을 가진 것으로 동의했다고 한다. 중국인들은 글을 쓸 때 여타의 다른 민족과 달리 소리를 나타내는 알파벳 철자를 사용하지 않고 사실 자체를 직접적으로 나타내며 글자마다 특정한 소리를 내도록 되어 있는 문자를 사용한다. 쿠플레는 앞의 책 11쪽[5]에서 중국 문자가 너무 많아 중국인 가운데 많은 수가

LXXXVII)으로 되어 있다. 독역자의 오류로 보인다.

2 이 책, 250쪽 독역자 주 31 참조.

3 Couplet, *Tab. chron.*, S. III.

4 Couplet, *Pr. Decl.*, S. XIf.

6세부터 문자를 배우기 시작해 평생을 바쳐도 모든 문자를 머릿속에 기억할 수 없을 정도라고 확언한다. 파리에 있는 비문학(碑文學) 왕립학회 회원인 유명한 에티엔 푸르몽*은 1722년 『트레부 저널』의 1,577쪽 이하에 실린 중국 문자에 대한 논문에서 중국 문자는 8만 자에 이른다고 했다.[6] 푸르몽은 중국인 황[7]**이 파리에서 시작

5 같은 책, S. XI. 중국의 문자와 라이프니츠에 대한 그것(중국 문자)의 의미는 다음을 보라. Rita Widmaier, *Die Rolle der chinesischen Schrift in Leibniz' Zeichentheorie*(Studia Leibnitiana Supplementa, 24), Wiesbaden 1983, 특히 S. 137ff.

6 Étienne Fourmont, "Dissertation sur la Litterature Chinoise", in *Mémoires pour servir à l'histoire des sciences & des beaux arts*(*Journal de Trévoux*) 22(1722; Nachdruck, Genf 1968), S. 1575~80.

* Étienne Fourmont, 1683~1745: 중국명 부이몽(傅爾蒙). 프랑스의 동양학자. 콜레주 드 프랑스에서 아랍어과 교수로 지내며, 『중국관화』(*Lingua Sinarum Mandarinicae Hieroglyphicae Grammatica Duplex, Latine Et Cum Characteribus Sinensium. Item Sinicorum Regiae Bibliothecae Librorum Catalogus,* Lutetia Parisorum, 1742)라는 중국어 문법책을 출간했다. 전문 중국학자는 아니었다. 중국인 조교 'Arcadius Hoang', 즉 황가략(黃嘉略)의 작품을 도용하고 다른 학자들의 연구를 표절하여 중국학자로서의 명성을 얻었다.

7 아르카디우스 황(황가략)은 루이 14세의 명으로 두 언어로 된 사전 작업에 착수했다. 푸르몽과 황의 관계와 황의 죽음(1716) 이후 그의 작업을 계속하려고 하는 푸르몽의 계획(사전은 완성될 수 없었다)에 대해서는 다음을 참조. Zedler, Bd. 13, Sp. 292.— Henri Cordier, "Notes pour servir à l'histoire des études chinoises en Europe, jusqu'à l'époque de Fourmont l'aîné", in *Nouveaux mélanges orientaux. Mémoires, textes et traductions, publiés ... à l'occasion du septième congrès international des orientalistes réuni à Vienne*(*Septembre 1886*), Paris 1886, S. 399~429; S. 417ff.—Ders., "Fragments d'une histoire des études chinoises au XVIIIe siècle", in *Centenaire de l'École des langues orientales vivantes*, 1795~1895, Paris 1895, S. 223~93; S. 233ff.

** Hoang, 1679~1716: 유럽에서 세례명에 따라 아르카디우스 황(Arcadius Hoang)으로 불렸다. 중국 이름은 황가략(黃嘉略), 본명은 황일승(黃日升)이다. 복건성(福建省) 전현(田縣) 사람으로 파리 외방선교사들과 함께 파리로 왔다. 1715년경, 프랑스에서 중국어를 가르치는 선구적 역할을 했다. 그에 앞서 남경 출신의 심복종(沈福宗, 영문명 Michael Alphonsius Shen Fu-Tsung, 1657~92)이 1684년에 개종해 쿠플레 선교사를 따라 유럽에 와서, 1684년 9월 15일에 루이 14세를 만나 중국어 및 중국 문화

하고 황이 죽은 뒤 자신이 이어받아 〔작업을〕 계속한 『중국어 사전』(*Lexico Sinico*)에서 그 문자들을 설명하려 했다. 그는 중국인들은 문자 형성에서 철학적이고 기하학적인 질서를 지켰으며, 이 발견과 비견할 것은 지금까지 인간 정신에 의해 고안되지 않았으며, 이 문자처럼 자연에 대한 포괄적 인식을 포함하는 물리적 체계는 존재하지 않았다고 증언한다. 그래서 우리는 그 문자 속에서 중국의 지혜와 과학에 대한 탁월한 증거를 본다. 더욱이 이 문자의 발명은 아주 오래된 것이다. 쿠플레는 「중국 황조 편년사 연표」 서론의 끝(S. XX)[8]에서 제국의 개조(開祖)인 복희가 알파벳 또는 문자(문자 대신에 중국인들은 이전에 매듭〔결승結繩〕을 사용했다)를 위한 여섯 개의 원리*를 세웠다고 말하고 있다. 그리고 「중국 황조 편년사 연표」[9]에서 기원전 2697년에 최상의 지위에 올라간 황제(黃帝, Huang-ti)의 지배 당시, 문자 자체가 고안되었다고 덧붙여 언급한다.

3) 중국의 학문은 유럽인들에게 충분하게 알려져 있지 않으며 분명하지도 않다. 왜냐하면 오늘날에도 중국인들이 햇수를 셀 때 사용하는 **60년이라는 순환****은 이미 복희가 발명하고,[10] 「중국 황조 편년사 연표」에 따르면,[11] 황제가 대요(大撓, Ta nao)***의 도움으로 그것을 기

를 소개한 적이 있다.

8 Couplet, *Tab. chron.*, S. XX.

* '육서'(六書), 즉 상형(象形), 지사(指事), 회의(會意), 형성(形聲), 전주(轉注), 가차(假借)를 말한다.

9 같은 책, S. 1.

** 육십갑자(六十甲子).

10 같은 책, S. XIIff. *Cambridge Encyclopedia*, S. 392f. 참조; vgl. auch oben Anm, zu S. 11, Z. 122.

11 Couplet, *Tab. chron.*, S. 1.

*** 전설에 의하면, 황제(黃帝)가 대요에게 명하여 천간지지(天干地支)를 만들어 연월

원전 2697년에 완성했기 때문이다. 그러나 복희가 천문학에 대한 특별한 지식 없이 그것을 고안했거나 완성할 수 없었을 것이라는 점은 쉽게 알 수 있다. 따라서 상고(上古)시대의 중국인들이 천문학에 매우 뛰어났던 것은 분명하다. 이외에도 앞서 언급한 황제가 천문학을 학문의 형식으로 만들었다는 것도 그러한 점을 입증한다. 물론 고대 중국인들의 천문학에 대해 우리에게 전해져 내려오는 것은 없다. 마르티노 마르티니*가 이 점에 대해 보고했던 것을 요하네스 헤벨리우스(Johannes Hevelius)는 『천문 기계』(*Machina coelestis*)의 제1권 서문에서 언급한다.[12] 그러나 이 진술은 중국인들에게 이 지식의 가지가 매우 오래되었다는 것만을 보여줄 뿐이며, 이 영역에서 중국인들이 이룬 발전을 분명하게 설명하지는 못한다. 그리고 탁월한 천문학자 도미니쿠스 카시니(Dominicus Cassini)**는 선교사들에게서 더욱

일을 계산하게 했으며, 이로부터 중국은 연월일을 계산하게 되었다. 이를 '황제력' 혹은 '황력'(黃曆)으로 불렀다.

* Martino Martini, 1614~61: 중국어명 위광국(衛匡國). 이탈리아 출신의 예수회 선교사. 1632년 10월 예수회원이 된 후, 로마에서 수학과 지리학을 공부했다. 1643년에 중국에 들어갔고, 전례논쟁에 개입했다가 중국을 떠나 1653년에 암스테르담으로 돌아왔다. 암스테르담에 체류하면서 『타타르 전기(戰記)』(*De Bello Tartarico Historia*, Antwerpen, 1654)와 『중국 신지도집』(中國新地圖集, *Novus Atlas Sinensis*, Amsterdam 1655)을 출간했다. 1657년에 벨기에 출신의 예수회 선교사 페르디난트 페르비스트(Ferdinand Verbiest, 1623~88) 등과 함께 중국 여행길에 올랐고, 1661년 중국에서 세상을 떠났다.

12 Johannes Hevelius〔1611~87〕, *Machina Coelestis*, Bd. 1, Danzig 1673(Nachdruck, Osnabrück 1969=Milliaria 15), S. 13~16. 헤벨리우스가 인용한 것은 이것이다. Martino Martini(Martinus Martinius; Pfister, Bd. 1, S. 256~62 참조), *Novus Atlas Sinensis*(Amsterdam 1655), S. 1a der Praefatio, S. 62 b. 및 ders., *Sinicae Historiae decas prima*, München 1658, S. 15f., 21f., 25, 26, 43f.

** Giovanni Domenico Cassini, 1625~1712: 이탈리아 태생의 프랑스 천문학자. 1688년 이후 파리에서 활동했다(프랑스어명 장 도미니크 카시니Jean-Dominique

분명하게 배우기를 원했으나, 원했던 바를 하나도 얻지 못했다. 고명한 뉘른베르크 출신의 천문학자 요한 레온하르트 로스트*가 프랑스어에서 라틴어로 번역해 자신의 『천문학 안내서』 맨 앞에 놓았던 이 위대한 사람〔장 도미니크 카시니〕의 논문 「천문학의 기원과 발전」(De l'Origine et du progrès de l'astronomie)에서 그 점을 아주 분명하게 밝혔다.[13] 천문학이 산술학과 기하학 없이 성립될 수 없다는 것은 수학자들에게 아주 잘 알려져 있다. 그렇기 때문에 고대 중국인들 역시 산술학과 기하학에서도 발전을 이루어왔다는 점은 분명하다. 이 점을 넘어서 황제가 산술적 도표[14]〔수표(數表)〕를 고안해서 의심할 여지 없이 그것을 천문학에 사용한 것을 통해서도 그러한 사실이 입증된다. 그러나 중국인들의 산술학과 기하학이 어떠한 것이었는지 유럽인들은 오늘날까지도 모르고 있다. 복희 자신은 음악의 기초를 놓았다.[15] 이 기초를 그의 후계자들이 계속해서 마무리했다. 나는 중국인들의 응용수학과 관련한 사항으로 넘어가고자 한다. 이에 대해 우리는 일반적으로 이 영역에서 그들이 이룬 발전은 한 번도 분명하게 알려지지 않았다는 것을 추측할 수 있다. 앞에서 언급한 황제는, 즉 「중국 황조 편년사 연표」에서 기원전 2637년[16]에 진맥의 의술[17]에 대

Cassini). 목성과 화성의 자전 주기를 측정하고, 달의 자전에 대한 '카시니의 법칙'을 확립했다.

* Johann Leonhard Rost, 1688~1727: 독일의 천문학자이자 소설가.

13 Johann Leonhard Rost, *Astronomisches Hand-Buch. Worinnen des Herrn Cassini Tractat ... deßgleichen Hundert Astronomische Problemata ... anzutreffen*, Nürnberg ^{1}1718(^{2}1726), S. 1~40: "I. Theil. Vom Ursprung, Fortgang und Aufnehmen der Astronomie ... Durch den Herrn Dominicum Cassini, verfasset"[1693]; (볼프에 의해 언급된 발언이 없는) 중국에 대해서는 S. 6과 S. 40을 보라.

14 Couplet, *Tab. chron.*, S. 1.

15 같은 책, S. XX.

해 기백(岐伯, Ki pe), So ven과 뇌공(雷公, Luy cum)의 도움을 받아 여러 책에서 썼다.* 그러나 우리는 그것을 모르기에 중국인들의 의술에 대해 어떤 판단도 내릴 수가 없다. 우리는 이미 이전부터 문자의 발명이 얼마나 어려운가를 잘 알고 있다. 그래도 우리는 이 문자 발명에 대해 어느 정도 명확한 설명을 여전히 기대하고 있다. 오늘날까지 유럽인들은 앞의 주석 1에서 언급한 『중국인의 철학자, 공자』의 선교사들과 존경하는 프란시스쿠스〔프랑수아〕 노엘(Franciscus Noël)이 『중화제국 6대 경전』에서 전해준 도덕과 국가에 대한 중국인들의 가르침에 대해 잘 모르고 있다. 이 책들은 매우 구하기 어렵고 소수의 사람들에게만 알려져 있다. 그렇기 때문에 학자들은 공자라는 작품〔『중국인의 철학자, 공자』〕에서 얻어낸 것이 아니라면, 그에 대해 거의 알 수 없다. 그러나 이 저서가 공자의 이름을 달고 있음에도, 그 속에 공자의 저술들에서 나온 단편만을 포함하고 있음은 분명하다. 시황제(Xi hoam ti),[18] 즉 타타르인들의 침입을 막기 위해 놀라운 벽〔만

16 같은 책, S. 1.

17 중국의 진맥에 대해서는 Manfred Porkert, *Die Chinesische Medizin*, Düsseldorf/Wien 1982, S. 211~36 참조.

* 중국의 가장 오래된 의서인 『황제내경』(黃帝內經)에는 황제와 더불어 기백을 비롯해 귀유구(鬼臾區), 백고(伯高), 소사(少師), 소유(少俞), 뇌공 등의 여섯 신하가 문답을 나눈다. 볼프는 쿠플레의 「중국 황조 편년사 연표」에서 이에 대해 인용을 했는데, 쿠플레가 라틴어 'So ven'으로 번역한 인물이 소유로 추정되나, 중국어 발음 '俞'(위)와 'ven'의 발음 표기상 차이가 있어 그가 정확하게 누구인지 파악하기 어렵다. 『황제내경』은 진·한 때 편찬되었다고 전하며 고대 중국의 의술과 신체관(身體觀)을 기술했다. 침구 의학의 고전이다.

18 Couplet, *Tab. chron.*, S. 16f. Arthur Cotterell, *Der Erste Kaiser von China*, Frankfurt am Main 1981, S. 153f., 163f.(기원전 213/212 분서焚書), 154f.(만리장성 축조) 참조. 진시황제(재위 기원전 247~기원전 210)는 그의 거대한 무덤이 발굴되면서 (1974년부터) 특히 유명해졌다.

리장성)을 쌓은 건축자는 학자들의 숙적(宿敵)이었다. 그는 대부분의 학자들을 산 채로 매장했고, 기원전 212년에 의학과 법학 이외의 모든 책을 불의 신의 제물로 바쳤다. 그러므로 고대 철학자들과 왕들의 저술들, 그리고 공자와 그의 해석자들의 저서들이 소멸되었고, 만약 전술 및 학식으로 유명한 무제(Wu-ti)[19]가 거의 1세기가 지난 기원전 139년에 분서(焚書)에서 살아남은 단편과 잔여물들을 수집하라고 명령하지 않았더라면, 그것들에 대한 기억은 완전히 사라져버렸을 것이다. 쿠플레가 「서론적 해설」 23쪽[20]에서 보고하는 바와 같이, 사람들은 반쯤 탄 책들과 벽과 무덤들에 숨겨져 있어 반쯤 훼손된 책들을 발굴해 빛을 보게 했다. 그리고 어릴적 기억 을 아직도 잘 떠올릴 수 있는 노인들에게 조언을 구했다. 이 파편들과 남겨진 것들에서 지금의 중국 고전들이 편찬되었다. 쿠플레는 자신의 협력자들과 함께 이들 고전 중 한 부분을 번역했다. 그러나 노엘은 전체 고전들을 번역해냈다. 그러나 이 어려운 작업에 충분한 주의를 기울일 수 있는 완전한 교육을 받은 건축가가 아닌 이상 파편에 근거해 건축물에 대한 판단을 할 수 없는 것처럼 우리가 도덕이론과 국가이론의 내부를 정확하게 통찰하지 못한다면, 그리고 통찰력을 가지고 부지런하게 연구를 하지 않는다면, 우리는 중국인의 도덕철학과 정치철학의 체계에 대해 판단을 할 수 없을 것이다.

---

19 Couplet, *Tab. chron.*, S. 18. 한나라(전한)의 제2대 황제 혜제(Hoei-ti, 惠帝, 기원전 190)에 의해 금서 해제가 되면서 유교 저작의 재취득이 시작되었다. 문제(Wen-ti, 文帝, 재위 기원전 180~기원전 157)는 유교 교육과 문헌을 크게 장려했다. 한 무제(재위 기원전 141~기원전 87)는 교육제도를 재정비했다. 두 황제는 또한 도가(道家)의 가치를 인정했다.

20 Couplet, *Pr. Decl.*, S. XXIII; Couplet, *Tab. chron.*, S. 18 참조.

4) 아주 거대한 나라 중국 제국에서는 오늘날까지도 공자의 글과 말, 행위가 모든 가르침의 표준임은 의심할 여지 없이 확실하다.

5) 아주 잘 알려진 사실은 공자가 자신의 가르침을 손수 고안해낸 것이 아니라 이전 사람들로부터 전해 받은 것이라는 점이다. 쿠플레 제3권 제4부 36쪽[21]을 보면, 공자는 자신이 알리고자 했던 교리의 '원저자가 아니라 선포자'일 뿐이며, 자신은 옛것을 좋아해 옛사람들의 저작들로부터 〔자신의〕 의도에 맞는 것을 찾아냈을 뿐이라고 고백하고 있다. 쿠플레가 쓴 「공자의 생애」 117~18쪽[22]을 보라. 공자는 이렇게 말했다. **"내가 15세 소년일 때, 나는 옛사람의 책들을 공부하는 데 일생을 바치기로 했다. 그리고 나는 보다 덜 유용하게 보이는 것은 내버려둔 다음에, 우선 내 자신의 행동으로 나타낼 수 있는 최상의 가르침을 선택했다. 그런 다음에 나는 다른 사람들도 따라 하도록 이 가르침을 제시했다."*** 공자는 진리에 대해 목말라했다. 그는 합리적 이유를 통해서 확실함을 얻을 수 없었을 때, 진리를 위한 실험의 길을 걸었다. 그는 자신이 다른 사람들을 가르치고자 원했던 것을 우선 자기 자신에게 실험해본 다음, 확고하고도 진정한 이론을 다른 사람들에게 확실하게 전달해주고자 했다. 같은 이유에서 그는 통치의 가르침을 실험을 통해서 확증하기 위해 몇 번 관직을 맡았다.

6) 내가 여기서 말하는 바는 신뢰할 만한 노엘에게서 근거한 것이다.[23]

---

21 Couplet, *Lib. IIIb*, S. 36(Buch VII, 1). —Legge, Bd. 1, S. 195. —Wilhelm, *Lun Yü*, S. 61. —Stange, S. 72.

22 Couplet, *Vita*, S. CXVIIf.

* 이 부분은 『논어』(論語) 「위정」(爲政) 편으로 보인다. 「위정」 편에 공자가 15세에 학문에 뜻을 두었다는 말이 나온다(吾十有五而志于學). "군자란 말보다 앞서 행동을 하고, 그다음에 그에 따라 말을 한다"(子貢問君子, 子曰 先行其言, 而後從之)라는 구절 또한 참고한 것으로 보인다.

노엘은 중국 고전 텍스트들을 제시하기에 앞서 자신이 라틴어로 번역한 중국 고전의 주장들을 서론으로 내세웠다. 그리고 그는 중국인 해석가들이 고전 앞에 붙인 「머리말」에서 취한 몇 가지 것을 제외하고 역사적인 신뢰에 근거한 것들을 이 동일한 〔고전〕 자료에서 끄집어냈다.

7) 복희는 기원전 2952년에 제국을 세웠다.[24] 중국의 모든 학문의 기초가 그에게 빚지고 있다. 그 때문에 나는 이 철인왕의 정신적 기풍을 인식할 수 있는 몇 가지를 언급하는 것이 유용하다고 생각한다. 그는 제국 전체를 유일한 가족으로[25] 생각했고, 마치 부모와 자식과 같은 관계가 정부와 신하들도 지배하기를 원했다. 이 관계는 확고한 규범이었고, 이에 따라 제국의 만사가 확립되었다. 그러나 그는 경험적으로 볼 때 발명술에서 가장 커다란 가치를 지니는 **환원의 원리(Principio reductionis)**를 사용해[26] 하늘과 땅을 관찰하고 백성과 국가의 올바른 관리 규범을 제정했다. 이에 대해 쿠플레는 「서론적 해설」 76쪽[27]에서 보고하고 있다. 앞에서 거론한 쿠플레가 책 34쪽과 37쪽[28]에서 언급한 것에 의해 〔그가〕 하늘과 땅의 질서와 그 항구성

---

23 Noël, S. 6~25(unpag.): 번역된 모든 육경의 「책 제목과 항목의 목차 및 개요」(Index et Synposis Capitum et Articulorum).

24 Couplet, *Tab. chron.*, S. III. Henri Cordier, *Histoire générale de la Chine*, Bd. 1, Paris 1920, S. 57f., 75 참조.

25 Couplet, *Tab. chron.*, S. LIX와 S. LXVIIff., 또한 Wilhelm, *Li Gi*, S. 94f.도 참조.

26 *Deutsche Metaphysik*=WW I, Bd. 2, S. 221~23, §364f.; *Psychologia empirica*=WW II, Bd. 5, S. 365, §472 참조. ─ 예를 들어 Hermann Samuel Reimarus, *Vernunftlehre*, Nachdruck der dritten Auflage, hrsg. von Friedrich Lötzsch, München 1979, S. 294, §272도 참조.

27 Couplet, *Pr. Decl.*, S. LXXVI.

28 같은 책, S. XXXIV(이 책, 「볼프의 주석」, 105에서 상세하게 인용되었다), XXXVII.

에 경탄하고 그것을 극도로 세심하고도 부지런하게 모방하고자 했다는 사실이 분명해진다. 나는 우리가 그 점을 주의 깊게 탐구해본다면 예상밖의 철저함에 놀랄 수밖에 없다는 점을 의심하지 않는다. 이제 분명하게 드러난 것처럼 천문학에 정통한 복희는 별들이 지속적인 운동으로 회전을 하며, 질서와 항구성의 운동 속에서 별들을 관찰할 수 있다는 것을 알았다. 별들은 불규칙하게 돌지 않을 뿐만 아니라 하늘 역시 확실한 법칙을 갖고 있기 때문이다. 이 법칙을 이전 세기에 우리의 명민한 요하네스 케플러[29]가 비로소 발견했다.* 반면 나는 복희가 그와 같은 법칙이 존재하리라고 추측한 것처럼 보일지라도, 그가 그것들을 분명하게 알고 있었는지 의심스럽다. 몇몇 독립적 행성은 회전을 하는데, 확고하게 정해져 있는 상이한 주기를 가진다. 왜냐하면 〔행성의 회전은〕 확고한 법칙에 의해 규정되어 있기 때문이다. 그러나 모든 행성이 동일한 법칙에 지배되기에 상이한 행성 간에도 눈에 띄는 일치가 발견되는 만큼 운동의 체계는 완전하다. 복희는 하늘의 규범을 따라 나라를 세우려 했기에 전체는 조화로운 체계로 발전해야만 한다고 생각했다. 그리고 전반적으로 인간의 모든 행위가 확고한 법칙에 의해 규정될 때, 그 지점에 도달할 수 있다고 확신했다. 그래서 그는 윗사람과 아랫사람, 늙은 사람과 젊은 사람, 지배자와 신하, 최상의 지배자와 나라 전체 사이에는 부모와 자식 사

29 Johannes Kepler, 1571~1630: (태양 주위를 도는 행성들의 움직임에 대한) '케플러 3법칙'을 세웠다.

* 케플러 3법칙은 다음과 같다. 제1법칙은 궤도의 법칙으로 행성이 태양을 초점으로 타원 궤도로 공전한다는 것이고, 제2법칙은 면적의 법칙으로 행성의 속도와 동경(東經)이 그리는 넓이의 곱이 항상 일정하다는 것, 제3법칙은 주기의 법칙으로 행성 공전 주기의 제곱은 공전궤도 긴 반지름의 세제곱에 비례하다는 것이다.

이와 같은 동일한 관계가 규정되어야만 한다는 최상의 법칙을 확립했다. 그러므로 중국인들의 철학에서 엄하게 가르쳐왔던 의무, 즉 노인에 대한 젊은 사람들의 의무, 윗사람에 대한 아랫사람의 의무, 지배자에 대한 신하의 의무, 황제에 대한 제후의 의무를 서로 비교해본다면, 내가 잘못 생각한 것이 아니라면, 우리는 이 의무가 바로 앞의 관계에서 도출된 것임을 아주 잘 알 수 있다. 또한 내가 발명의 재능과 명민함으로 두각을 나타낸 복희의 탁월한 의도에 대해 인용했던 것 이외에 중국인의 도덕철학과 국가철학에 대해 기억에 남는 것이 없다고 할지라도, 세심한 지식을 정확한 방법과 결합한 사람이라면, 중국인들의 도덕철학과 국가철학을 회복하는 데에는 그것만으로도 아주 충분하다는 점을 부정하지 못할 것이다. 때때로 해석자의 설명이 의미를 모호하게 하거나 또는 노엘이 〔해석을 두고〕 쿠플레와 쿠플레의 동료들과 일치하지 않을 때, 오히려 그것은 중국인들의 진정한 이론을 잘못된 이론과 구분해주기에 충분하다. 나는 아래에서 내가 말한 것을 믿게끔 한 사례[30]를 들고자 한다. 복희는 입법자로서 아버지의 역할을 하며, 아버지 같은 관계에서 오늘날에 이르기까지 4,677년 동안 거대한 제국을 유지해온 법칙을 이끌어냈다. 사람들이 생각하는 것처럼 이 거대한 나라에는 거주자가 5,900만 명에 가깝다고 한다. 「중국 황조 편년사 연표」 105쪽[31]을 참조하라. 그러므로 입법자가 입법에서 아버지의 역할을 유지할 때, 법칙들이 어떤 힘과 영향을 갖는지를 그 결과가 충분하게 입증하고 있다. 이런 이유로 보

30 이 책, 「볼프의 주석」, 85 참조.

31 Couplet, *Tab. chron.*, S. 105(5,891만 6,783명의 거주자), S. 106f.(기원전 2592년부터 기원후 1683년까지 4,635년이다). 볼프는 (1725년까지) 42년을 더 보탰다.

면, 몇몇 헛똑똑이와 감히 지혜를 가장해 어떤 사람을 비난할 거리를 찾고 그것을 기고만장해서 알린 많은 사람들의 하품 나며 졸린 지혜는 사라져야 한다. 그들에 따르면, 입법자가 아버지의 역할을 한다면, 이 이름에 걸맞은 법은 더 이상 없으며, 윤리에 대한 모든 존경심이 사라진다면 국가 전체가 몰락할 것이라 한다. 아, 그들은 국가학과 윤리학을 위해 유익하지만 공자를 따르기로 결심하지 못하는 자들이고, 실험을 통해 판단에 이르기 전에는 근거의 중요성을 검증할 수 없는 자들이로다!

8) 부드러운 성품과 아주 온화하며 극도로 명민한 신농(神農)[32]은 복희의 후계자가 되어 통치했다. 사람들이 제국을 강화하고 안정시키기 위해 복희의 후계자에게 요구할 수 있었던 정신적 재능을 그도 갖추고 있었다. 그는 복희와 혈연관계가 아닌 점에서 왕국 건설자의 현명한 결단에 의해 후계자로서 임명된 것처럼 보인다. 신농의 다섯 번째 후계자인 요(堯)는 오로지 순(舜)[33]이 가진 덕만을 바라보고 그를 후계자로 세우는 같은 결단을 했고, 〔자신의〕 아홉 아들을 무시했다. 그리고 이 제도는 비난받을 수 없다. 최초의 황제들은 제국을 가능한 한 최상의 방식으로 다스리는 일에 관심을 가졌기에, 또한 그들은 어떠한 업무도 올바른 길에서 벗어나지 않도록 하기 위해 〔이미〕 입증된 것만을 지시했기 때문이다. 그렇기 때문에 그들 중 어느 누구도 자신의 후계자가 자신과 똑같이 생각하고 그러한 노력을 할 정도로 성숙했다는 확신이 없었다면, 그들이 추구한 목적에 도달하는 것은 불가능했을 것이다.

---

32 같은 책, S. XX.

33 이 책, 「볼프의 주석」, 11 참조.

9) 황제(黃帝)[34]는 복희와 신농에 의해 나라가 공고해진 기원전 2697년에 나라를 다스리기 시작했다. 그리고 그는 창립자들이 걸어온 길을 따라 학문, 예술, 사업의 성장에 관심을 쏟았다. 그는 12세에 제후 중에서 황제로 선출이 되었고, 100년 동안 다스렸다.

10) 중국인의 다섯 번째 황제 요는 기원전 2357년에 통치하기 시작했다. 소호(少昊, Xao hao), 전욱(顓頊, Chuen hio), 제곡(帝嚳, Ti co)은 기원전 2597년부터 제곡이 죽은 2365년에까지 나라의 정상에 있었다. 그들은 한시도 잊지 않고 국가의 개선을 위해 노력했다. 소호는 도시들을 세워 성(城)을 둘러쌓았고, 전욱은 먼 고대에 이미 달력을 도입했으며, 제곡은 백성의 교화를 위해 공공의 교사들을 임명했고 상호적 일치와 덕을 향한 노력을 촉진하기 위해 성악(Musica vocalis)을 도입했다. 그러나 요 임금은 전임자들이 최상으로 기초를 잡아놓았던 국가를 최상의 법으로 확고하게 만들기 위해 아주 특별한 노력을 기울였다. 그는 여섯 개의 최고 부서〔육부六部〕— 이 부서들은 지금도 존속한다 — 의 기초자이며, 입법자로서 그는 다섯 종류의 형벌〔오형五刑〕*을 도입했고, 이로써 거만하고 고집 센 자들이 범죄를 저지르는 즐거움을 삼가게 되었다. 이에 대해서는 「중국 황조 편년사 연표」 2, 3쪽[35]을 보라. 여기서 이들이 최상으로 해결해놓은 다른 일들은 언급하지 않고 넘어가고자 한다.

---

34 Couplet, *Tab. chron.*, S. 1f.

* '육부'는 이부, 호부, 예부, 병부, 형부, 공부이며, 명대(明代)에도 존재했다. '오형'은 묵형(墨刑: 이마에 먹물로 글자를 새기는 형벌), 의형(劓刑: 코를 베는 형벌), 비형(剕刑: 발뒤꿈치를 자르는 형벌), 궁형(宮刑: 생식기를 자르는 형벌), 대벽(大辟: 목을 매어 죽이는 형벌)을 말한다. 요 임금은 오형에 해당하는 죄를 지은 사람을 유배형으로 낮추어 처리했다고 한다.

35 같은 책, S. 2f.

11) 요는 자신과 비슷한 후계자가 필요하다는 것을 아주 잘 알고 있었기에, 효행으로 최고의 명성을 얻은 순을 농사짓는 데서 불러내어 우선 수령직에 앉혔다. 그는 3년 동안 제한 없이 시험을 해서 순의 정신적 특성과 빛나는 재능을 알고 난 후에, 그를 〔자신과 함께 나라의〕 공동 통치자로 임명함과 동시에 자신의 후계자로 지명했다. 순은 요의 모범을 따랐으며, 거기에 필요한 더 많은 법칙을 추가했다. 중국 제국의 설립자이자 초대 황제들은 법을 성급하게 선포하지 않았다. 결코 그들은 여러 측면에서 검증되지 않은 것은 규정하지 않았다. 그렇기 때문에 입법자들은 법 밖에 서 있으려 하지 않았고, 오히려 법을 신하들에게 명령하기 이전에 먼저 자신의 행위 규범으로 만들었다. 그래서 중국 최초의 입법자인 요와 순은 이후 모든 제후의 규범이자 모범이 되었고 오늘날까지 〔중국인들에게〕 존경을 받고 있다. 공자는 주로 그들의 격언과 행위에 근거해서 자기의 철학을 세웠다. 이에 대해서는 「중국 황조 편년사 연표」 3쪽[36]과 「공자의 생애」 120쪽[37]을 보라.

12) 하(夏)·상(商)·주(周), 이 가문(Familia)들은 — 이들의 계보도(「중국 세 황가 계보 도표」)[38]를 쿠플레는 주석을 달아 묘사했다 — 통치 기간이나 나라를 관리하는 데서 그들이 느낀 행복이나 그들의 덕에 대한 칭송에서 그들 이후의 모든 가문을 현저하게 능가했다. 이에 대해서는 「중국 세 황가 계보 도표」 8쪽[39]을 참조하라. 하·상·주의 황제들은 통치나 법을 그들이 도달했던 최상의 완전성에 이르

36 같은 책, S. 3f.

37 Couplet, *Vita*, S. CXX.

38 Couplet, *Tab. gen.*

39 같은 책, S. 8.

게 했음을 나는 노엘(주석 6)*에 근거해서 주장했다. 그리고 「중국 황조 편년사 연표」에서도 그것을 강화해주는 주장들이 발견된다.[40] 하 가문은 —'대인'(大人)이라는 별명이 붙은— 우(禹, Yu)를 세웠다. 그는 전욱의 제5대손으로 자기 자식들을 물리친 순에 의해 후계자로 선정되었다. 이 가문은 기원전 2207년부터 기원전 1766년까지 다스렸다. 계보상 최초의 황제인 황제(Huang-ti)의 17번째 후손인 성탕(成湯, Chim tam)〔탕왕(湯王)의 다른 이름〕은 두 번째 가문인 상나라를 세웠다. 이 가문은 상나라를 기원전 1121년까지 지배했다. 기원전 254년까지 제국을 대표했던 세 번째 가문의 기원자는 무왕(武王, Vu vam)이다. 하 가문에서는 하 왕조의 건설자인 우왕과 더불어 소강(少康, Xao cam)이 뛰어났다. 상 가문에서는 〔가문의〕 정초자인 성탕 이외에도 태갑(太甲, Tai kia), 조을(祖乙, Zu ye), 반경(盤庚, Puon kem)과 특히 무정(武丁, Vu tim)이 뛰어났다. 세 번째 가문에서는 〔가문의〕 건설자인 무왕(武王, Vu vam)과 나란히 성왕(成王, Chim vam), 강왕(康王, Cam vam), 선왕(宣王, Siuen vam), 영왕(靈王, Lim vam)이 뛰어났다. 이들의 탁월한 행위는 선임자들의 패악한 통치로 엄청나게 쇠퇴했던 국가의 회복에서 나타났다.

13) 제국의 첫 번째 건설자인 복희부터 황제 가문의 시조에 이르기까지 745년[41]이 흘렀다. 이 시간은 제국의 질서와 안정을 위해 사용되었으며, 아무것도 성급하게 결정되지 않았다. 그러나 황제들이 오랫동안 살았던 것과 〔그들의〕 후계자를 임명한 것이 가장 큰 도움이

---

* 이하 '주석'은 '볼프의 주석'을 가리킨다.

40 Couplet, *Tab. chron.*, S. 4~11, 13.

41 (754년이라는 인쇄 오류 대신에) 745년이라는 수는 2952년(주석 7)과 2207년(주석 12) 사이의 차이에서 나온다.

되었다. 황제들은 후계자들이 앞서 언급한 노력으로 성장했다는 것을 알고 있었다. 그러나 제국이 안정된 후, 우왕의 아들 계(啓, Ti ki)가 선대 황제가 지목한 후계자로 여겨지지 못한 채 제후들에 의해 선택되고 이로써 세습적 후계가 도입되었을 때, 수많은 황제는 이전의 관습에서 벗어났고 백성들은 그들의 사례를 따랐다. 「중국 황조 편년사 연표」 4쪽[42]에 나오는 계의 아들 태강(太康, Tai cam)은 방탕과 사냥에 빠져 국사(國事)를 등한시했다. 타락한 상(相, Ti siam)은 제국의 통치를 제후 예(羿, Y)에게 넘겨주었고, 예는 한착(寒浞, Hanzo)에게 넘겨주었다. 결국 예는 한착에 의해 죽임을 당했다. 괴(槐, Ti hoay)는 게으름에 빠지고 방탕해져 신하들의 뜻대로 정사를 맡겨버렸다. 근(廑, Ti kin), 공갑(孔甲, Cum kia), 고(皐, Ti cao)도 같은 태도를 보였다. 그리고 걸(桀, Kie)은 방종한 데다 잔인한 하 왕조의 마지막 왕이었다. 두 번째 가문〔상〕이 통치했을 때, 소신(小辛, Siao sin)도 마찬가지로 방탕해지고 방종해졌다. 그의 동생 소을(小乙, Siao ye)도 더 나은 태도를 지니지 못했다. 조갑(祖甲, Zu kia)과 그의 아들 늠신(廩辛, Lin sin)은 아주 흉악했다. 무을(武乙, Vu ye)은 신성모독을 한 독신자(瀆神者)이자 사악한 자다. 그리고 주(紂, Cheu)는 사치를 즐기며, 잔인한 행위를 저지른 자다. 그는 상 왕조의 마지막 왕이다. 세 번째 가문〔주〕의 제4대 황제인 소왕(昭王, Chao vam)은 사냥에 빠져 국사를 게을리했다. 〔제7대〕 의왕(懿王, Ye vam)도 나랏일에 전혀 신경을 쓰지 않았다. 〔제10대〕 여왕(厲王, Li vam)은 잔인하고 교만하며 사치스러워서, 성난 백성이 휘두르는 손에 맞지 않기 위해 피신을 해야만 했다. 유왕(幽王, Yeu vam)도 방종하고 향락

42 같은 책, S. 4.

을 쫓는 군주였다. 곧이어 내적 분열에 의해 국가 체제가 쇠약해졌다. 간왕(簡王, Kien vam)의 지배 아래 여러 학파가 생겨났고, 이 학파들에 의해 윤리가 무너졌다. 묵자(墨子, Me)는 중국인들이 현명한 방식으로 수립했던 의무의 단계들을 무시하고, 모든 사람이 부모와 관련해서도 결코 차별 없이 동일하게 사랑을 받아야만 한다고 가르쳤다. 그러나 양주(楊朱, Yam)[43]는 자기 자신만 돌보면 된다고 주장했다. 그리고 이런 시대에 공자가 태어났다.* 이에 대해서는 「중국 황조 편년사 연표」 5~13쪽[44]을 보라. 여기에 황제의 도덕과 행위가 간략하게 나와 있다. 지금 내 앞에 중국인들의 편년사들이 주어진다면, 내가 노엘에 근거해 이 연설 속에서 보고했던 모든 것을 사례들을 가지고 해명할 수 있다는 점을 나는 의심하지 않는다.

---

43 쿠플레는 여기서(*Tab. chron.*, S. 13) 묵자(Forke, Bd. 1, S. 368ff.; Fung, Bd. 1, S. 76ff.)의 획일주의와 양주(Forke, Bd. 1, S. 356~67; Fung, Bd. 1, S. 133~43)의 이기주의를 비난하는 맹자의 비판을 소개한다. 예를 들어, Wilhelm, *Mong Dsi*, S. 70과 Forke, Bd. 1, S. 359, 391 참조.

* 공자는 생몰년이 기원전 551경~기원전 479년으로 묵자(기원전 479경~기원전 381경)와 양주(기원전 440경~기원전 360경)보다 훨씬 앞서서 태어났다. 주 간왕은 생년은 미상이나 재위 기간은 기원전 585~기원전 572년경이라 오히려 공자보다 앞사람이다. 이 책, 「볼프의 주석」, 13에 따르면, 간왕과 비슷한 시기에 묵자와 양주가 태어나 활동한 것으로 되어 있고, 공자를 그 시기에 태어난 것으로 서술하고 있다. 이는 쿠플레의 「중국 황조 편년사 연표」 속 간왕을 짤막하게 소개하는 곳에서 묵자와 양주가 나오는 것을 볼프가 그대로 옮겨 쓴 것으로 보인다. "… Circa haec tempora haereses orte, Yam & Me. Hic docet omnes aequaliter amandos, nullo ne parentum quidem discrimine: Yam curam sui dumtaxat habendam, ne Regis quidem ratione habita"(대략 이 시대에는 양주와 묵자 같은 학파들이 생겨났다. 묵자는 부모까지 구분하지 않고 모든 사람이 똑같이 사랑할 것을 가르친다. 양주는 자기 자신만을 돌보아야만 하며, 왕이라는 관점에서도 그렇게 해야 한다고 주장한다). 공자보다는 오히려 맹자(기원전 372경~기원전 289)가 묵자와 양주학파가 활동하던 시기에 가깝고, 묵자와 양주를 비판했다. 『맹자』(孟子), 「진심 상」(盡心 上) 참조.

44 Couplet, *Tab. chron.*, S. 4~6, 8~11, 13.

14) 쿠플레는 공자의 생애를 설명하면서 그것을 「중국의 학문」 앞부분인 117쪽과 그 이하[45]에 실어놓았다. 공자는 기원전 551년에 산동(山東, Xan tum) 지방에서 태어났다. 그의 아버지는 추(鄒, Ceu)나라의 관리이며 70세의 남자로, 공자가 3세 때 여읜 숙량흘(叔梁紇, Xo leam He)이었다. 공자는 6세 때 모든 어린이의 놀이를 이미 멀리했고, 15세 때부터 독서와 사색에 몰두했다(주석 5 참조). 그는 공적인 관례를 배운 후에, 19세 또는 20세에 혼인하여 이듬해에 아들을 낳았지만, 이 아들은 아버지보다 먼저 세상을 떠났다. 여러 곳에서 그는 최고의 칭송과 함께 국가 관직을 임명받았다. 공자는 여러 사람에게 생명을 위협당하면서도, 그리고 자주 지독한 가난에 시달리면서도 지치지 않고 자신의 가르침을 널리 전파하려 노력했다. 신중함(gravitas), 자기절제(animi moderatio), 성실함, 침착함, 지극한 온순함, 부와 명예에 대한 경시, 자신의 가르침을 전파하려는 끊임없는 노력, 주목할 만한 진정한 겸손, 실수를 고치기 위한 각성과 같은 공자의 덕에 대한 칭송이 높았다. 그는 7일 동안 의식불명의 상태에 있다가 73세의 나이로 세상을 떠났다. 그의 외모는 키는 크나 말랐으며, 얼굴은 넓고, 눈은 매우 크고, 목소리는 천둥이 울리는 것처럼 깊었다.

15) 공자의 가르침을 담고 있으며 그의 여러 행위를 전해주는 고전들이 그의 덕들을 알려준다. 여기서 내가 그것에 대해 설명하고 자료들을 가지고 입증하기는 너무 무리한 일이다. 아마도 또 다른 시기에 이 텍스트를 보다 더 알맞게 완성할 기회가 생길 수도 있을 것이다.

16) 쇠퇴한 중국을 다시 일으켜 세우라고 공자가 신적 섭리에 의해 중

---

45 Couplet, *Vita*, S. CXVIIf., CXXf.

국인들에게 보내졌다고 나는 망설이지 않고 확언할 수 있다. 『신, 세계 그리고 인간 영혼 및 모든 사물 일반에 대한 합리적 사상』의 우주론[46*]에 대한 장에서 나는 세계의 모든 것은 작용인(作用因)뿐만 아니라 목적인(目的因)에 의해서도 서로 결합되어 있음을 보여주었다. 그리고 자연신학[47]에서 나는 신이 다시 이것〔목적인〕에 따라서, 피조물의 죄에 의해서 생겨난 악도 신이 기뻐하는 최상의 지혜에 따라 선한 목적으로 조종할 수 있음을 증명했다. 신은 그가 허락하지 않았었더라도, 그것을 용납했다. 공자는 정확하게 황제와 백성의 타락한 윤리가 제국의 몰락을 위협하고, 양주와 묵자가 실천철학의 토대를 망쳐놓고 나쁜 윤리에 따른 가르침을 퍼뜨릴 때 태어났다(주석 13). 나는 부수적 원인으로부터 계속해서 올라가면서 제일의 원인을 찾았고, 현명하게도 사물들이 서로 연결되어 있는 것을 보고 즐거움을 느껴왔다. 그래서 나는 이 사람〔공자〕의 탄생을 신적 섭리의 작용으로 경탄해 마지않는다. 그는 시대의 정신이 복구자에게 요구할 수 있는 모든 정신적 재능을 가진 사람이다.

17) 공자는 중국인들의 첫 번째 황제인 황제의 직계 후손이다. 이 황제로부터 우리가 이전에 언급했던 세 황제 가문이 기원한다(주석 12). 이것은 최초의 세 황제 가문의 「중국 세 황가 계보 도표」와 특히 두 번째 가문인 상의 표 4쪽에 나온다. 쿠플레는 5쪽에 있는 이 표의

---

46 *Deutsche Metaphysik*=WW I, Bd. 2, S. 62f., 632ff.; §120, 1026ff. 이 책, 135쪽의 독역자 주 9도 참조.

* 연설에서 볼프가 언급한 자신의 저술 제목은 실제 그의 저술 제목과 약간의 차이가 있다.

47 같은 책, S. 650ff., §1056ff., 그리고 *Anmerkungen zur Deutschen Metaphysik*=WW I, Bd. 3, S. 646ff., §407ff. 참조.

주[48]에서 공자의 아들과 우리 시대까지 내려오는 그의 후손들이 가문의 영광을 유지해왔다고 말한다. 쿠플레가 이것을 쓴 1683년에 공자 가문의 67대손[49]이 제후의 명칭을 가지고 공자의 고향인 산동(山東) 곡부(曲阜, Kio feu)에서 거주했다. 그리고 「공자의 생애」 118쪽[50]에서 쿠플레는 공자의 가문이 후손이 끊이지 않은 채 엄청난 부와 명성과 함께 이 시대에까지 존속해왔음을 보여준다. 「중국 황조 편년사 연표」에 따르면, 공자의 아버지를 빛냈던 관직의 품계는 황제가 자기의 아들과 형제에게만 부여하는 고상한 품계로 높여졌다. 그렇지만 공자는 그가 유익할 것이라고 생각했던 바를 명령할 수 있는 —복희, 요, 순과 같이— 나라를 지배할 권한을 가지고 있지 못했다.

18) 공자는 다른 역할보다 스승의 역할을 다하기 위해 온 힘을 쏟았다. 그래서 그는 관료의 옷을 입었을 때도, 〔자신이〕 극복할 수 없는 장애물이 존재하는 것을 알게 되면 그 직을 스스로 몇 번이나 내려놓았다. 그렇기 때문에 국사(國事)를 돌보는 데 그렇게 뛰어나지 않았다. 대신 국가에 매우 유익한 가르침을 보급할 수 있었다. 이에 대해 눈에 띄는 사례를 쿠플레는 「공자의 생애」 118쪽[51]에서 알려준다. 그것은 왕이 쾌락에 자신을 내맡기는 동안, 공자가 노(魯)나라에서 국가 관리를 맡아볼 때 있었던 일이다.

---

48 Couplet, *Tab. gen.*. S. 4f.

49 Wilhelm, *Lun Yü*(Jena 1910). 초판 표제의 뒷면에는 1910년에도 아직 살아 있던 공자의 73대 후손 연성공(衍聖公) S.K.H. 공경용(孔慶鎔, 1787~1841)에 대한 언급이 있다.

50 Couplet, *Vita*, S. CXVIII.

51 같은 곳.

19) 중국인들이 편년사[52] 기록에 보여준 노력은 아주 특별하다. 쿠플레는 「서론적 해설」의 제2부 제4장 69쪽[53]에서 사관(史官)은 황제가 직접 뽑았다고 알려주고 있다. 사관들에게는 그 시대에 일어난 모든 사건을 편년사에 기록하는 임무가 맡겨졌다. 그러나 사관들은 사실을 기록함에 —보상을 받는다는 희망이나 벌에 대한 두려움 같은— 감정에 전혀 휘둘리지 않아야 했기에 〔당대의〕 지배자가 죽기 전까지는 그 편년사를 공개하지 못하도록 아주 현명한 방식으로 보전해왔다. 그러기에 중국의 편년사는 아주 특별하게 믿을 만하다. 또한 같은 이유에서 중국인들에게서 그것의 명성은 매우 대단하다. 그리고 이 편년사가 보통 우리에게 잘 알려진 계산과 정확하게 일치하지 않다고 했을 때, 쿠플레는 앞에서 말한 이유에 근거해 중국의 건국에서부터 시작되는 편년사의 신뢰성을 방어했다. 중국인들이 아주 명백하게 여기고 있는 것을 의심하면, 중국인들에게 기독교를 전파하는 일에 그것이 얼마나 방해가 되는지를 선교사들은 알게 되었다. 이외에도 우리가 칭찬해 마지않는, 중국인들이 아주 세심하게 작성한 편년사는 도덕과 국가의 가르침에 기여한다. 왜냐하면 그 편년사를 통해 사실과 사건들이 어떻게 연관되었는가를 아주 뛰어난 방식으로 인식할 수 있기 때문이다. 반면에 우리는 이 연관을 보통의 역사서에서는 기껏해야 추측에 의해 파악할 수

52 Michael Loewe, *Das China der Kaiser. Die historischen Grundlagen des modernen China*, Wien/Berlin 1966, S. 333ff.; Georg[!] Wilhelm Leibniz, *Das Neueste von China (1697). Novissima Sinica*, hrsg. von Heinz-Günther Nesselrath und Hermann Reinbothe(Deutsche China-Gesellschaft, Schriftenreihe Nr. 2), Köln 1979, S. 45f. 참조; *Cambridge Encyclopedia*, S. 360~62.

53 Couplet, *Pr. Decl.*, S. LXIX.

있다. 그러기에 도덕과 국가의 가르침을 위해 진력한 공자가 어째서 그렇게 많은 정성과 노력을 들여 과거의 편년사를 공부했는가를 알 수 있다. 덧붙여 말하면, 특히 복희·신농·황제·소호·전욱·제곡이 제국을 건설하고 확고하게 만들었으며, 덕과 완전한 치국(治國)에 대해 뛰어난 모범을 보여준 요와 순[54]이 있었기에, 사람들은 그들의 행동에 근거해 도덕철학 및 국가철학에서 가장 뛰어난 발달을 이룰 수 있었다. 특히 이 점은 우리가 실천할 수 없는 교리를 고집하지 않는 사람에게 중요하다.

20) 쿠플레는 「공자의 생애」 119쪽[55]에서 철학자*에 대해 다음과 같이 기록해놓았다. "**그는 자신이 글로 또는 말로 가르친 것을 먼저 자기의 품행과 삶을 통해 보여주었다. 이에 대한 훌륭한 증거를 공자의 학교를 다녔던 수많은 유명한 사람과 사소한 것이라도 공자가 행하고 말한 그 모든 것을 목격자로서 후대에 전해준 수많은 사람이 제공해줄 수 있다.**" 선교사들이 유럽인들에게 공자의 생애에 대한 완전한 서술을 숨기지 않고 알려주고자 했다면, 그들은 수고할 가치가 있는 일을 한 것이다. 다시 말해, 공자의 행동과 발언들을 완전하게 제공해주는 공자의 생애는 도덕과 국가의 가르침을 위한 보고로서 간주될 수 있을 것이다. 이는 고대 그리스 철학이 우리에게 전해준 것과 비교될 수 없다. 공자의 삶과 관련한 많은 것은 〔중국의〕 고전들에서 취할 수 있다.

21) 앞에서 언급한 주석 5를 보라. 덧붙이면, 「공자의 생애」 120쪽[56]에서 말하기를, 공자는 자신이 태어날 때부터 지혜를 가지고 태어났

---

54 이 책, 「볼프의 주석」, 7~11 참조.

55 Couplet, *Vita*, S. CXIX.

* 공자. 이하의 주에서 특별한 언급이 없는 한 철학자는 공자를 말한다.

56 같은 책, S. CXX. 앞의 S. 179, Z. 228ff.도 참조.

다고 몇몇 사람이 주장하는 것을 듣기 싫어했다. 반면에 그는 그 자신의 가르침을 알리는 것이 아니라 옛사람들, 특히 그가 다른 사람들보다 높이 평가한 요와 순 같은 황제들의 가르침을 알리는 것이라고 거리낌 없이 고백했다.

22) 철학자(공자)가 옛것을 검증되기 전에 무시하지 않고 실험을 통해 검증한 후, 그것을 제자들에게 제시한 것은 칭송받아야 한다. 중국인들의 성향과 도덕을 고려해보면, 그 일에 대한 더 많은 특별한 이유가 제시될 수 있다. 연륜은 중국인들에게 커다란 가치가 있다. 제국의 건설자와 입법자는 중국인들에게 커다란 명망을 누린다. 새것은 옛것과 일치할 경우에 한해서 허용된다. 여러 차례에 걸친 실험에 의해 확보된 신뢰성에 근거하는 일이 그 확실성을 보완하기 위해 또 다른 검증을 하는 것보다 중국인들에게는 더 커다란 힘을 갖는 것처럼 보인다. 철학하는 자유[57]라는 구실 아래 중국인의 품성과 완전히 역행하는 풍속(mores)이 우리 안에 자리 잡게 된 것에 대해 나는 비통한 심정이다. 이 철학적 풍속은 단지 새로운 것이 아니기에 과거를 무시하고, 과거의 것을 검증도 하기 전에 초보자의 조롱에 내맡기게 하기 때문이다. 그리고 지금 모든 젊은이가 설익은 채로 그 자리에서 즉시 한 가지씩 새로운 철학을 만들어 가능한 한 빨리 스승의 계열로 들어가려고 하기 때문이다. 어쨌든 옛것이 효용이 있는지에 대해 결정을 내리기 전에 그것을 신중히 검토하는 공자의 원리가 마음에 든다. 공자의 원리는 올바르다고 생각되는 것

57 특히 베네딕투스 데 스피노자(Benedictus de Spinoza)의 『신학정치론』(*Tractatus theologico-politicus*, 1670) 이래 많이 논의되었던 주제이다. 일례로 *Ausführliche Nachricht*=WW I, Bd. 9, S. 124ff., §38ff.; *Discursus*=WW II, Bd. 1.1, S. 79ff., §151ff. 참조.

은 버리지 않고 오히려 보존하고 명심하게 하는 것이다. 그리고 새 것은 그것이 과거의 진리와 일치한다고 생각될 때에만 허용된다. 우리가 그들의 철학 방법 또는 사실 자체를 관찰하든 말든, 철학은 지속적으로 갱신되는 것이 아니라 개선되고 계속해서 완전해져야 하는 것이다. 이 원리는 수학자들을 북돋아주는 것이며, 또한 왜 수학 분야가 지속적 성장을 해야 하는가에 대한 이유이기도 하다.

23) [원주 24] 쿠플레는 「공자의 생애」 119쪽[58]에서 이렇게 알려준다. 철학자는 "지극히 겸허한 마음을 지니고 있어 자신이나 자기의 일에 대해 매우 겸손하게 말했다. 그뿐만 아니라 겸손을 넘어서 자신이 공부에 열심을 다하지 않았고 또한 가르침에도 꾸준하지 않았으며, 자신의 잘못을 고침에 충분한 주의를 기울이지 않았을 뿐만 아니라 덕을 향한 노력과 덕의 실행에 힘쓰지 못했다고 공개적으로 자신을 책망하기도 했다." 그는 자신의 가르침에 대한 어떤 칭송도 추구하지 않았기에 자신이 그가 전파하는 가르침의 근원자가 아님을 공개적으로 천명했다(주석 5). 그는 남에게 가르침을 심어주기 전에 자신의 품행을 통해서 자신이 가르쳐온 것을 보여주고자 노력했다는 점도 〔공자의〕 같은 점을 증명해준다(주석 20). 여기에는 야만적이고 미개한 민족이 덕의 가치를 판단할 수 없다고 할지라도, 그 민족들 사이에서도 덕을 향한 노력은 결코 한순간도 포기해서는 안 된다고 열렬하게 그가 가르치게 될 것도 속한다. 「중국의 학문」 제3권, 제7부, 95쪽[59]을 보라. 여기에서는 내가 글을 간략하게 하기

58 Couplet, *Vita*, S. CXIXf.

59 Couplet, *Lib. III b.*, S. 95(Buch XIII, 19).—Legge, Bd. 1, S. 271.—Wilhelm, *Lun Yü*, S. 142.—Stange, S. 126.

위해 그냥 지나가야 하는 다른 것들도 있다. 단지 여기서 한 가지 내가 추가할 것은 공자는 부당한 칭송을 듣는 것을 좋아하지 않았기에, 자신이 완전하고 완성된 덕의 단계에 도달할 수 있음을 분명하게 부인했다는 점이다. 쿠플레의 「공자의 생애」 120쪽[60]을 보라.

24) [원주 25] 공자는 황제 가문의 후손(주석 17)이라서 나라의 높은 관직에 올라 즐겁게 자신의 생애를 보내는 일이 어렵지 않았을 것이다. 쿠플레가 「공자의 생애」 118쪽[61]에서 보고하는 것처럼 실제로 그는 몇 번에 걸쳐 커다란 공로로 관직을 맡아 행한 적이 있었다. 그러나 이는 그가 공익을 위한 노력에서, 그리고 자신의 가르침을 전파할 수 있다는 희망에서 그렇게 한 것이었다. 그는 제거되어야만 하는 장애물에 대해 〔자신이〕 어떻게 할 수 없게 되고, 자신이 설정했던 목적을 도달할 수 없을 때에는 관직을 스스로 내려놓았다. 물론 쿠플레는 바로 그 118쪽에서 아주 믿을 만한 중국의 편년사에 근거해서(주석 19) 다음과 같이 증언한다. "보다 유익한 가르침을 온 나라에 전파하기 위한 그의 열정적이고 지치지 않는 노력은 〔그가〕 마지막 숨을 거둘 때까지 계속되었다." 그리고 그는 "자신의 열정이 자기 조국의 경계에 의해 고통스럽게 제한되었기에, 배를 타고 바다로 나가 멀리 떨어진 나라들로 여행하고 싶다는 의도를 거듭해서 나타냈다."[62] 공자가 진정한 애정을 가지고 자기 민족의 행복에 마음을 썼다는 것이 충분히 납득되지 않는 사람은 중국의 고전에서 볼 수 있는 공자의 다른 많은 격언과 행동을 주목해서 계속

60 Couplet, *Vita*, S. CXX.

61 같은 책, S. CXVIII(이 이하의 것도 참조).

62 주석 153과 비교. 이 책, 350쪽을 보라.

공부하라. 그것이 나에게는 자기 민족에 대한 공자의 진정한 애착을 확신시켜줄 뿐만 아니라 공자가 그 자신의 민족에 대해 가진 정신적 태도를 전체 인류에 대해서도 똑같이 가지고 있었음을 증명해준다. 특히 중국인들이 중국 이외의 모든 민족은 야만인이며 진리의 빛을 모두 결여하고 있다고 생각한다는 점을 고려할 때, 공자의 태도는 먼 나라로 여행을 가고자 했던 철학자의 의도를 충분하고도 확실하게 알려준다(주석 2).

25) [원주 23] 철학자의 발언들은 그의 예리한 판단력을 보여준다. 얼핏 보면 같지 않은 것 속에서 같은 것들을 끄집어내는 그의 비유적이고 예리한 발언들은 명민함과 연결된 그의 타고난 재능(ingenium)[63]을 보여준다. 타고난 재능이란, 내가 다른 곳에서 언급한 것처럼 유사성을 볼 수 있는 안목이라 할 수 있다. 눈에 띄지 않고 오히려 감추어진 것을 찾아내는 정신의 판단력에만 유사성이 보일 때, 그 재능은 항상 명민함과 연결되는 것이다. 그러나 이 재능이 명민함과 결합된 것이라 한다면, 거기에 예리한 판단력이 빠질 수 없다. 아래 여러 곳에서 공자의 판단력과 재능에 대한 사례가 제시될 것이다. 그 사례들에 만족할 수 없는 사람은 노엘의 『중국 제국의 고전들』(*Libros Classico imperii Sinensis*〔『중화제국 6대 경전』〕)을 직접 연구하거나 그 책이 없다면 선교사들의 『중국인의 철학자, 공자』(주석 1)를 읽어보기 바란다.

---

63 *Deutsche Metaphysik*=WW I, Bd. 2, S. 223, 532ff.; §366, 858ff.; *Anmerkungen zur Deutschen Metaphysik*=WW I, Bd. 3, S. 528f., §320. — 칸트는 'Ingenium'을 '기지'(Witz)로 번역했다. 이에 대해서는 예를 들어 Cornelis-Anthonie van Peursen, "Ars inveniendi im Rahmen der Metaphysik Christian Wolffs. Die Rolle der ars inveniendi", in *Wolff-Interpretationen*, S. 66~88; S. 74f. 참조.

26) 공자 제자의 수는 우리에게도 잘 알려져 있는 대로 중국 고전에 나와 있다. 쿠플레는 「공자의 생애」 119쪽[64]에서 덧붙여 말하기를, 이 제자 가운데에는 여러 나라에서 관직을 맡았던 500명이 있었다고 한다. 그러나 덕과 학식이 뛰어났던 제자는 72명이었으며, 그 가운데서도 특히 10명*을 가려 뽑을 수 있다.

27) [원주 28] 성경에 의하면, 모세가 유대인들에게 도덕의 가르침뿐만 아니라 시민법도 전달해주었고, 그 외에도 신이 옛날에 계약을 맺으면서 받기 원했던 제식도 전달해주었다는 것은 확실하다. 그렇기 때문에 유대인들은 모세를 그들의 스승으로서, 게다가 그의 발언이나 행동에 비추어 모든 일을 마무리 지을 수 있는 유일하고도 틀림이 없는 스승으로서 믿었기에, 그들이 모세와 다른 것을 가르치려는 사람에게는 전혀 귀를 기울이려 하지 않았다는 것은 확실하다. 내가 볼 때, 이런 점에서 중국인들은 유대인들과 일치한다. 그러므로 정확하게 중국인들에게 공자는 유대인들에게 모세와 같은 존재라고 내가 주장했을 때, 〔이는〕 진리에서 벗어난 것이 아니었다. 다시 말해, 두 민족은 자신들의 스승이 자신들에게 어떻게 올바르게 살 것인가라는 규범을 전달해주었다고 믿었다. 그러기에 두 민족은 자신들의 스승이 한 발언과 행동에 대해 아무것도 비난할 수 없었고, 그것과 다른 어떤 것을 제시하는 사람들에게 귀를 기울이지 않았다. 유대인들과 중국인들의 태도는 동일한 것이다. 여기서 나는

64 Couplet, *Vita*, S. CXIX.

* 공문십철(孔門十哲). 공자의 제자 가운데 특히 학덕 등이 뛰어났던 10명으로 안회(顏回), 민자건(閔子騫), 염백우(冉伯牛), 중궁(仲弓), 재아(宰我), 자공(子貢), 염유(冉有), 계로(季路), 자유(子遊), 자하(子夏)를 이른다. 사과십철(四科十哲)이라고도 한다. 사과는 유학의 네 학과인 덕행, 언어, 정사(政事), 문학을 말한다.

태도에 대해 말하는 것이지 그들의 권능에 대해 말하는 것이 아니다. 중국인들의 태도를 나는 유대인들의 태도와 비교를 했으며, 두 태도는 동일하다고 믿었다. 그러나 나는 공자를 모세와 또는 공자의 가르침과 행위를 모세의 가르침과 행위와 비교하지 않았다. 하물며 중국인들에 대한 공자의 명망이 유대인들에 대한 모세의 명망과 같은 권능을 가졌다고 주장하지 않았다. 내가 묻건대, 누가 시력이 그렇게 흐릿해 이것을 보지 못하는가?

28) [원주 29] 터키인들은 무함마드를 최후의, 그리고 가장 뛰어난 신의 사자라고 여긴다. 그들은 그가 오류와 죄에서 자유롭다고 말한다. 그들은 그가 자기 시대 이전에 존재했던 모든 법을 폐지했다고 설명한다. 또한 그들은 아담, 노아, 모세 그리고 그리스도까지 모든 예언자가 무함마드와 같은 종교를 가졌다고 말한다. 그들은 그들의 교리가 서로 간에 다른 것은 문제가 되지 않는다고 말한다. 더욱이 그들은 코란이 신에 의해 하늘에서 무함마드에게 내려온 것이라며, 코란을 부정하거나 코란의 말씀 중 하나라도 의심하는 자는 불신자로 간주되어야만 한다고 주장한다. 왜냐하면 그들은 코란에서 아무것도 더하거나 덜 수 없도록 코란을 돌보리라고 신이 약속했다고 믿고 있기 때문이다. 아랍 문헌의 탁월한 전문가인 하드리아누스 렐란두스(Hadrianus Relandus)의 『무함마드의 종교론』 25, 27, 31, 37, 149쪽[65]을 보라. 그러므로 중국인이 공자의 말씀과 행위에 대해 하는 것처럼 터키인들도 무함마드가 유일하고 오류가 없는 스승으

65 Adrian Reeland(Hadriani Relandi), *De religione mohammedica libri duo*, Utrecht ^{2}1717 (^{1}1705). 볼프는 여기서 다음의 순서대로 인용한다. S. 37, 31, 149, 31, Index rerum v. Alcoran, 25, 27, 27 Anm.

로 믿으며, 그의 말씀과 행위에 대해 똑같은 존경을 표한다는 것은 분명한 사실이다. 여기서 나는 중국인들의 태도와 터키인들의 태도를 비교하면서 그것은 동일한 것이라고 주장하지만, 어떤 경우에도 무함마드와 공자를 비교하거나 또는 무함마드의 가르침과 행위를 공자의 가르침과 행위와 비교하지 않는다.

29) [원주 27] 오늘날에도 중국인들이 공자에 대해 바치는 존경이 매우 크다는 것은 이론의 여지 없이 확실하다. 쿠플레는 「서론적 해설」 13쪽[66]에서 다음과 같이 언급한다. "중국이 공자에게 바쳤던 것과 같은 신망과 존경을 유럽의 어떤 철학자도 받지 못했으며, 그와 같은 신망과 존경을 고대 델포이 아폴론 신전의 신탁도 받지 못했다." 그는 덧붙여 말하기를, 철학자는 중국의 인접한 여러 나라에서도 동일한 존경을 받고 있다고 한다. 「공자의 생애」 121쪽[67]에서 그는 다음처럼 보고한다. "소도시마다, 그리고 큰 도시마다 그를 기리는 학교가 세워졌고 그에게 바쳐졌다. 그 학교 문 앞을 지날 때마다 관직을 맡은 학자 계층 사람들은 일반 백성들처럼 존경하는 마음으로 높고 화려한 가마에서 내려 가던 길을 걸어서 지나간다." 또한 쿠플레는, 학교의 문에는 굵직한 금박 글자 현판이 걸려 있었다고 한다. 그것은 "위대한 스승, 학자들의 고귀한 왕이자 성인에게 바침" 등의 글귀였다. 한(漢), 수(隨), 당(唐), 송(宋), 원(元)의 황제들은 철학자〔공자〕에게 거의 "인간이 받을 수 있는 모든 칭송"을 했다. 또한 쿠플레는 공언하기를, 중국인들은 공자에 대한 칭송문 및 공자의 제자들 이름이 새겨진 현판 앞을 지날 때 무릎을 구부렸다고 한다.

66 Couplet, *Pr. Decl.*, S. XIII.

67 Couplet, *Vita*, S. CXXIf.

예수회 선교사들과 도미니크회 선교사들 사이에 공자의 경배 때문에 다툼을 벌인 것은 잘 알려져 있다.[68] 도미니크회 선교사들은 중국인들이 공자에게 바치는 경배는 종교적 성질을 지닌 것이라고 주장했다. 그러나 예수회 선교사들은 이 경배는 세속적 성질을 지닌 것이라는 단호한 견해를 대변했다. 요한 프란츠 부데(Johann Franz Budde)*는 그의 『간략한 철학사 개요』 제6장, 41절, 93쪽[69]에서 다음처럼 말하면서 존경하는 도미니크회 신부들의 편을 드는 것처럼 보인다. "**오늘날까지 모든 사람〔중국인들〕에게서 공자에 대한 경배는 너무 커서 그들은 엄숙한 제사에서 공자를 신처럼 다룬다.**" 나의 과제는 이 쟁점을 해결하는 것이 아니다. 우리가 공자의 숭배를 직접 눈으로 관찰할 수 없고, 종교적 경배라는 입장을 옹호했던 도미니크회의 주장들이 충분히 분명하지 않기 때문이다. 이에 반해 쿠플레가 「공자의 생애」 122쪽[70]에서 공자의 경배가 단순한 세속적 경배라고 제시한 것은 확인해볼 수 있다. 중국의 고전을 보면, 공자는 도덕의 스승으로 등장했고, 자신을 〔도덕의〕 선포자(praeco, 주석 5)로 단순하게 불렀다고 한다. 이 중국 고전에 의하면, 공자의 권위는 당시에 이미 그의 제자들에게는 논거 대신으로 사용되었고, 공자의 발언과 행위를 학자가 되고자 하는 사람들에게 교육하기 위해 설립된 학교들은

---

68 전례논쟁에 대해서는 이 책, 「독역자 해설」, §3과 「볼프의 주석」, 54 참조.

* 요한 프란츠 부데우스(Johann Franz Buddeus, 1667~1729/ 독일명 요한 프란츠 부데): 독일의 철학자이자 루터파 개신교 신학자.

69 Johann Franz Budde, *Elementa philosophiae instrumentalis, seu institutionum philosophiae eclecticae tomus primus*, 6 Aufl, Halle im Sächsischen 1717, S. 93.–S. 1ff.; "Historiae philosophicae succincta delineatio"; S. 92f.: §XXXXI(recte: §XXXVI: 1703년 초판, 1714년 제5판; 제2판: §XXIV, 제4판: §XXVI).

70 Couplet, *Vita*, S. CXXII.

오늘날까지도 온 나라의 중국인들이 공자를 모든 이의 공통적인 스승으로서 경배한다는 전적인 증거로 더욱 확실하다. 중국인들이 공자의 권위라면 그대로 받아들인다는 것은 더욱 의심할 여지가 없다. 그래서 공자가 말했던 것에 대해 의심하거나, 공자의 제자들이 공자가 모범을 통해 강화했던 것에 대해 비난하는 것은 모독 행위로 간주된다. 영락제(永樂帝)의 명령은 쿠플레가 「공자의 생애」 123쪽에서 보고한 것과 일치한다. "나는 공자를 황제와 왕들의 스승으로서 공경한다. 황제와 왕들은 백성들의 군주이다. 그러나 공자는 백성들에게 올바른 가르침을 행했다. 다시 말해, 세 가지 벼리 및 일반적 덕의 다섯 규범,* 중국 제국의 위대한 균형과 질서에 대한 가르침이다. 공자는 이후의 모든 시대에도 가르침을 주기 위해 이 모든 것을 설명했다."[71] 그러므로 공자가 중국인들에게는 무오류의 인물이며 모든 중국인의 스승으로 여겨진다는 것은 의심할 필요가 없다. 공자는 이 민족에게 참된 도덕과 국가 관리의 가르침을 전달해 주었고, 그 점에서 모범을 보여주며 앞서 나아갔다. 그렇기 때문에 사람들은 공자의 권위로 일을 마무리한다. 그런 한에서 중국인들에게 공자는, 유대인들에게 모세, 터키인들에게 무함마드처럼 여겨

---

* 삼강오륜. '세 일반적 덕'은 삼강, 즉 군위신강(君爲臣綱)·부위자강(父爲子綱)·부위부강(夫爲婦綱)이며, '다섯 덕'은 오륜, 즉 부자(父子: 부모와 자식)·군신(君臣: 임금과 신하)·부부(夫婦: 남편과 아내)·장유(長幼: 어른과 어린이)·붕우(朋友: 친구)의 관계를 규정하는 친(親)·의(義)·별(別)·서(序)·신(信)이다. 이를 라틴어로 옮긴 것이다.

71 같은 책, S. CXXIIIf. '세 가지 벼리'는 여기서 왕과 그의 신하들, 부모와 자식들, 부부의 관계를 언급하는 것이며, 다섯 가지 규범은 경건성, 정의, 영리함, 진실함, 예의바름이다. Forke, Bd. 1, S. 204; Fung, Bd. 2, S. 104 참조. — 영락제는 명나라의 제3대 황제(재위 1403~25)이다. 불교를 장려했다.

진다. 사실 중국인들은 공자의 발언과 행위에 권위를 부여하는데, 이는 우리가 그리스도의 발언과 행위에 부여하는 것과 같은 권위이다. 속임수를 통해 모든 보호막을 얻으려 드는 사람들이 내가 예수를 공자와 무함마드, 모세와 아주 똑같은 존재로 평가했다고 사악한 유언비어를 퍼뜨렸다. 부데가 공자를 신과 똑같은 존재(내 말이 불경한 말이 아니기를!)라고 평가했다는 그런 소문이다. 그는 단순하게 중국인들이 공자를 엄숙한 제식에서 하나의 신처럼 간주했다고 설명했을 뿐이었다. 다시 말해, 부데가 중국인들의 공자 경배를 좋게 여기지 않았던 것처럼 그는 정당하게 공자가 신과 동등하다고 주장하지도 않았다. 나 또한 공자의 무오류성을 믿지 않는다. 그러기에 나는 중국인들이 공자에게, 또는 터키인들이 무함마드에게, 유대인들이 모세에게 바쳤던 것보다 더 큰 경의를 그리스도에게 바칠 필요가 없다는 견해를 주장하지 않는다.

30) 우리는 가장 신성한 그리스도의 가르침을 따르며, 우리가 어떻게 살아야만 하는지에 대한 가르침뿐만 아니라 영원한 구원에 이르는 길을 가르쳐준 그분을 우리의 유일한 스승으로서 믿는다. 그가 무오류하다는 것과 그의 행위는 완전하게 흠이 없다는 것을 확고하게 믿는다. 그러므로 우리가 그리스도의 발언과 행하신 바를 우리 행위의 규범으로 삼아 모든 일을 그의 권위에 비추어 마무리 짓는 것처럼 공자를 경배하는 중국인들은 우리와 같이 그렇게 하는 것이다. 그러나 우리는 소치누스*의 추종자들처럼[72] 그리스도를 우리에

* 파우스투스 소치누스(Faustus Socinus, 파우스토 소치니Fausto Sozzini, 1539~1604): 이탈리아 신학자. 소치누스주의의 중심 인물이다. 소치누스주의는 16세기 말부터 17세기에 걸쳐 삼위일체설과 그리스도의 선재, 원죄, 속죄론 등을 부정했다. 처음에 폴란드에서 시작되어, 나중에는 서유럽과 영국에서도 유행했다. 그러나 1658년에

게 도덕의 가르침을 준 스승이자 모든 덕의 모범으로서 인정하는 데서 그치는 것이 아니라 인류의 구세주이자 구원자로서 믿으며, 참된 신으로서 그에게 경건한 경배를 바친다. 이와 같은 종류의 경배를 모세는 유대인들에게서, 무함마드는 터키인들에게서, 공자는 중국인들에게서 받아보지 못했다. 물론 이들 불행한 민족은 세상의 구세주이며 영원한 구원의 길을 도무지 알지 못한다. 그래서 나는 제한을 두고 다음과 같이 부연했다. 신에 의해서 우리에게 주어진 그리스도를 우리가 스승으로서 경배하는 것처럼 공자는 중국인들에게 우리의 그리스도와 같이 여겨지지만, 어떠한 경우에도 그를 신의 독생자로서 그리고 우리의 구원자로서 그에게 우리의 경건한 경배를 바치면서 〔그를〕 믿을 수는 없다.

31) 내가 이 제한을 덧붙이는 이유는 그렇게 하는 것이 필요하기 때문

이단으로 정죄되어 여러 곳으로 흩어졌다가 유니테리언파에 흡수되었다. 독일의 신학자이자 교회사가 아돌프 폰 하르나크(Adolf von Harnack, 1851~1930)는 개별적 신자가 성경의 본문을 연구할 수 있는 자유를 주장한 데서 이들이 중요한 역할을 했다고 평가한다.

72 렐리오 소치니(Lelio Sozzini, 1525~62)와 그의 조카 파우스토 소치니(Fausto Sozzini, 볼프가 언급하는 사람이다)의 반(反)삼위일체론은 그리스도의 신성을 부인한다. 그러나 그리스도는 신이 자신의 대리자로서 선택한 완전하게 성스러운 인간이다. 그리스도는 그의 말씀과 사례로서 신자들에게 스승, 입법자, 모범이 된다. ―라이프니츠는 1669년에 소치누스주의자들과 논쟁을 벌였다("Defensio Trinitatis contra Wissowatium", in Gottfried Wilhelm Leibniz, *Sämtliche Schriften und Briefe*, hrsg. von der Deutschen Akademie der Wissenschaften zu Berlin, Reihe 6, Bd. 1, Berlin / Hildesheim / New York 1971, S. 518~30; 이에 대한 『신정론』*Essais de Théodicée* 안의 수많은 언급도 참조). 1773년 고트홀트 에프라임 레싱〔독일의 극작가·비평가·계몽사상가(1729~81)〕은 이 논쟁을 기록했다(Gotthold Ephraim Lessing, "Des Andreas Wissowatius Einwürfe wider die Dreyeinigkeit", in ders., *Sämtliche Schriften*, hrsg. von Karl Lachmann u. Franz Muncker, Bd. 12, Leipzig 1897[Nachdruck, Berlin 1968], S. 71~99).

이고, 그리고 그 밖에 중국인들의 태도는 우리의 태도와 일치하지 않기 때문이다. 또한 내가 소치누스주의자의 오류[73]에 빠질 수 있는 사려 깊지 않은 사람처럼 보이지 않으려고 나는 제한을 덧붙였다. 앞의 주석들에서 설명했던 것처럼 제한을 가지고 중국인들의 태도를 유대인들의 태도, 무함마드 추종자의 태도 및 우리의 태도와 비교하는 것이지, 그 제한을 넘어서서는 결코 비교할 수 없다는 점이 분명하기에, 나의 견해에 따르면 이 비교에 기분 상해할 사람은 없을 것이다. 그러나 이유 없이 기분 상해할 사람이 있다면, 그는 우리의 태도를 도외시했을 수도 있다. 그는 유대인들의 태도를 도외시하고, 단순히 무함마드 추종자들의 태도에 머물러 있는 것인지도 모른다. 물론 그는 그러한 점을 도외시하고 중국인들이 공자에 대해 생각하는 것처럼 이때까지 어떤 민족도 그렇게까지 철학자를 생각하지는 않았다고 말하는 쿠플레를(주석 25)[74] 인용할 수도 있을 것이다. 악의적인 사람들에게 내 말을 왜곡할 빌미를 주지 않기 위해 내 스스로 이 말을 연설 속에 대신 넣었을 수도 있었다. 그렇게 되면 나는 내가 행한 연설을 그대로 인쇄하도록 하는 데서 특별한 이유를 달지 않아도 되었을 것이다. 뛰어난 〔독일〕 신학자 요한 미하엘 하이네키우스[75]도 당시에 그 자리에 참석해 연설을 들었다. 그

73 예수 그리스도가 신이 아니라 인간이라 하는 것. 앞의 주 참조.

74 아마도 볼프의 주석 25 대신에 주석 27을 의미하는 것 같다.

75 Johann Michael Heineccius, 1674~1722: 볼프의 고해목사로서, 할레 프라우엔 교회의 상급 목사 및 감독이며, 마그데부르크 영주의 콘시스토리움(konsistorium) 의원이다. 그는 저술을 많이 내지는 않았는데도, 다작(多作) 역사가로서 유명하다. 헬름슈테트에서 학위를 했고 아주 광대한 도서관을 소유했다. 다음을 참조. Wolff, *Ausführliche Beantwortung*, in *Gesammelte kleine Schriften*, Bd. 4=WW I, Bd. 21.4, [후반부] S. 343.

는 격정적인 감정에 휩쓸리지 않는 사람이라면, 아무도 그 점에 대해 기분 상해할 수 없을 것이라고 생각했다. 그러나 분쟁이 나에게 불쾌하게 진행되기에 나는 진리를 인식하고 나와 다른 사람들을 더 좋은 사람으로 만들기 위해 시간을 사용하고 싶었다. 그래서 나는 내 말을 참아왔다. 다시 말해, 중국인들의 태도를 이런 민족 저런 민족의 태도와 비교하거나 어떤 민족의 태도와 비교하지 않아도 별로 중요한 일은 아니다.

32) 공자가 사려 깊으며 선견지명이 있음은 공자가 이전에 자신의 품행 속에서 보여주지 않았던 것(주석 5)[76]을 다른 사람들에게는 내세우지 않았다는 점에서 충분하게 드러난다. 공자와 비교할 수 있는 스승은 정말 소수일 것이다! 실제로 우리 시대에 스승들은 숙고해보지 않은 채, 그것이 가져올 효력에 대해 판단을 내리기도 전에, 어려운 일에 대해 판단을 내리는 뻔뻔한 짓을 행한다. 더욱이 그들은 문제가 되는 주장을 제대로 이해하기도 전에 주제넘게 쟁점이 되는 사건에 대해 심판자의 역할을 한다. 또한 그들은 자신들이 도덕 교육을 위해 다른 사람들에게 내세운 것을 먼저 스스로에게 검증하려는 생각은 전혀 하지 않는다. 중국의 고전을 읽는 사람은 그것으로부터 더 많은 근거를 모을 수 있을 것이다. 그러한 근거에 기초해서 우리는 공자가 사려 깊고 앞을 내다보는 지도자였다고 칭찬하지 않을 수 없다.

33) 이것에 속하는 몇 가지는 「중국 황조 편년사 연표」가 알려준다. 「중국 황조 편년사 연표」에는 다음처럼 나온다.[77] 공자가 세상을 떠난

76 그러나 이 책, 「볼프의 주석」, 20도 참조.

77 Couplet, *Tab. chron.*, S. 14~18.

지 몇 년 후에 정정왕(貞定王, Chin tim vam)*의 아들들은 지배욕에 사로잡혀 폭력적인 방식으로 서로 싸웠고, 고왕(考王, Cao vam)** 아래서는 제후들 간의 전쟁이 거의 300년간이나 계속되었다. 잔인하며 비난을 두려워 않는 시황제는 귀족을 20명 넘게 죽였고, 의학 책과 법률 책 이외의 모든 책을 불태우라고 명령했으며, 학자들에 대해 엄청나게 광포히 굴었다. 혜제(惠帝, Hoei ti)***는 불의하게 지배했던 어머니〔여씨〕의 통치를 방임할 정도로 사려가 깊지 못했다. 혜제가 죽은 뒤에 모든 법을 무시하고 그 자리를 차지한 관상가의 딸인 여씨(高皇后 呂氏, Lie heu)****는 잔인하고 교활한 여자였다. 공자가 죽은 뒤 한 무제(漢武帝, Vu ti)에 이르기까지 나라는 거의 300년 동안 극심한 혼란에 빠졌다. 한 무제는 학문과 제국을 다시 복구했다. 「중국의 학문」 제2권 84쪽[78]에서 공자는 그 주인에 그 백성이라고 아주 올바르게 지적한다. 이런 까닭에 국가의 상태로부터 개인적 삶의 상태가 어떻게 되는지에 대한 확실한 판단을 내릴 수 있다.

---

* 중국 주나라의 제28대 왕이자 동주(東周) 시대의 16번째 왕(재위 기원전 468~기원전 441). 성은 희(姬), 이름은 개(介)이다.

** 중국 주나라의 제31대 왕이자 동주 시대의 19번째 왕(재위 기원전 440~기원전 426). 성은 희(姬), 이름은 외(嵬)이다.

*** 중국 전한(前漢)의 제2대 황제(재위 기원전 195~기원전 188). 한 고조 유방의 차남으로 어머니 고황후(高皇后) 여씨(呂氏)의 그늘에 가려 불운한 황제로 지냈다. 여씨는 본명이 여치(呂雉, 기원전 241~기원전 180)이다. 유방이 한 고조가 되어 12년 만에 죽자, 어린 아들 혜제를 즉위시키고 실권은 자신이 잡았다.

**** '관상가'는 관상학에 일가견이 있었던 여공(呂公, ?~기원전 203)을 뜻한다. 그의 딸 고황후 여씨는 유방의 총애를 받던 척부인(戚夫人)의 수족을 자르고 척부인을 변소에 가두는 등 횡포를 자행했다. 이런 행동으로 잔인하고 교활한 여인이라고 알려졌다.

78 Couplet, *Lib. II*, S. 84f. — Legge, Bd. 1, S. 425f. — Wilhelm, *Li Gi*, S. 17. — Weber-Schäfer, S. 61f.

34) 나는 중국인들의 가르침이 대개 덜 중요하거나 평범한 것으로 여겨지는 것을 본다. 중국의 지혜를 위해 중국으로 여행할 필요가 없으며, 〔중국의 지혜를〕 이곳의 철학 강의에서도 배울 수 있는 것이라며 많은 사람이 당돌하게 떠들고 다닌다. 그러나 바로 그런 사람들이 도덕철학과 국가철학에 대해 전해준 것을 세심하게 들여다보면, 나는 중국인들의 가르침과 견줄 만한 것을 아무것도 발견하지 못한다. 더욱이 「서론적 해설」 13쪽[79]에서 쿠플레는 공자를 소크라테스, 플라톤, 세네카, 플루타르코스 뒤에다 놓는 것처럼 보인다. 그리고 14쪽에서 그는 유럽의 섬세함과 세련미와 비교해볼 때 공자의 가르침은 거칠며, 세련되지 않은 것처럼 보인다고 말한다. 그러나 그것이 맞다고 하더라도, 방법적으로 볼 때, 공자의 발언과 행위를 일반적 근거로 소급해보면, 가르침 자체가 깊이 있음을 발견할 수 있을 것이다. 그는 『불변하는 중심의 책』(『중용』中庸, *Libro de immutablili medio*)[80]에서 가르쳤던 것을 일반적 규칙들을 통해 보여주기 원했기에 그 근거들을 일반적 규칙들에 맞춘 것이다. 그리고 앞에서 언급한 것들에서 중국인들은 소우주와 대우주[81]가 서로 조화를 이루는 것이기에, 그들의 나라를 하늘과 땅의 질서를 따르도

79 Couplet, *Pr. Decl.*, S. XIIIf. 쿠플레는 공자를 중국의 에픽테토스(Epiktetos, 기원후 50~135경)라고 부른다.

80 『중용』. 이 책, 「독역자 해설」, §7 참조.

81 Marcel Granet, *Das chinesische Denken*(1934), München ^{2}1971(^{1}1963), S. 259ff.: Der Makrokosmos, S. 272ff.: Der Mikrokosmos.—Vgl. Wolffs Anmerktung 84. 중국에 대한 볼프의 이 '천인합일적' 상은 마르셀 그라네와 다른 여러 저자들에게 비판받았다. Heiner Roetz, *Mensch und Natur im alten China. Zum Subjekt-Objekt-Gegensatz in der klassischen chinesischen Philosophie. Zugleich eine Kritik des Klischees vom chinesischen Universismus*(Europäische Hochschulschriften, Reihe XX: Philosophie, Bd. 136), Frankfurt am Main/Bern/New York 1984, 특히 S. 1~15, 41f, 54ff.

록 하기 위해 노력했다는 사실이 드러났다(주석 7). 대우주에는 물체의 운동을 규정하는 규칙들이 존재하며, 이 규칙들에 일반적 원리들이 내재한다. 이 원리들의 최종 근거는 신성의 지혜(Sapientia Numinis)와 신성의 다른 속성들 속에 드러난다. 나는 나중에 다른 곳에서 그것에 대해 완전하게 입증하려고 한다. 소우주에도 마찬가지로 규칙이 존재한다. 이 규칙에 의해 이성을 가진 존재인 인간은 자신의 자유로운 행위를 정한다고 한다. 그 규칙들은 '자연법칙'으로서 표현되었다. 자연법칙들에도 일반적 원리가 내재하며, 이 원리들의 최종 근거는 최초의 가능성으로서의 신적 속성 속에서 인식될 수 있다. 이 최종 근거는 우리에 의해 언젠가 아주 자세하게 서술되어야만 한다. 중국인들이 비록 원천을 인식하지 못했고 가장 보편적인 원리로까지 〔원리들을〕 밀고 나가지 못했다고 할지라도, 그들은 이 원리 가운데 몇 가지를 개관했다.

35) 나는 커다란 의미를 가진 진리, 다시 말해 한 민족의 도덕철학과 국가철학의 원리들을 다룬다. 이 민족〔중국인〕은 오늘날까지도 존속하는 모든 민족 가운데 가장 오래된 민족이며, 가장 오랜 시대부터 교화가 되었다. 이 민족은 그 밖의 민족들과는 어떠한 관계도 맺지 않고 오히려 조국의 도덕을 훼손하는 것을 엄격하게 금지해왔기에, 지난 수백 년 이래 완전히 특수한 도덕과 관습을 사용해왔다.

36) 우리는 단지 일반적 원리들만 다룰 뿐이다. 현재의 의도는 특수한 원리들까지 내려가는 것을 허용하지 않기 때문이다. (그러나 나는 바로 그다음의 원리들에서 그치고자 한다.) 왜냐하면 멀리 떨어진 중국인들은 그 원리들을 보지 못했고, 또 그 원리들의 해석이 현재의 의도에 반하는 범위를 요구하기 때문이다.

37) 라이프니츠는 『외교만민 법전』 「머리말」[82]에서 지혜에 대해 지혜는

행복의 학문이라고 정의를 내렸다. 이전에 나 또한 나의 학위논문 「보편적 실천철학」(Philosophia practica Universalis)[83]에서 지혜를 행위의 최종 목적으로 설정하고, 그것에 도달하기 위한 확실한 최상의 수단을 사용하게 해주며, 최종 목적을 향해 훌륭하게 함께 작용할 수 있도록 중간 목적들 간의 질서를 잡게 해주는 정신의 능력으로 〔지혜를〕 정의했을 때, 그리고 이 정의가 철학적 증명을 위한 목적에 아주 부합해서 내가 이 정의를 독일어 철학 작품들에서 사용했을 때, 나는 라이프니츠의 정의가 나의 정의로부터 도출될 수 있으며, 그러한 한에서 라이프니츠의 정의와 나의 정의는 일치하며, 또한 두 정의가 진리와 일치한다고 『도덕철학』 §325[84]에서 지적했었다.

38) 여기에서 나는 국가의 목적인 시민의 행복에 대해 말한다. 쿠플레의 「서론적 해설」 72쪽[85]에 따르면, 중국인들은 그들이 몸과 영혼으로 추구하는 지상의 행복 이외의 다른 행복은 알지 못했다.

39) 스콜라 철학자들이 '객관적 도덕'으로 부른 행위의 내적 정직함과 수치*를 원시 고대의 철학자들은 이미 인식했었고, 신학자들은 그

---

82 Gottfried Wilhelm Leibniz, *Codex juris gentium diplomaticus*, Wolfenbüttel 1747 (¹1693), S. 9(unpag.). Wiederabgedruckt in ders., *Opera omnia*, hrsg. von Louis Dutens, Bd. 4, Teil 3, Genf 1768, S. 295. 이에 대해 다음의 책도 참조. Michael Albrecht, *Kants Antinomie der praktischen Vernunft*(Studien und Materialien zur Geschichte der Philosophie, Bd. 21), Hildesheim 1978, S. 64, Anm. 213.

83 *Philosophia practica Universalis*, in *Meletemata*=WW II, Bd. 35, Sect. II, S. 194, Definitio 13.

84 *Deutsche Ethik*=WW I, Bd. 4, S. 214f., §325.

85 Couplet, *Pr. Decl.*, S. LXXII.

* 여기서 '수치'로 번역된 라틴어는 '도덕적 추함', '비열함', '부끄러움', '수치' 등의 뜻을 지니는 'turpiduto'이다. 독역자는 'Schändlichkeit'로 번역했다. 여기서 볼프는

것을 열심히 방어했다. 여기서 그러한 것은 사례들을 통해 강화될 필요가 없을 정도로 잘 알려져 있다. 사실 행위가 이성적 본성과 일치하는가 일치하지 않는가에 의해 객관적 도덕이 규정되는 것은 확실하다. 그러므로 그로티우스(제1권, 제1장, § 10, 6쪽)[86]는 자연법을 다음처럼 정의한다. "자연법은 건강한 이성의 요구이다. 그 요구는 어떤 행위가 이성적 본성 자체에 일치하는가 일치하지 않는가에 근거해서 도덕적 수치인지 아니면 도덕적으로 필요한 것인지를 보여준다. 그리고 그러한 행위는 자연의 창조자로서의 신에 의해 금지되거나 또는 허용되기도 한다." 이 확고한 견해를 나는 훌륭하다고 생각한다. 그래서 도덕론에서 이성과 일치하는 것으로 규정되는 것은 인간적 본성과 일치하는 것에 의해서 판단되어야 한다고 계속해서 가르쳤다. 그리고 중국인들의 도덕적 정리는 이 시금석을 통과했다. 왜냐하면 공자 자신이 이성적 본성과의 일치를 자신의 행위 규범이라고 인식했기 때문이다. 「중국의 학문」의 두 번째 책인 『중용』 40쪽[87]에서 그는 분명하게 이처럼 말하고 있다. 이성적 본성과 일치하는 것, 그것이 행위가 따라야 할 규칙이며, 그것이 이성에 부합하는 것이며, 우리가 이 규칙에 부합하는 방향으로 나아갈 때, 우리의 일을 이 규칙에 부합한 방향으로 해나갈 때 덕의 실행은 이루어진다고. 따라서 나는 중국인들의 실천철학 원리를 공자가 자신의 도덕을 통해 보여주기 전에 〔공자 이전의〕 옛사람들이 규정하고 말

행위의 내적 정직함과 대비되는 용어로 'turpidudo'를 항상 같이 쓴다.

86 Hugo Grotius, *De jure belli ac pacis libri tres*, Amsterdam 1680(^{1}1625), S. 6, §X. 독일어 번역본: Walter Schätzel(Die Klassiker des Völkerrechts 1), Tübingen 1950, S. 50.

87 Couplet, *Lib. II*, S. 40.—Legge, Bd. 1, S. 383.—Wilhelm, *Li Gi*, S. 3.—Weber-Schäfer, S. 28.

하고 행해온 것을 검증해본 다음에 직접 우리에게 권유하고 스스로 지켜온 방침에 따라 검증하고 있다.

40) 본질[88]은 사실의 제1개념이며, 이것에서부터 사물에 내재하거나 내재할 가능성이 있는 여타의 근거가 진술될 수 있다는 것은 철학의 초보자들도 매우 잘 알고 있다. 사물에 필연적 방식으로 항상 내재하거나 내재할 가능성이 있는 것은 오로지 사물의 본질로부터만 알려진다. 그러므로 어째서 필연적으로 내재하지 않는 것이 실제로 사물들에 내재하는가에 대한 근거를 찾는다면 자연, 즉 활동적인 힘이라는 근거가 필요하다. 활동적인 힘은 자신만의 규칙을 가지고 그것에 따라 변화한다. 따라서 몸의 본질은 몸의 구조 또는 구성이다. 다시 말해, 이 몸의 구조 또는 구성을 통해 몸에 무슨 일이 일어나는지 통찰할 수 있다. 그러나 실제로 변화가 일어나기 위해서는 운동 규칙의 근거가 필요하다. 이 근거에 의해 힘 또는 사물의 본성이 규제되기 때문이다. 또한 정신에 내재하거나 내재할 가능성이 있는 것에 대한 근거가 진술될 수 있는 최초의 개념을 정신에서 파악할 수 있다는 점과 정신의 활동적인 힘은 운동 규칙과는 완전히 다른 규칙에 따라 변화한다는 점을 나는 『신, 세계 그리고 인간 영혼 및 모든 사물 일반에 대한 합리적 사상』[89]에서 지적했다. 독일어를 읽을 수 없거나 읽고자 하지 않는 사람은 튀미히*의 『[볼프] 철

---

88 *Deutsche Metaphysik* = WW I, Bd. 2, S. 18ff., §33ff.

89 *Deutsche Metaphysik* = WW I, Bd. 2, S. 464, §744.

* 루트비히 필리프 튀미히(Ludwig Philipp Thümmig, 1697~1728): 볼프의 제자. 1723년 볼프가 추방을 당해 마르부르크로 갔을 때, 스승을 따라갔다. 볼프의 추천으로 카셀 대학의 철학 교수가 되었으며, 『볼프 철학의 원리』(*Institutiones philosophiae Wolfianae*, 1725~26)를 썼다.

학의 원리』(*Institutiones philosophiae*)[90]를 공부하거나, 더 나아가 『심리학 또는 형이상학의 원리』(*Institutiones Psychologiae seu Metaphysicae*) 제3부의 §171과 그 이하, 그리고 그가 합리적 심리학을 다루는 160쪽과 그 이하를 공부해보라. 인식 능력을 관장하는 법칙을 우리는 논리 법칙이라 부른다. 그러나 욕구 능력을 관장하는 그와 같은 법칙들을 우리는 윤리적 또는 도덕적 법칙이라 부른다. 그렇긴 해도 우리는 여기서 정신의 본질이나 본성으로부터 아 프리오리(*a priori*)*하게 도출되는 것을 아무것도 가정할 필요가 없다. 왜냐하면 일반적 경험으로부터 아 포스테리오리(*a posteriori*)**하게 알려진 것과 앞에서 언급한 튀미히의 『경험적 심리학의 원리』[91]에 의해 알려지게 된 것으로도 아주 충분하기 때문이다.

41) 신학자들을 존중해서 대해야만 한다는 것이 얼마나 중요한가를, 신학자들 자신이 이 존중에 걸맞은 태도를 보이도록 하는 일에 지배자들이 얼마나 많은 주의를 기울여야만 하는가를 나는 『독일어 정치학』 §367, 439[92]에서 지적했다.

42) 여기서 우리는 '신적 은총'을 인간 영혼에 대한 신성의 작용이라고 이해한다. 이것('신의 은총')으로 인간의 지성이 밝아지며, 그의 의

---

90 Thümmig, Bd. 1 = WW III, Bd. 19.1, S. 160ff. 볼프는 나중에 그 자신이 『합리적 심리학』(*Psychologia rationalis*)을 쓴다(WW II, Bd. 6).

* 인식이나 개념이 후천적 경험에 의존하지 않고 그것에 논리적으로 앞선 것으로서 부여된 것. 라틴어로 '먼저'라는 의미이다.

** 인식이나 개념이 경험에 의존하거나 또는 경험으로부터 나오는 것. 라틴어로 '나중에'라는 의미이다.

91 Thümmig, Bd. 1 = WW III, Bd. 19.1, S. 116ff. 볼프는 나중에 그 자신이 『경험적 심리학』(*Psychologia empirica*)을 쓴다(WW II, Bd. 5).

92 *Deutsche Politik* = WW I, Bd. 5, S. 324~26, 466~70; §367, 439.

지가 성스럽게 된다. 왜냐하면 여기서 은총은 '본성'이라는 이름으로 나타나는 인간의 자연적 힘들과 대립되기 때문이다.

43) 이에 대해 다음과 같은 사례들이 있다. 신의 섭리에 의해 계시되었고 이성에 부합하는 증거가 필요 없는 진리들, 즉 구원을 가져다주는 그리스도에 대한 믿음, 신학적 덕, 또는 훌륭하고도 신의 마음에 드는 작품들 등에 대해 거듭난 인간[93]이 나타내는 동의가 그런 사례이다.

44) 신학자들이 은총의 자유로운 의지에 대한 단락에서 가르쳤던 것이 이성의 빛으로는 접근이 가능하지 않다. 그것은 계시의 빛으로만 알려진다.

45) 신적 계시와 일치하는 것은 단연코 진리와도 일치한다. 그러므로 신학자들이 성경과 일치해서 알려주는 은총에 대한 가르침은 진리에 속한다. 그러나 성경에 대립되는 것을 유포하려는 자는 진리의 길에서 벗어나는 것이다. 신의 은총에 의해 지지되는 사람이 자연의 힘을 넘어서는 것을 성취할 수 있음은 신적 계시와 일치한다. 그리고 거듭난 사람의 행위는 이를 보증한다. 그렇다면 누가 이 주장이 진리와 일치한다는 것을 감히 부인하려 하는가?

46) 내가 인간적 본성과 도덕적 원리의 일치에 대해 엄하게 가르쳐온 것은 이성에 적합하며, 따라서 진리에 역행하지 않는다. 이성과 계시 사이에는 전혀 모순이 일어나지 않는다. 왜냐하면 이성의 빛 또는 계시의 빛으로 〔진리가〕 밝혀졌다고 할지라도, 모든 진리는 신에

93 '거듭남'은 경건주의의 중요한 개념이다. 다음을 참조. Martin Schmidt, "Speners Wiedergeburtslehre"(1951), in Martin Greschat(Hrsg.), *Zur neueren Pietismusforschung* (Wege der Forschung, Bd. 440), Darmstadt 1977, S. 9~33.

게서 기원하기 때문이다. 이성과 믿음의 일치를 해명했던 사람들이 이미 그것을 수없이 제시해주었다.

47) 〔인간의〕 영혼은 지성을 갖추었으며, 따라서 해명될 수 있다. 영혼은 의지를 갖추었으며, 그런 이유로 성스럽게 될 수 있다. 이 능력을 사용할 수 없는 자는 신의 은총을 전혀 받아들일 수 없다. 그런 존재자들은 비이성적 창조물들이다. 그들에게는 은총의 나라에 어떤 자리도 마련되어 있지 않다.

48) 내가 개종과 관련하여 영혼의 활동성을 인정해 펠라기우스주의[94]* 에 빠졌다고 하는 말을 숨어서 기다린 사람들이 나에게 죄를 뒤집어씌우지 못하게 하기 위해, 나는 "영혼은 은총을 〔영혼의〕 그 자체 내에 받아들인다"라고 열심히 말한다.

49) 영혼이 왜 은총을 수용할 수 있는가에 대한 일반적 근거들을 나는 바로 앞에서 보여주었다(주석 47). 그러나 물론 은총의 작용을 영혼의 능력과 비교할 때 분명하게 드러나는 특별한 근거도 존재한다. 다시 말해, 영혼에 본질적이라 할 수 있는 영혼의 능력과 은총의 능력 사이에는 모순, 즉 그와 같은 능력을 가지지 않은 피조물에 은총의 능력이 어떻게 일어나게 되었는지에 대한 모순이 존재한다고 말할 수 없는 만큼, 스코투스의 순종적 능력[95]과 매우 일치하는 무모

---

94 펠라기우스가 기초하고 그의 후계자들이 노골적으로 첨예화한 펠라기우스주의는 원조를 거부하고 인간적 의지의 독립성을 강조한다. 예를 들어 인간적 의지의 결정에 있어 은총은 단순히 외적인 도움만을 제공한다.

* Pelagius, 354?~418?: 영국 태생의 신학자·수사. 인간의 자유의지와 구원에서 행위와 노력을 강조하며, 은총의 의의를 부정했다. 펠라기우스주의는 그리스도의 구원이나 세례 등 적극적 가치도 부정해 아우구스티누스와 히에로니무스 등으로부터 맹렬한 반박을 받았다.

95 '순종적 능력'(potentia oboedentialis) 이론은 토마스 아퀴나스에게서 나온다. Johann

순성이 단연코 가정되어야만 한다. 그렇지만 왜 영혼에서 그와 같은 작용이 가능한가에 대한 근거를 영혼의 능력의 도움으로 진술하기 이전에, 개종의 전체 역사를 이것의 개별적 행위와 관련하여 자세히 고려해야만 하기에, 여기서 그에 대한 명료한 설명을 하는 일은 너무 멀리 나가는 게 될 것이다.

50) 다시 말해, 지성이 신적 은총에 의해 보다 더 큰 빛을 발하게 되었다는 점은 지성과 모순되지 않는다. 이렇게 해서 지성은 이성의 빛으로 접근할 수 없는 것을 인식할 뿐만 아니라 이성의 빛으로 신과 덕에 대해 밝혀진 것을 더욱 올바르게 인식한다. 마찬가지로 의지가 성령의 은총에 의해 성스럽게 되었을 때, 의지는 자연의 힘으로는 전혀 또는 거의 욕구할 수 없거나 혐오할 수 없는 것을 욕구하고 혐오할 수 있다는 점은 우리의 의지와 모순되지 않는다. 이 주장에 대해서도 아래에서 우리는 상세하게 언급하게 될 것이다. 아주 분명한 것은 이전에 자연적 정직함을 얻기 위해 노력해왔고, 이후에 그리스도의 가르침을 믿게 된 자는 더 나아가 자연은 은총에 의해 특별히 완성되며, 영혼의 힘이 보다 더 높은 단계로 고양되어 은총의 힘에 의해 자연의 힘을 능가하는 일이 발생할 수 있었음을 자발적으로 고백할 수밖에 없다는 점이다. 중국의 한 사례를 보라! 쿠플레는 「서론적 해설」 13쪽[96]에서 다음과 같이 보고한다. 중국의 지혜

Auer, *Die Entwicklung der Gnadenlehre in der Hochscholastik*, Teil 2(Freiburger theologische Studien, H. 64), Freiburg 1951, S. 186ff. 참조. 아퀴나스에게서 이 이론은 일반적으로 신과 인간 사이의 관계에 해당하며, 약 13세기 말에 은총과 의지 사이의 관계에 처음으로 적용되었다. 이 이론에 대한 〔영국 스코틀랜드의 스콜라 철학자〕 둔스 스코투스(Duns Scotus, 1270~1308)의 기여에 대해서는 다음을 참조. ebd., S. 189, Anm. 60. 볼프의 *Ausführliche Nachricht*=WW I, Bd. 9, S. 307 §111도 참조.

를 획득하고 이것을 통해 황제 다음으로 가장 높은 지위에 있는 존경받는 사람이 그리스도의 교리에 동참했다. 유럽의 이 새로운 교리가 어떤 일을 생기게 했는가라고 질문을 받았을 때, 그는 다음과 같이 대답했다. "그 교리는 우리의 스승 공자와 우리 학자들의 철학이 결여했던 것을 보완했고 완성했다." 철학에서 이성의 도움으로 인식될 수 있는 것을 —가장 부지런하게 그리고 가장 주의 깊게— 전달해주고, 그런 다음에 철학이 결여한 것을 확고하게 해서 그것〔결여〕을 어떻게 제거할지를 신학이 보여주는 것은 나에게 매우 유익해 보인다. 다시 말해, 이렇게 해서 철학의 불완전성과 불충분성, 신학의 탁월함과 우위 및 필연성이 가장 분명하게 드러나게 된다.

51) 자연적 빛의 힘으로 인식되는 내적 도덕성 때문에 자신의 행위를 자연적 법칙과 조화시키려는 능력을 나는 철학적 덕이라 부른다. 그러나 철학적 덕은 철학적 경건과 신학적 덕이 증명하는 것처럼 덕의 가장 낮은 등급을 이룬다.

52) 이성의 빛에 의해서만 알게 되는 신의 속성과 신성한 섭리로부터 얻은 동인에 의해 자신의 행위를 자연적 법칙에 조화시키려는 능력을 나는 **철학적 경건(pietas philosophica)**이라 부르곤 한다. 그것이 철학적 덕과 결합되었을 때, 『도덕』 §673[97]에서 내가 보여준 것과 같이 덕의 등급은 높아진다.

53) 신에 의해 계시된 진리들로부터 산출되는 동인을 통해 자신의 행위

96 Couplet, *Pr. Decl.*, S. XIII.

97 *Deutsche Ethik* = WW I, Bd. 4, S. 463, §673(또한 S. 461f., §670도 참조). *Ausführliche Nachricht* = WW I, Bd. 9, S. 426, §148 참조.

를 자연적 법칙과 신적 의지에 맞출 수 있는 능력을 나는 **신학적** 또는 **기독교적 덕**이라 부른다. 우리가 신적 섭리에 의해 계시된 진리들에 표해야 하는 찬동은 자연의 활동이 아니라 은총의 활동(주석 43)이므로, 우리가 이 진리들을 우리 행위의 동인으로 사용할 때, 그 동인은 자연의 힘에 속하는 것이 아니라 오히려 은총의 힘에 귀속하는 것이어야만 한다. 그러므로 신학자의 기독교적 덕은 정당하게 성령의 도움으로 산출된 활동으로 불릴 수 있다. 그리고 사람은 그러한 도움 없이 그러한 덕을 노력해 얻을 수 없다. 이 밖에도 주목해야 할 것은, 계시된 진리들에는 구원의 활동과 신적 질서와 연관되는 것들이 포함될 수 있을 뿐만 아니라 신과 그의 속성, 창조와 보존과 관련해서, 그리고 자연적 수치와 정직함과 관련해서 자연의 빛에 의해 인식될 수 있는 다른 것들도 포함된다. 신학자들은 이성의 빛과 계시의 빛에 의해서도 진리들이 인식될 수 있다고 믿기에, 그것을 **혼합된 진리들**(*veritates mixtas*)이라고 부른다. 또는 이렇게 부르길 더 좋아한다면 **'혼합된 믿음의 조항들'**(*articulos mixtos*)이라고 부른다. 신의 은총에 의해 거듭난 기독교인이 기독교 공동체 바깥에 사는 사람처럼 자연적 빛에 의해 통찰한 것과 같은 것을 신적 믿음을 통해 참으로 여길 때, 동인은 같은 것이라 할지라도 이 둘 사이에는 커다란 차이가 있다. 다시 말해, 은총에 힘입어 그와 같이 찬동하는 것은 어떤 사람에게 자연적 빛의 힘을 강요해 찬동하게 하는 것보다 더 강력하다. 보다 강력한 찬동은 보다 강력한 동인을 산출한다. 그리고 보다 강력한 동인은 쉽게 떼어내버릴 수 없는 보다 강력한 의도를 만들어낸다. 요컨대 사도가 가르쳐준 것처럼 음주벽[98]

98 Paulus, *Epheser* 5, 18. 다음의 책도 참조. *Deutsche Ethik* = WW I, Bd. 4, S. 7, §5

은 고삐 풀린 처신으로 이어진다고 하는 것을 어떤 사람이 신적 믿음에 의해 참으로 여긴다면, 그는 이 악덕의 내적 수치를 명심하는 것이고 특수한 경우의 예외를 결코 인정하지 않을 것이다. 왜냐하면 특별한 경우에서 예외가 허용된다면, 신적 섭리에 의해 깨달은 사람이 그것을 그렇게 일반적으로 말하지 않았을 것이라고 그는 철석같이 확신하기 때문이다. 그러나 그와 같은 것을 자연적 빛에 의해 깨달은 사람은 이 특수한 상황과 관련한 경우에서 예외적 음주는 방정한 품행을 방해하지 않기에 피해야 할 게 아니라고 자신을 아주 쉽게 설득할 것이다. 따라서 철학적 덕을 —또는 신학자들이 말하는 바에 의하면 시민적 정의[99]를— 얻기 위해 자연의 힘을 사용하는 사람은 악덕을 견디지 못한다. 그러나 다시 말해 행위의 내적 수치에 의해 발생하는 똑같은 동인을 이 양자가 가질 수 있다 할지라도, 은총의 힘에 의해 지지를 받는 사람은 악덕에 저항한다. 이와 같은 차이는 철학적 경건과 신학적 또는 기독교적 경건 사이에 있다. 왜냐하면 자연의 영역에서의 신적 속성과 신적 섭리의 영향에서 유래하는 동인들은 같은 것일 수 있기 때문이다. 그러나 앞에서 언급한 찬동 방식의 차이 때문에 그 동인들은 확고한 힘을 갖지 못한다. 이러한 까닭에, 철학적 경건이 철학적 덕과 최상의 정도로 결합되어 있다고 할지라도, 거듭난 기독교인의 덕과 기독교 공동체

(S. 321~28, §472~83 참조); *Deutsche Politik*=WW I, Bd. 5, S. 374f., §387; *Anmerkungen zur Deutschen Metaphysik*=WW I, Bd. 3, S. 225, §137.

99 예를 들어 다음을 참조. *Die Bekenntnisschriften der evangelisch-lutherischen Kirche*, Göttingen ^{7}1976(^{1}1930), S. 149, Z. 37; S. 311, Z. 27, 36f., 46; S. 312, Z. 38. 이에 대해 다음의 책 참조. Albrecht Ritschl, *Geschichte des Pietismus*, Bd. 2, Abt. 1, Bonn 1884(Nachdruck, Berlin 1966), S. 412.—앞의 책, S. 167, Z. 940ff.도 참조.

밖에 사는 사람 또는 기독교 공동체 안에 살고는 있지만 은총의 상태에 충분하게 있지 못한 사람의 덕은 같은 것이 아니다. 우리가 비록 참다운 기독교인이 단지 자연적 종교를 아는 어떤 사람이 사용하는 것과 같은 동인들을 사용한다고 (실제로는 존재할 수 없는 것을) 가정할지라도, 양자 사이에는 커다란, 사실 가장 커다란 차이가 존재한다. 은총에 힘입어 하는 찬동은 자연이 아니라 은총의 역사(役事, Opus)이다. 그렇기 때문에 거듭난 사람의 행위는 비록 그 사람이 외적 행위를 자연적 법칙에 적응시키기 위해 단지 자연종교만을 아는 사람이 사용하는 동일한 동인을 사용한다고 가정할지라도, 자연의 역사(役事)가 아니라 성령에 의해서 일어난 것이다. 그러나 확실하게 해둘 것이 있다. 거듭난 사람이 행위의 객관적 도덕성과 자연의 영역에서 신의 섭리로부터 취한 동인만을 사용하기란 가능하지 않으며, 오히려 그가 그 동인을 은총의 영역에서 구원의 역사(役事)와 섭리로부터 유래한 동인과 지속적으로 결합할 때, 〔그는〕 그리스도에 대한 믿음에 근거해 훌륭한 일을 할 수 있을 것이라는 점이다. 그래서 기독교적 덕과 철학적 덕은 현저하게 구별된다. 이 두 경우에서 외적 활동은 동일한 것이며, 따라서 이 외적 활동이 신적 법칙과 동일한 일치를 보여준다고 할지라도, 인간적 행위에는 외적인 물질적 운동뿐만 아니라 정신의 내적 활동도 고려되기 때문에 정신의 내적 행위의 근거, 즉 정신의 완전한 내적 상태의 근거를 고려해본다면, 같아 보이는 동일한 행위들에도 엄청난 차이가 있다. 그리고 누군가가 그것을 정신의 공정한 척도로 재어보고자 한다면, 그는 신학자들의 은총과 선한 역사에 대한 명제는 나의 명제와 전혀 대립적이지 않음을 발견하게 될 것이다. 오히려 그는 〔두 명제 사이의〕 일치를 보게 될 것이며, 내가 위에서(주석 43) 계속해서 언급해온 게 더욱 분명해질 것이다. 그렇지만 그 점에 대해서는 더욱 분명하게 언급할 기회가 생길 것이다. 철학적 덕과 기독교적 덕의 구분에 대해서 내가 논쟁해온 것은 그러한 구분에 대한 최초의 원리들에서 도출되었던 『도덕』[100]에서 다시 읽을 수 있을 것이다.

54) 고대 중국인들이 무신론자였는가 아니면 신에 대한 어떠한 지식이라도 가지고 있었는가를 두고 예수회와 도미니크회 선교사 신부들 사이에서 커다란 논쟁[101]이 있다. 예수회 회원들은 고대 중국인들을 무신론의 오명으로부터 정화해주려 한다. 쿠플레는 「서론적 해설」 제2부 54쪽[102]과 이어지는 육체와 영혼을 다루는 쪽에서 중국인들은 이미 처음부터 철저하게 참된 신성에 대한 지식을 가지고 그 신성에 대해 경배를 해왔으며, 아마도 몇백 년 동안을 거치면서 그 상태로 머물러왔다는 것을 제시할 수 있었다. 이 몇백 년 동안에 저술된 고대의 저작들을 주석했던 중국 해석자들*이 반대의 것을 주장한다고 할지라도, 쿠플레는 중국 선교의 기초자 마테오 리치**의 모범[103]을 따라 고대인들의 저술을 이해하지 못한 지금 시대와 이후 세기의 해석자들에 귀 기울일 필요가 없다는 견해를 내세운다. 요컨대 그는 하늘을 뜻하는 중국어 '천'(天, Tien)[104]은 물질

---

100 *Deutsche Ethik*=WW I, Bd. 4, S. 464f., §676. *Ausführliche Nachricht*=WW I, Bd. 9, S. 576f. §205도 참조.

101 전례논쟁에 대해서는 이 책, 「독역자 해설」, §3 참조.

102 Couplet, *Pr. Decl.*, S. LXXIV, LXXVII, LIV, XCI, CXII.

* 당대(當代)의 신유가(新儒家) 철학자들을 말한다.

** Matteo Ricci, 1552~1610: 중국명은 이마두(利瑪竇). 이탈리아 출신의 예수회 선교사로 1598년 9월에 이은 두 번째 입경 시기인 1601년에 마침내 명나라 만력제(萬曆帝, 신종)로부터 북경 정주를 허가받고, 중국에 가톨릭 포교의 기초를 쌓았다. 『기하학 원론』, 『곤여 만국 전도』 같은 서양 학술을 소개했다. 주저로 『천주실의』가 있다.

103 이 책, 「독역자 해설」, §2 참조.

적 하늘을 뜻하지 않고 하늘의 창조자인 신이라고 주장한다. 그래서 예수회 신부들은 처음부터 자신들의 성소에 현판을 달았다. 이 현판에는 단어들 또는 중국인들에게 잘 알려져 있는 문자들, 즉 경천(敬天, Kiem tien)이 쓰여 있었다. 경천은 "하늘을 경배하라" 또는 "하늘을 숭배하라"라는 뜻이다. 이 현판은 황제〔청나라 제4대 황제 강희제〕가 1675년 7월 12일에 북경에 있는 예수회 교회를 직접 방문했을 때, 손수 붓으로 '경천'이라는 굵고 진한 두 글자를 써준 것이다. 고대 중국인들의 의견에 따르면, 예수회 신부들은 이 단어가 "하늘의 주를 경배하라"라는 의미를 갖는다는 견해를 아주 열성적으로 대변한다. 도미니크회나 프란체스코회 선교사들은 그런 견해에 항상 반대해왔다고 한다. 그들은, 중국인들은 경천에 대한 예수회의 해석으로부터 그 기독교인들〔예수회 선교사들〕이 황제와 중국의 학자들과 함께 물질적인 천을 숭배한다는 결론을 내렸다고 주장한다. 대목구장(代牧區長) 〔샤를〕 메그로(〔Charles〕 Maigrot)[105]가 예수회 신부들의 교회에서 앞서 언급한 현판을 강제로 떼어내려고 했기 때문에,[106] 이 세기 초 복건(福建, Fokien) 지역에서 어떤 혼란이 발

104 Couplet, *Pr. Decl.*, S. XCI. 빈번하게 다루어지는 이 주제에 대한 최신의 기고문은 다음의 것이다. Joseph Dehergne, "Un problème ardu: le nom de Dieu en chinois", in *Appréciation par l'Europe de la tradition chinoise à partir du XVIIe siècle*(La Chine au temps des lumières, VI), Paris 1983, S. 13~46.

105 중국 선교에 대한 저술들에서(이 책, 「독역자 해설」, §2의 문헌목록 참조) 메그로에 의한 간섭은 대부분 예수회의 시각에서 기술되고 평가된 것이다. 메그로에 대한 옹호는 예를 들어 다음과 같은 책에서 발견된다. Adrien Launay, *Histoire générale de la Société des Missions-Étrangères*, Bd. 1, Paris 1894, S. 384ff., 466ff. 또한 *Dictionnaire de théologie catholique*, Bd. 2, Paris 1923, Sp. 2364~91: 'Chinois(Rites)'; Sp. 2372~79: Maigrot도 참조.

106 전례논쟁에 대한 모든 진술이 들어 있는 1693년 3월 26일자 목회 편지에 나와 있

생했는가는 1702년 암스테르담에서 간행된 『트레부 저널』의 보유 제1권 3쪽, 그리고 그 이하에서 읽을 수 있는 편지[107]를 보면 알 수 있다. 중국의 편년사[108]에 근거해보면, 황제(Huang ti)가 —중국인들에게 황제의 계열상 세 번째 황제이며, 복희와 순[109] 다음의 첫 번째 황제이자 중국 제국 최초의 건설자이다— 상제(上帝, Xam ti)를 위해 궁전 또는 사원을 지었다는 것은 분명하다. 오늘날까지 중국인들이 그들의 황제에게 붙이는 제(帝, Ti)라는 말은 황제 또는 '주재자' 그리고 '주'(主)를 뜻하지만 상(上, Xam)은 '가장 높은'을 뜻하기에, 리치는 상제가 '최상의 황제 그리고 하늘의 주' 다시 말해 참된 신으로 이해될 수 있다고 확신했다. 그래서 황제가 참된 신, 최

다. 텍스트는 특히 다음의 책 안에 들어 있다. René Etiemble(Hrsg.), *Les Jésuites en Chine (1552~1773). La Querelle des rites*, Paris 1966, S. 103~06.

107 이 편지는 상세한 보고에도 불구하고 찾을 수가 없다. 네덜란드의 영인본 첫 권은 이미 1701년에 출간되었다. Gustave Dumas, *Histoire du Journal de Trévoux depuis 1701 jusqu'en 1762*, Paris 1936, S. 50 참조. 메그로의 전기(Adrien Launay, *Mémorial de la Société des Missions-Étrangères*, Teil 2, Paris 1916, S. 421~23)에도 나오지 않는다. —내용적으로 1702년에 나온 자크 필리프 랄르망(Jacques-Philippe Lallement〔프랑스 예수회 수사(1660?~1748)〕)의 책(Streit-Dindinger, Bd. 7, S. 65, Nr. 2245, vgl. S. 64f., Nr. 2244)이 의미하는 바와 가깝다. 이 책(및 다른 개정증보판)은 조제프〔르네-조제프〕 투른느민(Joseph〔René-Joseph〕 Tournemine〔프랑스 예수회 신학자(1661~1739)〕)에 의해 소개되었다. Mémoires pour l'histoire des sciences & des beaux arts(*Journal de Trévoux*) 2(1702; Nachdruck 1965), S. 114~32. 암스테르담판 영인본은 이 발언을 Bd. 4(1702), S. 376~86에 포함하고 있다. Alfred R. Desautels, *Les Mémoires de Trévoux et le mouvement des idées au XVIIIe siècle*(Bibliotheca instituti historici S. J., vol. 8), Rom 1956, S. 220ff.: Les Mémoires et les rites Chinois.

108 Couplet, *Pr. Decl.*, S. LXXVIIf., 다음도 참조. Couplet, *Tab. chron.*, S. 1.

109 선농(先農, 또는 신농)과 혼동한 것이다. —쿠플레는 황제부터 시작하는 원래 「중국 황조 편년사 연표」를 시작하기 위해(Couplet, *Tab. chron.*, S. 1) 복희와 선농을 묘사하면서(Couplet, *Tab. chron.*, S. XX) 「머리말」을 마무리한다.

상의 창조자이자 만물의 주재자를 공경하기 위해 사원을 지었다고 하는 견해를 대변했다. 내가 나의 연설문을 작성할 때, 나는 쿠플레의 「서론적 해설」을 보지도 읽지도 못했다고 솔직하게 고백한다. 중국 문헌 가운데 나는 단지 노엘이 라틴어로 번역한 중국 고전들만을 수중에 넣었다. 그런데 이 고전들 속에는 신과 신의 속성들이 언급되지 않고 공자나 그 밖의 어떤 해석가도 신에 대한 의무, 즉 사랑과 경외·신뢰 등을 분명하게 요구하지 않기에, 나는 고대 중국인들이 세상의 창조자를 인식하지 못했다고 결론 내렸다. 공자가 우리가 자연의 법칙이라고 부르는 것을 하늘의 법칙으로 표현했다고 할지라도, 바로 그런 이유로 〔공자가〕 '천'을 신과 하늘의 주로 이해했다고 하는 결론을 내리고 싶지 않았다. 왜냐하면 그 표현에는 또 다른 근거가 있음이 확실하기 때문이었다. 다시 말해, 〔그 표현은〕 신으로부터 생긴 것이 아니라 오히려 (키케로Cicero에게서 볼 수 있는 것처럼)[110] 사물의 본성에 의해 확립된 것이라서, 우리가 자연의 법칙이라 부르는 것처럼 중국인들도 그것을 하늘의 법칙

110 *De legibus* I 28. *Philosophia practica universalis*, Bd. 1 = WW II, Bd. 10, S. 118, §136 참조. — ("…… 신으로부터 생긴 것이 아니라 오히려 ……")라고 하는 이 〔괄호 속〕 표현은 신과 자연을 대립적으로 파악하지 않은 키케로가 아니라 그로티우스에게서 찾아볼 수 있다. Johann Sauter, *Die philosophischen Grundlagen des Naturrechts*, Wien 1932(Nachdruck, Frankfurt am Main 1966), S. 87, vgl. S. 126; Hans Welzel, *Naturrecht und materiale Gerechtigkeit*, Göttingen [4]1962([1]1951), S. 127~29; Han-Peter Schneider, *Justitia universalis. Quellenstudien zur Geschichte des 'Christlichen Naturrechts' bei Gottfried Wilhelm Leibniz*(Juristische Abhandlungen 7), Frankfurt am Main 1967, S. 123f.; Giorgio Tonelli, (Rezension zu: Lewis White Beck, "Early German Philosophy"), in *Journal of the History of Philosophy* 11(1973), S. 558f. — *Ratio praelectionum* = WW II, Bd. 36, S. 194; *Deutsche Ethik* = WW I, Bd. 4, S. 7, 16f.; §5, §20; *Ausführliche Nachricht* = WW I, Bd. 9, S. 395, §137; *Philosophia practica universalis*, Bd. 1 = WW II, Bd. 10, S. 191f., §245 참조.

으로 부를 수 있었다. 왜냐하면 중국인들은 사물의 본성에 의해 같은 것〔하늘의 법칙〕이 확립되었음을 인식했기 때문이다. 그리고 이것을 통해 그들이 노력했던 것, 다시 말해 하늘의 질서가 백성과 국가의 올바른 지배를 위한 규범임을 인식했다(주석 7). 더욱이 천에 대해 물질적인 천으로 간주할 수 없는 몇 가지 언급, 예를 들어 결코 천이 알지 못하는 것을 인간이 원하는 것은 결코 이루어질 수가 없다는 몇 가지 언급이 있다고 할지라도, 이것으로 내가 중국인들이 신성에 대해 참된 개념을 가졌으며 참된 신성에 대해 경배를 해왔다고 간주하기에는 충분하지 않은 것으로 보인다. 그것은 수사학의 규칙에 따른 비유적 표현으로서 파악될 수 있다. 내가 볼 때, 고전의 해석가가 신이라는 말을 사용하지 않았다는 점이 매우 중요하다. 이 점으로부터 나는 중국인들은 '천'을 신으로 이해하지 않았다고 추론했다. 그리고 그것은 노엘이 충실한 번역을 제공하기 위해 중국 문자 '天'(tien)에 대해 '하늘'이라는 단어를 유지한 분명한 이유였다. 그러나 내가 고대 중국인들이 세계의 창조자를 알지 못해 자연종교도 가지지 않았다고 발언하게 된 주요한 이유는 중국인들의 고전에서는, 더욱이 모든 사람이 배워야만 한다고 언급되는 곳에서는 신에 대한 어떠한 의무도 언급되지 않고, 단지 현재 생활의 관습과 관련되는 의무들만 언급되기 때문이다. 내가 왜 이에 대해 의견을 바꾸어야만 하는지 알지 못한다. 자연종교는 이성의 빛으로 신의 속성과 역사(役事)를 인식하고 그것을 통해 참된 신을 경배한다. 그러므로 신에 대한 인식이 존재하지 않는 곳, 신성에 대한 신뢰와 함께 하는 사랑과 경외, 신성에 대한 공경과 기원이 끝까지 관철되지 않는 그런 곳에는 자연종교가 존재하지 않는다. 중국인들의 도덕이 그에 따라 형성되는 모든 가르침이 들어 있는 모든 〔중국의〕 고전을 연구해도, 그곳에서 우리는 〔신에 대한〕 인식, 사랑과 경외와 공경에 대해, 신성을 향한 기원과 믿음에 대해 어떠한 것도 발견할 수가 없다. 공자가 완전한 최상의 규범으로 알려준 『대학』(大學)[111]에서는 이 의무들에 대한 어떠한 흔적도 나타나지 않는다. 공자의 뜻에 따라 어린이들이 교육을 받아야 할 것을 알려주는 『소학』(小學)[112]에서도 〔그 흔적은〕 나타나지 않는다. 그러나 이 의무들의 망각이 세상의 창조자에 대한 무지와는 다른 어떤 원인 때문이라고 생각할 수 있다. 내가 묻고 싶은 바는 이것이다. 공자가 정의와 덕을 향한 열성적인 노력을 기울이며 의지를 조종할 수 있는 적합한 동인을 발견하고자 모든 것을 행했지만 그 일을 충분히 해낼 수 없었을 때, 그는 왜 인식되기만 하면 의문의 여지 없이 가장 효과적인 동인을 제공해줄 신적 속성들과 역사(役事)와 거리를 두어야만 했던 것일까? 그럼에도 나는 고대 중국인들도 공자도 무신론자가 아니라고 기꺼이 인정한다. 요컨대 무신론자는 신이 존재한다는 것을 부인하는 사람이다. 그러나 신이 존재하는지 확실하게 알 수 없는 사람이 신을 부인할 수는 없다. 신과 관련해서 아무것도 확실하게 통찰할 수 없는 사람은 단순하게 신성을 모르는 것이다. 나는 고대 중국인들과 공자가 세상의 창조자가 존재한다고 인식했다는 점을 전혀 의심하지 않는다. 그러나 나는 그들이 신의 속성을 알 수 없었다고 확실하게 생각한다. 따라서 그들은 신에 대한 혼란한 개념을 가졌고, 확실한 개념을 전혀 갖지 못했다. 그러나 자연종교에는 신성에 대한 확실한 개념이 요구된다. 왜냐하면 신적 속성들과

111 노엘의 번역 제1권(이 책, 「독역자 해설」, §7을 보라).

112 노엘의 번역 제6권(이 책, 「독역자 해설」, §7을 보라).

역사는 신성에 대해 경배하는 행위의 동인을 제공하기 때문이다. 그러나 세상의 창조자의 속성이 무엇인지 모르는 경우에는 그 속성이 동인을 제공하는 행위들은 일어나지 않는다. 중국인들과 마찬가지로 이교도들도 누가 진정한 신인지 모르는 수치스러운 오류로 인해, 최고로 완전한 존재를 파멸할 불완전성에 종속된 우상들로 변화시켰다. 기원후 65년[113]에 인도에서 중국으로 이 우상들이 전파되기 전까지, 중국인들에게 우상들과 이 우상들에 대한 미신적 경배는 낯설었다. 그래서 중국인들은 여타의 민족보다 죄를 덜 범했다. 왜냐하면 그들은 신성에 대한 무지로 참된 경배를 중단했기 때문이다. 반면에 여타의 민족들은 이외에도 신을 적절하지 못한 방식으로 경배했고, 더욱이 신에게 해야만 하는 경배를 그들의 우상들에까지 바쳤다. 그러나 어떤 것을 행하지 않으려는 죄와 어떤 것을 행하려는 죄를 동시에 저지르는 사람은 행하지 않으려는 첫 번째 죄를 짓는 사람보다 더한 죄를 짓는다는 점을 누구도 부인하지 못할 것이다. 그러므로 최고로 완전한 존재인 신이 존재한다는 것을 부정하는 사람과 세상의 창조자의 속성이 무엇인지를 알지 못하는 사람 사이의 차이를 고려해본다면, 예수회 선교사들과 도미니크회, 프란체스코회 신부들 간의 차이는 별로 어렵지 않게 일치될 수 있을 것이다. 그리고 사실보다는 말로 인해 그들이 서로 일치할 수 없는 것처럼 보인다. 그렇지만 자연의 역사(役事)를 세심하게 관찰해보면 —그러나 이는 자연에서 일어난 일들에 대한 확실한 인식이 가능하다고 여기지 않았던 고대 중국인들에게는 낯선 것이었다— 자연적 빛의 도움으로 신적 속성을 뚜렷하게 인식할 수 있다

---

113 이 책, 314쪽 참조.

는 점을 고려하는 사람은 내가 이 사실에 대해 말해온 바를 전혀 주목할 가치가 없다고 생각하지 않을 것이다.

55) 그 자체로 분명한 것은 중국인들이 단지 자연의 힘들만 뜻대로 할 수 있었다는 점이다. 그러나 이들이 자연적 종교 또는 참된 신성의 경배를 통해 어떠한 성장도 계속할 수 없었다는 것은 그들이 자연적 종교나 참된 신성에 대한 경배를 가지고 있지 못했기 때문이다. 그들이 가진 자연의 힘들은 잘못된 종교에 의해 어떠한 해도 받지 않았다. 그들에게는 우상에 대한 미신적 경배가 존재하지 않았기 때문이다. 그래서 중국인 이외에 신적 모상(模像)의 유산인 자연의 힘들을 그대로 훼손하지 않고 보존했던 다른 민족은 없었다. 따라서 신학자들의 견해에 의하면, 자연의 힘들로 충분하게 도달할 수 있는, 앞에서 언급한 시민적 정의[114]가 어떻게 생겨나는지 경험으로부터 분명하게 알고자 하는 사람은 고대 중국인들의 발언과 행위에 대해 숙고해야 한다. 그들의 발언과 행위의 핵심은 중국의 고전 속에 모두 들어 있다. 정말 나는 기독교인이라 자처하는 사람들 대부분이 기독교적 덕으로부터 유감스럽게도 한참 떨어져 있는 것처럼 보이는 우리의 시대에, 중국인들의 철학이 우리에게 더욱 자세하게 알려지게 된 것은 신적 섭리라 본다. 다시 말해, 공자의 발언과 행위에 근거해서 단순하게 객관적 도덕성의 인식에 또는 인간적 행위의 내적 정직성과 수치에 근거하는 덕의 가장 낮은 단계이자 불완전한 등급이 무엇인지 이해하는 사람이라면, 자기의 이익과 공명심을 얻기 위해 그리스도의 가르침에 반하는 기만적인 경건을 거드름을 피우면서 과시하는 사람들에게 기만당하지 않을 것이다. 기독

114 이 책, 287쪽의 독역자 주 99 참조.

교적 덕의 높은 단계를 인식할 수 없던 공자도 그런 사람들의 행위를 반박할 수 있었을 것이다(주석 53).

56) 쿠플레는 「서론적 해설」 69쪽[115]에서 중국인들이 처음 2,000년 동안에는 다른 민족과는 교류가 없었다는 점을 상세하게 입증했다. 그러므로 오늘날에도 그들의 도덕과 외양 그리고 학문이 모든 다른 나라의 제도들과 완전히 다른 것처럼 그들은 모든 그들의 제도를 스스로 만들어냈다. 그러나 이 모든 것을 만들어내기 위해, 도덕을 형성하기 위해, 그들이 사용한 것은 원죄 이후에 남아 있던 이성의 빛뿐이었다.

57) 중국인들은 철학적 덕을 위해(주석 51) 또는 —신학자들이 이름 붙인 것이 더 마음에 든다면— **시민적 정의**(*justitia civilis*)를 위해 그들 스스로가 이용할 수 있는 만큼의 자연의 힘을 이용했다. 그런 만큼 그들은 이 힘을 가장 성공적으로 이용했다. 반면 자신이 가진 힘을 가능한 것보다 더 사용하지 못한 사람들은 그 힘을 〔중국인들에 비해〕 더 성공적으로 사용하지 못했다. 중국인들에게 이 힘을 넘어서는 어떤 것을 요구한다면, 이는 적합하지 않을 것이다. 중국인들에게 자연의 힘을 넘어서는 어떤 것을 귀속시킨다면 철학적 덕, 철학적 경건과 기독교적 덕 사이의 차이를 모르는 가장 커다란 무지를 보여주는 셈이 될 것이다.

58) 『대학』에서 도덕론을 보편적 규칙으로 만들고 싶어한 공자는 사람들에게 지성을 가능한 한 완전하게 해서 이성을 형성하는 데 주로 노력을 기울일 것을 요구했다. 다시 말해, 공자는 모든 것은 근거를 가지고 있다(「중국의 학문」 제2권, 46쪽)[116]고 인식했으며, 모든 사물

115 Couplet, *Pr. Decl.*, S. LXIXf.

의 근거들을 인식하기 위해 노력해야만 한다고 요구했다. 그가 가르친 바에 따르면, 이 근거들이 인식될 때에야 비로소 태도를 바로 할 수 있으며 모든 오류에서 벗어날 수 있다고 한다. 그리고 이 태도가 바로 정해지려면, 모든 행위와 이성이 완전히 일치할 수 있는 방향으로 욕구가 맞추어져야 한다. 『대학』 및 「중국의 학문」 제1권 1쪽과 그 이하[117]를 보라.

59) 하늘과 땅 만큼이나 차이가 있는 것들을 서로 섞어놓고 혼동하는 사람들이 중국인들을 비난했다. 다시 말해, 죄인을 그리스도에게로 개종하게 하는 방법과 사람을 이성의 빛이 허용하는 한에서 덕을 향해 노력하는 쪽으로 움직이게 하는 방법은 다른 것이다. 그리스도에게로 개종되어야만 하는 사람이 자신이 구세주가 필요하다는 것을 인식하고 은총을 받고자 한다면, 자연의 타락과 자연의 힘의 다양성을 알아야만 한다. 그러나 자연의 힘만을 사용할 수 있는 사람은 자연의 힘이 어떻게 생겼는지, 어떠한 방식으로 그것을 사용해야만 하는지 가르침을 받아야만 한다. 그가 자신이 가진 힘의 한도 내에서 힘을 사용하는 동안에, 그는 이성 자체가 명하고 우리가 추구해야만 하는 그러한 완전성에 도달할 수 없음을 스스로 깨달을 것이다. 공자는 마음속으로 완전한 사람의 표상을 스스로 그려보았고 이 표상을 또 다른 사람들에게 가르쳐왔지만, 그 자신은 그와 같은 표상을 모방하는 데 머물러 있기에 그런 표상에 도달할 수가 없었다고 고백했다(「중국의 학문」 제2권 48쪽).[118] 인간의 개종을 도덕

---

116 (주석 58 전체에 대해) Couplet, *Lib. I*, S. 1~4. 이 책, 「볼프의 주석」, 151도 참조.

117 Couplet, *Lib. II*, S. 46. *Deutsche Metaphysik* = WW I, Bd. 2, S. 17, §30; *Ontologia* = WW II, Bd. 3, S. 49, §71 참조.

118 Couplet, *Lib. II*, S. 48. 구절은 이 책, 「볼프의 주석」, 66에서 상세하게 인용된다.

적 실천과 동일시함은 잘못이다. 훌륭한 업적을 얻기 위해 노력해야만 하는 기독교인은, 개종에서 요구하는 은총의 힘이 어떠한 성질을 지니는지, 훌륭한 업적을 완성하기 위해서는 어떠한 방식으로 그 힘을 사용해야만 하는지 가르침을 받아야만 한다. 예를 들어 요한 빌헬름 바이어*의 『도덕신학의 개요』[119]에 따르면, 그 점에 도덕신학의 실천이 존재한다.

60) 중국인들은 개종의 역사(役事)를 알지 못했기에, 영혼의 병 치유와 관련해 악덕을 피하는 것 이외에 다른 목적을 생각하지 못했다. 그러나 악덕을 피하기 위해 그 악덕들을 분명하게 인식할 필요는 없다. [그 악덕과] 대립적인 덕을 판명하게 인식하고 방향을 올바르게 설정해서, 이성에 낯선 것들을 좋아하지 않도록 하는 것으로 충분하다. 그러나 어떤 사람이 자기가 항복한 악덕을 끊고자 할 때는 사정이 다르다. 그 사람은 악덕의 추함을 알아야만 한다. 그러나 이 인식의 기초는 그 자신의 경험이다. 이 경우에 악덕의 추함보다 [악덕과] 대립된 덕의 뛰어남을 자주 더 좋아한다고 해서 진리에 역행하는 것은 아니다. 악덕에 항복한 사람이 [악덕과] 대립된 덕에 대한 사랑을 통해 이 악덕에서 떨어져 나오는 것이 가능하다면, 악덕을 피하고자 하는 그의 결의는 악덕의 추함을 보고 혐오를 느낄 때보다 더 강력해질 것이다. 추함을 보고 행위를 하며 즐기게 되는 쾌락

---

* Johann Wilhelm Baier, 1647~95: 독일의 개신교 신학자. 예나 대학 신학과 교수에서 할레 대학 신학과 교수로 옮아갔고, 할레 대학 부총장을 지냈다. 부총장 시절에 엄격한 정통 루터주의 신학자로서 경건주의자인 아우구스트 헤르만 프랑케(August Hermann Franke)와 갈등을 빚었다.

119 Johann Wilhelm Baier, *Compendium Theologiae Moralis officia hominis christiani... exhibens*, Jena 1697; aus den Prolegomena z. B. S. 21, §18. Wolffs, *Klarer Beweiß*, in WW I, Bd. 18, S. 49 참조.

이 이 혐오감을 쉽게 이기도록 했다.

61) 건강은 육체를 위해 자연스럽지만 덕처럼 획득된 것이 아니다. 그러므로 이 영역에서 〔덕을〕 육체와 비교하는 일은 적당하지 않으며[120] 결론도 항상 확실치 않다. 도덕적 진리들은 그것의 고유한 개념들과 함께 논의하는 편이 더 낫다. 그렇게 해야 우리가 비교에 의해 확립되어야만 하는 제3자를 넘어 비교를 확대하지 않고 진리의 길을 벗어나지 않게 될 것이다. 또는 말들을 조심스럽지 않게, 그리고 생각 없이 사용하지 않게 될 것이다.

62) 사람들을 덕의 추구를 통해 악덕에서 벗어나게 하는 것은 많은 가치가 있다. 왜냐하면 사람들은 악덕을 인식하지 않고서도 악덕에서 돌아서게 되면서 그 자신들이 스스로 악덕에서 벗어났다고 생각하기 때문이다. 덕에 대한 사랑을 통해 인도되는 사람은 악덕에 놀라서 〔악덕으로부터〕 물러난다. 이로부터 어째서 신에 대한 두려움이 악덕을 이기는 데 아주 효과적인가가 분명해진다. 이것〔신에 대한 두려움〕은 사랑게서 나오기에 우리는 이러한 두려움을 어린애 같은 두려움이라 부른다. 이 방법을 실천과 연관시키고자 하는 사람

120 17세기에는 무엇보다 도덕철학이 의료적 개념들로 다루어졌다. 일반적으로 논리학과 철학의 결합은 —신학의 전조 아래— 특히 랑게의 『정신의 치유』(*Medicina mentis*, [1]1704)에서 발견된다. 즉 (원죄 이후) 인간의 정신은 무겁게 병이 들었다. 모든 오류와 선입견은 지성의 병에 있는 것이다. 정신적 치료는 그 핵심에서 신적 은총의 활동에 의해 완수된다. 치료된 정신은 비로소 진리를 탐구할 수 있고 지혜에 이를 수 있다. Wilhelm Risse, *Die Logik der Neuzeit*, Bd. 2, Stuttgart-Bad Cannstatt 1970, S. 569f.; Werner Schneiders, *Aufklärung und Vorurteilskritik. Studien zur Geschichte der Vorurteilstheorie*(Forschungen und Materialien zur deutschen Aufklärung, Abt. 2, Bd. 2), Stuttgart-Bad Cannstatt 1983, S. 122~24 참조. —랑게는 본인이 편집한 볼프 연설문에서(S. 17, 주 40; S. 167f., §XVI) 볼프를 비판하게 된 자신의 계기를 변호한다.

은 덕들 사이의 유사성을 알아야만 한다. 따라서 증명적 방법으로 도덕철학을 논하는 것은 유용하며, 그렇게 해서 덕과 악덕 상호 간의 교호적 의존성이 보여질 수 있을 것이다. 이는 이 직물(작품)을 완성하기 위해 내가 노력을 기울이기로 마음먹은 근거 가운데 하나였다.

63) 선한 행위를 모르는 사람은 그가 확실히 해낼 수 있었을 일들도 도중에 그만두고 만다. 다시 말해, 내가 (주석 52에서) 언급한 대로, 공자는 신에 대한 철학적 경건이 없었다. 공자는 그 밖의 다른 덕들을 훨씬 더 능가하는 이 덕을 (주석 52와 같은 곳) 알지 못했기 때문이다. 그러나 공자가 이 덕을 알았다면 이 덕을 위해 노력했을 것임은 의심할 여지가 없다. 왜냐하면 덕을 얻기 위한 그의 노력은 지칠 줄 몰랐기 때문이다.

64) 우리는 우리가 알지 못하는 악덕을 행할 수 없다. 왜냐하면 우리는 우리가 모르는 것에 대해 요구할 수 없기 때문이다.[121] 옛날의 역사가들에 따르면, 몇몇 민족에게는 덕을 향한 노력보다 악덕의 무지가 더욱 유용함이 분명하다. 다시 말해, 악덕이 덕과 맞설 때, 우리가 아는 정직한 행위를 실행하는 것보다 우리가 모르는 악덕을 오히려 행하지 않는 편이 더 쉽다. 그러므로 어린아이들에게 선한 도덕을 교육시키려면 어린아이들이 비난할 만한 행위들을 보지 못하게 하는 것이 더 중요하다.

65) 진리를 인정할 때 선입견[122]에 대해 어떠한 자리도 내주지 않은 수

121 Ovid, *Ars amatoria* 3, 397.

122 당대의 선입견 비판에 대한 볼프의 비판은 다음을 참조. Werner Schneiders, *Aufklärung und Vorurteilskritik. Studien zur Geschichte der Vorurteilstheorie* (Forschungen und Materialien zur deutschen Aufklärung, Abt. 2, Bd. 2), Stuttgart-

학자들을 그 사례로 들 수 있다. 수학자들은 증명을 해야만 진리를 인정하기 때문이다. 그러나 선입견을 피해야만 하는 것처럼 단호하게 규정하면서도 정작 부주의하게, 그리고 단지 선입견에 근거해서 판단하는 다른 사람들은 〔수학자들과〕 반대의 사례를 보여준다.

66) 나는 인간이 선한 행위를 하고 악한 행위를 피하는 몇 가지 힘을 가지고 있다고 말한다. 그러나 이 힘들은 자연의 법칙이 촉구하는 모든 완전성에는 충분하지 않다. 또한 덕의 가장 낮은 정도인 철학적 덕에는 결코 충분하지 않다(주석 51). 잘 알려진 것처럼 공자만큼 철학적 덕을 위해 쉬지 않고 노력한 사람은 없다. 그러나 그는 자신이 다른 사람에게 가르쳤던 그러한 완전성에는 도달할 수 없었다고 솔직하게 고백한다(「중국의 학문」 제2권 48쪽).[123] 그는 다음과 같이 말한다. "**완전한 인간이 되기 위한 네 규칙이 있다. 그러나 나는 (엄청난 노력을 기울였음에도) 다음의 네 규칙 가운데 하나도 제대로 이행할 수가 없었다. 첫째, 내가 내 아들에게 아버지를 섬기라고 요구하는 것처럼 나는 그렇게 할 수가 없었다. 둘째, 내가 내 부하들에게 충성심을 가지고 군주를 섬기라고 요구하는 것처럼 나는 그렇게 할 수가 없었다. 셋째, 내가 공경심을 가지고 형을 섬기라고 동생들에게 요구하는 것처럼 나는 그렇게 할 수가 없었다. 넷째, 내가 나의 동료와 친구에게 중요한 일을 넘겨주면서 공적인 의무를 먼저 하라고 요구하는 것처럼 나는 그렇게 할 수가 없었다. 그러나 완전한 인간은 자신의 행동을 통해 이것을 가식 없이 아주 일반적이고도 일상적인 덕들로 행한다.—그가 자신의 의무를 포기해야만 하고 따라서 완수하지 못하게 되**

Bad Cannstatt 1983, S. 158ff., 특히 S. 163.

123 Couplet, *Lib. II*, S. 48.—Legge, Bd. 1, S. 394f.—Wilhelm, *Li Gi*, S. 6f.—Weber-Schäfer, S. 38.

는 상황에 처한다고 할지라도, 그는 망설이지 않고 마침내 의무를 완수하는 쪽으로 자신을 몰아갔을 것이다. …… 그는 스스로를 엄격하게 판단한다. 그 때문에, 그는 말이 행동과 일치해야 하고, 행동이 말과 일치해야 한다는 점에 신경을 써왔다. 이 인간(완전한 인간, vir perfectus〔군자君子〕)을 나는 모방하고자 했으며, 물론 한참 뒤떨어져 있지만 그의 발자취를 따라 걸으면서 그를 따르고자 했다.”[*] 우연하게 내가 주목한 것은 공자가 완전한 인간상에 대해 그리면서, 어떤 다른 것보다 먼저 언급되어야만 하는 신성에 대한 의무들을 전혀 언급하지 않았다는 점이다. 신성에 대한 의무는 모든 다른 것에 대해 중심이기 때문이다. 그러므로 내가 위(주석 54)에서 계속 말했던 것은 이제 분명해졌다.

67) 초보자가 신학 개요로부터 경험과 일치해 배우는 바를 누가 의심할 것인가? 다시 말해, 『신학 강요』(*Compendium locorum theologicorum*) 단락 9에서 후터[**]는 자유의지에 대한 물음 3에 대해 이렇게 말했다.[124] “원죄 이후 인간의 의지는 시민적 정의에 도달할 수 있기 위한, 그리고 이성에 복종하는 것들을 선택할 수 있기 위한 확실한 자유를 가졌다. 다시 말해, 그〔원죄 이후 인간〕는 확실한 방식으로 신에 대해 말할 수 있으며, 외적 행동에 의해 신에 대한 확실한 경배

---

* 『중용』 제13장에 나온다. “君子之道四, 丘未能一焉, 所求乎子, 以事父, 未能也, 所求乎臣, 以事君, 未能也, 所求乎弟, 以事兄, 未能也, 所求乎朋友, 先施之, 未能也, 庸德之行, 庸言之謹, 有所不足, 不敢不勉, 有餘, 不敢盡, 言顧行, 行顧言, 君子胡不慥慥爾.”

** 레온하르두스 후터루스(Leonhardus Hutterus, 1563~1616): 독일명은 레온하르트 후터(Leonhard Hutter)이다. 그는 루터교 신학자였다. 루터교 정통주의 수호자였으며, 이론을 『신학 강요』에서 펼쳤다.

124 후터의 『신학 강요』는 처음 출간(Wittenberg 1610)된 이래, 수많은 판을 거듭하며 계속 출판되었다. 지금은 다음을 참조. Leonhard Hutter, *Compendium locorum theologicorum* (1610), hrsg. von Wolfgang Trillhaas(Kleine Texte für Vorlesungen und Übungen 183), Berlin 1961, S. 37.

를 나타내 보일 수 있으며 관청과 부모에 복종할 수 있다. 그는 살인과 이혼, 도둑질 등을 삼갈 수 있다. 인간의 본성에는 감각에 종속된 이와 같은 것들과 관련한 판단력처럼 이성이 남아 있기 때문이다. 또한 인간의 본성에는 특정한 방식으로 〔감각에 종속된〕 이것들 가운데 선택할 수 있는 이성과 시민적 정의에 도달할 수 있는 자유와 능력이 남아 있기 때문이다." 프리데만 베흐만*은 주석 258쪽에서 후터의 견해를 언급한다.[125] "인간적 이성에 복종하는 것들을 언급할 때, 즉 특별한 성령의 은총 없이 자연의 빛의 도움으로 지성에 의해 사물들을 인식할 수 있을 때, 개종하지 않은 사람도 원죄 이후에 이것 또는 저것을 행할 수 있는, 그리고 이것 또는 다른 것을 선택할 수 있는 자유와 행위할 수 있는 자연의 힘들을 소유하고 있다. 그러나 그런 대상들은 ―예를 들어 이 세상의 삶을 살기 위해 유용하거나 필연적인 것― 자연적 대상이거나, 예를 들어 십계명에 규정되어 있는 유덕한 행위와 같은 도덕적 대상이다. 그와 같은 〔자연적〕 대상들과 다른 〔도덕적〕 대상들과 관련해서, 거듭나지 못한 인간의 의지 역시 선택하거나 선택하지 않을 자유를, 그리고 이것을 선택하거나 다른 것을 선택할 자유를 가지고 있다." 여기에는 이전에 개혁 교회의 저명한 신학자 프랑수아 투레티니[126]가 『변증 신

---

* Friedemann Bechman, 1628~1703: 독일 루터교 신학자. 예나 대학 신학과 철학의 교수와 총장을 지냈다.

125 Friedemann Bechmann, *Annotationes uberiores in Compendium theologicum Leonhardi Hutteri*, Leipzig [1]1690, S. 258(Jena [3]1703: S. 410). ―Bechmanns, 'Anmerkungen' sind einer von 17 Hutter-Kommentaren, die bis 1722 erschienen.

126 François Turettini, 1623~87: 스위스 개혁 교회 신학자였다. 스위스 제네바 신학 교수 베네딕트 투레티니(Bénédict Turrettini)의 아들로 태어났다. 1653년 제네바 아카데미의 신학 교수가 되었다. 엄격한 칼뱅 정통주의에 속하는 인

학 강요』(*Institutio theoligiae elencticae*) 제1부, 「자유의지에 대하여」 단락 10, 물음 4, §3 724쪽에서 쓴 것도 해당한다. "우리는 원죄 이후에도 아직 인간 속에는 외적 활동과 시민적 선을 행할 수 있는 몇몇 힘이 남아 있음을 부정하지 않는다. 그러기에 신의 협력과 신의 보편적 도우심이 전제된다면, 인간은 정의와 절제를 행할 수 있으며, 동정과 이웃 사랑의 행위를 실행할 수 있고, 도둑질과 살인을 멀리하며, 유사한 덕들의 실행을 완수할 수 있다."

68) 이암블리코스*에 따르면(『신비에 대하여』 제1부, 제3장 4쪽, 그리고 그 이하),[127] 욕망의 법칙[128]을 이미 이집트인들은 오래전에 알고 있었다. 이집트인들보다 더 오래된 중국인들도 그것을 매우 잘 알고 있었다. 의지를 더 좋게 만들기 위해 그들은 이성의 교육을 시작했고, 악에서 선을, 위선에서 선을 구분할 수 있게 했다. 『대학』 및 「중국

물이다. François Turrettini, *Institutio theologiae elencticae*, Bd. 1. Genf [1]1679, S. 724(1688: S. 737).

* 이암블리코스 칼키덴시스(Iamblichus Chalcidensis, 250경~330경): 이암블리코스(Ἰάμβλιχος, Iamblichos). 시리아 출신의 그리스 신(新)플라톤파 철학자, 시리아 플라톤주의 대표자. 신플라톤주의의 기초 위에서 자연학·윤리학·형이상학의 연구를 통해 철학과 신비학의 새로운 결합을 꾀한 것으로 알려져 있다. 저작으로 『신비에 대하여』(*De mysteriis*), 『신성 마법 또는 이집트의 신비 가르침』(*Theurgia or De Mysteriis Aegyptiorum*)과 『피타고라스주의자의 삶』(*De Vita Pythagorica*) 등이 있다.

127 ΙΑΜΒΛΙΧΟΥ ΧΑΛΚΙΔΕΩΣ ΠΕΡΙ ΜΥΣΤΗΡΙΩΝ ΛΟΓΟΧΣ. *IAMBLICHI CHALCIDENSIS DE MYSTERIIS LIBER*, ed. Thomas Gale, Oxford 1678, S. 4: "cum essentiali illâ animae nostrae ad bonum tendentiâ ...", in der Ausgabe von Gustav Parthey: *Jamblichi De Mysteriis liber*, Berlin 1857(Nachdruck, Amsterdam 1965), S. 8, Z. 1f. —Jamblique, *Les Mystères d'Égypte*, Texte établi et traduit par Édouard des Places, Paris 1966, S. 42: I 3(8, 1f).

128 사람이 좋다고 여기는 것을 욕구하는 것: 아리스토텔레스에게로 소급되는 통찰. *Historisches Wörterbuch*, Bd. 3, Sp. 525; Sp. 939; Sp. 943, Z. 16f.; Sp. 955, Anm. 49 참조.

의 학문」 제1권 31쪽[129]을 보라.

69) 내가 여기서 취한 기쁨(voluptas)이란 단어는 르네 데카르트(René Descartes)가 부여했던(편지 6, 제1부, 나의 경우에는 13, 14쪽)[130] 의미로 쓰였다. 다시 말해, 그것('기쁨')은 선이든 아니면 외관상의 선이든 간에 완전성의 지각과 동일한 의미를 나타낸다. 이 의미가 언어 사용과 또한 일치하고 효과적이라는 것을 나는 다른 곳에서(§404, 그리고 다음의 『형이상학』)[131] 보여주었다. 이 개념의 효과성은 특히 도덕에서 드러난다. 이 점은 나의 『인간 행위에 대한 도덕적 사상』(*Moralischen Gedanken*)[132]을 주목해 읽은 사람들에게 더욱 분명할 것이다.

70) 이것은 철학적 덕—중국인들은 이 덕만을 장려했다—과 관련해서만 해당하는 것은 아니며 기독교적 덕에도 해당한다. 철학적 덕을 위해 노력하는 사람은 행위의 내적 정직성 또는 수치에서 동인을 취한다(주석 51). 그렇기 때문에 그가 행위의 가치를 규정하고자 할 때, 그는 이런저런 가능한 전제 아래 그러한 행위로부터 필연적

---

129 31쪽은 13쪽의 인쇄 실수로 추정된다. vgl. oben S. 179, Z. 220.

130 René Descartes, *Epistolae*, Teil 1, Amsterdam 1688, S. 13(라인의 궁정백작 부인 엘리자베트Elisabeth에게 보내는 편지, 1645년 9월 1일자). 프랑스 원본: *Oeuvres de Descartes*, publiées par Charles Adam & Paul Tannery, Bd. 4, Nouvelle présentation, Paris 1972, S. 283f. 이와 동일한 구절을 볼프는 *Deutsche Metaphysik*=WW I. Bd. 2, S. 247, §404, vgl. *Ausführliche Nachricht*=WW I, Bd. 9, S. 261, §94에서 인용한다. 바로 라이프니츠는 1715년 5월 18일자로 볼프에게 보내는 편지에서 다음과 같이 썼다. "*Voluptas* porro est sensus perfectionis"(기쁨은 완전한 감정이다). (Gerhardt, *Briefwechsel*, S. 172; Gerhardt, Bd. 5, S. 180 참조).

131 *Deutsche Metaphysik*=WW I, Bd. 2, S. 247ff., §404ff.

132 *Deutsche Ethik*=WW I, Bd. 4, S. 3~6, 11f., 29f., 80; §2f., 12, 40, 144 그리고 여러 곳.

으로 아니면 우연적으로 어떤 것이 나오는지 헤아려야만 한다. 그러나 기독교인은 더 멀리 내다보아야 하며, 그리스도가 특별히 주장하고 그리스도의 말씀을 들은 사도들이 주목하는 이승의 삶 이후에 올 상황도 고려해야 한다. 『형이상학』[133]에서 나는 자연적 빛의 힘으로 인간의 운명은 신의 섭리에 의존적이라는 것을 인식할 수 있음을 보여주었고, 그것으로부터 『도덕』에서는 인간의 운명이 벌과 상으로[134] 여겨질 수 있으며, 그것이 여러 방식으로 인간의 행위에 영향을 끼친다는 점을 도출해냈다. 그러므로 철학적 덕에다가 철학적 경건을 덧붙일 때, 우리는 미래를 내다보며 신의 인도를 따르는 한에서 운명 또한 고려할 수 있다. 그러나 이는 신에 대한 믿음이 기독교인보다 더 작은 것이다. 기독교인만이 의구심을 몰아낼 수 있기에 신의 선을 완전히 확신한다. 자연적 종교가 아니라 계시 종교만이 이 의구심을 없앤다.

71) 그렇기 때문에 자연법칙이 인간들 마음에 새겨져 있으며,[135] 이것은

---

133 *Deutsche Metaphysik*=WW I, Bd. 2, S. 616f., 619; §999, 1003.

134 *Deutsche Ethik*=WW I, Bd. 4, S. 27f., §36f.; S. 23f., §31 참조.

135 스토아적인 영향 아래 ('쓰이지 않은 법칙'에 대해) 바울은 (「예레미아서」, 31, 33장에 의지해) "그들의 마음속에는 율법이 새겨져 있다"(「로마서」, 2장 15절)라고 말한다. Günther Bornkamm, *Gesetz und Natur(Römer 2, 14~16)*, in ders., *Studien zu Antike und Urchristentum. Gesammelte Aufsätze, Bd. 2*(Beiträge zur evangelischen Theologie, Bd. 28), München ^{2}1963, S. 93~118 참조. 이것은 모든 교부에 의해 처음부터 자연권적 의미로 (테르툴리아누스는 그 구절을 '자연의 법'*lex naturalis*으로 해석했다) 해석되었다. Hans Reiner, "Antike und christliche Naturrechtslehre. Zu Flückigers 'Geschichte des Naturrechts I'", in *Archiv für Rechts- und Sozialphilosophie* 41(1954/55), S. 528~61; Karl Hermann Schelkle, *Paulus, Lehrer der Väter. Die altkirchliche Auslegung von Römer 1~11*, Düsseldorf 1956, S. 81ff.("legem naturae cordibus inscriptam"은 테오도레토스(Theodōrētos, 393~460)의 예에서도 발견된다) 참조. 나중의 확산에 대해서는 다음을 참조. Thomas

인간들 스스로 무엇이 더 나은지 안다는 것을 뜻한다. 중국인들은 이 능력만을 사용할 수 있었던 만큼 이 능력이 얼마나 많은 것을 할 수 있는지 중국인들의 고전으로부터 배울 수 있다.

72) 여기에서 나는 우리의 정신 및 육체의 내적 상태와 외적 상태에 생기게 되는 변화에 대해 언급하는 것이다. 그러나 나는 부, 명예, 친구 등과 같은 모든 행운의 자산은 외적 상태에 속한다고 생각한다. 그리고 정신과 육체의 내적 상태에는 정신과 육체의 자산이 속한다고 생각한다. 그러나 나는 『도덕』에서 자유로운 행위[136]는 필연적 행위와 일치되어야 하는 쪽으로 규정되어야만 하며, 정신과 육체의 내적 상태와 외적 상태 사이의 지속적 일치가 반드시 있어야만 한다고 밝혔다. 이렇게 해서 앞에서 언급한 완전성이 생기며, 이 완전성에 따라 행위의 방향이 정해져야 한다. 비록 공자가 이에 대한 분명한 인식을 하지 못하는 사람이나 무지한 사람도 깨달을 수 있게끔 완전성을 설명할 수 없었다고 할지라도, 나는 공자가 이 행위의 방향을 통찰했다고 굳게 확신한다.

73) 이성을 나는 진리들의 연관을 인식하는 능력으로 정의한다. 따라서 이성을 형성한 사람은 행위들과 그러한 행위로부터 나오는 것 사이의 연관을 인식한다. 그렇게 해서 그는 하나의 행위에서 무엇이 결

---

von Aquin, *S.th.* 1 II, q. 91 a. 2; Martin Luther, *Werke*, Bd. 24, Weimar 1900, S. 6, Z. 14f.; Francisco Suarez, *Opera omnia*, ed. Charles Berton, Bd. 5, Paris 1856, S. 104b(*De legibus*, Lib. II, Cap. VI, 2); Samuel Pufendorf, *De Jure Naturae et Gentium* (1672), hrsg. von Gottfried Mascov, 2 Bde, Frankfurt/Leipzig 1759 (Nachdruck, Frankfurt am Main 1967), Bd, 1, S. 197(Lib. II, Cap. III, §XIII). — 그 이상의 텍스트는 아마도 다음의 책을 기억나게 한다. Ovid, *Met.* 7, 20.

136 *Deutsche Ethik*=WW I, Bd. 4, S. 27f. (unpag.), §3. 제3판에 대한 예비 보고; S. 3~6, §2~4.

과하는지 해명할 수 있고, 어떤 행위에서 이 결과가 비롯했는가를 다시 해명할 수 있다. 우리가 행위에서부터 무엇이 결과하며, 어째서 그 결과가 그 행위에서 결과했는지에 대한 근거를 찾을 때, 그리고 우리가 항상 결과하는 것과 이에 반해 규정된 조건 아래서만 결과하는 것을 구분할 때 이성은 경험에 의해서 뒷받침된다. 그리고 우리는 그 자신의 사례 아니면 이질적 사례에 근거해서 통찰을 얻는다. 인간의 이성이 항상 순수하지 않고 대부분 경험과 함께 결합되어 있음을 나는 다른 곳[137]에서 보여준 바 있다. 그러나 경험이 그 자체만으로 충분하지 않은 곳에서 경험을 대신해 주목할 수 있는 것은 이성의 계발이다. 이는 자기 스스로에게 제일 먼저 실험해보고 남의 사례에 주의를 기울여 자신의 이성을 계발한 공자의 사례에도 해당한다.

74) 실제로 현재 느끼고 있거나, 이전에 알았거나 느꼈던 쾌는 행위를 실행하도록 자극을 가한다. 그러나 불쾌와 고통은 행위를 그만두도록 재촉한다. 따라서 우리는 영혼을 쾌로 채우는 것과 불쾌와 고통을 만드는 것에서 우리 행위의 동인을 취한다. 인간은 쾌감을 주는 것은 마음에 들어 하지만, 불쾌와 고통을 야기하는 것은 마음에 들어 하지 않는다. 이것은 인간에게는 아주 자연스럽다.

75) 『보편적 실천철학』 정리 23[138]과 이후의 『인간적 행위에 대한 도덕적 사상』 §173과 그 이하 참조.[139]

76) [원주 77] 여기서 나는 철학적 덕에 대해 말한다. 신학자들은 그것

137 *Deutsche Metaphysik* = WW I, Bd. 2, S. 234f., §382.

138 *Philosophia practica Universalis*, in *Meletemata* = WW II, Bd. 35, Sect. II, S. 219f., Propositio 23.

139 *Deutsche Ethik* = WW I, Bd. 4, S. 104ff., §172ff.

을 시민적 정의라고 부른다(주석 51).[140]

77) [원주 76] 바로 이전의 주 73[141]에서 언급한 것을 보라.

78) 쿠플레는 「공자의 생애」 119쪽[142]에서, 철학자는 덕의 단순한 외양만을 갖는 것이 아니라 덕을 갖는다는 것을 증명하기 위해 노력했다. 따라서 우리는 눈 먼 검투사처럼 싸우지 않기 위해 덕이란 말을 다의성으로부터 해방해야만 한다. 그러므로 앞에서 말했던 것에서 제일 먼저 드러나는 바는 여기에서 덕은 철학적 덕으로서 이해되어야 하지, 결코 신학적 또는 기독교적 덕으로서 이해되어서는 안 된다는 점이다. 덕의 단순한 외양이란 외적 행위가 법률과 일치하나 내적 행위와 일치하지 않을 때를 말한다. 외적 행위와 내적 행위의 일치 없이는 덕도 없다. 공자는 이런 일치를 주장했고, 중국인들에게서 최고의 명망을 얻고 있는 다른 사람들과 고대의 역사가들도 그러한 일치를 주장했다. 다시 말해, 쿠플레가 「서론적 해설」 86, 87쪽[143]에서 주목한 바처럼 "고대 왕들의 모범에 따라 모든 것이 성실하게 행해질 것과 모든 단어와 행위가 마음의 근거로부터 나와야만 하는 것"보다 더 자주 교육되고 강조된 것도 없다. 어쨌든 공자는 (「중국의 학문」 제2권 48쪽)[144] 그것(외적 행위와 내적 행위 사이의 일치)을 완전하고 완성된 덕을 가진 사람의 표상으로 여겼다. 그는 행동할 때 어떠한 위선도 없이 덕을 실행하며, 말이 행동과 행동이 말과 일치하게끔 마음을 쓰는 것이 필요하다고 여겼다. 그리고 제3권,

140 S. 143, Z. 473ff.도 참조.

141 이 책, 「볼프의 주석」, 66 참조.

142 Couplet, *Vita*, S. CXIX.

143 Couplet, *Pr. Decl.*, S. LXXXVIf.

144 이 책, 「볼프의 주석」, 66에서 볼프에 의해 상세하게 인용되었다.

제3부 32쪽(『논어』)[145]에서 공자는 외적 삶의 방식은 내적 단순성 및 성실성과 결합되어야만 하며, 그렇게 해서 그것들은 매력적인 상이성을 가지고 올바른 관계에서 서로 일치한다고 주장한다. 바로 그 점에서 공자는 우리가 자연적 법칙과 일치하는 것을 행하는 것만으로는 충분하지 않다고 가르친다. 왜냐하면 그것의 내적 도덕성을 인식하기 때문이다. 또한 우리가 덕을 사랑하거나 덕 때문에 쾌감을 느끼는 것만으로는 충분하지 않으며, 오히려 우리의 의무라는 것을 즐겁게 행하고 덕을 행하는 기회에 대해 기뻐하며 움직이는 것이 철저하게 필요하다고 가르친다. 그러므로 제3권, 제1부, 13쪽(『논어』)[146]에서 공자는 덕을 위해 영혼과 육체의 흔연함, 항구성과 쾌활함이 필요하다고 여기며, 그리고 덕은 외적 행위가 아니라 영혼의 내적 상태에 따라 판단되어야 함을 가르친다. 다시 말해, 그는 다른 사람들의 도덕을 탐구하는 방법으로서 다음과 같이 가르친다. 첫째, 법칙과 일치하는가를 검증하면서 행위를 관찰해야 한다. 둘째, 행동 각각의 목적이 탐구되어야 하며, 그것으로부터 (행동이) 어떠한 정신적 태도와 의도를 가지고 행해졌는지, 무엇이 정의롭고 진정한 것인지 판단되어야 한다. 끝으로 셋째, 성실과 정의를 가지고 행위하고 선한 목적을 위해 그리고 선한 의도에서 행하는 사람이 무엇 때문에 즐거워하는지 열심히 탐구되어야 한다. 그렇게 해서 우리는 사람이 그것을 원하지 않으면서 마치 강제적 방식으로 행하는 것은 아닌지, 그가 (그것을) 덕과 행동의 정직성에 근거해 쾌

145 Couplet, *Lib. III b.*, S. 32(Buch VI, 16).—Legge, Bd. 1, S. 190.—Wilhelm, *Lun Yü*, S. 55.—Stange, S. 68.

146 Couplet, *Lib. III a.*, S. 13(Buch II, 10).—Legge, Bd. 1, S. 149.—Wilhelm, *Lun Yü*, S. 12.—Stange, S. 36f.

를 느끼는지 판단할 수 있을 것이다. 이 탐구의 근거로서 철학자(공자)는 이 요구들이 채워지지 않을 때 덕은 완성되었다고 할 수 없으며 오랫동안 유지될 수 없다는 것을 보여준다. 공자가 말하는 것을 원시 고대의 중국인들도 실천했음은 다양한 사례에 의해 증명될 수 있다. 쿠플레가 「중국의 학문」 제1권 12, 13쪽[147]에서 주를 단 것처럼 나는 소송에서 진실을 파헤치기 위해 재판관들에게 제시되는 다음과 같은 규칙들을 증거로 내세운다. 다시 말해 첫째, 원고(原告)의 단어 구성과 말하는 방식에 주목해야 한다. 둘째, (원고의) 입과 전체 얼굴 모양에 주목해야 한다. 셋째, 원고가 소송 건을 말할 때에는 (그가) 숨 쉬는 방식에 주목해야 한다. 넷째, 원고가 재판관에게 질문을 받았을 때 정말 아주 혼란스럽게 대답하거나 부적합하거나 애매한 것을 답으로 제시하는지 아닌지 보려면, 원고의 귀가 얼마나 민첩하게 움직이는지 주목해야 한다. 다섯째, 음모나 부정직한 것이 드러나는지 보려면, (원고의) 시선의 방향과 눈의 깜빡임이 얼마나 의심스러운지 주목해야 한다. 다시 말해, 그들(중국인들)은 신에 대한 참된 경배를 하지 못했고, (우상숭배가) 이성에 모순되기 때문에 우상숭배에 대해 전혀 알려 하지도 않았으므로 선서를 알지 못했고, 말과 얼굴, 숨 쉬는 것, 귀와 눈에 대한 세심하고도 신중한 관찰을 통해 진리의 진실성 또는 원고의 왜곡이나 간계를 밝혀야만 했다. 내가 『도덕』[148]에서 다른 사람들의 관습을 조사하기 위해 일반적인 것을 제시하고, 이것을 통해 내가 해온 연구의 빈틈을 메우고자 했을 때, 그 방법의 가능성을 나는 이미 근거들을 갖고 옹호해

---

147 Couplet, *Lib. I*, S. 12f.

148 *Deutsche Ethik* = WW I, Bd. 4, S. 116ff., §190ff; S. 148ff., §229ff. 참조.

왔다. 따라서 나는 원시 고대의 중국인들이 이 방법을 알았고 성공적으로 실천에 옮겼다는 것을 알았을 때 매우 기뻤다. 문외한과 경솔한 사람들이 보내는 박수갈채를 받으면서 권력자의 총애에 기대어 —이 점에서 그들이 이용하는 철학하는 자유[149]가 독재로 전도되었다— 학자들의 세계를 지배하고자 욕심 내는 사람들이 논쟁을 일으키는 데 신경을 쓰지 않고 학문과 예술의 강력한 진흥에 신경을 썼으면, 나는 그런 사람들을 정말로 선호했을 것이다. 학문과 예술의 영역에서 인류를 위해 유용하고도 아주 탁월한 것들이 수없이 발명되어야만 하기 때문이다. 그렇지만 우리는 우리의 중국인들에게 되돌아가자. 따라서 공자가 자신의 태도와 의지의 진정성과 진리를 위해 노력했으며, 악한 것과 악취가 나는 것을 사람들이 혐오하는 것처럼(그의 제자 증자曾子는 「중국의 학문」 제1권, 13쪽[150]에서 그렇게 해석을 한다) 혐오스러운 것을 올바르게 혐오해야 한다는 점을, 그리고 아름다운 것과 마음에 드는 것을 보았을 때 기쁜 마음이 드는 것처럼 —이 점에서 그는 내가 『도덕』[151]에서 커다란 중요성을 부여했던 자기 만족성을 권장한다 —〔공자가〕 선한 것과 유덕한 것을 올바르게 기뻐해야 한다는 점을, 다른 사람들뿐만 아니라 〔자신에게도〕 지키라고 했다는 점에 여러분들은 귀를 기울여야 한다. 공자의 말에 전혀 신뢰를 보내고 싶지 않다고 하더라도, 공

---

149 이 책, 「볼프의 주석」, 22의 독역자 주 57 참조.

150 Couplet, *Lib. I*, S. 13. —Legge, Bd. 1, S. 366. —Wilhelm(*Li Gi*, S. 24f.)은 정반대로 번역했다. —증자(Tseng-tse)에 대해서는 다음을 참조. Forke, Bd. 1, S. 147~57; 저작자에 대해서는 S. 159 참조.

151 *Deutsche Ethik*=WW I, Bd. 4, S. 276~78, §408. *Deutsche Metaphysik*=WW I, Bd. 2, S. 283f., §463 참조.

자의 행위는 이 점에서 전적으로 자신에 대해서만 말을 하는 것이다. 물론 그는 자신이 모든 사물을 가장 잘 이해한 사람으로 평가되고 아울러 확실하게 진정한 영혼의 완전성을 가졌다는 말을 듣는다면, 그것을 가장 불편해했을 것이다. 「중국의 학문」 제3권 제4부, 41, 44쪽[152]을 참조하라. 온 나라에서 공자보다 더 나은 사람은커녕 〔공자와〕 같은 사람도 찾아볼 수 없다고 정직하게 주장하는 사람들이 등장했을 때, 철학자〔공자〕는 서방에는 자기보다 훨씬 더 완전한 어떤 성인이 존재한다고 대답했다. 이것이 기원후 65년에 명제(明帝)*를 움직여 성인과 그의 법을 찾아보도록 사절을 서방으로 보내게 했다. 불행하게도 사절들은 우상 포[153]를 인도에서 중국으로 가지고 왔다. 이때 우상숭배와 피타고라스적 영혼윤회[154] 및 수많은 거짓 이야기와 미신적 습관이 함께 들어왔다. 쿠플레의 『공자 전기』 120쪽[155]과 「서론적 해설」 27쪽[156]을 보라. 공자는 가장 작은 것

---

152 Couplet, *Lib. III b*, S. 41(Buch VII, 19). —Legge, Bd. 1, S. 201. —Wilhelm, *Lun Yü*, S. 68. —Stange, S. 76; Couplet, *Lib. III b*, S. 44(zu Buch VII, 33; nicht in den anderen Übersetzungen). 또한 Couplet, *Lib. III b*, S. 55(Buch IX, 7) —Legge, Bd. 1, S. 219. —Wilhelm, *Lun Yü*, S. 89. —Stange, S. 89도 참조.

* 후한(後漢)의 제2대 황제(재위 57~75). 기원후 67년에 꿈을 꾸고 불교에 귀의했으며, 서역에서 승려를 불러 낙양(洛陽)에 사원을 세웠다고 전한다.

153 '포'(Fo)는 부처에 대한 중국식 이름이다. 부처의 이론을 탐구하러 보낸 한(漢) 명제의 전설적 사절 파견에 대해서는 다음을 참조. Otto Franke, *Geschichte des chinesischen Reiches*, Bd. 1, Berlin/Leipzig 1930, S. 407ff.

154 쿠플레와 여러 사람은 불교의 영혼윤회설(또한 이 표어는 매우 오해를 낳는 표현이었다)을 유명한 (기원전 5, 4세기) 피타고라스의 〔영혼윤회〕 이론으로 파악했다. 불교는 유럽에 아직 알려지지 않았다. (예를 들어, 체들러Zedler에게는 불교에 대한 어떤 언급도 없다. 단지 Bd. 9, Sp. 351 v. Fe〔Fe에 대한 것〕가 있다.)

155 Couplet, *Vita*, S. CXX.

156 Couplet, *Pr. Decl.*, S. XXVII. Couplet, *Tab. chron.*, S. 39 참조.

과 가장 사소한 것들에 가장 커다란 주의를 기울였다. 이것은 「중국의 학문」 제3권, 제5부 66쪽[157]의 사례들을 통해 증명된다. 그러나 이것이 덕을 향한 추구에서 진리와 성실성을 위해 가장 큰 도움이 된다는 점을 나는 이미 다른 곳[158]에서 증명한 바가 있다. 공자는 가까운 것에서 덕을 향한 노력과 관련해 숙고해야 할 사항을 찾았다. 이 점에서 그는 행복하게 자신의 창의적 재능을 사용했다. 이것에 대한 한 가지 사례는 앞서 인용한 「중국의 학문」 57쪽[159]에 나타나 있다. 공자는 자신의 시대의 불행을 보고 그것을 개선하는 것이 불가능하다고 생각했을 때, 그러한 불행이 마치 자신의 이론에 의해 야기된 것처럼 탄식을 했다. 그리고 자신의 시대에 대한 반감으로 그는 야만족들에게 가서 살기 위해 조국을 떠나기를 갈망했다. 「중국의 학문」 같은 곳, 55, 57쪽[160]을 참조하라. 이 점에 대해 다른 많은 것을 더 제시할 수 있지만 나는 생략하고 넘어가겠다. 그러나 내가 공자의 사례에서 확증했던 바와 같은 것을 증명해주는 또 다른 많은 사례가 제시된다. 쿠플레가 「중국의 학문」 제1권 21쪽[161]에서 언급한 것처럼 순 황제는 현명한 사람들과의 교류를 통한 발전을 이루기 위해 모든 곳을 수소문해서 그들을 찾았으며, 때때로 큰

---

157 Couplet, *Lib. III b*, S. 66(zu Buch X, 9).

158 *Deutsche Ethik* = WW I, Bd. 4, S. 216, §329?; S. 174f., §271f.? 앞의 책, S. LXXXIIIf.도 참조.

159 Couplet, *Lib. III b*, S. 57(zu Buch IX, 12). —Legge, Bd. 1, S. 221. —Wilhelm, *Lun Yü*, S. 91(u. Anm.). —Stange, S. 90. —Couplet, *Lib. II*, S. 43도 참조. —주희의 주요 저작 중 하나(『근사록』近思錄)는 영어 번역에서 다음과 같은 제목을 달고 있다. *Reflections on Things at Hand*(translated by Wing-tsit Chan, New York 1967).

160 Couplet, *Lib. III b*, S. 55(zu Buch IX, 8). —Ebd., S. 57(Buch IX, 13). —Legge, Bd. 1, S. 221. —Wilhelm, *Lun Yü*, S. 91. —Stange, S. 91.

161 Couplet, *Lib. I*, S. 21.

비용을 치르고 〔그들을〕 데리고 와야 한다고 명했다. 그뿐만 아니라 특히 기억해야 할 일은 (「중국 황조 편년사 연표」 4쪽[162]에 나와 있는 것처럼) 그가 공개적으로 판(版)을 세웠다는 점이다. 임금이 잘못을 저지르면 그것을 누구나 그 판에 마음대로 쓸 수 있게 했다. 그러므로 순 황제는 올바른 통치를 위해 매우 노심초사했으며, 통치의 가장 고결한 과제를 신하들에게 훌륭한 모범으로 먼저 보여주는 것이라고 생각했다. 그의 선임자 요는 마찬가지로 부유하지만 자랑하지 않았고, 우아하지만 교만하지 않았고, 정직하고 성실했지만 가식이 없었다. 그리고 쿠플레가 앞서의 21쪽[163]에서 거론한 것처럼 그는 매우 커다란 주의를 기울여 제국을 통치했기에 백성의 굶주림을 자신의 굶주림으로 여기고 백성의 허물을 자신의 허물로 생각했다. 장황한 설명을 피하기 위해 우리는 다음 것들은 생략하고 지나간다.

79) 수학자의 사례가 이 점을 전적으로 보여준다. 천문학자들은 이런 저런 사람이 발견해낼 수 없었던 것을 다른 사람이 발견하는 것은 가능하지 않다는 선입견으로부터, 이곳저곳에서 찾지 못했던 것은 어떠한 방식으로도 찾아낼 수 없다고 하는 선입견으로부터 항상 자유롭다. 그들은 이와 반대되는 사례들을 수중에 가지고 있기 때문이다. 그들은 자신들이 포기했던 것을 후계자들이 해낼 능력이 있다는 이유들도 잘 알고 있다. 그래서 그들은 천문학을 날마다 더 완전한 것으로 만들어 갔으며, 오늘날에도 그렇게 한다. 순수 수학에 종사하는 사람은 새로운 창의적 생각을 하지 못해 오랜 세월

162 Couplet, *Tab. chron.*, S. 4.

163 Couplet, *Lib. I*, S. 21.

이 학문을 풍부하게 하지 못했다. 그 이유는 그들이 아르키메데스(Archimedes)와 아폴로니오스(Apollonios)의 커다란 예지를 그 누구도 능가할 수 없다라고 확신했기 때문이다.[164] 그래서 매우 많은 사람이 자신이 가진 재능을 불신하면서, 아르키메데스와 아폴로니오스의 이론을 한 번도 피상적으로나마 시험해보지 않았다. 그러나 이 선입견이 지난 세기 초에 사라지고 난 다음에 순수수학은 매우 많은 그리고 아주 대단한 창의적 생각들에 의해 풍부해졌다. 만약 아르키메데스와 아폴로니오스가 부활해서 현대 기하학자들의 저서를 본다면, 이 위대한 기하학자들이자 현대 기하학자의 스승들은 자신들의 교본(Tyrocinia)을 내놓지 않아도 되었으리라 믿었을 것이다. 그러나 이것이 내가 마치 옛날 사람들의 당연한 명성에 누를 끼치고 싶어 하는 것처럼 파악되지 않기를 바란다. 위대한 창의적 재능과 명민함을 가지고 발견된 것을 인식하는 사람은, 설령 그렇게 재능이 있지 않다고 하더라도, 선구자들의 요령을 모방하고 그들의 창안을 원리로 사용함으로써 발전을 계속해 나갈 수 있다는 것을 나는 잘 알고 있다. 또한 우리 시대에 부지런하고 명민한 사람들이 선구자들의 업적들을 능가했음은 여타의 학문들도 보여준다. 이 학문들에 헌신해온 매우 많은 사람이 이제까지 올바르게 보이는 것처럼 우리가 철학함이라는 고유한 방법에 보다 더 열심히 몰두한다면, 이 학문들이 날마다 더욱 더 완전해지고 후학들에 의해 더욱 풍부해지는 것은 의심할 수가 없다.

---

164 아르키메데스(기원전 285경~기원전 212)와 페르가(Perga) 출신의 아폴로니오스(기원전 262경~기원전 190)는 고대의 가장 중요한 수학자들이며, 근대에 이르기까지 수학자의 표준으로 여겨졌다.

80) 공자는 이에 대해 한 가지 뛰어난 사례를 제공한다. 그는 철학적 덕을 추구하기 위해 자연의 힘만을 이용했다(주석 55). 왜냐하면 이 진실한 철학자는 자신이 생애 동안 점점 더 큰 발전을 이루어왔으나 목표에는 결코 도달하지 못했다고 솔직하게 고백하기 때문이다. 실천철학을 위한 노력에서 이룩한 이 발전을 그는 「중국의 학문」 제3권 제1부 10쪽[165]에서 다음과 같이 표현한다. 15세가 되자, 그는 우선 옛사람들의 말씀과 행위들을 분명하게 파악하기 위해 그들의 원리를 철저하게 습득하는 일에 헌신했다. 30세가 되자, 그는 이미 시작된 덕과 지혜를 꾸준히 추구하기로 하고, 어떤 외적인 것에 의해서도 그러한 뜻을 버리지 않겠다고 했다. 40세가 되자, 그는 발생하는 모든 사건의 내적 진정성을 판단할 수 있는 명민함에 이르렀으며, 이렇게 되자 이전에 여러 차례 그의 뜻을 흔들리게 했던 모든 의혹이 제거되었다. 50세가 되자, 그는 사물의 본성에 있는 내적 진정성의 근거들을 인식하게 되었다. 60세가 되자, 감각적 욕구가 아무리 저항을 하더라도 이성에 순종할 수 있는 섬세하고도 행복한 귀를 가지게 되었다. 70세가 되자,[166] 그는 오랫동안 숙고의 결과와 자기 자신을 이긴 결과, 즉 그의 욕구가 자연적 법칙과 일치한 상태를 드디어 즐길 수 있었다.* 공자의 고백은 내가 「보편적 실천철학」[167]에서 제시한 나의 원리들과 정확하게 일치하며, 이에 근거

---

165 Couplet, *Lib. III a*, S.10f.(Buch II, 4). —Legge, Bd. 1, S. 146f. —Wilhelm, *Lun Yü*, S. 8f. —Stange, S. 34f.

166 포르마이(Formey, S. 46)는 여기서 그것을 언급하는 것을 적절한 것으로 여겼다(야르고프Jargow의 번역, S. 140).: "우리가 이미 70세가 되었을 때/ 자신의 열정을 죽이려는/ 그런 노력은/ 결코 놀라울 것이 없다."

* 『논어』 「위정」 편에 나온다. "子曰, 吾十有五而志于學, 三十而立, 四十而不惑, 五十而知天命, 六十而耳順, 七十而從心所欲, 不踰矩."

해 분명한 근거들을 제시하는 것은 나에게는 쉬운 일이다. 그러나 지금은 적절한 자리가 아니기에 나는 보다 적당한 기회를 보아서 〔그 근거들에 대해〕 진술할 것이다. 그러나 나는 지성을 통해 제시된 증거가 마치 자의적 증거처럼 잘못 보이는 의혹을 해소해야만 한다. 다시 말해, 한 인간이 가진 지성의 완전성은 지성의 형성에 헌신하기를 원하는 다른 사람들에게 매우 유용할 수 있다. 우리는 다른 사람들이 발견했던 것을 원리로서 사용해, 새것을 발견하는 그들의 요령을 모방할 수 있기 때문이다. 이에 반해 다른 사람들의 덕은 우리의 의지를 완전하게 하는 데 〔지성과〕 똑같은 정도로 도움을 주지 않는 것처럼 보인다. 물론 이는 의지가 동인에 의존하고 덕의 실행이 수단에 의존한다는 점을 우리가 주목하지 않을 때 그렇게 보일 수도 있다. 다른 사람들이 응용해 훌륭한 성과를 거둔 수단 및 보조수단과 함께 자유로운 행위의 동인을 잘 알고 있는 사람은 현재 자신이나 다른 사람의 경우를 보고 현명해질 때보다 더 쉽게 덕을 행할 수 있다. 덧붙여 말하면, 내가 다른 곳에서 보여주었던 것처럼[168] 모범적 사례들이 또 다른 방식으로 윤리적 행위를 위해 유용한 것일 수 있다. 그러나 여기서는 그 점에 대해 몇 마디 말로 서술될 수 없다.

81) 정직한 행위들은 정신의 본성과 일치한다. 정직하지 못한 행위들은 정신의 본성과 모순된다. 그렇기 때문에 어떤 것은 정직하고 반면에 어떤 것은 정직하지 않은 이유에 대한 근거를 제시하려 한다

---

167 *Philosophia practica Universalis*, in *Meletemata* = WW II, Bd. 35, Sect II, S. 209f., Propositio 14.

168 *Deutsche Ethik* = WW I, Bd. 4, S. 100f., 115f., 246f.,; §167, 188, 373.

면, 우리는 인간 정신의 본성을 알고 있어야만 한다. 철학적 덕은 중국인들이 유일한 덕으로 알고 실행해왔다. 우리가 이 덕을 위해 노력한다면, 마찬가지로 우리는 행위의 근거를 단순히 정신의 본성에 근거해서 제시해야만 할 것이다. 다시 말해, 정신의 본성에 의해 발생할 수 있는 것만을 통찰해야 한다. 이 원천으로부터 나는 도덕적 이론과 실천[169]을 선험적으로 도출해냈다. 그리고 내가 이 원리들을 중국인들의 철학에 응용했을 때, 나는 그것에 매우 참된 것이 내재함을 발견했다.

82) 중국인들의 편년사는 그것의 도움을 받으면 도덕철학이나 국가철학에서 최고로 지식을 증대할 수 있도록(주석 5) 세심하게 기록되었다. 그러므로 공자는 도덕철학과 국가철학을 열심히 연구할 때, 그 편년사를 읽고자 했다(주석 5). 그는 정신의 지식을 갖지 못했기에 그 근거들을 결코 탐구할 수 없었다. 그래서 그는 고대인의 격언과 행위들에 들어 있는 것을 스스로에게 행해보는 시도를 통해 〔그 근거들을〕 결정할 수 있기를 원했다(앞의 주석 참조). 그래서 그는 우리가 아 프리오리하게 도달할 수 있는 것을 더욱 커다란 힘을 기울여 아 포스테리오리하게 도달했다. 방금 언급한 것을 참조하라(주석 80). 그러므로 선교사들이 공자가 지식을 증대시켰던 태고(太古) 시대의 편년사들[170]을 라틴어로 번역했을 때, 그들은 유익한 작업을 한 것이다.

---

169 같은 책, S. 6, §4.

170 이 책, 「볼프의 주석」, 19 참조. 〔편년사〕 번역에 대한 볼프의 요청은 당시에〔당시 사람들이〕 중국 편년사의 다양성을 생각하지 못하고, 편년사라고 하면 『서경』(*Schu-king*)을 생각했음을 보여준다(Forke, Bd. 1, S. 6~9 참조). 위의 S. 223, Z. 85도 참조.

83) 공자가 두각을 나타낸 덕 때문에 사람들이 그에게 바쳤던 경배가 얼마나 큰가를 헤아려본다면(주석 29[원주 27]과 그 이하),[171] 중국인들 가운데 공자와 같은 사람은 아무도 없으며, 그를 능가하는 사람은 더더군다나 있을 수 없음은 결코 의심할 수가 없다. 모든 것이 올바른 의미와 함께 행해지도록 공자가 지칠 줄 모르고 노력했다는 점을 헤아려본다면, 그 점을 기꺼이 인정할 수 있을 것이다. 단지 중국인들이 자연의 단순한 힘들을 이용했고(주석 55) 다른 민족들과의 교류를 통해 아무것도 받아들인 것이 없다고 할 때(주석 56), 우리는 자연의 힘, 즉 앞에서 언급한 신적 형상*이 얼마만큼 강하게 남아 있는가를 보여줄 수 있는 이 사례보다 더 빛나는 사례를 가질 수 없다. 따라서 선교사들이 완전하게 작업한 「공자의 생애」를 제공해서 자연(본성)이 얼마나 성취할 수 있는가를 의심의 여지 없이 보여주었을 때, 선교사들이 왜 보상받을 일을 했는지(주석 20)에 대한 새로운 이유가 제시된 셈이다. 공자가 자신의 이론을 오래된 편년사로부터 찾아내고 황제 특히 요와 순의 계승자로서 등장했을 때, 그는 자신의 전기가 복희에서 순에 이르는 완전한 편년사와 아니면 적어도 요와 순 두 황제의 생애와 결합되기를 염원했을 수 있다. 이렇게 되면 은총을 훼손하는 게 아니냐고 걱정하는 사람은 진

---

171 이 책, 「볼프의 주석」, 27~31 참조.

* 신학적 용어로 '이마고 데이'(Imago Dei)라 하며, 하나님의 모습 또는 형상을 말한다. 이 용어는 「창세기」, 1장 26절에 보면, 하나님은 당신의 형상으로 사람을 창조했다는 말씀에 기초한다. 신학자들 사이에서는 하나님의 형상을 두고 인간은 원죄를 저지름으로써 그 형상을 잃은 것이 아니고 그 형상이 희미해졌다는 주장과, 인간은 원죄 이후 아예 하나님의 모습을 완전히 상실했기에 하나님의 은총을 통해 (인간이 잃어버린 하나님의 모습을) 회복할 수밖에 없다는 주장이 있다. 볼프는 계시신앙을 몰랐던 공자의 사례에서 신적 모습이 강하게 남아 있다고 주장한다.

실로 은총에 대해 매우 얕보는 판단을 하는 것이다. 자연의 힘들로 얻어질 수 있는 철학적 덕은 위대할 수 있겠지만, 덕을 향한 추구에서 자연은 결코 은총과 비교될 수가 없다. 철학적 덕과 신학적 덕 사이에는(주석 51, 53) 엄청난 차이가 있을 뿐만 아니라 덕에 이르는 방식에서도 그 차이가 눈에 띄기 때문이다. 실천에서 자연에 대한 은총의 우위는 하나하나 드러난다. 물론 은총에 근거해 자연을 능가하는 것이 일어날 수 있다는 점은 더 말할 필요가 없다. 이 우위는 자연의 힘들이 분명히 인식되었을 때 분명하게 증명될 수 있다. 그리고 나는 이 논증이 자연의 힘들에 너무 많이 귀속된 중국인들에게도 적지 않게 유용할 것임을 의심하지 않는다. 왜냐하면 자연의 힘과 시민적 정의 및 철학적 덕에 대한 분명한 인식은 스스로를 기독교인이라 부르면서도 이 덕의 완전성을 전혀 소유하지 못하고, 하물며 기독교 덕에 의해 두각을 나타내지도 못하는 사람들 모두를 부끄럽게 하기 때문이다. 이뿐만 아니라 그것〔자연의 힘들에 대한 분명한 인식〕에서부터 얻어진 은총의 〔자연에 대한〕 우위에 대한 인식은 덕에 대한 사랑게 의해 움직이는 사람들이 철학적 덕보다 기독교적 덕을 선호하도록 작용하기 때문이다. 공자가 철학적 덕에 대해 추구하면서 놀랄 만한 발전을 이루었음에도(주석 80), 그는 자발적으로 덕의 최상의 정도에 아직 이르지 못했다고 고백했고, 다른 사람이 그것을 계속해서 해낼 수 있다는 점을 철저하게 가능하다고 여겼다(주석 66).

84) 공자에 대해 조금 전에(주석 80) 언급한 것을 숙고해보라. 공자는 15세부터 70세까지의 생애, 즉 마지막으로 살아 숨 쉴 때까지 자신을 완전하게 하는 일에 불굴의 노력을 기울였다. 그리고 자신이 어떤 성장을 해왔는지 밝혔을 뿐만 아니라 자연의 빛에 의해 인식하

게 된 완전성과 자신이 얼마나 멀리 떨어져 있는가도 아주 냉정하게 탐구했다. 공자는 이 완전성이 인간에게 어울린다는 것을 탐구해 우리가 대우주 속에서 발견하는 것과 동일한 행위의 일치가 소우주 속에서 드러나게 했다.[172] 『중용』에 대한 책, 즉 「중국의 학문」 제2권 74쪽[173]에서 공자는 이 세계에서 사물들의 완전한 일치가 생겨나고 모든 사물이 자기 자신의 본성과 일치하게 되는 목적을 달성하는 방향으로 행위해야 한다고 강력하게 주장한다. 중국의 해석가들에 따르면(앞의 책, 제2권, 42쪽),[174] 공자는 복희에게서 전해받은(주석 7) 관념을 따랐고 인간을 세계의 한 부분으로 여겼다. 따라서 그는 인간의 완전성을 위해 우리 행위들의 자유로운 규정에는 소우주와 대우주의 일치가 요구된다고 여겼다. 따라서 내가 지적해온 것처럼 공자는 —그에 앞선 중국인들도— 자연권의 원천을 파악했다. 소우주로서의 인간 및 대우주로서의 세계의 완전성에 도달하기 위해 자유로운 행위 역시 자연적 행위를 규정하는 보편적 근거에 의해 규정되어야만 한다.

85) 노엘의 번역에 따르면, 공자는 그 점을 『대학』 처음에서 보여주었다. 사실 쿠플레는 동료와 함께(「중국의 학문」 제1권 제1쪽)[175] 노엘이 완전성이라 번역한 것을 '최고선'으로 번역했다. 그러나 조금 전에 언급한 것, 특히 이전의 주석에서 기술한 것에 주목하고, 내가 앞

172 위의 S. 127, Z. 170f. 참조.

173 Couplet, *Lib. II*, S. 74.—Wilhelm, *Li Gi*, S. 14.—Weber-Schäfer, S. 57(Legge, Bd. 1, S. 418f., 완전히 다르게 번역되어 있다).

174 Couplet, *Lib. II*, S. 42. Legge, Bd. 1, S. 385.—Wilhelm, *Li Gi*, S. 4.—Weber-Schäfer, S. 31 참조.

175 Noël, S. 10.—Couplet, *Lib. I*, S. 1.—Legge, Bd. 1, S. 356.—Wilhelm, *Li Gi*, S. 21.

에서(주석 7) 언급한 것을 기억한다면, 노엘의 번역이 쿠플레의 번역보다 선호될 수 있음을 부인할 수 없을 것이다. 그 점에 대해 중국의 해석가들의 일치가 있었다고 쿠플레는 다음과 같은 부연 설명을 통해 암시했다. 〔중국의〕 해석가들은 여기서 '최고선'을 모든 행위와 건전한 이성 사이 최상의 일치로 이해한다. 그러나 그 일치에서 인간이 자신의 행위의 주인인 한에서, 인간의 완전성이 존재한다. 인간이 자신의 행위의 주인임은 〔인간의〕 모든 행위가 이성에 의해 규정되는 것이다. 따라서 행위들은 서로 간에 일치될 뿐만 아니라 자연적 행위와도 일치되며 또한 소우주 및 대우주와도 일치되어야 한다(주석 84).

86) 이 점에 대해 나는 『도덕』[176]에서 아주 많이 보여주었다. 감각적 욕구가 이성적 욕구와 일치되게 하기 위해 꽤 많은 노력을 기울인 공자는 확실하게 그 점에 대해 알았다. 그는 자신이 고백한 것처럼 70세 때—세상을 떠나기 거의 3년 전—에야 처음으로 그러한 일치에 도달했다(주석 80).

87) 영혼의 윗부분과 아랫부분에 대한 구분을 나는 『심리학』[177]에서 가장 명료하게 제시했다. 이 구분 위에 나는 영혼의 경험적 부분 및 이성적 부분을 토대로서 세워놓았다. 튀미히가 제공했던 『볼프 철학의 원리』[178]를 보면, 그러한 점이 분명해질 것이다. 왜냐하면 그는

176 *Deutsche Ethik*=WW I, Bd. 4, S. 109~16, §180~88.

177 *Deutsche Metaphysik*=WW I, Bd. 2. S. 266, §434(S. 299, §492 참조); 『독일 형이상학』(*Deutsche Metaphysik*)에 대한 주석에서 보다 더 분명하게 드러난다.=WW I, Bd. 3, S. 227~31, §141.

178 Thümmig, Bd. I=WW III, 19.1은 『경험적 심리학』(*Psychologia empirica*)에서 영혼의 아랫부분(S. 118ff.)에서 인식 능력을 다루고, 마찬가지로 윗부분(S. 129ff.) 및 욕구 능력도 영혼의 아랫부분(S. 142ff.)에서 다룬다. 이 구성은 『합리적 심리학』

인식 능력 및 욕구 능력의 아랫부분과 윗부분을 특별한 단락에서 설명하고 있을 정도로 경험적·합리적 심리학을 개진했기 때문이다.

88) 중국인들은 영혼의 윗부분과 아랫부분에 대한 구분을 되풀이해 가르쳐왔다. 그리고 공자 이전에 요와 순 같은 원시 고대의 황제들은 이미 그러한 구분을 도덕의 중요한 원리로서 가르쳐왔다. 공자는 특별하게 요와 순을 추종했다고 한다. 다시 말해, 그들〔요와 순〕은 일반적인 '마음'의 욕구를 언급한다. 더욱이 감각적 욕구를 '인간의 마음'으로, 그러나 이성적 욕구를 '이성의 마음'*으로 부른다. 그리고 그들은 도덕적 행위가 감각적 욕구가 이성적 욕구로 인도될 때 생겨나기 시작한다는 것을 되풀이해 가르쳐주었다. 「중국의 학문」 제2권 41쪽[179]을 보라. 공자의 모든 발언과 행위도, 충분히 분명해진 것처럼 그 점을 목표로 하고 있었다. 그리고 더 나아가 덕을 향한 노력에서 자신이 보여준 발전에 대한 공자의 고백에서 특별히 그 점을 짐작할 수 있을 것이다.

89) 철학 전반에서 나는 극도로 주의를 기울여 우리가 사용하는 모든 말을 담론 중에 하는 불안정한 말들이 만들어내는 애매함에서 해방하고자 했다.

90) 경험 자체가 그것을 증명해준다. 나는 많은 세월을 겪으면서 시대에 뒤떨어진 도덕의 형성자들[180]이 그들의 모든 노력이 허사가 된

(*Psychologia rationalis*, S. 165ff., 172ff.; 178ff., 182ff.)에서 발견된다. 이 도식은 볼프의 『경험적 심리학』(WW II, Bd. 5)에로 다시 돌아왔지만, 그러나 그의 『합리적 심리학』(WW II, Bd. 6)에서는 나타나지 않는다.

* 인간의 마음과 이성의 마음은 유교에서 말하는 인심(人心)과 도심(道心)을 뜻한다.

179 Couplet, *Lib. II*, S. 41.

180 할레 고아원의 경건주의 교사들. 이 책, 「볼프의 주석」, 148 참조.

것에 경악해 하는 수많은 사례를 날마다 경험했다. 모든 노력이 허사가 된 까닭은 그들〔시대에 뒤떨어진 도덕의 형성자들〕이 이성을 사용하지 않아 커다란 악의 근거를 알 수 없었기 때문이다.

91) 쿠플레가 「중국의 학문」 제1권 21쪽[181]에서 보고한 것처럼 중국인의 편년사에서 황제이자 입법자인 요가 찬양을 받는 이유는, "백성이 처벌에 대한 두려움이나 보상에 대한 희망에서가 아니라 마치 아버지를 따르는 것처럼 완전히 자발적으로 순종하는 정도로 그가 자기편으로 신하들의 의지를 얻어냈기 때문이다." 이 중국인들의 입법자는 중국 제국 최초의 건설자인(주석 7) 복희의 입장과 일치해 행위를 했다. 그리고 (「중국의 학문」 제3권, 제1부, 10쪽)[182] 공자는 처벌과 공포에서 의무를 수행하거나 또는 주인에 대한 두려움에서 법을 벗어나지 않는 사람들을 나쁜 노예에 비유했다. 왜냐하면 그들에게서는 범죄에 대한 부끄러움이나 참다운 혐오가 결여되어 있기 때문이다. 벌에 의해 강요되는 두려움을 공자는 노예적〔두려움〕이라 불렀다. 그리고 그는 그것〔노예적 두려움〕을 의무의 나쁜 스승이라 불렀다. 단순하게 노예적 두려움에서 더 큰 죄를 저지르지 못하는 사람은 자신의 의무를 오랫동안 이행할 수 없기 때문이다. 바로 그 점에서 공자는 주인에 대한 사랑에서 나오는 어린이 같은 두려움을 칭찬한다. 그는 이 사랑을 참되고 지속적인 덕의 인솔자라고 찬양한다. 12쪽[183]에서 그는 사랑에서 생겨난 것처럼 다른 곳에서 훌륭

---

181 Couplet, *Lib. I*, S. 21; "... *velut Patri ac Matri* ..."

182 Couplet, *Lib. III a*, S. 10(Buch II, 3). —Legge, Bd. 1, S. 146. —Wilhelm, *Lun Yü*, S. 8. —Stange, S. 34.

183 Couplet, *Lib. III a*, S. 12(Buch II, 7). —Legge, Bd. 1, S. 148. —Wilhelm, *Lun Yü*, S. 10(u. Anm.). —Stange, S. 35f.

한 행위를 실행하는 사람과 비이성적 동물을 비교하고, 13쪽[184]에서 강제 없이 자기의 동인에 의해 행해지는 것만을 덕으로 생각한다. 그래서 그는 (제3권, 제2부, 11쪽)[185] 위협이나 공포가 아니라 정의와 관대함에 의해 의무 수행을 할 수 있도록 해야 한다고 촉구한다. 공자는 그의 제자 가운데 하나가 **잘못된 해석**을 통해 노나라 왕 애(Ngai)의 정신을 극단적인 가혹한 성격으로 만들려 하자, 그 제자에 대해 탄식했다.* 극단적인 가혹한 정신은 현명한 족속인 태곳적 시대의 중국인들에게는 전혀 낯선 것이었다.

92) 내가 두 학교에 대해 언급한 것은 노엘이 아주 상세하게 전해준 것이다.[186] 그러므로 노엘보다 앞서 공자를 우리에게 전해준(주석 1)

---

184 Couplet, *Lib. III a*, S. 13. 앞의 책, S. 175, Z. 154ff. 참조.

185 Couplet, *Lib. III b*, S. 11(zu Buch III, 21). Legge, Bd. 1, S.162. —Wilhelm, *Lun Yü*, S. 27(u. Anm.). —Stange, S. 46 참조.

* 노나라 왕 애는 애공(哀公, 재위 기원전 494~기원전 468)을 뜻한다. 『논어』「팔일」(八佾) 편에 나오는 애공과 공자의 제자 재아(宰我)의 대화를 뜻하는 것 같다. "노나라 애공이 공자의 제자 재아에게 사직단에 심는 나무에 대해 물었다. '하나라 왕조는 소나무를 심었고, 은나라 사람들은 측백나무를 심었습니다. 주나라 사람들은 밤나무(栗)을 심었는데 백성들을 두렵게(戰慄) 하게 하려는 것이었다고 합니다.' 공자께서 이를 듣고 말씀하셨다. '이루어진 일은 논란하지 말고, 끝난 일은 따지지 말며, 이미 지나간 일은 허물하지 않는 것이다.'"

186 볼프는 여기서 주희가 『대학』의 서문에서 그린, 초기로 거슬러 올라가는 이상적인 학제의 모델을 따른다(Noël, S. 3f.). 주희는 『대학』에서 네 단계로 이루어진 학제의 구조를 제시했다(Noël, S. 490). 이 현실성 있는 언급을 볼프는 이용하지 않았다. 사실관계에 대해서는 다음을 참조. Howard S. Galt, *A History of Chinese Educational Institutions*, vol. 1: *To the End of the Five Dynasties(A. D. 960)*(Probsthain's Oriental Series, vol. 28), London 1951(절판); Tilemann Grimm, *Erziehung und Politik im konfuzianischen China der Ming-Zeit(1368~1644)*(Mitteilungen der Gesellschaft für Natur- und Völkerkunde Ostasiens, Bd. 35 B), Hamburg/Tokyo/Wiesbaden 1960. —주희가 언급한 학교의 두 유형과 (이와 연관한 노엘의 번역 속의 책 제목들인) 『대학』과 『소학』 두 책의 동일시는 이중의 뜻 때문에 일어난 것이다. 물론 이

존경해 마지않는 예수회 신부들이 이 의미 있는 사안을 완전히 침묵한 채 넘어간 것은 놀라운 일이다.

93) 노엘이 번역한 중국 제국의 고전들 가운데에는 『소학』이라는 제목이 붙은 것이 있다. 그 고전 안에는 '어린이의 학교'에서 가르쳐야 하는 내용들이 포함되어 있다. 그러나 중국인들은 선생일 뿐만 아니라 도덕의 형성자이기도 하다. 그들은 말로서뿐만 아니라 배우는 사람들에게 모범이 될 행동으로서도 가르쳤다. '어린이의 학교'에서 교육되는 것을 쭉 읽어보면, 그 학교에서는 영혼의 아랫부분만이 고려되고 있음을 충분히 인식하게 될 것이다. 또한 이것은 '어린이의 학교'에서 학습자들이 보내야 하는 시기를 보여준다.

94) 앞서 언급한 노엘이 번역한 고전 가운데 또한 다음과 같은 제목을 달고 있는 것도 있다. 그것은 『대학』이다. 그러나 이 제목은 쿠플레와 그의 동역자들에 의해 생략되었다. 그들은 그것(『대학』)을 「중국의 학문」의 제1권이라고 불렀다. 그 책 안에는 성인의 학교에서 교육되어야 하는 내용이 포함되어 있다. 그 책을 주의 깊게 읽는다면, '어른의 학교'에서는 영혼의 윗부분이 고려되고 있음을 충분히 인식하게 될 것이다. 이것은 또한 '어른의 학교'에 들어갈 수 있는 사람들의 나이를 보여준다.

95) 공자가 왜 15세에 철학 공부로 향했는지(주석 5) 그 근거가 이제는 분명해졌다.

96) 특히 중국의 왕들과 황제들은 최상의 창조자와 만물의 주재자를 몰

미 한대(漢代) 이래 중국의 수도에는 '대학'(Ta Hsio)이라 불리는 〔유럽의〕 대학과 비슷한 학교가 존재했다(Galt, S. 210; *Cambridge Encyclopedia*, S. 127). 또한 앞의 책, S. XXV 참조.

랐기 때문에(주석 54) 그들이 두려워해야 할 주인이 없었다. 우리의 경우, 마땅히 두려워해야 할 주를 이 세상 사는 동안에 알지 못하는 사람들도 주에 대한 두려움 때문에 감히 자연의 법칙에 반하는 일을 행하려 들지 않는다.

97) 중국인들은 다른 사람의 명령보다는 주로 자신의 성향에 의해 인도되기를 원했다. 그들은 공자가 확실하게 교육한 것처럼 보상을 바란 행위나 어떤 주인에 대한 두려움에 의해 강요된 행위는 덕이 아니라는 견해가 확고했기 때문이다. 그러기에 황제들도 처벌에 대한 두려움을 통해 〔다른 사람에게〕 무엇을 시키려 하기보다는 〔스스로〕 더 많은 모범을 보여서 자기를 따르는 신하들을 얻었다(주석 91). 그리고 사람은 덕을 위해 노력하는 가운데 감각적 욕구가 이성적 욕구와 저절로 일치되는(주석 88) 데까지 나아가야만 한다. 이에 대해 「중국의 학문」 제2권 41쪽[187]에 따라 열정과 열정이 요구하는 이성의 일치를 고려할 수 있다.

98) 이것은 덕 자체에 대한 사랑게서 나오는 것이기에, 마치 아름답고도 자태가 훌륭한 어떤 것을 볼 때처럼 선한 것과 유덕한 것에 대해 참으로 기뻐해야 한다(주석 78).

99) 이것은 악덕 자체에 대한 증오에서 나오는 것이기에, 악취가 나는 것을 혐오하듯이 나쁜 것을 참으로 혐오해야 한다(앞의 주석).

100) 극기를 할 수 없는 사람들을 복종시키기 위해서는 지배자의 모범과 현명한 자에 대한 순종이 매우 유용하다. 윗사람과 현명한 사람이 경배받을 만한 점을 보여주기 위해 쉼없이 노력하는 것처럼 그런 윗사람과 현명한 사람에 대한 경배를 열성적으로 교육해온

---

187 이 책, 「볼프의 주석」, 88 참조.

것은 그 목적이 동일하다.

101) 왜냐하면 공자가 『대학』, 즉 「중국의 학문」 제1권 3쪽[188]에서 보여준 바와 같이, 고대의 왕들과 황제들은 가족을 어떻게 다스려야 하는지에 대한 생각을 얻기 위해 먼저 자신의 몸을 다스리는 능력을 습득했다. 그다음에 그들은 왕국을 어떻게 다스려야 하는지에 대한 생각을 얻기 위해 가족의 질서를 올바르게 세우는 능력을 갖추었다. 끝으로 그들은 어떻게 제국을 관리해야 하는지에 대한 생각을 얻기 위해 가장 커다란 주의를 기울여 왕국을 보살폈다. 그들은 자신들의 모든 행위 하나하나가 국가의 훌륭한 관리를 목표로 향하도록 하기 위해 모든 행위가 동일한 형태를 띤다는 점에 매우 주의를 기울였다. 이를 위해 그들은 다행스럽게도 자신들의 창의적 재능을 사용했다.

102) 중국인들은 전적으로 육체와 영혼의 지상적 행복을 얻으려 갈망했지, 최상의 신성(주석 54)이나 내세의 삶은 알지 못했음을 나는 이미 앞에서(주석 66)[189] 언급했다.

103) 노엘이 『소학』이라고 이름 붙인 고전을 보라.

104) 이것은 노엘이 『대학』이라고 이름 붙인 중국의 고전에서 아주 분명하게 인용할 수 있다.

105) 쿠플레는 「서론적 해설」 34쪽[190]에서 다음처럼 말한다. "지혜, 현명함, 그 밖의 덕들을 진정으로 존경하고 가르쳐온 중국인들은 평생 하늘과 땅의 놀랄 만한 질서와 항구성에 경탄했을 뿐만 아니

---

188 이 구절은 이 책, 「볼프의 주석」, 151에서 상세하게 인용되었다.

189 이 책, 「볼프의 주석」, 38 참조.

190 Couplet, *Pr. Decl.*, S. XXXIV.

라 하늘과 땅을 세심하게 그리고 열심히 모방하려 시도했다. 그런 까닭에 이 민족에게는 이미 4,000년 동안 지배해온 군주적 통치가 있었다. 이는 맨 아래 계층은 중간 계층에 의해, 중간 계층은 맨 위 계층에 의해 통치되는 쓸모 있고도 손쉬운 방법이었다. 이 고대 민족의 왕들과 현자들은 이 한 가지 방법을 목표로 해서 모든 몸과 정신을 바쳐 노력해왔던 것으로 보인다. 그들은 철학하는 그리스에서 볼 수 있는 좀 더 세련되고, 더 나아가 감각에서 벗어난 즐거움을 한 번도 겉핥기로나마 다루지 않았다. 아마도 그들은 그런 즐거움을 혐오했을 것이다. 그리고 그리스에서 아리스토텔레스나 스토아학파 또는 페리파토스학파*에 속하는 명민한 학자가 중국에 왔더라도, 그에게 귀를 기울이지 않으려 했을 뿐만 아니라 그를 자신들의 국경에서 멀리 떼어놓으려고도 했을 것이다. 다시 말해, 그들은 평화와 도덕 및 법의 항구적이고 불변하는 토대를 원했다." 그렇기 때문에 공자는 다른 사람들에게 자신이 스스로 성공을 거둔 것만을(주석 20) 가르쳤다. 그리고 그는 참으로 비범한 진정성으로 제자들에게 덕을 추구하는 노력에서 자신이 이룬 발전을(주석 80), 가장 커다란 완전성과 관련한 자신의 결함을(주석 66) 보여주었다. 또한 공자는 제자들이 자신의 덕과 진정성을 지나치게(주석 78) 칭송하는 것을 듣기 좋아하지 않았다. 이는 제자들이 어떻게 덕을 얻을 수 있는가에 대해 경솔하게 판단을 내리지 않도록 하기 위해, 덕의 단순한 모양만을 흉내 내지 않고, 헤라가 아닌 구름만을 껴안지 않도록[191] 하기 위한 것이다.** 그렇기

---

* 소요학파(逍遙學派), 아리스토텔레스학파.

191 익시온의 신화를 참조하라.

때문에 그들〔중국인들〕은 자신들의 가르침을 강화하기 위해 사례에서 이끌어낸 근거만을 사용하고 정확하게 탐구된 근거 자체를 사례를 가지고 해명하며, 편년사(주석 19)를 기록하는 데서 편년사가 적절한 사례를 결여하지 않게 하기 위해 많은 노력을 기울였다. 「중국의 학문」 제3권, 제4부, 40쪽,[192] 41쪽[193]을 참조하라.

106) 그런 이유로 공자는 단지 자신이 검증한 것(주석 20)만을 알려주었고, 실천을 이론과 결합하는 사람을 철학자로서 존중했다. 어떤 사람이 행위에서 탁월하고, 덕에서 다른 사람들을 능가하면 할수록 그는 더욱 더 훌륭한 철학자라고 여겼다. 즉 공자는 「중국의 학문」 제3권, 제2부, 14쪽[194]에서 다음과 같이 말하고 있다. "참된 철학자는 몸이 휴식을 취하는 그 아주 짧은 시간에도 덕과 건전한 이성에 반하는 일을 결코 행하지 않는다. 그리고 전혀 예측하지 않은 경우가 벌어지더라도 철저하게 이 덕의 의도를 견지한다. 어떤 불행한 일이 항상 파괴와 멸망을 가지고 그를 위협한다고 할지라도, 그는 철저하게 이 덕의 기초를 고수한다." 그는 「중국의 학문」 제1부 15쪽[195]에서 앞서 언급한 말을 가지고 다음과 같이 진

** 그리스 신화에 나오는 이야기로 익시온(Ixiōn)이 여신 헤라를 범하려 하자, 제우스가 구름으로 헤라의 환영을 만들어 속인다. 익시온은 구름과의 사이에서 켄타우로스를 낳았다고 한다. 헤라를 탐한 죄로 익시온은 지옥의 밑바닥 타르타로스에서 불타는 수레바퀴에 묶인 채 끝없는 회전을 계속하는 죄를 받는다. 여기서는 허황되고 잘못된 생각을 좇는 것이라고 해석된다.

192 Couplet, *Lib. III b*, S. 40(Buch VII, 17). —Legge, Bd. 1, S. 200. —Wilhelm, *Lun Yü*, S. 68. —Stange, S. 75.

193 Couplet, *Lib. III b*, S. 41(Buch VII, 19). —Legge, Bd. 1, S. 201. -Wilhelm, *Lun Yü*, S. 68. - Stange, S. 76.

194 Couplet, *Lib. III b*, S. 14(Buch IV, 5). —Legge, Bd. 1, S. 166. —Wilhelm, *Lun Yü*, S. 31. —Stange, S. 50.

술하기도 한다. 우리는 심사숙고가 실행과 결합되지 않을 때 오류와 혼란에 빠지게 될 것이고, 단지 사물의 어두운 면과 그것의 공허하고도 번번이 잘못된 그림을 얻게 될 것이다. 그리고 제1부 14, 15쪽[196]에서 그(공자)는 완전한 철학자가 어떤 사람이냐는 제자의 물음에 대해서 다음과 같이 답한다. "그(완전한 철학자)는 다른 사람들을 가르치기 위한 자신의 말을 먼저 자신이 행한 것에 근거시키며, 다른 사람들에게 가르칠 때 자신이 행한 것과 사례를 보여주는 사람이다. 다시 말해, 그는 먼저 행위하고 그다음에 가르친다."*

107) 공자는 『대학』, 즉 「중국의 학문」 제1권 20쪽[197]에서 가장 오래된 편년사의 신뢰성과 그 자신의 실험에 의지해서 주장하기를, 지배하는 자가 먼저 자신의 직과 의무를 완수하지 못한다면 신하들이 자신의 직과 의무를 완수하기는 불가능하다고 한다. 그리고 그는 왕이 모범을 보이고 백성이 그것을 따라 하는 것 사이의 관계는 아주 밀접하며 서로 분리할 수 없다는 견해를 나타낸다. 그는 자신의 말을 황제 요와 입법자 순의 사례와 가장 악한 독재자인 걸과 주의 사례를 통해 뒷받침한다. 다시 말해, 요는 자신의 덕을 발휘해서 "백성들이 처벌에 대한 두려움이나 보상에 대한 희망에서

---

195 Couplet, *Lib. III a*, S. 15(Buch II, 15).—Legge, Bd. 1, S. 150.—Wilhelm, *Lun Yü*, S. 13.—Stange, S. 37.

196 Couplet, *Lib. III a*, S. 14f.(Buch II, 13).—Legge, Bd. 1, S. 150.—Wilhelm, *Lun Yü*, S. 12.—Stange, S. 37.

* 『논어』「위정」 편에 나온다. "자공이 군자에 대하여 물었다. 공자께서 말씀하셨다. 그 말을 먼저 행하고 그런 뒤에 따른다"(子貢問君子. 子曰, 先行其言而後從之).

197 Couplet, *Lib. I*, S. 20.—Legge, Bd. 1, S. 371.—Wilhelm, *Li Gi*, S. 26.—Stange, S. 37.—문자 그대로의 번역은 Couplet, *Lib. I*, S. 21에서 발견된다. S. 197, Z. 557ff.를 보라.

가 아니라 마치 아버지를 따르는 것처럼 완전히 자발적으로 순종하는" 데까지 도달했다. 그리고 쿠플레가 중국인들의 편년사, 즉 앞의 책 21쪽[198]에 기초해 보고하는 것처럼 순도 그의 전임자〔요〕와 같이 동일한 덕을 발휘해 대부분의 왕국들과 야만족들이 그와 같은 제후의 훌륭한 명성에 감동되어 자발적으로 복종하게끔 영향을 끼쳤다. 이에 반해 걸은 신하들을 엄격하게 처벌할 수 있는 군주의 힘과 권력에 의지했다. 그래서 그는 더 나은 것을 위해 충고하는 최고의 국가 관료들을 처형하는 데 결코 한 번도 망설인 적이 없었고, 자신의 잔인함으로 백성들을 악하고 수치스러운 행위로 내몰았다. 그리고 모든 면에서 걸과 비슷한 주는 광포함에서는 걸을 능가했으며, 잔인한 처벌을 좋아해 처벌하는 것을 자신의 낙으로 삼았다. 그는 가벼운 범죄를 저질러 고소된 사람들에게도 어떠한 동정심을 베풀지 않고 가장 잔인하게 고문을 했지만, 그의 곁에는 부정직하고도 범죄적인 신하들만이 있었을 뿐이다.

108) 그들〔중국인들〕은 모든 노력을 몸의 교육 및 가족, 왕국, 제국(주석 101)의 올바른 관리를 위해 기울였다.* 「중국의 학문」 제2권 74쪽[199]에서는 공자의 판단에 따르면, 모든 존재자는 완전하기 때문에, 완전성 없이 존재자로 불릴 수 없기 때문에 인간은 완전해지도록 노력해야만 한다고 한다. 그런 이유로 그는 제1권 1쪽[200]

---

198 Couplet, *Lib. I*, S. 21. Ebd. S. 22f. 주나라 걸주(桀紂)에 대한 요약 개요.

* 수신(修身), 제가(齊家), 치국(治國), 평천하(平天下)를 말한다.

199 Couplet, *Lib. II*, S. 74. — Legge, Bd. 1, S. 418. — Wilhelm, *Li Gi*, S. 14. — Weber-Schäfer, S. 57 참조.

200 쿠플레가 아니라 노엘의 번역에 나온다. 노엘, 『중화제국 6대 경전』, 제1권[『대학』], S. 10. 이 책, 「볼프의 주석」, 85 참조.

에서 우리는 가장 최상의 완전성*에 도달할 때까지 머물러 있어서는 안 된다고 지속해서 가르쳐주었다.

109) 그들은 생활에 유용한 진리를 얻었다(주석 106)는 확신을 주는 근거를 가지고 도덕철학과 국가철학을 개선해왔다. 반면에 찬반논쟁을 벌이게 되는 궤변은 무시했다. 「중국의 학문」 제3권, 제4부 41쪽[201]을 보라.

110) 그러나 모든 이의 도덕은 이제 보다 분명하게 제시된 목적(주석 108)에 도달하는 방향으로 형성되었다. 이는 『대학』과 『소학』의 구분 속에서 그렇게 진행되었다(주석 93, 94).

111) 중국인들은 실천과 분리된 이론은 철학이라는 이름을 얻지 못한다고 생각한다(주석 106). 그리고 그들은 실행 없이는 결코 도덕적인 것의 참된 개념이 얻어질 수 없으며, 더구나 습성이 획득될 수 없다는 점을 매우 잘 의식했다(주석 106).

112) 『예수회 신부 노엘이 행한 중국과 인도의 수학 및 물리학에 대한 관찰』[202]과 중국의 고전들에 대한 완전한 번역은 노엘의 놀랍고도 존경할 만한 다방면의 학식을 보여준다. 그의 이력의 진실성에 대해 충분히 인정할 만한 합리적인 것들이 있지 않음에도, 나는 그

---

* '최상의 완전성'은 노엘이 『대학』에서 '지선'(至善)을 옮길 때 번역에 사용한 말이다. 노엘은 『대학』의 첫 구절인 "대학지도재명명덕, 재친민, 재지어지선"(大學之道在明明德, 在親民, 在止於至善)을 다음처럼 번역한다. "성인이 헌신해 배워야 할 교설, 길과 이성은 다음의 세 가지 것에 있다. 1. 합리성과 그가 가진 능력의 최초의 밝음을 회복하는 데 있다. ……. 2. 백성을 새롭게 하는 데 있다. ……. 3. 최상의 완전성과 선에 머무는 것이다." 볼프가 쿠플레와 노엘을 혼동한 것이다.

201 Couplet, *Lib. III b*, S. 41(Buch VII, 20). —Legge, Bd. 1, S. 201. —Wilhelm, *Lun Yü*, S. 69. —Stange, S. 76.

202 이 책, 「독역자 해설」, §6 참조.

의 삶의 성실함을 말해주는 사례들을 알고 있다. 이미 고전의 저자들을 위해 많은 노력을 기울인 그의 고전 번역—그 고전 안에는 덕을 향해 성실한 노력이 매우 세심하게 새겨져 있다—은 그가 성실한 마음을 즐기는 것을 보여준다. 나는 어떤 사람을 대할 때 비난보다는 칭찬을 하는 경향이 있기에 그의 덕을 찬양한다.

113) 내가 이것〔중국 고전의 라틴어 번역서〕을 썼을 때, 나는 이 책들〔중국 고전〕 가운데 몇 권이 이미 라틴어로 번역되었다는 것을 알지 못했다. 다시 말해, 파리에서 출간된(주석 1) 『중국인의 철학자, 공자』를 나는 보지 못했다. 하지만 이 책들 가운데 노엘의 번역은 새롭고 부피가 크지 않았다. 그것은 또한 파리에서 출간된 번역과 현저하게 달랐다. 그러는 동안 나는 다른 번역보다 노엘의 번역을 더욱 신뢰했다. 그에 대한 한 가지 이유는 앞에서(주석 7)[203] 이미 제시했다.

114) 즉 4절판으로 1711년[204]에 출간되었다.

115) 나는 그것을 값어치를 매길 수 없는 소책자라고 부른다. 내가 판단하기로, 철학자들의 옛 저서들 가운데 실천철학에 대해 그것보다 더 뛰어난 작품이 없기 때문이다. 이 작품은 도덕성에 대한 실용적 명제들을 아주 바람직하고 심원하게 전개하고 있다.

116) 여기서 내가 말하는 것은 위협과 처벌에 의해 강제당하는 노예적 두려움이지 사랑게서 출발하는 아이의 두려움이 아니다(주석 91). 마찬가지로 여기서 보상에 대한 희망은 어떤 행위를 규정하는 유일하고도 직접적인 이유로 볼 수 있다. 따라서 이 행위는 이 이유

---

203 이 책, 「볼프의 주석」, 85 참조.

204 이 책, 「독역자 해설」, §7 참조.

가 없다면 다르게 규정되었을 것이다. 앞의 것을 주의 깊고 철저하게 읽었던 사람은 실제로 이것이 중국인들의 생각이라는 점을 의심하지 않을 것이다. 보상에 대한 희망에서 입법자에 대한 사랑이 생겨나고, 그런 다음에 앞에서 언급한 입법자의 의지에 반하는 어떤 것도 행하지 않는 영혼의 정직한 노력, 즉 어린아이가 갖는 것과 같은 두려움이 뒤따를 때, 보상에 대한 희망은 덕을 손상하지 않고 훌륭한 행위에 영향을 줄 수 있다.

117) 공자는 동일한 의도를 위해서 특별한 노력에 의해 작성된 편년사(주석 5)에서 자신의 가르침을 이끌어냈다(주석 19). 그리고 가르침의 근거들을 그것으로부터 가장 잘 취할 수 있었다. 그렇기 때문에 증자[205]는 진정한 증거를 제시했고, 백성의 도덕에 맞추어 행위했다(주석 105).

118) 이성이 매일매일 점점 더 성장할 수 있음을 공자는 자신의 사례를 통해 전적으로 입증했다(주석 80). 그리고 그것에 대한 아 프리오리한 증거를 제시하기란 그렇게 어렵지 않다. 우리는 그 증거를 다른 곳에서 제시하게 될 것이다(주석 79, 73 참조).

119) 만일 이성의 빛으로 내적 도덕성을 인식했다는 이유 없이 욕구가 행위를 취하게 했다면, 그 행위는 처벌에 대한 두려움 때문에 또는 보상에 대한 희망 때문에 일어나는 것임에 틀림없다. 이는 유교적 덕에 역행한다(주석 91, 97).

120) 유덕한 행위 그 자체를 바라는 반면에 수치스러운 행위 그 자체를 혐오하는 사람은 전자에서 쾌감을 후자에서 불쾌감을 느낄 것임에 틀림없다. 그러므로 그는 처음의 경우에서는 선을 사랑하고 뒤

---

205 이 책, 313쪽과 독역자 주 150 참조.

의 경우에서는 악을 증오할 것이다. 두 경우에서 감각적 욕구는 이성적 욕구와 일치한다. 공자는 이 일치를 위해 노력(주석 88)했고 마침내 그의 생애 마지막에 그것에 도달했다(주석 86).

121) 우리가 완전성을 행위의 목표로 삼아 행위하면서 이 행위가 나타내는 완전성을 고찰하지 않는다면, 우리는 어떤 쾌도 가질 수 없다. 이와 마찬가지로 우리가 불완전성을 행위의 목적으로 삼아 행위하면서 이 행위가 나타내는 불완전성을 의식하지 못한다면, 우리는 불쾌감을 느끼지 않을 것이다(주석 69).

122) 만약 정직성과 수치의 근거가 인식되지 못한다면, 쉽게 오류에 노출되는 사람들에 대한 맹목적 모방이 일어나게 될 것이다.

123) 이것을 아 프리오리하게 입증해줄 근거들이 존재함에도 불구하고, 나는 그것을 너무나 많이 경험하지 않으면 안 되었다. 다시 말해, 나는 철학에서 가르치는 것을 분명하게 인식하게끔 해주려는 의도를 가졌기 때문에, 증명하는 방법에 대해 무지한 사람들이 〔나에게〕 가하는 심한 비난을 견뎌낼 수밖에 없었다. 그들은 내가 모든 것을 그것의 개념들로부터 전개해왔는데도, 내가 진리와 정반대편에 있는 오류를 가르쳤던 것처럼 비난했다. 그리고 이들 외에도 충분히 교육받은 사람들도 최고로 중요한 문제들을 그렇게 어리석게 말할 수 있음을 나는 꿈에도 결코 생각하지 못했다.

124) 공자의 사례는 그것을(주석 80) 증명한다. 그것은 깊은 생각 없이 다른 사람들의 사례를 추종하려 할 때, 헤라 대신 구름을 껴안는다는 그〔공자〕의 가르침을 증명한다(주석 105).

125) 도덕적 진리를 자기 자신에게 실험하지 않는다면, 그것은 다른 사례에 근거해서 이해될 수 없음을(주석 106) 중국인들은 완전히 확신했다. 중국인들은 인식의 차이에 대해 이미 잘 알고 있었다. 그

들은 성찰을 통해 생각해낸 것을 적합한 실험에 의해 분명하게 얻어진 것과 비교했기 때문이다. 더 이상 근거가 제시될 필요가 없다. 이질적 사례들에 대해 성찰하는 사람은 단지 행위의 외적인 것에 대한 지식을 얻을 뿐이다. 그러나 우리가 자기 자신 안에서 그것에 대해 스스로 의식할 때, 정신의 내부에 숨겨져 있는 진정한 지식을 비로소 얻는다.

126) 철학적 덕의 교육에서 자연의 힘들이 얼마만큼 강한지는 실험에 의해 결정되어야만 한다. 그러나 중국인들은 이 덕을 자신에게 실험했고, 공자는 자기 자신에게 행한 이 실험의 성과를 아주 솔직하게 기술했다(주석 80). 이에 대해 중국인들의 편년사는 더 많은 것을 알려준다(주석 19).

127) 위에서 언급한 것을 참조하라(주석 54, 55).

128) 노엘의 중국 고전 번역이 나오기 전까지, 나는 중국철학에 대해 아무것도 접하지 못했다.

129) 내가 아직 나의 대학의 교육 과정을 끝마치기 전인 1702년 말 무렵이다.[206]

130) 당시 내가 의무 일반[207]을 몰랐다고 할지라도, 그리고 신의 영광과 공공의 선, 인간의 완전성을 구분해 서로 종속시켰다고 할지라도 나는 보편적 실천에 도달했다. 그것은 나를 지금도 만족시키며 공

---

206 볼프는 1699년부터 1702년 말까지 예나에서 공부했고, 이후에 라이프치히로 갔다. 이 책, 「볼프의 주석」, 131~33 참조.

207 *Philosophia practica Universalis*, in *Meletemata* = WW II, Bd. 35, Sect. II, S. 207ff.(예를 들어 S. 213, Corollarium 3). 볼프는 『강의 계획』(*Ratio praelectionum*) = WW II, Bd. 36, S. 192ff.에서 자신의 첫 번째 저술의 결함과 나중의 입장 변경에 대해 설명했다. Gerhardt, *Briefwechsel*, S. 20(S. 18도 참조)도 참조.

자의 실천과 일치한다.

131) 즉 1703년 초이다.

132) 라이프치히 대학에 있다.

133) 그곳에 규정된 방식인 공개 토론(disputaitio)을 통한 사강사[208]의 지위를 얻기 위해 나는 「수학적 방법에 의해 구성된 보편적 실천철학」[209]이라는 학위논문을 작성했다.

134) 1703년부터 나는 방법의 법칙을 탐구하고 그것을 나 스스로에게 실험하기 위해 보다 더 커다란 노력을 지속했다. 그렇게 해서 나는 공자가 의지를 가지고 시도했던 것(주석 20)과 같이 지성을 가지고 시도했다. 그래도 공자처럼 나는 지속적 발전을 느껴왔으며, 그리고 그것을 오늘날까지도 느끼고 있다. 우리의 시대가 공자의 시대와 매우 다르지 않다고 한다면, 나는 그 발전을 공자의 본보기에 따라(주석 80) 분명하게 서술할 수도 있다. 그렇게 해서 진실한 정신에 제공된 것을 다른 사람들이 유용하게 사용할 수 있도록 하고 아직 공자의 진정성과 멀리 떨어져 있는 사람들에게는 책망으로 사용하게 할 것이다.

135) 나는 내가 어떠한 통찰에 이르렀는가를 나의 『도덕적 · 정치적 성찰』(*Moralischen und politischen Gedanken*)[210]에서 서술했고, 튀미히는 이 성찰에 근거해서 그의 『〔볼프〕 철학의 원리』 제2부[211]를 작성했

---

208 당시에는 사강사(Privatdozent) 대신에 'Magister legens'라는 말이 더 많이 쓰였다.

209 *Philosophia practica Universalis, Mathematica methodo conscripta*, Leipzig 12. 1. 1703, in *Meletemata* = WW II, Bd. 35, Sect. II, Num. I, S. 189~223.

210 *Deutsche Ethik* = WW I, Bd. 4; *Deutsche Politik* = WW I, Bd. 5.

211 Thümmig, Bd. 2 = WW III, Bd. 19.2는 다음의 책을 포함한다. 『보편적 실천철학』, 『자연법』(*Jus Naturae*, 제1부: 윤리, 제2부: 정치), 『도덕철학 또는 윤리학, 정치철학』(*Philosophia moralis seu Ethica*, *Philosophia civilis*, 제1부: 경제학, 제2부: 정치학).

으며, 그것은 현재 인쇄중이다. 시간이 나는 대로, 나는 라틴어 작품[212]에서 더 많은 것을 제시할 것이다.

136) 즉 중국인들은 명석한 개념들을 전적으로 사용해왔는데, 이는 다른 사람들에게 말로는 전달할 수 없는 것이다. 그러므로 이 개념을 사용하는 사람만이 그 의미를 정확하게 인식할 수 있었다. 공자는 자신의 제자들이 이 의미를 얻을 수 있게 성찰과 실행을 결합했다. 다시 말해, 그것은 명석한 개념들에 도달할 수 있는 길이지만 판명한 개념에는 도달할 수 없는 길이다. 그러나 나처럼 판명한 개념들을 위해 노력하는 사람은 보편적 개념들로부터, 그리고 정신의 본성으로부터 아 프리오리하게 많은 것을, 즉 공자가 자신의 정신으로 아 포스테리오리하게 통찰했던 것을 도출할 것이다. 그래도 개념들을 확증하고 확대할 뿐만 아니라 근본 개념에 따라 추구해야만 하기 위해서는 공자의 검증 방법과 판명한 개념은 결합되어야만 한다.

137) 중국으로 들어가는 것은 선교사들에게 어려웠다. 왜냐하면 이 민족은 다른 곳의 도덕에 대해서는 아무것도 알려고 하지 않았으며, 외국인들과의 교류를 피했기 때문이다. 그래서 사신이 아닌 이상, 이 나라에 들어가고자 시도했던 사람은 위험에 처했고, 그 자리에서 죽임을 당하거나 평생토록 갇혀 지냈다. 프란시스코 하비에르(Francisco Xaverio)[213]*는 일본인들을 기독교인으로 개종시키기 위

212 『보편적 실천철학』=WW II, Bd. 10f.; 『자연법』=WW II, Bd. 17~24; 『만민법』(*Jus Gentium*)=WW II, Bd. 25; 『윤리학』=WW II, Bd. 12~16; 『경제학』, Bd. 1=WW II, Bd. 27; Bd. 2(WW II, Bd. 28 참조)과 계획된 『정치학』은 더 이상 집필할 수 없었다.

213 유명한 가톨릭 성인. 예를 들어 Pfister, Bd. 1, S. 1~7; Dehergne, S. 297~99 참조.

해 노력을 했다. 일본인들은 이 현명한 사람들〔중국인들〕이, 하비에르의 견해와 일치한다면, 일본인들 모두가 지체 없이 동조할 것이라고 약속했다. 그러자면 이웃한 중국인들을 설득해야 한다고 여러 번 그에게 말해주었다. 그러나 그가 이 커다란 약속을 했던 사람들의 소원을 충족하기는 쉽지 않았다. 이에 대해서는 『1581년부터 1669년까지 예수회 선교사들에 의한 중국에서의 올바른 믿음의 근원과 발전에 대한 역사적 보고. 예수회 신부들, 특히 쾰른 출신의 매우 존경하는 요한 아담 샬(Adam Schall)의 편지들로 편찬됨』[214]을 보라. 중국의 지리학적 서술을 위해 증보되고, 중국 선교 상황의 짧은 서술 등을 담은 이 보고서의 제2판은 레겐스부르크에서 1672년에 8절판으로 출간되었다. 결국 하비에르는 실제로 중국을 방문하려고 시도했지만, 그곳에서 거절당했다. 그는 믿음을 전파하기 위한 어떤 시도도 해보기 전에, 1552년 12월 2일에 광동 지역 상천도(上川島, San cheu)[215]에서 55세의 나이로 생을 마감했다. 중국에 처음 발을 디딘 사람은 1581년의 미셸 루기에리

---

* Francisco Javier, 1506~52: 나바라 왕국(오늘날의 스페인) 하비에르 출신의 선교사이자 로마가톨릭 교회 소속 수도회인 예수회의 공동 창설자. 국내에는 '프란치스코 하비에르'로도 알려져 있다.

214 *Historica Relatio de Ortu et Progressu Fidei orthodoxae in Regno Chinensi Per Missionarios Societatis Jesu Ab Anno 1581. usque ad Annum 1669. Novissimè collecta Ex Literis eorundem Patrum Societatis Jesu, Praecipuè R. P. Joannis Adami Schall Coloniensis*, Regensburg 1672, S. 1f. ― 이 책의 초판에 대해서는 다음을 보라. Pfister, Bd. 1, S. 181; 아담 샬에 대해서는 다음을 보라. Pfister, Bd. 1, S. 162~82; Dehergne, S. 241f. ― 이 책은 대체로 샬 이전의 가장 중요한 저자로 여겨졌던 장 포레시(Jean Foresi)의 텍스트를 포함하고 있다.

215 상천도의 이름에 대해서는 다음을 참조. Georg Schurhammer, *Franz Xaver. Sein Leben und seine Zeit*, Bd. 2, Teilbd. 3: *Japan und China(1549~1552)*, Freiburg/Basel/Wien 1973, S. 698~700.

(Michele Ruggieri)*였다.[216] 그는 1583년에 예수회 출신의 리치[217]가 그 뒤를 이을 때까지 아무것도 이루어놓은 것이 없었다. 리치는 1601년에 궁정에 처음으로 갔고, 황제〔명 신종〕의 호의를 얻었다. 그는 중국 선교의 정초자이다. 그가 1610년에 세상을 떠났을 때, 황제는 그를 장사 지낼 커다란 토지[218]를 하사했다. 앞에서 언급한 「중국 황조 편년사 연표」 85, 87, 88, 89쪽[219]을 보라.

138) 중국의 여섯 고전은 『대학』, 『논어』, 『중용』, 『맹자』, 『효경』, 『소학』이다. 노엘은 이 여섯 고전[220]을 모두 변역했다. 노엘에 앞서 『중국인의 철학자, 공자』[221]를 편집했던 선교사들은 단지 『대학』, 『논어』, 『중용』만을 라틴어로 번역했다. 「중국의 학문」에 있는 그들의 첫 번째 책은 이른바 '학교' 또는 '대학'이며, 이것은 공자가 저술했으며 공자의 제자 증자[222]가 상세하게 설명했다. 그들의 두 번째 책인 『중용』은 세 번째 고전이며, 공자의 유일한 손자 자사(子

---

* Michael Rogerius, 1543~1610: 이탈리아의 동행 선교사. 중국명은 나명견(羅明堅). 예수회 선교사로서는 처음으로 중국 내지에 들어와, 중국어로 된 최초의 기독교서 『천주성교실록』(天主聖敎實錄)을 저술했다. 1583년 9월에는 마테오 리치와 함께 조경(肇慶, 자오칭)에 가서 관부의 허락 아래 중당(中堂) 액면에 '서래정토'(西來淨土)라고 써붙인 선화사(仙花寺)를 짓고 포교 활동에 정식으로 착수했다. 선화사는 중국에 세운 첫 예수회 교회당이다(정수일 편저, 『실크로드 사전(事典)』, 창비, 2013 참조).

216 Pfister, Bd. 1, S. 15~21; Dehergne, S. 235f. 참조.

217 이 책, 「독역자 해설」, §2 참조.

218 Pfister, Bd. 1, S. 32; 북경의 포르투갈식 공동묘지 계획은 다음의 책에서 발견된다. Cordier, Bd. 2. Sp, 1029f.(1번은 리치의 무덤이고, 이 무덤은 1980년대에 복원되었다). 이에 대해서는 Sp. 1028과 S. 1031f. 참조.

219 Couplet, *Tab. chron.*, S. 85(Franz Xaver), 87(Ruggieri), 88f.(Ricci).

220 이 책, 「독역자 해설」, §7 참조.

221 이 책, 「독역자 해설」, §12 참조.

222 이에 대해서는 이 책, 313쪽과 독역자 주 150 참조.

思, Tsu Su)[223]가 할아버지의 모범을 따라 저술했다. 공자의 격언과 행동을 그는 그 점에서 원리로서 사용했다. 끝으로 세 번째 책은 『논어』이다. 이 책에는 공자와 그의 제자들이 여러 다른 시간 동안에 행한 격언들을 포함하고 있다. 그리고 자기의 외적 행위를 계획하는 공자의 방식이 그의 제자들에 의해 설명되어 있다. 맹자는 중국인들에게 커다란 명성을 얻고 있는 또 다른 철학자이다. 그는 기원전 371년에 태어났으며 84세에 세상을 떠났다. 맹자[224]는 공자가 사람들에게서 얻었던 것과 같은 매우 높은 명망을 얻지 못했을지라도, 후세는 오늘날까지 그의 공적에 대해 고맙게 기억한다. 그래서 그의 후손들은 궁정에서 왕의 특권을 누렸다. 「중국 황조 편년사 연표」 15, 16쪽[225]을 참조하라. 맹자는 공자의 손자인 자사의 제자였고, 자사의 할아버지(공자)의 충실한 해석가였다. 그는 중국의 가르침을 명료하게 하고 그 밖의 고전들에서 행해지곤 했던 것보다 더 서로 연관적으로 제시했다. 『효경』이라는 소책자 속에는 공자가 자기의 제자 증자에게 부모의 공경과 관련해 주었던 대답들이 포함되어 있으며, 이 부모의 공경이 중국철학의 목적인(주석 101) 훌륭한 통치로 어떻게 귀결되는지 보여준다. 『소학』은 기원후 372년부터 480년까지 지배했던 여덟 번째 황조 시대에 주희(朱熹)[226]*에 의해 저작되었다. 『소학』에는 노인

223 Forke, Bd. 1, S. 158~69; 저작자에 대해서는 S. 159 참조; Fung, Bd. 1, S. 369f.

224 Forke, Bd. 1, S. 190~216; Fung, Bd. 1, S. 106~31. 생애는 기원전 371~기원전 289년이나 확실하지 않다.: Couplet(*Tab. chron.*, S. 15f.) 기원전 371~기원전 288년.

225 Couplet, *Tab. chron.*, S. 15f.

226 Forke, Bd. 3, S. 164~202; Fung, Bd. 2, S. 533~71 참조.

* 주희(1130~1200)가 활동한 시기는 송나라(960~1279) 때다. 쿠플레의 「중국 황조 편년사 연표」 47쪽을 보면, 여덟 번째 황조로 중국 남북조 시대 강남 지방에서

과 젊은 사람들의 격언 및 사례들이 어린이들이 사용할 수 있게끔 모아져 있다. 이 격언과 사례들은 한때 국가가 번성했을 때 '소학'에서 되풀이해 교육된 것들이었다. 다섯 번째 고전(이것은 초보자만[227]이 암기할 수 있도록 배우곤 한다) 이외의 이 고전 책들을 모든 어린아이는 모든 도시와 마을에서 오늘날까지 암기할 수 있도록 배운다. 물론 학자들에게는 현자들의 또 다른 고전들[228]이 있었다. 예를 들어 『제국 편년사의 책』(*Liber annalium imperialium*), 『송가의 책』(*Liber odarum*), 『생산과 변화의 책』(*Liber productionum ac mutationum*)(이 책에는 물리학에 대한 그들의 이론이 포함되어 있다), 『관습 또는 습관의 책』(*Liber Rituum seu Ceremoniarum*), 『봄과 가을의 책』(*Liber Ver atque Autumnus*)이 있다.* 그러나 이 책들은 아직도 라틴어로 번역되지 않았다.

139) 이 점은 이 연설 및 앞의 인용한 주석들에서 제시된 것으로 충분

유유(劉裕)에 의해 건국된 남조 첫 번째 왕조인 송(宋, 420~79)이 나온다. 이를 송나라와 구분해서 유유의 성씨를 따라 유송(劉宋)이라 부르기도 한다. 아마 볼프가 유송을 송나라로 착각해 주석에 잘못 인용한 것으로 보인다. 또한 『소학』은, 정확히 말하자면, 중국 송나라의 유자징(劉子澄, 유청지劉淸之, 1134~90)이 주희의 가르침으로 엮은 초학자들의 수양서로 6권 5책으로 187년에 완성했다.

227 Noël, Vorwort, S. 2(unpag.) — 학위취득자(Bakkalaureus)라는 말은 가장 낮은 학문적 단계를 소유한 초보자를 말한다. 이 단계는 중세 유럽의 대학에서 등장했으나, 18세기 독일에서는 거의 모든 곳에서 다시 사라졌다.

228 오경(위의 S. XXIVf. 참조)은 Forke(Bd. 1)에서 'Schuking'(S. 6~9), 'Schiking'(S. 39~46), 'Yiking'(S. 9~15), 'Liki'(S. 170~79, 183~86), 'Tsch'un-tch'iu'(S. 6~9)로 음역되었다. Fung(Bd. 1)에게서는 'Schu Ching', 'Schi Ching', 'I Ching', 'Li Chi', 'Ch'un-Ch'iu'로 음역되었다. 이와 관련한 최초의 정보에 대해서는 다음을 참조. *Cambridge Encyclopedia*, S. 358f.

* 『제국 편년사의 책』은 『서경』, 『송가의 책』은 『시경』, 『생산과 변화의 책』은 『주역』, 『관습 또는 습관의 책』은 『예기』, 『봄과 가을의 책』은 『춘추』를 말한다.

히 분명해졌을 것이다. 특히 나라의 개념을 가족의 개념으로, 나라 안의 질서 개념을 하늘의 질서 개념으로 환원하는 것에 대해(주석 7, 34), 그리고 도덕과 정치의 사용을 위해 편년사를 제작하는 방식에 대해(주석 19), 도덕적인 것과 정치적인 것의 개념 및 학문의 진리에 도달하는 방식에 대해(주석 20, 22, 24, 25, 73, 82, 106, 124, 136), 인간적 행위의 지침으로서 이성적 본성과의 일치에 대해(주석 39), 도덕에 대한 충족이유율의 적용에 대해(주석 58), 덕에 요구되는 외적 행위와 내적 행위의 일치(주석 78)에 대해, 덕의 동반자로서의 즐거움에 대해(주석 78), 다른 사람의 도덕을 탐구하는 방식에 대해, 그리고 법적 다툼에서 진실성을 조사하기 위해 재판관들에게 규정된 방법들에 대해(주 78), 날마다 더 큰 완전성을 향한 지속적 발전에 대해(주석 83, 84), 행위의 자유로운 규정에서 소우주와 대우주의 일치에 대해(주석 84), 모든 행위가 관계를 맺어야만 하는 인간적 완전성의 개념에 대해(주석 85, 108), 감각적 욕구와 이성적 욕구의 자발적 일치에 대해(주석 80, 86), 도덕의 원칙으로서 엄격하게 교육된, 영혼의 윗부분과 아랫부분의 구분에 대해(주석 88), 어린이 같은 두려움에 의해 신하들에게 의무를 지우는 방식에 대해(주석 91), (이 연설에서) 중국인의 두 학교에 대해, 보상에 대한 희망 또는 덕으로 여겨지지 않는 주인에 대한 두려움에 대해(주석 97), 도덕적 행위의 질서에 대해(주석 101), 사려 깊게 가려뽑은 선정에 대해(주석 105), 철학자의 개념에 대해(주석 106, 111, 116), 왕의 모범과 백성에 의한 추종 사이의 불가분적 관계에 대해(주석 107), 도덕적 행위에 대해(주석 93) 앞에서 언급된 것에서부터 충분하게 분명해졌을 것이다.

140) 모든 참다운 교설은 서로 간에 빈틈없이 결합되어 있기에, 하나는 다른 하나로부터 증명될 수가 있다. 그러나 중국인들은 반복적 실험에 의해 증명된 것만을 허용함으로써 진리들을 획득했다(주석 106). 그러나 이 가르침의 명확한 지식을 갖게 된 사람들만이 가르침의 개별적 근거들을 찾아냄으로써 앞에서 언급한 결합을 인식한다.

141) 공자 자신도 충분한 근거가 없으면 〔그 가르침은〕 아무것도 아니라는 것을 인식했다(주석 58). 그러므로 중국인들이 자신들의 모든 가르침에 근거가 있다고 하는 것은 결코 놀랄 현상이 아니다. 그들은 진리에 도달했기 때문이다.

142) 주인에 대한 두려움에 의해 또는 보상에 대한 희망에 의해 행위하도록 정해진 사람은 그 행위와 반대되는 것을 열망하며, 이성과 일치하는 것을 아직도 자유롭게 하지 못한다. 그리고 중국인들에게서 그것은 덕으로 여겨지지 않는다(주석 97).

143) 나는 이미 이 도덕적 진리의 시금석이 공자에 의해 확고하게 되었다고 지적했다(주석 39).

144) 그렇기에 중국인들은 외적 행위가 내적 행위와 일치하지 않을 경우 그것은 덕이 아니라고 생각했으며, 마음의 진정성을 매우 촉구했다(주석 78).

145) 방금 위에서(주석 144) 언급한 것을 주의 깊게 숙고해보라.

146) 경험적 심리학을 정확하게 관찰해온 사람은 이제까지 언급한 것이 정신의 본성에 상응한다는 점을 더 이상 의심하지 않을 것이다. 튀미히가 『볼프 철학의 원리』 제1권 118쪽과 그 이하에서 제시한 『경험적 심리학의 원리』(*Empirischen Psychologie*)[229]는 이에 대한 주석으로서 제시될 수 있다.

147) 이것이 중국인들의 원리들과 일치한다는 점을 공자는 『대학』 및 「중국의 학문」 제1권에서 가르친다. 내가 그것에 대해 위의 주석 78[230]에서 제시한 것과 주석 119와 그 이하에서 언급한 것을 보라.

148) [원주 149] 유감스럽게도 지하세계로부터 우리 시대의 바리새주의를 다시 소생시킨 사람들은 덕을 추구하는 데서 지성의 교육을 소홀히 한다. 이들은 과장된 경건성의 스승들[231]이다. 이들이 자신들의 외모와 표정, 몸짓, 행위의 외적 형태를 법칙에 맞추었던 이유는 요컨대 이익과 명예욕이 그들을 움직이게 했기 때문이다. 그래서 이들은 행위의 내적 도덕성과 입법자의 지혜와 호의에 대해 관심을 갖지 않는다. 그러나 공자는 〔공자의〕 진정성과는 아주 거리가 먼 사람들에게 덕의 외관조차 없다고 생각했다. 왜냐하면 그는 그 사람들을 사악한 노예, 즉 비이성적 동물[232]로 여겼기 때문이다(주석 91). 쿠플레가 「서론적 해설」 10쪽에서 보고하는 것처럼[233] 오늘날 중국인들은 이 사람들을 보다 엄격하고 보다 거룩한 삶의 방식을 사는 것처럼 위선적 삶을 살며 덕을 화려한 장식으로 변화시키는 **승려**들로 분류한다. 이들 승려들이 그렇게 꾸미는 이유는 구걸 기술이 다른 사람들보다 뛰어나기 때문이다.

149) [원주 148] 중국인들은 사람들의 가르침을 사례에서 이끌어냈다. 그리고 중국인들은 자기 스스로에게 직접 행한 실험을 통해 확증

---

229 Thümmig, Bd. 1 = WW III, Bd. 19.1, S. 118ff. — 이 책, 「볼프의 주석」, 87 참조.

230 볼프가 의미하는 것은 'p. 78'(W, M 판본)이 아니라, 자신의 주석 78을 말한다(인용은 Couplet, *Lib. I*, S. 13). 이 책, 313쪽 참조.

231 Die pietistischen Lehrer des Hallischer Waisenhauses. 이 책, 「볼프의 주석」, 90 참조.

232 *Anmerkungen zur Deutschen Metaphysik* = WW I, Bd. 3, S. 229f., §141 참조. 또한 *Theologia naturalis*, Bd. 2 = WW II, Bd. 8, S. 494f., §508도 참조.

233 Couplet, *Pr. Decl.*, S. X.

된 것만을 사례로 간주한다. 주석 5, 19, 105에서 언급한 것을 보라. 고전을 주의 깊게 관찰할 필요가 있다고 인정하는 사람은 내가 주장하는 모든 세세한 것이 실험에 의해 증명되어야 한다고 더 이상 의심하지 않을 것이다. 그렇다. 사실 나의 연설에 대해 해명하려고 내가 붙인 주석들에 주목하는 것만으로도 충분하다. 그러나 중국 현자들의 고전인 중국인들의 편년사(주석 138)를 손에 넣을 수 있다면, 그러한 점이 더욱 분명하게 확실해질 것이다.

150) 『소학』과 『대학』의 구분에 대해 앞에서 언급한 것(주석 93, 94)을 보라.

151) 「중국의 학문」 제1권 3쪽에는 다음과 같은 것이 쓰여 있다.[234] "그들(즉 고대의 왕들과 황제들)은 자신들의 나라를 올바르게 관리하기 원했기에, 우선 먼저 가족을 올바르게 세웠다. 그들은 다시 자신들의 가문을 올바르게 세우길 원했기에, 먼저 자신들의 몸을 올바르게 훈련했고 그것을 가꿨다. 그들은 자신들의 몸을 올바르게 훈련하기를 원했기에, 먼저 자신들의 마음을 바로잡았다. 그러나 그들은 자신들의 마음을 바로잡고자 원했기에, 먼저 자신들의 의도를 확실하게 했다. 그들은 자신들의 의도를 확실하게 하기 원했기에, 먼저 자신들의 지성을 완전하게 했다." 그러나 여기에 덧붙여야 할 것은 지성은 모든 사물의 근거를 끝까지 탐구함으로써 완전하게 된다는 점이다.

152) 중국인들은 백성은 명령이 아니라 모범에 의해 지배되어야 한다고 생각한다. 그리고 중국인들은 지배하는 사람들의 모범을 의무의 진정한 근거로 여겼다(주석 91). 왜냐하면 중국인들은 왕의 모

---

234 Couplet, *Lib. I*, S. 3f. —Legge, Bd. 1, S. 357f. —Wilhelm, *Li Gi*, S. 21f.

범과 백성에 의한 추종 사이의 분리될 수 없는 결합을 믿으며, 실행이 없는 단순한 성찰에 의해서는 결코 도덕적 진리의 개념들에 도달할 수 없다고 확신하기 때문이다(주석 106, 125). 특히 중국인들은 다른 사람에게 단순한 말로써 전달할 수 없는 분명한 개념들에 만족해하기 때문이다(주석 136).

153) 공자의 가르침은 『대학』 처음, 즉 「중국의 학문」 제1권 1쪽[235]에 나와 있는 것과 같다. 공자는 각 개인은 맨 먼저 자기 자신을 완전하게 하고, 그다음에 백성을 더 낫게 하기 위해 신경을 써야 한다고 가르쳤다. 남을 가르치는 것을 공자는 자기 자신에게도 행했다. 그는 15세 때부터 자기 자신을 닦는 데 전념한 이후에(주석 5), 범죄자조차 그를 노리고 악의를 가진 사람들이 그를 증오하면서 박해했어도(주석 14) 지칠 줄 모르는 노력으로 자기 자신에게서 얻었던 진리를 담은 가르침을 널리 알렸다(주석 5). 그는 거대한 나라의 국경에 만족할 수 없어서 자기의 가르침을 전파하기 위해 야만족들에게 갈 것을 생각했다. 그리고 자기의 가르침이 과소평가되는 것에 한탄을 했다. 그는 자기 자신과 다른 올바른 사람들이 과소평가되는 것을 보고, 결국 고통에 차서 말했다(「중국의 학문」 제3권, 제3부, 19쪽).[236] "나의 가르침이 오늘날 경시되어 전파되지 못했다. 그렇다면 무엇을 위해 내가 중국에 더 있어야 하는가? 나는 바다로 나가기 위해 배를 타고자 한다. 그리고 이 도덕적으로 망한 세계 앞에서 빨리 도망갈 것이다"(주석 25 참조). 「중국의 학

---

235 이 책, 「볼프의 주석」, 85를 보라.

236 Couplet, *Lib. III b*, S. 19(Buch V, 6). — Legge, Bd. 1, S. 174. — Wilhelm, *Lun Yü*, S. 40. — Stange, S. 56.

문」 제2권 74쪽[237]에서는 완전한 사람은 자신뿐만 아니라 다른 사람들도 완전하게 해야만 한다고 더욱 상세하게 제시되어 있다.

154) 내가 바로 앞에서(주석 152) 언급한 것을 보라. 그리고 입법자 요와 순(주석 8, 107)의 사례[238]들을 기억하라.

155) 그들은 자기 자신을 다스리는 것을 배우지 않았다면(주석 101) 부모가 자식을, 그리고 가장이 가족을 다스리는 것은 불가능하다고 여겼다. 그들이 자신들의 왕들과 황제들에 대해 찬양했던 점을 부모와 가장에게도 부과했다는 것은 놀랄 일이 아니다. 왜냐하면 〔그들에게〕 자식의 교육과 가족의 관리는 일종의 지배로 여겨지기 때문이다. 그리고 이 생각에 따라 그들은 나라의 질서를 바로잡았다(주석 7). 공자는 (「중국의 학문」 제3권, 제1부, 19쪽에서)[239*] 사적인 가정을 다스리는 사람들에게까지 덕을 확대하기 위해 신경 쓴 사람을 칭찬한 후에, 이것 또한 통치하는 것과 관직에 오르는 것을 의미한다고 설명한다. 다시 말해, 공자가 정치 규칙의 의미와 진리를 인식하기 위해 관직을 맡았을 때(주석 25, 106), 그는 세심하게 가족의 관리와 관직 사이의 유사성을 눈여겨보았다. 그리고

---

237 Couplet, *Lib. II*, S. 74. — Legge, Bd. 1, S. 418. — Wilhelm, *Li Gi*, S. 14. — Weber-Schäfer, S. 57.

238 이 책, 「볼프의 주석」, 10과 11도 보라.

239 Couplet, *Lib. III a*, S. 19(Buch II, 21). — Legge, Bd. 1, S. 153. — Wilhelm, *Lun Yü*, S. 16. — Stange, S. 39(쿠플레의 책에서 'S. 19'가 잘못되어 '91'로 쪽수가 매겨져 있다. 볼프는 이를 그대로 썼다).

* 『논어』 「위정」 편에 나온다. "或謂孔子曰: '子奚不爲政?' 子曰: 書云 '孝乎! 惟孝, 友于兄弟, 施於有政.' 是亦爲政, 奚其爲爲政?"("어떤 사람이 공자에게 말했다. '선생께서는 왜 정치를 하지 않으십니까?' 공자께서 말씀하셨다. 『서경』에 이르기를 '효로다! 오직 효도하고 형제간에 우애하며 이를 정사에 반영시켜라'라고 하였다. 이 또한 정치를 하는 것인데, 어찌 관직에 나가야만 정치를 하다고 하겠는가?")

여기서 그는 자기가 스스로 경험하지 않았던 것에 대해서는 아무 것도 말하지 않았다.

156) 행위의 가치를 스스로 판단할 능력이 없는 사람들은 각 분야의 전문가를 믿음으로써 그들이 전문가라고 여기는 다른 사람들의 권위에 의지하기 때문이다. 따라서 중국인들은 권위의 선입견이 해가 되지 않고 유용하게 하기 위해 노력했다.

157) 공자는 이 규칙을 『대학』 처음〔부분〕에서 명확하게 심어주었다. 주석 108을 보라.

158) 공자는 스스로 이것〔최상의 안정성〕을 인식했고, 그가 다른 사람들에게 가르쳐온 완전성에서 자신은 아직도 멀리 떨어져 있다고 솔직하게 고백했다(주석 66). 그리고 그는 자신의 사례가 해가 되지 않고 유용하게 쓰이기를 원해서, 자신의 제자들에게 다르게 보인다는(주석 78) 말을 듣는 것을 극도로 불편해했다.

159) 15세 때부터 73세에 생애를 마감할 때까지 계속해서 덕을 쌓기 위해 노력해온 공자는 날마다 앞으로 나아가기 위해 모든 자신의 생각과 노력을 쏟았다. 그러므로 공자가 60세에는 아직 부족했던 것을 70세에 발견해냈다고 했을 때, 그는 자기의 사례에 의해 그러한 발전이 가능함을 경험했다. 한참 앞에서(주석 80) 공자의 덕의 성장에 대해 언급한 것을 보라.

160) 공자는 이것을 자기 가르침의 핵심적 개념으로 제시했다. 어른들은 이 교설에 따라 다음처럼 헌신해야만 한다. 즉 어른들은 자신과 다른 사람들을 지속적으로 완전하게 하기 위해 노력해야만 하며, 그들이 욕구해야만 하는 목적으로서 최상의 완전성을 위해 행위하도록 해야만 한다.

161) 자연법의 근원으로서 나는 모든 행위의 일치, 즉 자연적 행위 및

의지적 행위가 서로 간에 일치하는 것 이외에 다른 것을 인정하지 않는다. 의지적 행위가 자연적 행위를 규정하는 궁극적 원인에 의해 규정될 때, 그리고 특수한 궁극적 원인이 끝으로 보편적·궁극적 원인 속에서 용해될 때 이 일치는 달성된다. 세계의 궁극 목적이 신의 영광이자 신적 완전성의 계시이기에 본질성과 법칙은 신의 속성이며, 이것은 마찬가지로 자유로운 행위의 궁극적 원인이어야만 한다. 이렇게 인간은 자신의 자유로운 행위의 방향을 정하는 것을 통해 신의 영광을 찬미하게 된다. 내가 자연법의 근원을 좀 더 정확하게 탐구했을 때, 나는 그로부터 신의 영광에 대한 찬미가 인간의 완전성과 분리될 수 없음을 발견해냈다.[240] 신의 영광에 대한 찬미 없이는 인간의 완전성은 완성되지 못한다.

162) 나는 품행와 관련되는 것[241]을 정의롭고 진정한 것으로 언급되는 것에 의해 규정되는 것과 동일한 근거들에 의해 규정한다. 따라서 거짓된 것으로부터 참된 것을 구분해줄 확실한 원리들이 품행에도 귀속하게 되었다.

163) 『보편적 실천철학』[242]이 철저하게 작성되지 않았다고 할지라도(주석 130), 이와 관계되는 몇 가지 것은 이미 그 속에 포함되어 있다(주석 133). 그러나 이미 전년도에 제3판까지 인쇄가 된 『독일어 형이상학』[243]에서 나는 필요한 원리들을 먼저 제시했다. 그 이

240 *Ratio praelectionum* = WW II, Bd. 36, S. 193; *Deutsche Ethik* = WW I, Bd. 4, S. 30f., §42. —이 책, 「볼프의 주석」, 130 참조.

241 Anm. zu S. 7, Z. 60 참조.

242 *Philosophia practica Universalis*, in *Meletemata* = WW II, Bd. 35, Sect. II, S. 209ff.

243 *Deutsche Metaphysik*(^{1}1720, ^{2}1722, ^{3}1725) = WW I, Bd. 2, S. 260f., §422f. 및 여러 곳.

후 1720년에 처음으로 나오고 곧이어 1722년에 다시 출판된 『도덕적 사상』[244]에서 나는 행위가 인간의 완전성으로 향해야 한다는 것이 무엇인지, 그리고 어느 정도로까지 할 수 있는지(주석 135) 보다 분명하게 제시했다.

164) 위에서(주석 136) 언급한 것을 보라. 그리고 주석 166과 비교하라.

165) 앞에서 언급한 자매결연을 명확하게 인식하기 위해 우리는 완전성 일반이라는 판명한 개념이 필요하다. 그다음에 내가 **선험적 우주론**이라 부르는 세계의 보편적 인식과 자연신학을 사용한다. 물론 나는 이것은 자연의 빛의 도움으로 인식될 수 있다고 덧붙였다. 중국인들에게는 완전성 일반에 대한 판명한 개념이 결여되어 있었다. 초월적 우주론과 관련해서도 그들은 그것을 알지 못한다. 그리고 자연신학은 그들에게는 전혀 존재하지 않는다(주석 54). 결론적으로 그들에게는 모든 자유로운 행위가 서로 간에 결합되어 있고, 자유로운 행위가 자연적 행위 자체와 결합될 수 있으며, 자유로운 행위가 세계의 완전성을 해치는 것이 아니라 더욱 증대한다는 것에 대한 근거가 무엇인가를 설명하는 게 불가능하다. 왜냐하면 자유로운 행위가 우리의 완전성을 향해 방향을 잡는 것이 나에게는 자연법의 원리라고 할지라도, 그러한 것은 세계의 완전성을 향한 자유로운 행위의 방향 설정으로서 나의 형이상학적 원리들로부터 보다 보편적으로 파악될 수 있음이 충분하게 드러나기 때문이다. 이 보편적 원리에 의해 다른 사람들에 대한, 더 나아가 생명 없는 사물들에 대한 모든 사람의 의무들이 분명하게 도출된다.

---

244 *Deutsche Ethik*([1]1720, [2]1722) = WW I, Bd. 4, S. 11f., 29f.; §12, 40 및 여러 곳.

166) 공자는 『대학』 처음[245]에서 그것이 최상의 완전성이 아니라면 제자리에 머물러 있어서는 안 된다고 강조했다. 여기서 완전성은 일종의 덕의 단계(gradus)로 파악되는 것처럼 보인다. 사실 이런 경우에 완전성의 참된 개념은 덕의 단계와 반대되지는 않는다. 그러나 나에게 물음은 완전성이 덕의 단계와 일치하는가라는 것이 아니라 공자와 중국인들이 그것을 인식했었는가라는 것이다.

167) 중국인들은 이 세계 모든 사물의 조화가 생겨나는 그와 같은 행위의 방향 설정을 주장했다. 이 세계에서 그들은 인간을 세계의 부분으로서 관찰했었다(주석 84). 이 조화를 위해 소우주와 대우주의 일치는 행위의 자유로운 규정에서 요구된다(앞의 주석). 소우주와 대우주의 일치에 도달하기 위해 그들은 외적 행위와 내적 행위의 일치를(주석 78), 내적 행위와 연관해서 감각적 욕구와 이성적 욕구의 일치(주석 88)를, 그리고 결론적으로 감정*과 이성의 일치를 규정했다(주석 97).

168) 혼란스런 개념이 말에 의해 어떤 다른 사람의 정신 속에 생겨나는 것은 그 사람이 이미 혼란스런 개념을 가져서 그것을 말과 결합할 때이다(주석 136).

169) 이것에서부터 도덕적인 것에 대한 판명한 개념에 신경을 쓰지 않는 다른 사람들이 왜 지금까지 중국인들의 견해를 파악할 수 없었는지 그 이유가 분명해진다. 그러나 나는 그 개념들을 파악했었다. 이 개념들을 발전시키고 그것을 다른 단순 개념들로 녹여내려고

245 이 책, 「볼프의 주석」, 85 참조.

* 'affectus'를 독일어 역자는 'Gemütsbewegungen', 즉 '정서의 움직임'으로 번역했지만, 여기서는 '이성'과 대비되는 '감정'으로 옮긴다.

노력했다.

170) 나는 여기서 자연의 힘들에 의해 도달될 수 있는 인간의 철학적 최고선에 대해 언급한다. 그러나 다른 선이 아니라 바로 이 선이 자연적 방식으로 인간들에게 부여되었다는 것은 공자의 사례에 의해 입증된다(주석 84).

171) 다시 말해, 『도덕적 사상』 제1부에서 입증한 바가 있다. 이 제1부를 나는 '보편적 실천철학'[246]이라는 이름으로 특징짓곤 했었다. 그리고 그 속에서 보편적·도덕적 개념들을 발전시키고 보편적·실천적 원리들을 확립했다.

172) [원주 173] 공자는 자기의 모범을 통해 그것을 보여주었다(주석 66). 공자는 자기 자신에 대한 최고로 세심한 관찰자이다(주석 78). 그는 덕을 추구하는 일에 지치지 않았기에, 70세에도 계속적인 발전을 기록할 수 있었다(주석 80).

173) [원주 172] 주석 85에서 언급된 것을 보라.

174) 명성과 명예욕[247]은 하늘과 땅만큼이나 차이가 있다. 명성은 우리

---

246 *Deutsche Ethik*=WW I, Bd. 4, S. 31f., §44; S. 78ff., §139ff. 참조. 첫 번째 제목은 '인간 일반의 행위와 중지에 대하여'(Von dem Thun und Lassen der Menschen überhaupt)이다.

247 볼프의 출전은 아마도 Noël, S. 263 또는 S. 414이다. 그러나 또한 이 구절에 대한 최근의 번역은 다음과 같다. Legge, Bd. 2, S. 197과 419f.; Wilhelm, *Mong Dsi*, S. 32와 S. 139.—문제의 주제에 대해서는 다음을 참조. *Deutsche Metaphysik*=WW I, Bd. 2, S. 286, §466f.; *Anmerkungen zur Deutschen Metaphysik*=WW I, Bd. 3, S. 240~42, §152. 또한 다음도 참조. *Deutsche Ethik*=WW I, Bd. 4, S. 280, §413(명성에 대한 욕구의 제한된 의미. 원래 명예욕의 반대는 명예에 대한 사랑〔Ehrliebe〕이다. S. 406~09, §597~99).—볼프 용어의 불확실함은 'gloria'를 명성(Ruhm) 및 명예욕(Ehrgeiz)의 뜻으로 사용한 이 텍스트에서도 드러난다. 그러나 명성과 명예욕은 대립적이지 않다. 〔볼프의 라틴어 용어〕 번역은 이 불확실함의 해결을 더욱 어렵게 한다.

의 훌륭한 행위가 다른 사람들에 의해 인정되는 데서 느끼게 되는 기쁨을 나타낸다. 이는 기쁨의 개념과 정신적 실체에 근거해서 증명될 수 있으며, 또한 내가 다른 곳에서 증명하려는 것처럼 사람에게, 즉 개개의 정신적 실체에 아주 자연스럽다. 그리고 우리가 우리의 선한 행위를 즐거워하고, 이 선한 행위를 다른 사람들로부터 인정을 받는 것에 악덕과 같은 것은 없다. 그러므로 신 자신은 자신의 명성[248]*에 신경을 쓰며, 이 세계를 창조해서 최상의 완전한 원인으로부터 결과를 낳게 하고, 그리고 인간들에게 세상의 관찰로부터 신의 속성을 인식하는 데로 상승하도록 했다. 그러나 명예욕은 누군가로 하여금 그에게 합당한 것보다, 그리고 그의 업적이 다른 사람들에 의해 자발적으로 입증된 것보다 더 많은 명예를 원하게 하는 악덕이다. 개념들에 근거해 결정을 하는 사람은 맹목적으로 판단할 수 없고, 서로 간에 구분될 수 있는 것을 결코 섞어놓지 않는다.

175) 요컨대 공자는 덕을 추구할 때 발전을 이루기 위해 다른 사람들, 특히 입법자 요와 순의 사례에 대해 깊이 생각했다(주석 19). 이러한 이유로 중국의 편년사는 도덕과 정치에서 사용될 수 있게 하기 위해 이 민족의 고유한 주도면밀함으로 작성되었다(위의 주석). 그리고 그러한 이유로 편년사들은 현자들의 고전으로 여겨지는 것

248 여기서 '명성'(Ruhm)은 문맥 때문에 'Gloria'의 번역어로 유지되었다. 반면 'gloria Dei'(신의 영광)도 루터 독일어에서는 '신의 명예'(Ehre Gottes)로 번역되기도 했다(S. 215, Z. 925; S. 235, Z. 316; S. 247, Z. 568 참조). *Deutsche Ethik* = WW I, Bd. 4, S. 425ff., §652ff.도 참조.

* 원래 라틴어 원문 'Gloria & ambitio'는 '영광과 야심'으로 흔히 번역된다. 그러나 여기서는 독역자의 해석에 따라 명성과 명예를 탐하는 '명예욕'으로 번역해놓았다. 위의 독역자 주를 보라.

이다(주석 138).

176) 덕을 열심히 모방하고자 하는 열의는 칭찬을 받아야 하지 책망을 받을 일이 아니다. 그렇기 때문에 유명한 모범적 사례들이 제시되었던 것이다. 이로써 우리는 다른 사람이 가진 덕에 경탄을 하게 되고 스스로 덕을 향해 노력할 수 있다.

177) 그와 같은 사례들은 중국의 네 번째 고전인 『맹자』[249]에서도 나타난다(주석 138).

178) 내가 엄격한 도덕 심판관이라 부르는 사람들은 꾸짖을 구실을 찾기 위해 개념이 아니라 선입견에 의해서 다른 사람들의 도덕에 대해 판단을 내리는 사람들이다. 이 점에서 그들은 서로 구분되는 것을 뒤섞어놓는다.

179) 공자와 황제 순의 사례는 그 점과 반대된다. 다시 말해, 공자는 다른 사람들이 자신의 덕과 진정성을 합당한 것 이상으로 더 좋게 평가하는 것을 못 견뎌 했다(주석 78). 공자는 자신이 도달했는데도 불구하고, 도달하지 못한 사람으로 여겨지기를 원하지 않았다. 그리고 그는 외적 행위가 내적 행위와 일치하도록 하고, 이성과 일치되는 것을 기쁨으로 행하기 위해 모든 것을 행했다(주석 78). 순은 자기 자신의 판단을 믿지 않았고, 누구나가 자유롭게 쓸 수 있도록 판을 공개적으로 세워놓았는데, 이는 자신의 행동을 개선하기 위한 것으로 보인다(주석 78). 대체로 앞의 설명에서 드러난 것은 모든 것이 진리에 근거해 이루어졌으며, 마음의 격동(passiones animi)이 이성과 화해를 했다고 그들이 열심히 주장을

249 "맹자는 소크라테스적 반어법을 사용하고 그의 논적(論敵)의 불합리함을 이끌어내려 시도했다."

했다는 점이다. 특히 주석 66, 78, 80에서 언급된 것을 보라.

180) 공자와 고대 중국인들은 정신의 판단, 의도와 욕구 및 내적 행위가 서로 간에 일치하고 자연법칙과도 일치되도록 하기 위해 노력했다. 그와 같은 일치는 덕에 속하지 악덕에 속하는 것이 아니다(나는 여기서 덕 일반에 대해 말한다). 덕이 철학적 덕인가 기독교적 덕인가라는 것은 동인들에 달려 있다. 이 동인들의 성격에 따라 모든 행위의 내용들이 변한다(주석 51, 52, 53). 신학자들은 그 점에 동의한다. 그러므로 프리데만 베흐만은 『후터의 교재를 위한 주석들』(*Annot. ad Compend. Hutteri*) 제14장, 물음 6, §2, 520쪽[250]에서 다음과 같이 말한다. "이교도의 훌륭한 작품들이 신의 법칙과 일치하는지 정확하게 고려하는 한, 그것은 결코 죄가 아니다. 신의 법칙과 일치하는 어떤 것을 죄로서 특징짓는 것은 모순이다."

181) 이교도의 덕이 빛나는 죄라고 하는 것은 아우구스티누스(Augustinus)의 아주 잘 알려진 발언이다.[251] 이는 일치신조(Formula concordia)의 저자들을 통해서도 입증된 것처럼 보인다. 〔일치신조의 제4장〕 선행(de bonis operibus)에 대한 항목에 다음과 같이 쓰여 있다.[252]

---

250 Friedemann Bechmann, *Annotationes uberiores in Compendium theologicum Leonhardi Hutteri*, Leipzig [1]1690, S. 520(Jena [3]1703, S. 599).

251 이 말 자체는 아우구스티누스에게서 유래하지 않는다. 그러나 이와 같은 사실은 19세기까지 알려져 있지 않았다. [Karl Hase], *Hutterus redivivus oder Dogmatik der evangelisch-lutherischen Kirche*, Leipzig [7]1848([1]1829), S. 219, §92. 게오르크 뷔흐만(Georg Büchmann)은 자신의 책 *Geflügelte Worte*, Berlin [12]1880, S. 479에서 응당 직접적인 자료로서 *De civitate Dei* 19, 25를 알려준다. *euvres de Saint Augustin*, Bd. 37: *La Cité de Dieu XIX-XXII*, Paris 1960, S. 164~67, 760~62의 주석들을 비교하라. 사실에 대한 17, 18세기의 열띤 논쟁은 아우구스티누스의 원전 텍스트에까지 소급해 다루지 않았다. 라이프니츠는 이 '아우구스티누스의 기지'를 날카롭게 비판했다(*Essais de Théodicée*, §259; Gerhardt, Bd. 6, S. 270).

"올바른 외적 삶의 방식을 얻게 해주는(불신자들과 신에게 개종하지 않은 사람들에 의해 또한 완수되고 촉진되는 것과 같은) 그와 같은 작품들이 세상에서 가치 있고, 칭찬받을 만하고, 신에 의해 이 세계 속에서 잠시나마 어떤 세속적인 보상을 허락받는다고 할지라도, 그것들은 참된 믿음에서 나온 것이 아닌 만큼 사실 신 앞에서는 죄이며, 죄로 얼룩진 것이다. 그리고 그런 인간은 신과 화해하지 못했기 때문에, 그리고 자연의 타락 때문에 신에 의해 죄와 불순한 것으로 여겨질 것이다." 따라서 이 이의는 상징적 책들*과 일치하는 것처럼 보인다. 왜냐하면 중국인들은 불신자들이며 신에게 개종한 자들이 아니기 때문이다. 그들은 신에 대해 혼란스런 개념만을 가졌기에 신의 고유한 속성들에 대한 인식을 가질 수 없었고, 그런 이유로 많은 사람이 그들을 무신론자들이라고 여겨왔다(주석 54).

182) 다시 말해, 그들〔중국인들〕은 서로 간에 정확히 구분되어야만 하는 것과 일치신조 자체에서 완전히 분명하게 구분한 것을 서로 뒤섞어놓는다. 나는 중국인들에게 철학적 덕을 귀속시켰고, 또는 일치신조와 더불어 말하기를 원한다면 시민적 정의(주석 53)를 귀속시켰지 결코 신의 마음에 드는(주석 55) 훌륭한 일들이 속한 신학

---

252 *Die Bekenntnisschriften der evangelisch-lutherischen Kirche*, Göttingen [7]1976([1]1930), S. 940, Z. 27~41.

* '상징적 책'이라는 용어는 기독교 그룹들의 신앙고백 문서를 나타내는 말로, 이 고백 문서를 통해 자기 그룹의 특성을 나타내고 다른 그룹과 차별성을 꾀했다. 개신교-루터 교회의 전통적인 상징적 책들로는 『아우크스부르크의 고백록』(*Die Confessio Augustana*, 1530/1540), 『멜란히톤의 아우크스부르크의 고백 문서』(*Philipp Melanchthons Apologie des Augsburgischen Bekenntnisses*, 1531), 『루터의 슈말칼덴 조항』(*Martin Luthers Schmalkaldische Artikel*, 1537) 등이 있다.

적 덕을 귀속시키지 않았다. 나는 악덕을 철학적 덕에 대립시키며, 죄를 신학적 덕에 대립시킨다. 따라서 악덕으로 생각되는 가치 없는 것이 신학의 영역에서는 죄로 여겨지거나 죄로 얼룩졌다고 언급될 수 있다. 나는 구분을 말로서 하지 않고 사실로서 한다. 왜냐하면 나는 공허한 구분을 좋아하지 않기 때문이다. 자, 이제까지 올바르게 인식되지 않은 것처럼 보이는 것에 대해 좀 더 분명하게 설명해보자. 전체 사실은 우리가 행위와 법칙의 일치를 판단한다는 점으로 흘러간다. 어떤 한 행위가 법칙이 명령하는 바와 같은 행위라고 한다면, 행위는 법칙과 일치해 있는 것으로 여겨지게 된다. 그러나 공자는 외적 행위와 법칙의 일치만으로는 충분하지 않으며, 오히려 내적 행위의 일치도 요구된다는 것을 인식했다. 다시 말해, 판단과 욕구 그리고 의도의 일치도 요구되어야 한다고 인식했다. 행위가 법칙과 일치한다고 생각할 때, 우리는 스스로를 기만하지 않게 된다. 또한 행위가 법칙과 일치를 이루기 **때문에** 우리가 그것〔행위〕을 원하도록 한다. 그리고 행위가 법칙에 의해 명령되는 이유에서, 또는 내적 정직성 때문에 우리가 그것을 원하도록 한다. 따라서 여기에 철학적 덕에 요구되는 모든 것이 존재한다. 이 철학적 덕은 악덕적인 것 또는 그 어떤 악덕적인 것과 함께 하는 행위와 대립된다. 다시 말해, 유덕한 행위는 악덕한 행위와 대립된다. 그러나 법칙과의 외적 일치에 상관없이 내적 일치에 요구되는 것, 즉 의도(intentio)를 결여한다면 유덕한 행위는 악덕의 결함으로 얼룩지게 될 것이다. 그러나 행위가 악덕과 공유하는 것이 없어 결과적으로 악덕의 결점으로부터 정당하게 면제된다고 할지라도, 이 행위는 아직도 신의 마음에 들 만한 것이라고 하기 어렵다. 왜냐하면 이 행위에는 신의 마음에 드는 일에 요구되는 것이 결여되어 있기 때문이다. 즉 행위가 신의 마음에 들기 위해서는 신적 속성이 그 행위의 동인이 되어야만 한다. 이 세상에서의 피조물들의 자연스러운 행위에 의한 것처럼 이 인간적 행위의 자유로운 지향에 의해서도 신성의 영광이 찬미될 수 있다. 이것은 은총의 힘을 받지 않은 모든 사람의 덕에는 반드시 결여되어 있다. 다시 말해, 중국인들은 신적 속성들에 대한 판명한 지식이 없었다(주석 54). 그러므로 신적 속성들은 행위의 규정들에 전혀 영향을 끼칠 수 없었다. 당시에 그 밖의 민족들은 신에 대한 잘못된 생각을 품고 있었고, 오늘날까지도 품고 있다. 반면에 오직 유대인들만이 신에 대한 참다운 인식으로 충만했으며, 그들의 행위는 신의 영광을 향해 있었다. 그렇기 때문에 앞서 언급한 민족들은 항상 타당한 신적 속성들을 동인으로서 이용할 수 없었다. 공자는 반세기가 넘도록 노력을 계속했지만, 모든 그의 행위가 악덕의 오점에서 완전하게 벗어나는 데까지 도달하지는 못했다(주석 80). 하물며 오직 자연의 힘만으로 덕을 얻으려 하는 사람은 내가 언급하는 철학적 경건의 가장 낮은 단계에 도달하는 것조차 불가능하다. 그가 설령 또 다른 공자라 할지라도 〔종교적으로〕 거듭나지 못한 인간의 모든 행위는 결과적으로 아직도 신의 마음에 들 수 없다. 실제로 계시에 근거해보면, 거듭난 사람들의 일 자체도 자연의 법칙이 촉구하는 완전성을 결여하고 있음은 분명하다. 자연의 법칙은 신의 일을 기형으로 만들지 않기 위해 전체 세계의 완전성을 향한 행위를 지향하기 때문이다. 일이 그리스도에 대한 믿음에서 발생한 것이 아니라면, 그것은 신의 마음에 들지 않을 것이다. 그 반면에 그리스도에 대한 믿음으로 하나가 된 인간의 불완전한 일은 구세주에 대한 완전한 순종에 의해 완전하게 된다. 상징적 책들이 그 권위를 유지하기 위해 중국인들의 덕을 악덕으로 평가하거나 그들의 행위에는 진정한 의도가 없다고 말하는 것은 아주 불필요하다. 그러나 이외에도 신학자들에 의해 제공되어온 상징적 책들의 해석이 이제 내가 말해왔던 것과 맞는다는 점이 분명해졌다(주석 67, 108).

183) 즉『인간 행위에 대한 도덕적 사상』에서 증명했다.[253] 조금 전 앞에서(주석 174) 언급한 것과 비교해보라.

184) 그렇기 때문에 우리는 선행에 대한 의식을 즐길 수 있게 하기 위해 선행을 하도록 충고한다. 그러나 양심의 가책을 느끼지 않게 하기 위해 악행을 피해야만 한다는 것을 우리는 깊이 새겨야 한다.

185) 성경조차도 비방자에게 비방할 거리를 주지 말아야 한다고 주장한다.[254] 우리는 인간이 자신의 훌륭한 명성에 신경을 써야만 한다고 주장한다. 누가 이런 시인의 말[255]을 비난할 것인가. "네가 모든 것을 잃는다 해도, 너의 훌륭한 명성을 지키는 것은 잊지 말라!"

---

253 이 책, 356쪽의 독역자 주 247 참조.

254 이에 대한 성경 인용구가 없다. 물론「디모데전서」5장 14절을 그 방향으로 해석할 수 있다. "기독교인은 나쁜 비방을 할 기회를 조금도 주지 말아야 한다"(*Theologisches Begriffslexikon zum Neuen Testament*, hrsg. von Lothar Coenen, Erich Beyreuther u. Hans Bietenhard, Bd. 3, Wuppertal ^{3}1972, S. 1073). 다음도 참조. Theodor Antonides, *Schrifftmäßige Erklärung über den ersten allgemeinen Brieff des Heil. Apostel Simons Petri*, Bremen 1700, S. 193 b: "다른 사람이 화를 내도록/ 우리의 삶을 그런 방향으로 이끌지 마십시오"(「베드로전서」2장 12절; S. 191 b 참조). —독신(瀆神) 및 이와 유사한 것에 대한 발언들은(「로마서」14장, 16절) 이에 대해 대개 다른 것을 의미한다. —Formey(S. 71, Anm. 68)는「마태복음」5장 16절을 가리킨다.

255 통용되는 격언이지만, 누가 처음 이 말을 했는지는 알 수 없다. 다음을 참조. Hans Walther, *Lateinische Sprichwörter und Sentenzen des Mittelalters*, Teil 3(*Carmina medii aevi posterioris latina* II/3), Göttingen 1965, S. 618, Nr. 20063.

우리가 다른 사람을 사례로 이용하기 위해 노력해온 것을 누가 비난할 수 있겠는가?

186) 어렸을 때 나는 다음과 같은 것을 귀에 못이 박히도록 들었다. "선한 자는 덕에 대한 사랑게서 죄를 짓는 것을 미워한다. 악한 자는 처벌에 대한 두려움 때문에 죄를 짓는 것을 미워한다."[256]

187) "신의 법칙과 일치하는 경우에, 어떤 것을 죄로서 특징지을 수 있다는 것은 모순이다"(주석 180)라고 베흐만은 말한다. 그러나 어떤 행위가 내면의 선을 기뻐하는 한, 그것은 신의 법칙과 일치한다. 이에 반해 행위가 내면의 수치를 내보이는 한, 그것은 신의 법칙과 일치하지 않는다. 그러나 행위가 소우주의 완전성과 이어서 대우주 자체의 완전성을 목적으로 할 경우, 그것은 정직성을 가진다(주석 84). 그러나 그 행위가 소우주와 따라서 대우주의 완전성에 역행할 경우, 그것은 내면의 수치를 가진다.

188) 다시 말해, 중국인들의 덕이 철학적 덕으로서 고려되는 한 그것에 대해 비난할 만한 것은 아무것도 없다. 법칙과의 완전한 일치를 요구하는 완전한 복종이 문제가 되는 신학의 영역에서는 사정이 다르다. 이는 이미 주석 182에서 보다 분명하게 서술해놓았다.

189) 중국인들에게는 오직 철학적 덕만이 있었다(주석 54). 그러나 중국인들의 동인은 행위라는 결과로 이어지는 내적 상황 및 외적 상황의 변화에 의해 얻어졌다. 그렇기 때문에 그것〔행위〕으로부터 내적 정직성 또는 수치가 판정된다(주석 51). 〔이는〕 왜 중국인들이

256 두 문장 중 처음의 것은 호라티우스(Epist. I. 16, 52)에서 나오며, 두 번째 것은 오래전에 첨가된 것이다. Ernst Voigt, "Florilegium Gottingense", in *Romanische Forschungen* 3(1887), S. 281~314; S. 294, Nr. 132 참조.

행위의 구분을 후천적으로 찾았고, 따라서 이 행위들을 자기 자신에게서 검증할 수 있었던 사람들의 판단에 그렇게 많이 의지했는가에 대한 이유이기도 하다.

190) 모든 사람이 사물의 내적 정직성과 수치에 대해 대변할 때, 사무엘 폰 푸펜도르프* 이전에는 아무도 그것을 의심하지 않았다. 그러나 푸펜도르프가 특정한 행위들을 실행하거나 또는 그와는 다른 행위를 그만두게 하는, 군주의 의지에서 나온 의무 이외의 다른 의무를 허용하지 않는 한에서 객관적 도덕을 포기했다고 할지라도, 그는 그의 적들의 반대 의견들을 탐구하면서 신이 이 행위를 명하고 또는 금지할 때 그것에 대한 근거들을 가지고 한다는 것을 깨달았다. 그 근거들에 따라 우리는 사물의 내적 정직성과 수치에 대해 판단한다. 그러므로 그는 신이 〔근거들이 없는〕 다른 행위를 명하면서 그것〔그 행위〕을 금지했다면, 신 스스로 모순이 될 수도 있었다고 설명했다. 그가 이 논증에 대해 세밀하게 논의했던, 특히 최근 문제가 된 「자연법에 대한 논쟁의 한 사례」(Speciminis controversiarum circa jus naturale ipsi motarum)의 제5장을 읽어 보라.[257]

---

* Samuel von Pufendorf, 1632~94: 계몽주의 초기에 활동했던 독일의 법철학자이자 국제법학자. 그로티우스에 이어 국제법 창시자 가운데 한 사람이다. 자연법과 국제법론에 대한 그의 주요 저서는 8권으로 된 『자연법과 국제법』(*De jure naturae et gentium*, 1672)이다. 그는 법이 유일신과 이성에 의해 만들어졌다는 입장을 취하기 때문에 조약과 관습을 법으로서 인정하지 않는다.

257 Samuel Pufendorf, *Specimen Controversiarum Circa Jus Naturale Ipsi nuper Motarum*, Osnabrück 1678. 복제본은 모음집(*Eris Scandica*)에 포함되어 있다. 이것은 (부록 자체의 쪽수와 연대 기입: 1743년이 있는) 부록으로서 고트프리트 마스코프(Gottfried Mascov)가 조직한 자연권의 편집본에 포함되어 있다. Samuel Pufendorf, *De jure Naturae et Gentium... Accedit Eris Scandica*, Tomus Secundus, Frankfurt/

191) 이전에(주석 180, 187) 언급된 것을 보라.

192) 주석 138을 보라.

193) 그것과 관계되는 몇 가지 것을 나는 당시 『보편적 실천철학』의 명제 23[258]에 대한 해설에서 지적한 바가 있다. 그러나 나는 그 후에 『도덕적 사상』의 §176과 그 이하[259]에서 관습 또는 관례의 원리를

Leipzig 1744(Frankfurt am Main 1967의 영인본에는 없다). ―제5장은 S. 124~210을 포함한다(*Eris Scandica*, S. 218~56). 여기서 푸펜도르프는 아주 정당하게 객관적 도덕성에 대한 자신의 비판을 유지하고 있다(vgl. z.B. S. 132, §6; S. 136f., §7; S. 178, §26=*Eris Scandica*, S. 221, 223, 242). 그리고 그 점을 넘어서서 그는 인간의 행위 및 인간의 도덕성(신의 의지)에 대한 물음을 다룬다는 점을 강조한다. 그리고 그는 인간의 행위와는 절대 비교가 허락되지 않는 신의 행위는 다루지 않는다(S. 138f., §9; S. 143f와 145, §13; S. 204, §35; S. 209, §36=*Eris Scandica*, S. 224, 226f., 254, 256). Johann Sauter, *Die philosophischen Grundlagen des Naturrechts*, Wien 1932(Nachdruck, Frankfurt am Main 1966)는 푸펜도르프의 발언(S. 192, §32=*Eris Scandica*, S. 249)을 다른 어떤 것보다 더 신중하게 발견하기는 하지만(S. 124, Anm. 8), 그것은 볼프가 의미하는 것은 아니다. "자연법 인식은 순수하게 후천적인 것"(*rein aposteriorische Sache*)이라는 이론을 푸펜도르프는 "항상 고수했다"(Sauter, S. 119f.). 물론 푸펜도르프에게는 다음과 같이 말할 수 있는 특정한 행위가 존재한다. 만약 신이 이 행위를 인간에게 부과하지 않았다고 한다면, 신 스스로 모순이 될 수도 있다(S. 201, §35=*Eris Scandica*, S. 253). 이와 마찬가지로 다른 편에서 모순 없이 신에게 귀속될 수 있는 다른 행위가 존재한다(S. 134, §7=*Eris Scandica*, S. 222). 푸펜도르프에 대한 문헌들은 그 이상의 해명을 제공하지 않는다. 예를 들어, Hermann Friedrich Wilhelm Hinrichs, *Geschichte der Rechts- und Staatsprincipien seit der Reformation bis auf die Gegenwart in historisch-philosophischer Entwickelung*, 3 Bde, Leipzig 1848~52(Nachdruck, Aalen 1962); Bd. 2, S. 1~102, 246~303; Bd. 3, S. 64ff., 118ff.; Hans Welzel, *Die Naturrechtslehre Samuel Pufendorfs*, Berlin 1958; Horst Denzer, *Moralphilosophie und Naturrecht bei Samuel Pufendorf*, München 1972. ―볼프의 *Buddei Bedencken*, in WW I, Bd. 17, S. 33도 참조.

258 *Philosophia practica Universalis*, in *Meletemata*=WW II, Bd. 35, Sect. II, S. 220, Scholion.

259 *Deutsche Ethik*=WW I, Bd. 4, S. 107~09, §176~79.

분명하게 제시했다. 추론의 기술을 잘 아는 사람은 이 원리들로부터 쉽게 다른 것, 즉 보다 특별한 것을 도출할 수도 있을 것이다.

194) 이 관례들은 그 밖의 다른 방법으로는 결코 달성될 수 없는 특정한 목적에 맞추어져 있다. 예를 들어, 잘못된 길에 쉽게 빠질 수 있는 사람을 덕의 올바른 길에 확실하게 붙잡아두게 하거나, 칭찬받을 만하고 유덕한 것을 보다 더 신뢰하게 하기 위한 목적에 맞추어져 있다.

195) 다시 말해, 모태 속의 태아는 〔관능적〕 쾌락과 쾌락적인 것들에 대한 경향을 갖지 않도록 하기 위한 것이다.

196) 시력이 결여되었을 때, 그 밖의 감각은 보다 더 예민해진다. 지각되는 것들을 보다 더 정확하게 구분하는 데 필요한 그 밖의 지각들에 더 크게 주목하기 때문이다. 색을 만져봄으로서 구분하는 맹인의 경우가 앞에서 말한 것을 입증해준다.

197) 저녁에 불러주었던 노래는 다음 날 아침에도 마치 귀에 울리는 것처럼 기억에 확실하게 남게 될 뿐만 아니라 감정(affectus)을 움직여서 욕구를 생각과 결합하게 한다. 그러므로 중국인들은 이런 방식으로 태아에게 유덕한 것과 가정의 올바른 인도를 받도록 하는 자연스러운 성향을 심어주고자 했다. 그래서 그들은 이 의도의 실행 시간을 저녁으로 정해놓았다.

198) 앞의 주석 138에서 언급된 『소학』[260]에서 이 책이 인용되었다.

199) 나는 관찰되거나 다른 사람들이 교육하는 것의 근거들을 철학에서 찾기 위해 노력해왔다. 그리고 이 근거들로부터 나는 다른 사람들에 의해 인식되지 않거나 내가 아직 주목하지 못했던 것을 넘

260 Anm zu S. 63, Z. 895~904 참조.

어 추론했다. 또한 이 개별적인 것들을 서로 결합해서 어떤 것이 다른 어떤 것에 의해 증명될 수 있도록 했다. 나는 무엇이 존재하는가에 대한 충분한 근거를 제시하고, 학문을 정초하기 위해 진리들을 서로 결합하는 것을 철학자의 의무로 여겼다.

200) 정신과 육체 사이의 일치는 관찰에 의지한다. 그리고 이 일치는 누군가가 항상 정신과 육체의 결합에 대해 어떤 방식으로 설명해도 의심할 수 없다. 더욱이 설명을 완전히 포기하고 단순한 관찰에 만족하는 사람도 그 일치를 인정할 것이다.

201) 『형이상학』 제5장 「합리적 심리학」[261]에서 나는 그 점에 대해 보다 더 분명하게 설명했다. 그리고 『형이상학에 대한 주석』[262]에서 나는 이것이 철학자들이 정신과 육체 사이의 결합을 설명하기 위해 사용하는 모든 가설에도 가치가 있다는 것을 보여주었다. 예정조화의 체계와는 무관하게 설명되는 합리적 심리학을 제공했던 튀미히의 『〔볼프〕 철학의 원리』를 보라.[263]

202) 뇌의 실체가 모세혈관에 의해 구성되는 것은 극미의 자연에 대한 유명한 관찰자인 우리 시대의 안토니 판 레이우엔훅*이 『생리학 편지들』 310쪽과 그 이하에서 발견했다.[264] 나의 『부분들의 사용

---

261 *Deutsche Metaphysik*=WW I, Bd. 2, S. 470~79, §760~65; S. 323ff., §527ff. 참조.

262 *Anmerkungen zur Deutschen Metaphysik*=WW I, Bd. 3, S. 448~69, §272~77.

263 Thümmig, Bd. 1=WW III, Bd. 19.1, S. 160ff.: Institutiones Psychologiae rationalis; 특히 S. 192ff.: De Systemate harmoniae praestabilitae.

* Antonie van Leeuwenhoek, 1632~1723: 네덜란드 델프트 출신의 과학자. 미생물학의 아버지로 불린다. 직접 렌즈를 갈아 만든 현미경으로 단세포 생물을 관찰했으며, 현미경의 발달과 미생물학의 정립에 크게 공헌했다.

264 Antonie van Leeuwenhoek, *Epistolae physiologicae*, Delft 1719(Nachdruck in ders., *Opera omnia*, Bd. 4, Hildesheim/New York 1972), (신경 형성에 대해서는) S. 310. 그리고 (뇌의 형성에 대해서는) S. 328, 349, 432~34 참조. 다음의 것도 참조.

에 대한 성찰』(*Meditationes de usu partium*) §37[265]을 참조하라.

203) 영혼의 욕구에 상응해서 일어나는 육체의 운동이 영혼의 비물질적 관념들에 상응하는 뇌 속의 물질적 관념들에 근거해서 생성된다는 것은 정신과 육체의 결합을 설명해오던 모든 체계에서 참이다.[266] 다만 '영향체계'(Systemate influxus)에서는 운동신경을 향한 생기의 지향이 영혼의 행위에 의존하며, '기회원인의 체계'(Systemate causarum)[267]에서는 정신과 육체의 결합이 신의 부수

Brian J. Ford, "The van Leeuwenhoek Specimens", in *Notes and Records of the Royal Society* (London), August 1981, S. 37~59.

265 *Deutsche Physiologie* = WW I, Bd. 8, S. 61f., §37. 다음도 참조. S. 435~49, §166f. *Deutsche Physik* = WW I, Bd. 6, S. 705f., §436.

266 (보다 나중에 나온 문헌): *Psychologia rationalis* = WW II, Bd. 6, S. 88, §112f. 참조. 이에 대해서는 다음도 참조. Anton Bissinger, *Die Struktur der Gotteserkenntnis. Studien zur Philosophie Christian Wolffs* (Abhandlungen zur Philosophie, Psychologie und Pädagogik 63), Bonn 1970, S. 81ff. — 여기서 '비물질적 관념'(immaterielle Vorstellung)은 '감각적 관념'(idea sensualis)이다.

267 육체의 영혼에 대한 영향의 스콜라적 체계는 (볼프와 그의 동시대인들에게는) 아리스토텔레스에게로 소급된다. 기회원인의 체계는 니콜라 말브랑슈(Nicolas Malebranche)에게로 소급한다. 그러나 볼프의 견해에 의하면, 말브랑슈는 그것을 데카르트에게서 수용했다고 한다. 두 체계의 근본적 서술은 다음의 책에서 발견된다. *Psychologia rationalis* = WW II, Bd. 6, S. 480ff., §558f.; S. 513ff.,; §589ff. (데카르트에 대해서는 École Anmerkung, S. 752f. 참조). *Anmerkungen zur Deutschen Metaphysik* = WW I, Bd. 3, S. 459~69, §275~77, 또는 Thümmig, Bd. 1 = WW III, Bd. 19.1, S. 185ff., S. 189ff., 또는 Hartmann = WW III, Bd. 4, S. 193ff., S. 215ff. 참조. 주목할 만하게도 볼프는 아르놀트 횔링크스(Arnold Geulincx, 1624~69)*에 대해 언급을 하지 않는다. 현재 판본은 *Historisches Wörterbuch*, Bd. 4, Sp. 354~56; Bd. 5, Sp. 192~95; Bd. 6, Sp. 1090f. 참조.

* 횔링크스는 네덜란드의 기회원인론자이다. 데카르트적 이원론에 따르면, 정신과 신체는 두 상이한 실체(實體)이다. 그렇기에 상호 간의 작용이 일어날 수가 없는데, 실제로는 심신의 밀접한 교섭이 일어난다. 이 이유에 대해 횔링크스는 신(神)이 양자를 매개하고 있기 때문이라고 설명했다. 신체 내부에 어떤 운동이 일어날 때, 신은 이것을 기회(機會, occasion)라 하여 정신 내부에 그것에 상응하는 운동

적 협력[268]에 의존한다. 가설적인 것은 이 사실에 대해 아무런 의미도 가지지 못한다. 사람들이 관찰한 사건들의 근거들을 진술함에 있어 나는 세심하게 경계를 하며, 일체의 가설을 멀리 떼어놓을 수 있다면 어떤 가설도 끼어들 수 없도록 하는 것이 습관이 되어버렸다. 이런 방식으로 나는 한편으로 확실성을 위해 배려하고, 다른 한편으로는 가설의 경계 밖에 있는 진리를 확실하게 한다. 이렇게 해서 진리가 여러 상이한 가설을 제기했던 수많은 사람에게 진리의 맛을 보여줄 것이다.

204) 내가 '거의'라고 말하는 이유는, 〔태아의〕 연약한 뇌는 어머니의 뇌와 아직 완전히 닮지 않았기 때문이다. 이 연약한 뇌는 그것이 종속되어 있는 어머니 뇌의 변화들을 정확하게 겪어내지 못한다. 이 차이를 나는 보다 세심하게 탐구할 수가 없었다. 아마도 이는 또한 가능하지 않을 것이다. 뇌의 구조에 의존하는 것은 아직 정확하게 알려져 있지 않다.

205) 방금 전에(주석 196, 197) 언급한 것을 보라.

206) 즉 오늘날의 중국인들이 공자가 지도자로 삼았던 고대 중국인들의 전철을 따르지 않는다는 것은 존경하는 선교사 신부들에 의해 분명하게 밝혀졌다.

207) 『강의 계획』의 단락 2, 제6장 §22, 23, 24, 그리고 296, 297쪽[269]에

을 일어나게 한다는 것이다. 또한 정신 내부에 어떤 운동이 일어날 때, 신은 이것을 기회로 하여 신체 내부에 거기에 상응하는 운동이 일어나게 한다는 것이다.

268 데카르트의 개념 'concours ordinaire'은 René Descartes, *Discours de la Méthode*, Texte et Commentaire par Étienne Gilson, Paris [5]1976([1]1925), S. 42, Z. 25와 Anm. S. 384 참조.

269 *Ratio praelectionum* = WW II, Bd. 36, S. 198f.(1718년의 초판의 'S. 196f.'; M과 H의 판본에서 '296, 297' 오류).

서 언급했다.

208) 이에 대해 더 많은 것을 나는 이전의 주석들에서 기술했다. 내가 처음으로 판명하게 서술하고, 앞에서(주석 51, 52와 182) 엄격하게 구분했던 자연적 덕과 철학적 경건 사이의 차이를 고찰할 때, 빌핑거[270]는 (『고대 중국인들의 도덕론과 국가론의 사례』 후기, §233, 281쪽에서) 중국인들이 이런 측면에서 나보다 훨씬 더 못했다는 것을 부정하지 못했다. 그래도 그는 『고대 중국인들의 도덕론과 국가론의 사례』에서 이 일치를 여러 점에서 보여주었다. 예를 들어 다른 사람들의 도덕을 탐구하는 방법(제1부, 사례, §51, 52 그리고 56, 57쪽), 도덕의 일반적 원리와 감정의 움직임을 지배하는 것에서(제3부, §91, 107쪽) 보여주었다.

209) 내가 부총장직을 수락하고 싶어 하는지에 대한 물음에 공개적으로 답변을 하면서,[271] 나는 관례대로 서약했다. 그 대답은 다음과 같았다. "내가 이 명망 높은 모임에서 부총장직에 대한 연설을 들을 때마다 항상 이 직이 어깨를 매우 무겁게 한다는 말이 있었던 걸로 기억을 합니다. 매우 많은 중요한 사람의 권위에 기초한 이 주장을 믿고 싶어 하지 않는 것은 정말로 나와는 거리가 멉니다. 왜냐하면 그것을 전적으로 증명해주고 다른 사람들이 이미 오래

---

270 Georg Bernhard Bülffinger(Bilfinger), *Specimen doctrinae veterum Sinarum moralis et politicae; tanquam exemplum philosophiae gentium ad rempublicam applicatae: excerptum libellis sinicae genti classicis, Confucii sive dicta sive facta complexis. Accedit de Litteratura Sinensi dissertatio Extemporalis*, Frankfurt am Main 1724, S. 56f., §51f.(는 이름을 거론하지 않고 볼프와 관련한다), S. 107, §92(는 '유명한 독일 철학자이자 수학자'와 관련한다), S. 280, §233(는 '자국의 철학'과 관련한다. S. 281에서 빌핑거의 다른 작품이 인용된다). 위와 비교하여 S. LIXff.도 참조.

271 1720년 7월 12일에 볼프가 부총장직을 수락하면서 행한 취임식 연설.

전에 제시했던 근거들이 있기 때문입니다. 따라서 나는 그 근거들을 반복할 필요가 없습니다. 그리고 이 유명한 학문과 예술의 전당〔대학〕에서 공적인 교사직을 맡은 거의 14년간의 경험[272]을 통해 부총장과 연관된 번거로운 일과 불쾌한 일을 나는 충분히 보았습니다. 자신의 어깨에 짊어져야 할 짐을 남에게 전가하는 일이 규정에 의해 금지된 것은 아닙니다. 비록 그렇다고 해도 〔부총장직을 맡는〕 무모한 행위가 나는 차라리 의무라는 생각이 듭니다. 내가 다른 사람들을 번거로운 일들로부터 해방하기 위해 그와 같은 일을 나에게 향하도록 할 수 있다면, 내가 말하듯이 나는 다른 사람들이 번거롭게 생각하는 일들에서 나의 즐거움을 찾을 작정입니다. 그 점에서 나는 유일하게 모든 번거로운 계산을 스스로 떠맡은 계산표의 저자를 흉내 내고 싶습니다. 그렇게 해서 미래에 계산을 해야만 하는 모든 사람을 그 일로부터 자유롭게 하고 싶습니다. 아무에게도 해를 주지 않고 모든 사람에게 유용할 것, 나에게 이것은 항상 이성과 일치하며 인간에게 어울리는 것처럼 보입니다. 나는 유감스럽게도 혼란스런 우리의 당면한 문제 상황에서 이 직을 수행하는 것이 매우 어렵다는 점을 부인하지는 않겠습니다. 그러나 대학평의회 의원들[273]의 현명함과 나에 대한 그들의 후의를 믿고 나는 모든 주어진 상황에서 우리 대학의 이익을 증대할 수 있는 매우 적합한 충고를 받기를 희망했습니다. 오, 그러나 우리의 시민들[274]이 우리의 대학 행정이 어떠한지에 대해 깊이 생각

---

272 S. 7, Z. 39에 대한 주석 참조.

273 대학평의회에는 모든 정교수가 속해 있다. Schrader, Bd. 1, S. 78; Bd. 2, S. 389 참조.

274 여기서는 재학 중인 대학의 시민들(학생들)을 뜻하며, 상시적 대학 시민들(교수진)을 뜻하는 것은 아니다. Zedler, Bd. 6, Sp. 195 참조.

했더라면! 그렇다면 의심의 여지 없이 우리를 따르는 것이 어려운 일이라고 여기는 사람은 없었을 것입니다. 우리에게 맡겨진 청년을 교회와 국가의 희망에 맞게 교육하는 것이 우리의 과제인 만큼 우리의 행정부는 아버지적인 행정부입니다. 여타의 교수와 마찬가지로 부총장과 학생들의 관계는 아버지와 자식들에 대한 관계와 같습니다. 그러므로 우리는 우리 시민들의 행복을 생각해야 하기 때문에, 시민들의 행복을 촉진하기 위한 아주 확실한 수단으로서 인정되는 것만을 결정합니다. 온화함으로 행할 수 있다면 결코 엄격하게 대할 일은 없습니다. 그러나 아! 자신들의 행복에 대해 전혀 고려하지 않고 자신의 내면을 거슬러 미친 듯이 날뛰며 대학에서 고향으로 돌아가고자 할 때, 미래에 일어날 것을 예견하지 못하는 사람들이 제정신을 차리지 못하고 보다 매서운 비난을 받게 된다면, 그들은 스스로 우리가 그들에게 바쳤던 아버지적 애정을 인식할 것이 틀림없습니다. 왜냐하면 우리는 완고한 병에 대해 적당한 치료 수단을 사용해왔기 때문입니다. 부모가 자식에 대해 가장 참을성 있게 애정을 보이는 것처럼 우리는 아주 커다란 사랑으로 우리의 시민들을〔학생들을〕 포용합니다. 물론 그들이 복종하려 하고, 아주 열심히 우리 대학의 전당을 전도된 도덕을 사용해서 파괴하고자 하는 일에 대해 경계를 하는 것은 당연합니다. 따라서 나는 신적 섭리를 전적으로 확신하며, 〔대학평의회〕 의원들의 경건성과 현명함, 그리고 나에 대한 호의를 믿고서, 그리고 우리 시민들에게 최선을 다하겠다는 약속과 함께, 존경하는 귀하[275]

275 니콜라우스 히에로니무스 군들링(Nicolaus Hieronymus Gundling, 1671~1729)으로 볼프의 전임 부총장을 말한다.

가 가장 강력한 왕이시며 가장 자비로운 군주의 지시와 명령에 따라, 그리고 우리의 뛰어난 아카데미 원로의 만장일치의 결정에 근거해서 나에게 부과하는 짐을 기꺼이 내 어깨에 짊어지고자 합니다. 유명한 중국의 철학자이자 그의 이름을 딴 중국의 네 번째 고전(『맹자』)에서 맹자[276]가 말한 것처럼 공자는 중국의 나라에 대해 다음과 같은 견해를 나타낸 적이 있습니다. 그는 이렇게 말했습니다. '우리나라 중국은 정직함과 정의, 그리고 지혜에 대한 참된 가르침들이 전해져 내려오는 데서 다른 나라들과 구별된다. 그러므로 나는 중국의 국가적 가르침이 중국 바깥에 있는 민족들의 미개한 도덕을 변화시키고 개선하는 쪽으로 나아가야 한다고 오래전부터 들어왔다. 그러나 나는 중국 밖의 민족들이 (자신들의) 미개한 도덕을 위해 중국의 가르침을 추종하는 자들의 도덕을 변화시키고 왜곡했다는 것은 한 번도 듣지 못했다.' 세 배나 가장 선하시고 가장 위대한 신께서, 공자가 중국에 대해 칭송했던 것과 같은 칭송을 1년 후에 우리의 대학에 대해서도 할 수 있게 허락해주시기를! 프리드리히 대학의 설립일을 위해 이렇게 찬양할 수 있다면, 그것은 나뿐만 아니라 모든 학과의 존경하는 동료들에게 더할 나위 없는 기쁨이 될 것입니다. '우리의 프리드리히 대학은 정직성, 정의, 지혜, 경건과 교육의 참된 가르침을 전달해온 데서 다른 대학들과 구별됩니다. 따라서 우리 모두는 우리의 가르침과 교육이 다른 지역에서 우리에게 온 젊은이들의 아직 형성되지 못한 도덕을 변화시키는 것을 경험했습니다. 그러나 우리는 그 젊은이들이 우리 제자들의 도덕을 야만인의 미개한 도덕으로 변화시키

276 Noël, S. 303. —Legge, Bd. 2, S. 253f. —Wilhelm, *Mong Dsi*, S. 58.

고 왜곡했다는 것을 한 번도 듣지 못했습니다.' 모든 부지런함으로 나는 나의 힘이 닿는 한 내가 발견한 모든 것을 다 하기 위해 노력할 것이며, 대학평의회 의원 여러분들도 같은 견해를 가지고 있을 겁니다. 그러므로 이제 시민들이 늦지 않고 꼼꼼하게 생각할 수 있게 하기 위해 미래에 근거해서 현재를 판단하는 것이 아직 남아 있습니다. 그들에게 자비가 베풀어지기를 신에게 기도합니다."

210) 대학 설립[277] 때부터 학생들의 이름이 기록되어 있는 대학 학적부에 근거한 것이다.

211) 나는 법률학자 보데[278]의 죽음 이후, 나에게 급료 인상이 제안되었음을 그러한 후의로 생각한다.

212) 이전에 할레 대학에서 신학 연구에 몸을 바치고 지금은 시골에서 교사로 일하던 어떤 사람이 군인[279]으로 징집을 당한 적이 있다. 신학 교수들은 그를 아직도 아카데미의 시민(대학의 학생)으로 여

277 Anm. zu S. 3, Z. 1(Titel) 참조.

278 하인리히 보데(Heinrich Bode, 보디누스Bodinus)는 할레 대학의 법학 교수이다. Schrader, Bd. 1, S. 55 참조. ―볼프의 봉급은 1721년에 신성로마제국은화(Reichstaler) 300개였다(ebd., Bd. 2, S. 454; S. 452의 1726년이라는 보고는 오류이다. Bd. 1, S. 92, 235, 246f. 참조). 1715년 이래 볼프는 보데의 서거 이후(보데는 1720년 9월 15일에 세상을 떠났다), 은화 100개를 더 받도록 예정되어 있었다(Bd. 1, S. 454). 그러나 이 구속력 있는 확약은 얼마 동안 지켜지지 않았다. 보데의 봉급은 평의원회의 목적을 위해 회수되었다(Bd. 1, S. 246). 그러나 「볼프의 주석」에서는 봉급 인상이 나중에 처리되었다는 것이 나오지 않는다.

279 학생은 면제 특권에 의해 비자발적 지원으로부터 보호가 되었다. 그러나 면제 특권은 기한이 다된 경우가 많았기 때문에 종종 다시 확인을 해주어야만 했다(Schrader, Bd. 1, S. 86, 246f., 252f. 다음도 참조. Julius Otto Opel, "Fürst Leopold von Dessau und die Universität Halle", in *Mittheilungen des Vereins für Anhaltische Geschichte und Alterthumskunde* 1(1877), S. 404~24. ―주석 212의 전체적 내용에 대해서는 다음을 보라. Hartmann=WW III, Bd. 4, S. 756 및 Lange, S. 173f., §XXV.

겨야 한다고 수강생들을 설득했다. 그러나 그가 신학 교수들의 동의를 받아 〔대학을〕 떠났다는 것은 조사 서류에 들어 있는 그들의 학장이 나에게 보낸 글에 의해 확인된다. 신학 교수들에 반해 나는 그가 대학의 법적 영역을 벗어나 있으며, 그러한 용건에 신경을 써야 하는 것은 부총장의 일도 대학 당국의 일도 아니라고 생각했다. 이 문제를 전체회의에서 다루게 되었을 때, 대학 동료들도 그것에 대해 투표를 했다. 몇몇 신학 대학생은 격분해서 학생들을 불러 모으는 선동적인 글을 모든 문에다 붙이기로 했다. 그 글의 작성자는 고아원에서 자라났지만 그곳의 원장에 의해 예의 바르고 경건하다며 대단한 칭찬을 받았던 사람이다. 이는 조사 활동에 나와 있다.

213) 많은 학생이 저녁에 시장 광장으로 모여들고, 주둔군 대장이 학생들이 그에게 대항해 어떤 일을 벌이는 것을 막아달라고 요구해오자, 나는 결국 직원을 보내 학생 몇몇을 나에게 오게 하는 결단을 내렸다.[280] 부총장의 법적 영역에 해당하지 않는 사람의 용무를 처리하는 것은 부총장의 일이 아님을 이들〔학생들〕이 전혀 부인할 수 없었으며, 그리고 그들의 자유를 침해하는 어떤 일도 허용하고 싶지 않다는 나의 말을 그들이 신뢰했기 때문에, 그들은 이 나의

280 할레는 프로이센의 위수(衛戍) 도시이다. 학생들이 흔하게 싸움을 벌였던 할레에 있는 알트-안할트(Alt-Anhalt) 부대의 대장이자 사령관(Schrader, Bd. 1, S. 86, 252f., 372)은 당시 헤닝 알렉산더 폰 클라이스트(Henning Alexander von Kleist, 1707~84)였다. 그는 나중에 프로이센의 원수급 장군이 된다(ebd., S. 253). 이 밖에도 볼프의 재임 기간에는 사건이 거의 없었다. Johann Christoph von Dreyhaupt, *Pagus neletici et nudzici, Oder Ausführliche diplomatisch-historische Beschreibung des .... Saal-Kreyses*, Teil 2, Halle 1750, S. 61~64 참조: 대학에서 일어난 다른 모든 종류의 사건에 대해 (예컨대 살인, 결투 등) 다룬다.

대답으로 일을 마무리 지었다. 그리고 그들은 이것을 자신들의 학우들을 향해 알린 다음에 즉시 집으로 돌아갔다. 그런데 어떤 불량한 학생이 이튿날 아침에 다시 선동적인 글을 붙였지만, 아무도 그의 요구에 반응하지 않았다.

214) 다시 말해, 내가 『형이상학』[281]에서 사물들의 현명한 결합에 대해 증명했던 것에 근거해서, 나는 모든 우리의 운명은 신적 섭리에 의존한다는 것을 확신한다. 그렇기 때문에 나는 『도덕』[282]에서 우리를 위한 신적 섭리라고 하는 최상의 의지와 일치하는 것을 행하기 위해 우리는 선한 행위를 실행해야만 하며, 그러나 악한 행위를 그만두기 위한 동인으로 행운 및 불행을 이용해야만 한다는 것을 심어주었다.

215) 할레 대학의 부총장은 동료들에 의해 선출되며 왕에 의해서 임명된다.

216) 정관에 따라 동료들은 매년 한 명의 부총장을 선출한다. 이 정관에 따르면, 부총장직은 정교수의 일원으로, 그리고 대학평의회에 받아들여지는 순서에 따라 한 사람에게서 다음 한 사람에게로 넘겨지게 된다. 여기에는 이른바 학과들의 구분은 고려되지 않는다. 부총장직은 교수가 학과의 일원이기 때문이 아니라 대학평의회의 일원이기 때문에 부여되는 것이다.

---

281 이 책, 307쪽 참조.

282 *Deutsche Ethik*=WW I, Bd. 4, S. 21f., §30. 이 책, 「볼프의 주석」, 70도 참조.

독역자의 인용문헌(약어)

Cambridge Encyclopedia	*The Cambridge Encyclopedia of China*(『케임브리지 중국백과사전』), General Editor: Brian Hook, Cambridge[u.a.] 1982.
Henri Cordier	Henri Cordier, *Bibliotheca Sinica. Dictionnaire bibliographique des ouvrages relatifs à l'Empire Chinois*(『중국학장서. 중화제국에 대한 문헌 사전』), 5 Bde., ([1]1878~95), Paris [2]1904~24(Nachdruck, Taipei 1966).
Couplet	*Confucius Sinarum Philosophus*(『중국인의 철학자, 공자』), *sive Scientia Sinensis latine exposita. Studio & Opera Prosperi Intorcetta, Christiani Herdtrich, Francisci Rougemont, Philippi Couplet, Patrum Societatis Jesu ... Adjecta est Tabula Chronologica Sinicae monarchiae ab hujus Exordio ad haec usque Tempora*, Parisiis ... 1687, S. III~VIII: Epistola(Widmung an Ludwig XIV).
pr. Decl.	S. IX~CXIV: Proemialis Declaratio.(「서론적 해설」, 『중국인의 철학자, 공자』)
Vita	S. CXVII~CXXIV: Confucii Vita.(「공자의 생애」, 『중국인의 철학자, 공자』)
Lib. I	S. 1~39: Scientiae sinicae liber primus[Ta Hiso].(「중국의 학문」 제1권 『대학』)
Lib. II	S. 40~108: Scientiae sinicae liber secundus[Tschung Yung].(「중국의 학문」 제2권 『중용』)
Lib. III a	S. 1~21: Scientiae sinicae liber tertius, pars prima[Lun Yü].(「중국의 학문」 제3권 제1부 『논어』)
Lib. III b	S. 1~159: Scientiae sinicae liber tertius, pars secunda ... pars decima[Lun Yü].(「중국의 학문」 제4권, 제2~10부, 『논어』)
Tab. gen.	*Tabula genealogica trium familiarum imperialium Monarchiae Sinicae à Hoam Ti primo gentis Imperatore per 86. successores, & annos 2457. ante Christum. E Sinico Latinè exhibita à R. P. Philippo Couplet ...* o.O.a.J., S. 1~8.(「중국 세 황가 계보 도표」)

Tab. chron.	*Tabula chronologica Monarchiae Sinicae juxta cyclos annorum LX. Ab anno ante Christum 2952. ad annum post Christum 1683. Auctore R. P. Philippo Couplet*(「중국 황조 편년사 연표」] ... Parisiis 1686, S. III~XX: Praefatio. S. 1~106: Tabula (S. 21의 중간 제목; S. 23~36의 Praefatio). S. 105[sic!]~08: Imperii Sinarum et rerum in eo notabilium Synopsis. Landkarte. // Extrait du Privilege du Roy.
Dehergne	Joseph Dehergne, *Répertoire des Jésuites de Chine de 1552 à 1800*(『1552년부터 1800년까지 중국에 대한 예수회의 목록』, Bibliotheca Instituti historici, S. I., Vol. 37), Roma/Paris 1973.
Forke	Alfred forke, *Geschichte der alten chinesischen Philosophie*(『고대중국철학사』)[=Bd. 1]. *Geschichte der mittelalterlichen chinesischen Philosophie*(『중세중국철학사』) [=Bd. 2]. *Geschichte der neueren chinesischen Philosophie*(『근대중국철학사』)[=Bd. 3](Abhandlungen aus dem Gebiet der Auslandskunde, Bd. 25, 41, 46=Reihe B, Bd. 14, 21, 25), Hamburg 1927, 1934 u. 1938.
Formey	이 책,「편집사」를 보라.
Fung	Fung[Feng] Yu-lan, *A History of Chinese Philosophy*(『중국철학사』), Translated by Derk Bodde., 2 Bde., (원전은 1931과 1934) ([1]1937과 1953), Princeton [2]1952f.(7. Nachdruck, 1973).
Gerhardt	Gottfried Wilhelm Leibniz, *Die philosophischen Schriften*(『철학저작집』), hrsg. von Carl Immanuel Gerhardt, 7 Bde., Berlin 1875~90(Nachdruck, Hildesheim 1960 f.).
Gerhardt, *Briefwechsel* (『편지 교환』)	Carl Immanuel Gerhardt (hrsg.), *Briefwechsel zwischen Leibniz und Christian Wolff*(『라이프니츠와 볼프 사이의 편지 교환』), Halle 1860(2. Nachdruck, Hildesheim/New York 1971).
Grube	Wilhelm Grube, *Geschichte der chinesischen Literatur*(『중국문헌의 역사』, [1]1902), Leipzig [2]1909(Nachdruck, Stuttgart 1969).
Guerrier	Woldemar Guerrier, *Leibniz in seinen Beziehungen zu Russland und Peter dem Grossen. Eine geschichtliche Darstellung dieses Verhältnisses nebst den darauf bezüglichen Briefen und Denkschriften*(『러시아와 표트르 대제에 대한 라이프니츠의 관계. 연관된 편지와 비망록을 포함한 이 관계의 역사적 서술』), St. Petersburg/Leipzig 1873(Nachdruck, Hildesheim 1975).
Hagen	이 책,「편집사」를 보라.
Harlez	*La Siao Hio ou Morale de la Jeunesse. Avec le Commentaire de Tchen Siuen*(『소학 또는 어린이의의 도덕. 진선陳選의 주석과 함께』), Traduite du Chinois par Charles de Harlez(Annales du Musée Guimet, Tome 15), Paris 1889.

Historisches Wörterbuch	*Historisches Wörterbuch der Philosophie*(『철학의 역사사전』), hrsg. von Joachim Ritter u. [ab Bd. 4] Karlfried Gründer, Bisher 6 Bde., Basel/Stuttgart 1971~84.
Jargow	이 책, 「편집사」를 보라.
Kunik	*Briefe von Christian Wolff aus den Jahren 1719~53. Ein Beitrag zur Geschichte der Kaiserlichen Academie der Wissenschaften zu St. Petersburg*(『1719~53년에 나온 볼프 편지들』), [hrsg. von E. M. Kunik], St. Petersburg 1860(Nachdruck, Hildesheim 1971). Auch=WW I, Bd. 16.
Lange	이 책, 「편집사」를 보라.
Legge	*The Chinese Classics*(『중국 고전』), with a translation, critical and exegetical notes, prolegomena, and copious indexes by James Legge, 5 Bde., Hong Kong 1960(Nachdruck, ebd. 1970)(¹1861~72).
Ludovici	Carl Günther Ludovici, *Ausführlicher Entwurf einer vollständigen Historie der Wolffischen Philosophie*(『완전한 볼프 철학사의 상세한 기획』), 3 Bde., Leipzig 1737~38(Bd. 1 ¹1735). Nachdruck, Hildesheim 1977, hrsg. von Jean École=WW III, Bd. 1.
Michaud	*Biographie universelle (Michaud) ancienne et moderne*(『고대와 현대의 총괄적 전기』), Nouvelle édition, 45 Bde., Paris 1854~65(Nachdruck, Graz 1966~70).
NDB	*Neue Deutsche Biographie*(『새로운 독일 전기』), hrsg. von der Historischen Kommission bei der Bayerischen Akademie der Wissenschaften, Bisher 13 Bde., Berlin 1953~82.
Noël	*Sinensis imperii libri classici sex, nimirum Adultorum Schola, Immutabile Medium, Liber Sententiarum, Memcius, Filialis Observantia, Parvulorum Schola, E Sinico idiomate in Latinum traducti a P. Francisco Noël, Societatis Jesu Missionario*(『중화제국 6대 경전』), Prag 1711. Praefatio(5 S. unpag.). Index et Synopsis Capitum et Articulorum(20 S. unpag.) S. 1~29: Adultorum Schola.(Ta Hsio, 『대학』) S. 31~73 : Immutabile Medium.(Tschung Yung, 『중용』) S. 75~198: Liber Sententiarum.(Lun Yü, 『논어』) S. 199~472: Memcius.(Mencius, 『맹자』) S. 473~84: Filialis Observantia.(Hsiao King, 『효경』) S. 485~608: Parvulorum Doctrina, seu Schola.(Hsiao Hsio, 『소학』) Errata(2 S. unpag.).

Pfister	Louis Pfister, *Notices biographiques et bibliographiques sur les Jésuites de l'ancienne mission de Chine*(『중국의 고대 선교에 대한 예수회에 관한 전기적 및 문헌학적 기록』), Bd. 1: XVIe & XVIIe siècles(Variétés sinologiques N° 59), Chang-hai 1932 (Nachdruck, Nendeln/Liechtenstein 1971).
Pinot	Virgile Pinot, *La Chine et la formation de l'esprit philosophique en France(1640~1740)*(『중국과 프랑스의 철학 정신의 형성(1640~1740)』), Paris 1932.
Schrader	Wilhelm Schrader, *Geschichte der Friedrichs-Universität zu Halle*(『할레 프리드리히 대학의 역사』), 2 Bde., Berlin 1894.
Stange	*Gedanken und Gespräche des Konfuzius. Lun Yü*(『공자의 사상과 대화』). Aus dem chinesischen Urtext neu übertragen und eingeleitet von Hans O. H. Stange, München 1953.
Streit-Dindinger	*Bibliotheca Missionum*(『선교 장서』), Begonnen von Robert Streit, fortgeführt von Johannes Dindinger u.a. 30 Bde., (die älteren Bde. in 2. oder 3. Aufl.), Rom/Freiburg/Wien 1951~74(¹1916ff.).
Weber-Schäfer	Peter Weber-Schäfer, *Der Edle und der Weise. Oikumenische und imperiale Repräsentation der Menschheit im Chung-yung, einer didaktischen Schrift des Frühkonfuzianismus*(『군자와 현자. 초기 유교의 교훈적 저술, 중용 속 인간성의 보편적·제국적 대표상』), Münchener Studien zur Politik, H. 3), München 1963.
Wetzer-Welte	*Wetzer und Welte's Kirchenlexikon oder Encyklopädie der katholischen Theologie und ihrer Hülfswissenschaften*(『베처와 벨테의 교회사전 또는 가톨릭 신학과 보조학문의 백과사전』), 2. Aufl., begonnen von Joseph Hergenröther, fortgesetzt von Franz Kaulen, 12 Bde. u. Reg.-Bd., Freiburg im Breisgau 1882~1903.
Wilhelm, *Li Gi*	*Li Gi. Das Buch der Sitte des älteren und jüngeren Dai. Aufzeichnungen über Kultur und Religion im alten China*(『예기』), Aus dem Chinesischen verdeutscht und erläutert von Richard Wilhelm, Jena 1930. (Die Neuausgabe Düsseldorf, Köln 1981[Diederichs Gelbe Reihe 31] kürzt die Anmerkungen und läßt die Quellen- und Übersetzungsnachweise sowie das Namenregister weg.)
Wilhelm, *Lun Yü*	Kungfutse, *Gespräche(Lun Yü)*(『논어』), Aus dem Chinesischen verdeutscht und erläutert von Richard Wilhelm, 3. u. 4. Tsd. [=verbesserte u. vermehrte 2. Aufl.], Jena 1914(¹1910). (In den Neuausgaben, z.B. Düsseldorf/Köln 1972, fehlen die hilfreichen Interpretationen und der allergrößte Teil der Anmerkungen.)

Wilhelm, *Mong Dsi*	*Mong Dsi(Mong Ko)*(『맹자』), Aus dem Chinesischen verdeutscht und erläutert von Richard Wilhelm, 3.~5. Tsd., Jena 1921 ([1]1916).
Wolff-Interpretationen	*Christian Wolff, 1679~1754. Interpretationen zu seiner Philosophie und deren Wirkung. Mit einer Bibliographie der Wolff-Literatur*(『크리스티안 볼프. 1679~1754. 그의 철학과 영향에 대한 해석. 볼프 문헌목록과 함께』), Hrsg. von Werner Schneiders(Studien zum 18. Jahrhundert, Bd. 4), Hamburg 1983.
Wotschke	Theodor Wotschke, "Wolffs Briefe über seinen Streit mit den hallischen Pietisten"(「할레의 경건주의자들과의 투쟁에 대한 볼프의 편지」), in *Thüringisch-sächsische Zeitschrift für Geschichte und Kunst* 21 (1932), S. 51~74.
Wundt	Max Wundt, *Die deutsche Schulphilosophie im Zeitalter der Aufklärung*(『계몽주의 시대 독일의 강단철학』)(Heidelberger Abhandlungen zur Philosophie und ihrer geschichte, 32), Tübingen 1945(Nachdruck, Hildesheim 1964; Olms Paperbacks, 4).
WW	Christian Wolff, *Gesammelte Werke*(『전집』), Neu hrsg. u. bearbeitet von Jean École, Hans Werner Arndt, Charles A. Corr, Joseph E. Hofmann, Winfried Lenders, Marcel Thomann, Hildesheim; Hildesheim/New York; Hildesheim/Zürich/New York 1962ff. Bisher erschienen: Abt. I: 22 Bde.; Abt. II: 37 Bde.; Abt. III: 17 Bde.(1~9, 14~21).

1. 독일어 문헌

Deutsche Metaphysik (『독일어 형이상학』) =WW I, Bd. 2	Bd. 2: *Vernünfftige Gedancken von GOTT, Der Welt und der Seele des Menschen, Auch allen Dingen überhaupt*(『신, 세계 그리고 인간 영혼 및 모든 사물 일반에 대한 합리적 사상』, [1]1719), Halle im Magdeburgischen [11]1751. Nachdruck 1983, hrsg. von Charles A. Corr.
Anmerkungen zur Deutschen Metaphysik (『독일어 형이상학에 대한 주석』) =WW I, Bd. 3	Bd. 3: *Der Vernünfftigen Gedancken von GOTT, der Welt und der Seele des Menschen, auch allen Dingen überhaupt, Anderer Theil, bestehend in ausführlichen Anmerckungen*(『신, 세계 그리고 인간 영혼 및 모든 사물 일반에 대한 합리적 사상, 상세한 주석으로 구성된 다른 부분』, [1]1724), Frankfurt am Main [4]1740. Nachdruck 1983, hrsg. von Charles A. Corr.

Deutsche Ethik (『독일어 윤리학』) =WW I, Bd. 4	Bd. 4: *Vernünfftige Gedanken Von der Menschen Thun und Lassen* (『인간의 모든 행위에 대한 합리적 사상』, ^{1}1720), Frankfurt/Leipzig 1733. Nachdruck 1976, hrsg. von Hans Werner Arndt.
Deutsche Politik (『독일어 정치학』) =WW I, Bd. 5	Bd, 5: *Vernünfftige Gedancken Von dem Gesellschafftlichen Leben der Menschen Und insonderheit Dem gemeinen Wesen*(『인간의 사회적 삶, 특히 공동체적 존재에 대한 합리적 사상』, ^{1}1721), Frankfurt/Leipzig 1736. Nachdruck 1975, hrsg. von Hans Werner Arndt.
Deutsche Physik (『독일어 물리학』) =WW I, Bd. 6	Bd. 6: *Vernünfftige Gedancken Von den Würckungen der Natur* (『자연의 작용에 대한 합리적 사상』), Halle in Magdeburg 1723. Nachdruck 1981.
Deutsche Teleologie (『독일어 목적론』) =WW I, Bd. 7	Bd. 7: *Vernünfftige Gedancken Von den Absichten Der natürlichen Dinge*(『자연적 사물의 의도에 대한 합리적 사상』, ^{1}1723)/Frankfurt/Leipzig ^{2}1726. Nachdruck 1980.
Deutsche Physiologie (『독일어 생리학』) =WW I, Bd. 8	Bd. 8: *Vernünfftige Gedancken Von dem Gebrauche Der Theile In Menschen, Thieren Und Pflantzen*(『인간, 동물, 식물에서 부분들의 사용에 대한 합리적 사상』), Frankfurt/Leipzig 1725. Nachdruck 1980.
Ausführliche Nachricht (『상세한 정보』) =WW I, Bd. 9	Bd. 9: *Ausführliche Nachricht von seinen eigenen Schrifften, die er in deutscher Sprache ... heraus gegeben*(『그가 독일어로 편집한 자신의 저술에 대한 상세한 정보』, ^{1}1726), Frankfurt am Main ^{2}1733. Nachdruck 1973, hrsg. von Hans Werner Arndt. Bd. 10: Biographie, hrsg. von Hans Werner Arndt. Enthält:
Baumeisters *Vita*. (『생애』) in WW I, Bd. 10	[Friedrich Christian Baumeister], *Vita, Fata et Scripta Christiani Wolfii*(『볼프의 생애, 운명과 저술』), Leipzig/Breslau 1739.
Wuttke. in WW I, Bd. 10	*Christian Wolffs eigene Lebensbeschreibung*(『크리스티안 볼프 자신의 생애 서술』), Hrsg. mit einer Abhandlung über Wolff von Heinrich Wuttke, Leipzig 1841.
Gottsched. in WW I, Bd. 10	Johann Christoph Gottsched, *Historische Lobschrift des ... Freyherrn von Wolf*(『남작 볼프의 역사적 칭송문』), Halle 1755. Nachdruck 1980.
Mathematisches Lexicon (『수학사전』) =WW I, Bd. 11	Bd. 11: *Mathematisches Lexicon*(『수학사전』), Leipzig 1716. Nachdruck 1965, hrsg. von Joseph E. Hofmann.
Anfangsgründe aller Mathematischen Wissenschaften (『모든 수학의 요소』, Bd. 1)=WW I, Bd. 12 usw.	Bd. 12~15: *Anfangs-Gründe aller Mathematischen Wissenschaften* (^{1}1710), 4 Bde.(in 5 Bdn.), Frankfurt/Leipzig; Halle im Magdeburgischen ^{7}1750~57. Nachdruck 1973, hrsg. von Joseph E. Hofmann.

Kunik	Bd. 16: *Briefe von Christian Wolff aus den Jahren 1719~53. Ein Beitrag zur Geschichte der Kaiserlichen Academie der Wissenschaften zu St. Petersburg*(『1719~53년에서 나온 크리스티안 볼프의 편지. 상트페테르부르크 과학 아카데미의 역사에 대한 기고』), [hrsg. von E. M. Kunik], St. Petersburg 1860. Nachdruck 1971. Bd. 17: *Kleine Kontroversschriften mit Joachim Lange und Johann Franz Budde*(『요아힘 랑게와 요한 프란츠 부데 사이의 작은 논쟁 문서』), hrsg. von Jean École. Enthält:
Langens Anmerckungen (『랑게의 주석』) in WW I, Bd. 17	*Joachim Langens ... Anmerckungen Uber ... Christian Wolffens Metaphysicam ... Nebst beygefügter ... Christian Wolffens Gründlicher Antwort*(『요아힘 랑게의 …… 크리스티안 볼프의 형이상학에 대한 주석 …… 이와 더불어 첨부된 크리스티안 볼프의 근본적 대답』), Cassel 1724.
Buddei Bedencken (『부데의 의구심』) in WW I, Bd. 17	*Joh. Francisci Buddei ... Bedencken über die Wolffianische Philosophie mit Anmerckungen erläutert von Christian Wolffen*(『요한 프란츠 부데 …… 크리스티안 볼프가 해명한 주석 및 볼프 철학에 대한 의구심』), Frankfurt am Main 1724. Nachdruck 1980. Bd. 18: *Schutzschriften gegen Johann Franz Budde*, hrsg. von Jean École. Enthält u.a.:
Klarer Beweiß (『분명한 증거』) In WW I, Bd. 18	*Klarer Beweiß, daß Herr D. Budde die Ihm gemachten Vorwürffe einräumen ... muß*(『부데가 그에게 행했던 비난을 허락해야만 하는 분명한 증거』), Frankfurt am Main 1725. Nachdruck 1980.
Allerhand nützliche Versuche (『온갖 종류의 유용한 시도』) =WW I, Bd. 20	Bd. 20: *Allerhand Nützliche Versuche, Dadurch Zu genauer Erkäntnis Der Natur und Kunst Der Weg gebähnet wird*(『자연과 예술의 정확한 인식을 위한 길을 개척하기 위한 온갖 종류의 유용한 시도』, [1]1721~23), 3 Teile, Halle im Magdeburgischen [2]1727~29. Nachdruck 1982.
Gesammlete kleine Schrifften (『작은 철학 저술 전집』) =WW I, Bd. 21	Bd. 21: *Gesammlete kleine philosophische Schrifften ... meistentheils aus dem Lateinischen übersezet ...* (『대부분 라틴어에서 독일어로 번역된 …… 작은 철학 저술 전집……』) [von Gottlieb Friedrich Hagen], 6 Bde., Halle im Magdeburgischen 1736~40. Nachdruck 1981.
Ausführliche Beantwortung (『상세한 답변』) in WW I, Bd. 21.4, [2. Hälfte] Hagen	Bd. 21.4, [후반부], S. 276~394: *Ausführliche Beantwortung der ungegründeten Beschuldigungen Hrn. D. Langens*(『근거 없는 랑게의 고소에 대한 상세한 답변』, 1736). Bd. 21.6, [전반부], S. 1~320: *Rede von der Sittenlehre der Sineser*(『중국인의 실천철학에 대한 연설』).

2. 라틴어 문헌

Discursus (『토의』) =WW II, Bd. 1.1	Bd. 1.1: *Philosophia rationalis sive Logica*(『합리적 철학 또는 논리학』, [1]1728), Frankfurt/Leipzig [3]1740. Nachdruck 1983, hrsg. von Jean École. [Teil 1:] *Discursus praeliminaris de philosophia in genere*(『철학 일반에 대한 예비적 토의』, S. 1~104).
Logica(『논리학』), Teil 2 =WW II, Bd. 1.2	Bd. 1.2: [Teil 2:], S. 107~537.
Logica(『논리학』), Teil 3 =WW II, Bd. 1.3	Bd. 1.3: [Teil 3:], S. 537~888.
Ontologia (『존재론』) =WW II, Bd. 3	Bd. 3: *Philosophia prima, sive Ontologia*(『제일철학 또는 존재론』, [1]1729), Frankfurt/Leipzig [2]1736. Nachdruck 1962, hrsg. von Jean École.
Psychologia empirica (『경험적 심리학』) =WW II, Bd. 5	Bd. 5: *Psychologia empirica*(『경험적 심리학』, [1]1732), Frankfurt/Leipzig [2]1738. Nachdruck 1968, hrsg. von Jean École.
Psychologia rationalis (『합리적 심리학』) =WW II, Bd. 6	Bd. 6: *Psychologia rationalis*(『합리적 심리학』, [1]1734). Frankfurt/Leipzig [2]1740. Nachdruck 1972, hrsg. von Jean École.
Theologia naturalis (『자연신학』), Bd.2 =WW II, Bd. 8	Bd. 8: *Theologia naturalis*(『자연신학』), Teil 2([1]1737), Frankfurt/Leipzig [2]1741. Nachdruck 1981, hrsg. von Jean École.
De differentia ... luculenta commentatio. (『구분론 …… 뛰어난 주석』) in WW II, Bd. 9	Bd. 9: *Opuscula metaphysica*(『형이상학에 대한 작은 책』), hrsg. von Jean École. Enthält u.a.: *De differentia nexus rerum sapientis et fatalis necessitatis, nec non systematis harmoniae praestabilitae et hypothesium Spinosae luculenta commentatio ...* (『보편적 실천철학』), Halle im Magdeburgischen 1724. Nachdruck 1983.
Philosophia practica universalis (『보편적 실천철학』), Bd. 1=WW II, Bd. 10;	Bd. 10 u. 11: *Philosophia practica universalis*(『보편적 실천철학』), 2 Teile., Frankfurt/Leipzig 1738f. Nachdruck 1971 u. 1979, hrsg. von Winfried Lenders.
Bd. 2=WW II, Bd. 11 *Ethica*(『에티카』), Bd. 1 =WW II, Bd. 12 usw.	Bd. 12~16: *Philosophia moralis sive Ethica*(『도덕철학 또는 에티카』), 5 Teile., Halle im Magdeburgischen 1750~53. Nachdruck 1970~73, hrsg. von Winfried Lenders.
Jus Naturae (『자연법』), Bd. 1 =WW II, Bd. 17 usw.	Bd. 17~24: *Jus Naturae*(『자연법』), 8 Teile., Frankfurt/Leipzig 1740~48. Nachdruck 1968~72, hrsg. von Marcel Thomann.
Jus Gentium(『만민법』) =WW II, Bd, 25	Bd. 25: *Jus Gentium*(『만민법』), Halle im Magdeburgischen 1749. Nachdruck 1972, hrsg. von Marcel Thomann.

Oeconomica (『경제학』), Bd. 1 =WW II, Bd. 27; Bd. 2=WW II, Bd. 28	Bd. 27 u. 28: *Oeconomica*(『경제학』), Teil 1: Halle im Magdeburgischen 1754; Teil 2(post fata beati autoris continuata et absoluta a Michaele Christoph. Hanovio): Ebd. 1755. Nachdruck 1972.
Elementa Matheseos Universae (『보편적 수학 요소』), Bd. 1 =WW II, Bd. 29 usw.	Bd. 29~33: *Elementa Matheseos Universae*(『보편적 수학 요소』), 5 Bde.([1]1713ff.). Halle im Magdeburgischen [2]1730~41. Nachdruck 1968~71, hrsg. von Joseph E. Hofmann.
Horae (『호라에』) =WW II, Bd. 34	Bd. 34: *Horae subsecivae Marburgenses*(『마르부르크의 한가한 시간』), 3 Bde., Frankfurt/Leipzig 1729~41. Nachdruck 1983, hrsg. von Jean École. Bd. 35: *Meletemata mathematico-philosophica. ... Quibus accedunt dissertationes ...* (『수학-철학 에세이』), Halle im Magdeburgischen 1755. Nachdruck 1974. Enthält u.a.:
Philosophia practica Universalis (『보편적 실천철학』) in *Meletemata* =WW II, Bd. 35, Sect. II	*Philosophia practica Universalis, Mathematica methodo conscripta*(『수학적 방법에 의해 구성된 보편적 실천철학』). Leipzig 1703(Sect. II., Num. I, S. 189~223).
M	*Oratio de Sinarum Philosophia Practica*(『중국인의 실천철학에 대한 연설』), Sect. III, Num. IV, S. 22~126).
Ratio praelectionum (『강의 계획』) =WW II, Bd. 36	Bd. 36: *Ratio praelectionum Wolfianarum*(『볼프 강의 계획』), [in] *Mathesin et Philosophiam universam*([1]1718), Halle im Magdeburgischen [2]1735. Nachdruck 1972, hrsg. von Jean École.

3. 보충 문헌과 자료

Ludovici	Bd. 1: Carl Günther Ludovici, *Ausführlicher Entwurf einer vollständigen Historie der Wolffischen Philosophie*(『완전한 볼프 철학사의 상세한 기획』), 3 Bde., Leipzig 1737~38(Bd. [1]1735). Nachdruck Hildesheim 1977, hrsg. von Jean École.
Ludovici, *Neueste Merckwürdigkeiten* (『최근 주목할 만한 일들』) =WW III, Bd. 3	Bd. 3: Carl Günther Ludovici, *Neueste Merckwürdigkeiten Der Leibnitz-Wolffischen Weltweisheit*(『최근 주목할 만한 일들. 라이프니츠-볼프 철학』), Frankfurt/Leipzig 1738. Nachdruck 1973, hrsg. von Jean École.
Hartmann =WW III, Bd. 4	Bd. 4: Georg Volckmar Hartmann, *Anleitung zur Historie Der Leibnitzisch-Wolffischen Philosophie*(『라이프니츠-볼프 철학의 역사를 위한 안내』), Frankfurt u. Leipzig 1737/Nachdruck 1973, hrsg. von Jean École.
Baumeister, *Philosophia definitiva* (『확정적 철학』) =WW III, Bd. 7	Bd. 7: Friedrich Christian Baumeister, *Philosophia definitiva hoc est definitiones philosophicae ex systemate lib. Bar. a Wolff*, 2 Teile([1]1735 u. 1762), Wien 1755. Nachdruck 1978, hrsg. von Hans Werner Arndt. Bd. 16: [Jean Henri* Samuel Formey], *La belle Wolfienne*(『훌륭한 볼프 철학』), 6 Bde., La Haye 1741~53. Nachdruck(in 2 Bdn.) 1983, hrsg. von Jean École. Bd. 2(1741) enthält (mit eigener Zählung):
Formey	*Discours sur la Morale des Chinois, par Monsieur Wolff*(『볼프의 중국도덕에 대한 연설』).
Thümmig =WW III, Bd. 19	Bd. 19: Ludwig Philipp Thümmig, *Institutiones philosophiae Wolfianae*(『볼프 철학의 원리』), 2 Bde., Frankfurt/Leipzig 1725f. Nachdruck 1982.
Zedler	*Grosses vollständiges Universal-Lexicon Aller Wissenschafften und Künste*(『모든 과학과 예술의 완전한 보편 대사전』), 64. Bde. u. 4 Suppl.-Bde., Halle/Leipzig(Suppl.-Bde. Leipzig) 1732~54(Nachdruck, Graz 1961~64).
Zekner	Ernst Viktor Zenker, *Geschichte der chinesischen philosophie*(『중국철학사』), 2 Bde., Reichenberg 1926f.

* 영인본의 제목에서 오류. Jean 'Louis' Samuel Formey.

참고문헌

Adolf Müller, *Der Galilei-Prozeß(1632~1633) nach Ursprung, Verlauf und Folgen*(『갈릴레오의 심판(1632~1633)의 시작과 경과 그리고 결과』), Freiburg i. Br. 1909.

Alphonse des Vignoles, "De Cyclis Sinensium Sexagenariis"(「중국인의 60년 주기에 대하여」), in *Miscellanea Berolinensia* 4, Berlin 1734.

ders., Παρεργον *SINICUM*(「중국에 대한 부록」), in *Miscellanea Berolinensia* 4, Berlin 1734, S. 245~48.

ders., "Supplementum ad Disquisitionem de Cyclis Sinensium"(「중국인의 주기에 대한 탐구의 보완」), in *Miscellanea Berolinensia* 5, Berlin 1737.

Arpád Szabó, Giorgio Tonelli, Nicholas Rescher, "Hypothese, Hypothesis"(「가설」), in *Historisches Wörterbuch*, Bd. 3, Sp. 1260~66.

August Otto, *Die Sprichwörter und sprichwörtlichen Redensarten der Römer*(『로마인의 격언과 격언식의 담화기술』), Leipzig 1890.

Brian J. Ford, "The van Leeuwenhoek Specimens"(「판 레이우엔훅 견본」), *Notes and Records of the Royal Society* 36, London(August) 1981.

Carl Heinrichs, *Preußentum und Pietismus. Der Pietismus in Brandenburg-preußen als religiös-soziale Reformbewegung*(『프로이센주의와 경건주의. 종교적-사회적 개혁운동으로서 브란덴부르크 프로이센의 경건주의』), Göttingen 1971.

Cornelis-Anthonie van Peursen, "Ars inveniendi im Rahmen der Metaphysik Christian Wolffs. Die Rolle der ars inveniendi"(「크리스티안 볼프의 형이상학 영역에서의 발견의 기술. 발견의 기술의 역할」), in *Wolff-Interpretationen*, S. 66~88; S. 66.

Emil Wohlwill, *Der Inquisitionsprocess des Galileo Galilei*(『갈릴레오 갈릴레이의 이단 심문』), Berlin 1870.

Ernst Zinner, *Entstehung und Ausbreitung der Copernicanischen Lehre*(『코페르니쿠스 이론의 기원과 확장』, Sitzungsberichte der Physikalisch-medizinischen Sozietät zu Erlangen 74), Erlangen 1943.

François Turettini, *Institutio theoligiae elencticae*(『변증 신학 강요』), Bd. 1~3, Genf 1679.

Franz Heinrich Reusch, *Der Process Galilei's und die Jesuiten*(『갈릴레이와 예수회원의 재판』), Bonn 1879.

Friedemann Bechmann, *Annotationes uberiores in Compendium theologicum Leonhardi Hutteri*(『레온하르트 후터의 신학 강요에 대한 보다 풍부한 주석』), Leipzig [1]1690.

Georg Büchmann, *Geflügelte Worte*(『날개를 단 말』), Berlin (Dec.) 1880.

Guido Morpurgo-Tagliabue, *I processi di Galileo e l'epistemologia*(『갈릴레오의 재판과 인식론』), Milano 1963.

Hans Poser, "Teleologie als Theologia experimentalis. Zum Verhältnis von Erfahrung und Finalität bei Christian Wolff"(「실험적 신학으로서의 신학. 크리스티안 볼프에게서 경험과 목적론과의 관계에 대하여」), in *Redliches Denken. Festschrift für Gerd-Günther Grau zum 60. Geburtstag. Hrsg. von Friedrich Wilhelm Korff*, Stuttgart-Bad Cannstatt 1981.

ders., "Die Einheit von Teleologie und Erfahrung bei Leibniz und Wolff"(「라이프니츠와 볼프에 있어 목적론과 경험의 통일」), in *Formen teleologischen Denkens. Kolloquium an der Technischen Universität Berlin, WS 1980/81*, hrsg. von Hans Poser(TUB-Dokumentation Kongresse und Tagungen, H. 11), Berlin 1981.

ders., "Rezension zu WW I, Bd. 7 u. 8"(「WW I, 제7, 8권 서평」), in *Studia Leibnitiana* 14 (1982).

Hans Werner Arndt, "Rationalismus und Empirismus in der Erkenntnislehre Christian Wolffs"(「크리스티안 볼프의 인식론에서 합리주의와 경험주의」), in *Wolff-Interpretationen*, S. 31~47; S. 35.

Hartmann Grisar, *Galileistudien*(『갈릴레이 연구』), Regensburg/New York/Cincinnati 1882.

Hauck, Albert,(hrsg.) *Realencyklopädie für protestantische Theologie und Kirche*(『개신교 신학과 교회의 백과사전』), 3 Auflage, Bd. 11, Leipzig 1902.

Johann Georg v. Eckhart, "Lebens-Beschreibung Herrn Gottfried Wilhelm von

Leibnitz ... durch den Herrn von Fontenelle"(「퐁테넬 씨에 의한 …… 라이프니츠의 생애 서술」), in Leibniz, *Essais de Théodicée*(『신정론』, Georg Richter에 의한 독일어 번역본), Amsterdam[=Hannover/Leipzig] 1720. [Teil 2]

Karl Hase, *Hutterus redivivus oder Dogmatik der evangelisch-lutherischen Kirche*(『다시 살아난 후터 또는 개신교 루터 교회의 교리』), Leipzig 7 1848([1]1829).

Karl R. Popper, *Three Views Concerning Human Knowledge*(『인간 지식에 대한 세 가지 견해』), 1956.

ders., *Conjectures and Refutations*(『추측과 반박』), London 1963.

Ludovicus Carbo, *Compendium absolutissimum totius Summae theologiae D. Thomae Aquinatis*(『토마스 아퀴나스의 신학대전 전체에 대한 완벽한 개요』), Köln 1609 ([1]1587).

Michael Albrecht, *Kants Antinomie der praktischen Vernunft*(『칸트의 실천이성의 이율배반』, Studien und Materialien zur Geschichte der Philosophie, Bd. 21), Hildesheim 1978.

Nicholas Copernicus, *Three Copernican Treatises*(『코페르니쿠스의 세 논문』), translated with introduction and notes by Edward Rosen, New York 1939.

ders, *Gesamtausgabe*(『전집』), Bd. 2: *De revolutionibus orbium caelestium*(『천체의 회전에 대하여』), hrsg. von Franz Zeller u. Karl Zeller, München 1949.

Paul K. Feyerabend, *Realismus und Instrumentalismus: Bemerkungen zur Logik der Unterstützung durch Tatsachen*(『실재주의와 도구주의: 사실에 의해 지지되는 논리에 대한 소견), 1964.

ders., *Ausgewählte Schriften*(『선집』), Bd. 1: *Der wissenschaftstheoretische Realismus und die Autorität der Wissenschaften*(『과학이론적 실재주의와 학문의 권위』, Wissenschaftstheorie, Wissenschaft und Philosophie 13), Braunschweig/Wiesbaden 1978.

Pierre Duhem, *Sōzein ta phainomena. Essai sur la notion de théorie physique de Platon à Galilée*(『현상을 구하는 것. 플라톤에서 갈릴레이까지의 물리적 이론의 생각에 대한 에세이』), Paris 1908(영역본은 *To Save the Phenomena, an Essay on the Idea of Physical Theory from Plato to Galileo,* Chicago/London 1969).

Robert S. Westmann, "Kepler's Theory of Hypothesis and the 'Realist Dilemma'"(「케플러의 가설이론과 '실재주의자의 딜레마'」), in *Internationales Kepler-Symposium, Weil der Stadt 1971,* hrsg. von Fritz Kraft, Karl Meyer, Bernhard Sticker(arbor scientiarum. Beiträge zur Wissenschaftsgeschichte. Reihe A, Bd. 1),

Hildesheim 1973.

Walther Arnsperger, *Christian Wolff's Verhältnis zu Leibniz*(『라이프니츠에 대한 볼프의 관계』), Weimar 1897.

Werner Schneiders, *Naturrecht und Liebesethik. Zur Geschichte der praktischen Philosophie im Hinblick auf Christian Thomasius*(『자연권과 사랑의 윤리. 크리스티안 토마지우스와 관련한 실천철학의 역사를 위하여』, Studien und Materialien zur Geschichte der Philosophie 3), Hildesheim /New York 1971.

라틴어 텍스트 편집 및 볼프의 라틴어 약어 설명

이 책에 실린 라틴어 본문은 볼프 연설문의 독역자이자 라틴어 원문 편집자인 미하엘 알브레히트 교수의 편집본이다. 알브레히트 교수는 근본적으로 볼프 자신이 편집한 판본인 W만을 사용했고, W의 텍스트 중 수정될 필요가 있는 경우에 한해, P와 M의 판본을 가져와 편집했다(이 책, 「편집사」 참조). 그는 P와 W 사이의 내용적 일치를 꼼꼼하게 검토해, 아주 작은 것이라도 사실적 의미를 갖는 것은 이 편집본에 수용해놓았다. 편집본에서 제시된 라틴어 본문과 차이가 있는 단어나 구절은 페이지 아래 W, P 또는 M 등으로 밝혀놓았다.

W는 볼프의 주석들을 연설 텍스트 아래 배치해놓았는데, 주석의 엄청난 길이 때문에 연설 텍스트가 아주 잘게 나누어져 읽기 쉽지 않았다. 알브레히트 교수는 연설 텍스트를 읽기 쉽게 하기 위해 W와 달리 볼프의 주석들을 연설 텍스트 뒤에 배치해놓았다.

라틴어 본문 가운데 단락 제목은 W에서 난외주 형식으로 되어 있으며, ':' 표시는 W에서 난외주에 있는 단락 제목이 페이지를 넘어 다음 페이지에 걸쳐 있는 경우에 해당한다. '::' 표시는 단락 제목이 긴 주석으로 두 페이지를 넘어 나타나는 경우를 뜻한다. '|' 표시는 W의 연설 텍스트의 페이지 변경을 뜻하며, 페이지 변경이 주석 때문에 한 페이지

를 넘을 경우에는 '||' 표시를 해두었다. 라틴어 본문에 페이지마다 나오는 제목 옆에 있는 숫자는 W의 페이지 숫자를 표시한다. 3*에서 8*의 숫자는 W의 머리말 페이지로 본문 페이지와 구분하기 위한 표시이다.

볼프의 라틴어 약어

라틴어 약어	라틴어 본말	독일어	한국어
A.	Anno	im Jahr	해(年)에
A.O.R.	Anno Orbis Redemti	(im Jahr des erlösten Erdkreises) im Jahr des Heils	(세계 구원의 해) 구원의 해〔서기西紀〕
Acad. Scient.	Academia Scientiarum	Akademie der Wissenschaften	학문의 아카데미
bor.	borussicus	preußisch	프로이센적인
brit.	britannicus	britisch	영국적인
c.	capitulum	Kapitel	장
Cel.	Celeberrimus	(gelehrter) Herr ("der hochberühmte")	(학식 있는) 사람, (매우 고명한 사람)
Cl.	Clarissimus		
consil.	consiliarus	Rat	조언/조언자
D.	Doctor	(Lehrer) Dr.	(교사/선생) 박사
d.	die	am...Tag	날
dec.	decimus	der zehnte	열 번째
Dn.	Dominus, - um, -e usw.	Herr...	주/주인
e. gr.	exempli gratia	z.B.	예컨대
& c.	etcetera	usw.	기타 등등
f.	folium, - o	(Blatt) Seite	(면)/쪽
h.e.	hoc est	das heißt	즉, 다시 말해
JCtus	Jurisconsultus	Rechtsgelehrter, Jurist	법학자/법률가
lib.	liber, - bro	Buch	책
loc.	locus, - o	Abschnitt	단락
loc. cit.	loco citato	ebd./a.a.O.	같은 곳/ 앞의 인용한 대목에서
not.	nota	Anmerkung	주/주석
not. cit.	nota citata	die (soeben) zitierte Anmerkung	(바로 앞에서) 인용된 주

P. (Plural: P.P)	Pater	Vater	아버지 (복수는 P.P)
p.	pagina	Seite	쪽
p.m.	pagina mea	bei mir Seite...	내게 있어 몇 쪽 ……
part.	parte(pars)	Teil...	부/부분
P.P.O.	Professor publicus ordinarius	ordentlich öffentlicher Professor	〔독일과 프로이센의〕 정교수
praec.	praecedens	vorangehend, vorig	선행하는/이전의
prop.	propositio	Satz	명제/정리(定理)
quaest.	quaestio	Frage	물음
R. (Plural: R.R.)	Reverendus	hochwürdig	매우 존경하는
R.P. (Plural: R.R.P.P.)	Reverendus Pater	hochwürdiger Vater	매우 존경하는 신부
Reg.	Regius	königlich	왕의/왕실의
Resp.	Respublica	Staat(dazu Reip., Remp., Rep.)	국가(이것 이외에도 Reip., Remp., Rep.)
S.	Sanctus	heilig	거룩한/성스러운
S.S.	Sanctissimus	hochheilig	가장 거룩한/ 가장 성스러운
schol.	scholion	Erläuterung	난외주/주석
sect.	sectio	Teil	(책·문서) 절
seqq.	sequentes	folgende	다음의/이하
Soc., Societ.	Societas	Gesellschaft	모임/회/사회
tom.	tomus, - o	Band	권/책/편
v. gr.	verbi gratia	z.B.	예를 들면/예컨대

| 옮긴이 해제 |

볼프의 중국철학 수용과 이해*

1. 볼프의 생애와 사상 형성 과정

크리스티안 볼프(Christian Wolff)는 1679년 1월 24일 슐레지엔의 브레슬라우에서 태어났다. 볼프의 아버지는 개신교도로 피혁업자였다. 볼프의 아버지는 볼프가 8세가 되자 마리아-막달레나 김나지움에 보냈다. 이 김나지움은 라틴어 학교로 명성이 높았다. 볼프는 김나지움에서 진보적 성향을 지닌 개방적 교사들에게 교육을 받았다. 교사들은 전통적 스콜라 철학 이외에 볼프에게 수학과 자연과학을 비롯하여 데카르트 철학을 가르쳤다. 교사 중 카스파르 노이만(Kaspar Neumann, 1648~1715)은 교육 과정에서 볼프에게 커다란 영향을 주었다. 그는 개신교 목사로서 수학자이자 인구통계학자로 독일 초기 계몽주의에 영향을 끼친 인물로 평가된다.

볼프 자신의 언급에 따르면, 그는 김나지움 시절에 루터파 개신교도로서 가톨릭 교회의 예배를 쫓아다니며 예수회 학생 친구들과 철학적·신

* 이 해제는 옮긴이의 논문 「'완전성' 개념을 중심으로 본 볼프의 중국철학 수용과 이해」(『헤겔연구』 제40호, 2016)를 재구성했음을 밝혀둔다. 이 해제는 볼프의 생애와 사상의 형성 과정, 볼프의 철학 부분이 새롭게 추가되었다.

학적 토론을 했다고 한다. 그러나 그는 가톨릭과 개신교 내의 종파싸움을 경험하면서 종파적 입장에 따라 서로 주장하는 진리가 다르다는 점에 대해 비판적 의식을 갖기 시작했다. 볼프가 살던 슐레지엔 지역은 루터교와 가톨릭의 영향이 교차했다. 그런 분위기 속에서 어린 시절을 보낸 볼프는 어떤 종파의 주장이 맞는 것인지 헛갈려 하면서 진리의 확실성과 명증성에 목말라했다.

> 나는 가톨릭교도들 사이에서 살았기 때문에 루터교도들과 가톨릭교도들이 서로에 대해 똑같이 격앙된 모습을 보이는 것을 아주 어릴적부터 느꼈다. 그리고 각자가 〔자신들이〕 정당하다고 잘못 생각하고 있다는 것에 주목하자, 나는 어떤 모순도 없을 정도로 명료하게 신학의 진리를 보여줄 수 있다는 생각을 항상 하게 되었다.[1]

볼프는 진리를 분명하게 제시하고 그 진리에 어떤 모순이 없음을 증명하고 싶어 했다. 이런 이유로 그는 의심의 여지가 없는 학문적 방법으로서의 수학에 관심을 갖게 된다. 그는 수학을 통해 "신학을 모순이 없는 확실성"에 가져다 놓을 수 있다는 희망을 가졌다고 한다. 볼프는 1726년 『중국인의 실천철학에 대한 연설』(*Oratio de Sinarum philosophia practica*)[2]의 「머리말」에서도 그 점을 다시 피력하고 있다.

> 나는 어릴 적부터 명증한 방식으로 진리를 인식하려는 열의에 사로잡혔

1 C. Wolff, *Christian Wolff's eigene Lebensbeschreibung*, Leipzig, 1841, S. 120f.

2 1721년 볼프가 할레 대학 부총장 퇴임식에서 행한 연설은 '연설'로, 볼프가 주석을 달아 1726년에 출간한 연설문은 『연설문』으로 표기한다.

다. 그래서 곧바로 수학자들이 이용하는 방법의 논거를 탐구하고 그러한 방법을 철학 교과목에 응용하고자 모든 것을 행했다.[3]

1699년 볼프는 예나에서 신학을 공부했다. 그러나 신학뿐만 아니라 수학과 물리학에도 전념했다. 당시 교육제도에서 수학과 자연과학은 하위적 학문 역할을 했기에, 그는 수학의 기본 개념들을 독학으로 습득할 수밖에 없었다. 볼프는 수학에 몰두했지만 그의 근본 관심은 항상 신학이었다. 그가 수학에 열중한 것은 신학적 진리를 입증하고자 하는 방법론으로서의 의미가 컸다. 그는 엄격한 수학적 추론에 영향을 받아 신학적 명제들을 수학적 명제들과 비슷하게 정초하려고 노력했다. 볼프의 이런 노력은 1702년 라이프치히에서 완성한 교수 자격 취득 논문인 「수학적 방법에 의해 구성된 보편적 실천철학」[4]에서도 엿볼 수 있다. 당시에 볼프의 이 논문을 높게 평가한 사람은 라이프니츠였다. 볼프 자신의 증언에 따르면, 당시까지 볼프는 라이프니츠 철학을 잘 몰랐다. 그러나 1704년에 라이프니츠와 편지 교환을 시작하면서 그의 철학을 알게 되었고, 라이프니츠가 죽을 때까지 그에게서 커다란 영향을 받았다. 라이프니츠 이전에 볼프는 에렌프리트 발터 폰 치른하우스(Ehrenfried Walther von Tschirnhaus, 1651~1708)에게 영향을 받았다. 치른하우스는 철학자, 자연과학자, 수학자로서 독일 계몽주의의 선구자였다. 데카르트주의에 기초한 치른하우스는 수학을 학문적 인식의 보편적 방법으로 여겼고, 볼프는 그 점에서 그에게 관심을 기울였다. 그러나 라이프니츠를 알고 난 뒤에 볼프는 치른하우스보다 라이프니츠의 철학에 더 영향을 받았다. 보

3 이 책, 133쪽.
4 이 논문은 볼프가 약칭해 부른 것처럼 『보편적 실천철학』으로 약호한다.

통 철학사에서 볼프는 라이프니츠 철학을 대중화하고 보급한 인물로 평가되곤 한다. 그러나 정작 볼프 자신은 자신의 철학이 라이프니츠 철학의 대중화 내지 아류라고 평가받는 점을 인정하지 않았다. 볼프의 제자 게오르크 베른하르트 빌핑거(Georg Bernhard Bilfinger, 1693~1750)가 쓴 '라이프니츠-볼프 철학'(Leibniz-Wolffsche Philosophie)이라는 명칭도 잘못된 것이라 여겼다.[5]

1706년 볼프는 스웨덴 군대에 위협을 받고 있는 라이프치히를 떠나, 라이프니츠의 추천으로 할레 대학에서 교수직을 얻었다. 1707년에 그곳에서 강의를 시작했지만, 철학보다는 우선 수학에 집중할 수밖에 없었다. 1690년 이래 할레 대학에서 가르쳐온 크리스티안 토마지우스(Christian Thomasius, 1655~1728)와 그의 추종자들과의 갈등을 피하기 위해서였다. 그러나 볼프 노선과 토마지우스 노선 사이의 갈등은 그때부터 이미 싹트고 있었다. 토마지우스는 독일 초기의 계몽주의자로서, 아리스토텔레스주의와 스콜라주의에서 벗어나고자 노력했던 인물이다. 그는 법학자였지만, 법학을 넘어 철학과 자연법과 자연과학 사상에도 영향을 끼쳤다. 그의 사상은 반형이상학적 · 반합리주의적 경향을 보였는데 이론 자체의 정합성이나 스콜라적인 합리적 체계보다 실용적인 것을 중시했고, 철학적 이론은 궁극적으로 실천의 관점을 통해 판단되어야 한다는 입장을 취했다. 이런 점에서 그는 사변적인 합리주의적 형이상학에 반대했다. 대신에 현실이 갖는 직접적 확실성을 강조하면서 감각과 현실에서 우리의 감각이 느끼는 것만을 중시하는 감각주의(Sensualismus)를 주창했다. 그에 따르면, 모든 지식의 원천은 중앙신경계의 과정으로 환원되는 감관의 인상들에 기초하고 있다. 토마지우스의 이런 주장은 영국

5 C. Wolff, 앞의 책, S. 142.

의 경험주의와 흡사한 면이 있다. 다른 점이 있다면, 토마지우스는 영국과 프랑스의 계몽주의자들과 달리 반종교적이지 않았다는 점이다. 그는 종교에서도 형이상학적 교리를 거부하고 인간 내면의 소리와 내적 감정을 중시했다.

이 토마지우스 노선은 철저하게 합리주의에 기초한 형이상학적 철학체계를 중시하는 볼프 철학과 충돌할 수밖에 없었다. 볼프는 회고 속에서 다음과 같이 쓰고 있다. "…… 철학에서는 토마지우스가 지배하고 있었다. 그러나 그의 정서와 강연은 나의 취향에 맞는 것이 아니었다."[6]

공자와 중국철학에 대한 두 사람의 평가도 엇갈렸다. 토마지우스는 당시 유럽 문화계의 최대 관심이었던 공자(孔子)라는 인물에 비판적이었다. 또한 필리프 쿠플레(Philippe Couplet, 중국명 백응리柏應理)의 『중국인의 철학자, 공자』[7]에 대한 비판적 서평을 썼다.[8] 토마지우스는 공자가 고결한 사람이며 이성적인 사람일 수 있지만, 공자의 가르침이 담긴 책들은 학문이 아니라 세네카나 에피쿠로스식의 격언집에 가깝다고 보았다.

볼프는 토마지우스 노선과 불필요한 충돌을 피하기 위해 우선 수학에 맞추어 강의를 하면서 저술과 출판에 전념했다. 할레 대학에 있으면서 볼프는 7권의 저작을 통해 자신의 철학체계를 발전시키기 시작했다. 책 제목은 주제를 달리하며 "……에 대한 합리적 사상"(… vernünftige Gedanken von…)이라는 일련의 공통 제목을 달고 있었다. 그는 이 철학체계 프로그램 안에서 논리학(1712), 형이상학(1719), 윤리학(1720), 사회이론(1721), 물리학(1723), 신학(1723), 생물학(1725)을 다루었다.

---

6 같은 책, S. 146.

7 P. Couplet, *Confucius Sinarum Philosophus*, paris 1687.

8 C. Thomasius, "Freymüthige jedoch vernunfft und gesetzmäßige Gedanken über allerhand, Bücher und Fragen", Halle/Leipzig 1688.

볼프의 영향력은 일련의 저작 출간과 더불어 커져갔지만, 동시에 적대자들도 생겨났다. 할레 대학은 경건주의(Pietismus)의 본거지로 신학자 필리프 야코프 슈페너(Philipp Jakob Spener, 1635~1705)와 그의 제자 아우구스트 헤르만 프랑케(August Hermann Francke, 1663~1727)에 의해 그 중심이 되었다. 할레 대학의 경건주의자들은 볼프의 합리주의적 형이상학을 의심스럽게 여겼다. 경건주의는 루터교의 도그마에 대항해 투쟁을 벌이며 개인적 경건과 내적인 종교적 심정을 강조하는 강력한 신앙운동이었다. 경건주의 신앙운동의 배경은 신교와 구교 간의 30년 전쟁이었다. 전쟁의 잔인함과 비참함 그리고 살육은 사람들로 하여금 심한 죄의식을 갖게 했다. 그리고 루터교가 주지주의적 정통주의가 되어가자, 경건주의는 초창기 루터적 신앙의 부활을 촉진했다. 경건주의의 표어인 "살아 있는 신앙과 재생"(Lebendiger Glaube und Wiedergeburt)에서 볼 수 있듯이, 경건주의자의 신앙은 이지적 이해보다는 종교적 체험의 존중을, 학식보다는 실천을 존중하는 태도를 보였다. 개인의 종교적 체험을 중시하는 경건주의와 신학적 진리에서 합리적인 수학적 논리성과 명증성을 중시하는 볼프 철학은 갈등을 빚을 수밖에 없었다.

이 갈등이 터져나오게 된 사건은 볼프가 1721년 7월 12일에 할레 프리드리히 대학 부총장 퇴임 시에 행한 「중국인의 실천철학에 대한 연설」이었다. 특히 요한 요아힘 랑게(Johann Joachim Lange, 1699~1765)는 볼프의 연설에 대해 격렬하게 반발했다. 볼프가 1720년 『신, 세계 그리고 인간 영혼 및 모든 사물 일반에 대한 합리적 사상』[9]을 출간했을 때부터

---

9 C. Wolff, *Vernünfftige*〔= *Vernünftige*〕 *Gedanken von Gott, der Welt und der Seele des Menschen, auch allen Dingen überhaupt, den Liebhabern der Wahrheit mitgetheilet*, Halle 1720, §152(이하, 『독일어 형이상학』으로 약호. 볼프의 작품은 라틴어 저작과 독일어 저작이 있다. 볼프 연구자들 사이에서 볼프의 독일어 작품들은 라틴어 작품과 구

랑게는 그 속에 결정론과 무신론의 성향이 있는 것이 아닌가라며 의심스러워했다. 볼프의 '연설'을 들은 랑게를 비롯한 경건주의자들은 볼프를 올바른 신앙을 위협하는 적으로 생각했다. 랑게의 스승이자 당시 할레 대학 학장이었던 프랑케는 볼프에게 연설 원고를 제출할 것을 요구했지만, 볼프는 이를 거부했다. 그러나 프랑케와 랑게를 비롯한 경건주의자들은 강독 클럽을 만들어 필사한 볼프의 연설본 원고를 구해 읽었고, 볼프를 성토했다. 랑게와 같은 경건주의자들은 볼프를 인간의 자유와 신적 섭리의 적으로 선언했다. 특히 볼프가 세계를 신이 완벽하게 정해놓은 법칙에 의해 움직이는 기계로 파악하는 것을 결정론으로 이해하고, 거기에는 전혀 인간의 자유의지가 있을 수 없다고 비판했다. 또한 볼프의 기계론적 세계관은 "인간을 절대적인 필연성 속에 지배되는 존재로 만들며, 필연 속에 있는 세계가 영원한 것으로 보기 때문에 신적인 창조의 기원과 창조 행위를 부정하는 결과를 초래한다고 비판"[10]했다. 랑게를 비롯한 경건주의 신학자들은 프리드리히 빌헬름 1세에게 볼프 철학을 '무신론'의 혐의로 고발하며 그의 철학을 문제 삼았다. 볼프의 결정론에 따르면, 인간은 자유로운 의지를 갖고 있지 못해 군인들이 탈영해도 그것은 그들의 자유로운 의지에 의해서가 아니라 신의 뜻, 즉 예정조화에 의해 탈영을 하는 일이 되기에, 그들은 볼프의 이론이 군대에

분하여 주제에 따라 '독일어 형이상학', '독일어 윤리학' 등의 이름으로 불린다. 이에 따라 앞의 책은 『독일어 형이상학』으로, *Vernünfftige*〔= *Vernünftige*〕 *Gedanken von der Menschen Thun und Lassen*([1]1720, Frankfurt/Leipzig 1733, Nachdruck 1976)은 『독일어 윤리학』으로, *Vernünfftige*[= *Vernünftige*] *Gedancken von dem Gesellschafftlichen* 〔= *Gesellschaftlichen*〕 *Leben der Menschen und insonderheit Dem gemeinen Wesen*(1721, Frankfurt/Leipzig 1736, Nachdruck 1975)은 『독일어 정치학』으로 약호한다.

10 이성덕, 「독일 경건주의와 초기 계몽주의: 할레 대학의 '볼프 사건'과 관련하여」, 『역사신학논총』 제16집, 2008, 68쪽.

퍼지게 되면 가장 위험한 일이 될 것이라고 왕에게 주장했다.[11] 볼프는 1723년에 왕명에 의하여 추방을 당해 마르부르크 대학으로 옮아갔다.

다행스럽게도 마르부르크 대학은 오래전부터 볼프를 교수로 초빙하고자 했었다. 볼프는 마르부르크 대학 학생회로부터 열광적인 환영을 받았다. 볼프의 추방은 독일의 경계를 넘어 유럽 지성인들의 주목을 받는 사건이 되었다. 조너선 I. 이스라엘(Jonathan I. Israel)에 따르면, 볼프 추방 사건은 18세기 유럽에서 일어난 "가장 중대한 문화적 대결 중 하나였고, 아마도 프랑스혁명 이전 중부 유럽과 발틱 연안 국가들에서 일어난 가장 중대한 계몽주의 사건"[12]이었다.

볼프는 이 사건으로 유럽에서 정신적 자유의 순교자로 여겨졌다. 프랑스 계몽주의의 대표자 볼테르도 발췌된 볼프의 작품들을 읽고 번역해 알리려는 생각까지 할 정도였다. 볼프는 추방 사건 이후 유럽이 주목하는 철학자가 되었다.

1728년부터 볼프는 자신의 철학적 영향을 독일의 경계 밖으로 알리기 위해 독일어 저작들에 맞추어 라틴어 저작들도 출간했다. 볼프는 마르부르크 대학에서 큰 성공을 거두며 학생들을 가르쳤는데, 러시아를 포함한 유럽 각지에서 학생들이 찾아왔다. 러시아 여왕 예카테리나 1세는 볼프를 상트페테르부르크 아카데미의 회원으로 임명했으며, 또한 그는 프랑스 파리의 과학아카데미 회원이 되기도 했다.

볼프에 대한 복권은 프리드리히 빌헬름 1세의 아들인 프리드리히 대왕(프리드리히 2세)이 즉위한 후에 이루어졌다. 1740년에 대왕은 선대왕

---

11 G. W. F. Hegel, *Vorlesungen über die Geschichte der Philosophie*, Werke, Bd. 20, Frankfurt/M. 1982, S. 257.

12 Jonathan I. Israel, *Radical Enlightenment: Philosophy and the Making of Modernity 1650～1750*, Oxford: Oxford University Press 2002, p. 29.

이 철학자 볼프에게 행한 부당한 행위를 보상하기 위해 그를 프로이센 아카데미 회원과 할레 대학 교수로 초빙했다. 볼프는 아카데미 회원직은 거절하고 할레 대학의 교수직만 수락했으며, 1743년에는 할레 대학의 총장이 되었다. 1745년에는 바이에른의 선제후로부터 남작(Freiherr) 작위를 받았다. 볼프는 1754년 4월 9일 할레에서 세상을 떠날 때까지 다수의 저서를 출간하고 자신의 이름을 딴 학파를 형성해 많은 학생들을 길러냈고, 제자들은 독일 대학들에서 교수로서 활동하며 그의 영향력을 더욱 확대했다.

2. 볼프의 철학

볼프 철학이 가진 의의는 합리주의 사상의 체계화와 그것의 계몽주의적 전파에 있다. 볼프가 활동했던 18세기 전반 독일의 철학은 무엇보다 스콜라적 강단철학의 전통에 강하게 묶여 있었다. 강단철학이 주로 다룬 문제는 사회, 종교, 법, 국가와 같은 현실 문제가 아니라 영혼과 물체의 관계, 단순한 실체들의 가능성, 신 존재의 증명 가능성, 신 존재의 인식 가능성 등이었다. 볼프 철학 속에는 프랑스나 영국의 계몽주의와 달리 스콜라적 전통이 여전히 중요한 역할을 했다. 그러나 볼프는 전통보다는 이성에 무한한 신뢰를 보냈으며, 경험보다 합리적 원리에 기반을 둔 형이상학적 철학체계를 중시했다. 볼프는 학문이 비판적·합리적 사유 위에 기초해야 한다고 주장했는데, 종교에 비판적이었던 영국과 프랑스의 계몽주의 철학과 달리 종교도 합리주의적으로 이해하려 시도했다. 이 점에서 볼프 철학은 이신론(理神論) 형성에 도움을 주었다.

볼프 철학의 면모는 그가 할레에서 "……에 대한 합리적 사상"이라는 공통의 제목 아래 일련의 저작을 출간하면서부터 드러나기 시작했는데, 그는 이 저작들 속에서 세계는 이성적으로 진행되며, 모든 현상은 합리적으로 인식 가능하며, 개념적으로 판명하게 설명 가능하고, 모든 현상은 수학처럼 논리적이고 모순 없는 체계 속에서 종합될 수 있다는 점을 입증하고자 했다. 세계를 이성적으로 해석하는 데서 볼프는 지성의 사용을 특히 강조했으며, 철학을 인간이 가진 지성 능력의 사용과 연관시켰다. 볼프는 철학을 당시에 사용되던 단어인 '세계지혜'(Weltweisheit)라는 말로도 불렀다. 계몽주의 시기의 철학을 일컫는 '세계지혜'라는 말은 초월적 신에 대한 학문과 대비되는 뜻을 지녔지만, 통속적인 실천적 지혜의 차원을 벗어나지 못하고 있었다. 볼프는 올바른 지성의 사용을 통해 철학을 '세계지혜'로부터 엄밀한 학문으로 정립하려 했다.[13]

볼프는 철학을 특유하게 "모든 가능한 것이 어떻게 그리고 왜 가능한가에 대한 학문"[14]이라고 정의했다. 이 정의에 따르면, 철학은 모든 가능한 존재자가 어떻게 존재 가능하게 되었고, 그렇게 존재 가능하게 된 이유가 무엇인지를 찾는 학문이라 할 수 있다.

볼프 존재론의 두 원리는 모순율과 충족이유율인데, 이 두 원리는 모두 라이프니츠의 영향을 받았다. 라이프니츠는 추리의 두 커다란 원리로 모순율과 충족이유율을 내세웠다.[15] 볼프는 『존재론』[16]에서 우선 존재론

---

13 볼프의 철학체계는 이론철학과 실천철학으로 구분된다. 이론철학에는 1. 논리학, 2. 형이상학(존재론, 우주론, 심리학—경험적 심리학, 합리적 심리학—, 자연신학론), 3. 물리학이 속하고, 실천철학에는 1. 보편적 실천철학, 2. 윤리학, 3. 경제학, 4. 정치학이 속한다.

14 C. Wolff, *Vernünfftige Gedancken von den Kräfften des menschlichen Verstandes und ihrem richtigen Gebrauche in Erkäntnis der Wahrheit*, 1713, §I.

15 G. W. Leibniz, *Monadologie*, Stuttgart 1990, §31, §32. "이 이성 사용은 두 커다란 원리에 기초한다. 첫 번째 원리는 모순율이고, …… 두 번째 원리는 충족이유율이다."

의 최상 원리인 무모순의 원리를 내세운다. 존재자에 대한 진술이나 인식이 참이기 위해서는 모순이 존재해서는 안 되기 때문이다. 즉 우리는 어떤 것이 존재한다고 하면서 동시에 어떤 것이 존재하지 않는다고 판단할 수는 없다.[17] 볼프는 무모순의 원리와 더불어 충족이유율을 내세웠다. 어떤 것이 존재하기 위해서는 무모순적일 뿐만 아니라 충분한 이유가 존재해야 한다는 것이다. 볼프는 이렇게 언급한다. "왜 그것이 존재하지 않고 오히려 존재하는가에 대한 충분한 근거가 없이는 아무것도 존재하지 않는다."[18] 어떤 것도 원인 없이는 발생할 수 없다. 왜냐하면 아무런 술어가 속하지 않는 '무'에서는 어떤 것도 발생할 수 없기 때문이다. 따라서 어떤 것이 발생한다면 그것은 어떤 근거로부터 나올 수밖에 없다. 이는 존재에 대한 우리의 인식하고도 연관된다. 인식할 수 없는 것은 존재할 수 없으며, 인식되는 것만이 존재할 수 있다. 또한 어떤 것이 존재한다는 명제가 참으로 인식되기 위해서는 그것이 존재하는 충분한 이유가 제시되어야 한다. 그런데 어떤 존재하는 것을 설명하기 위한 원인을 찾다 보면, 그 원인의 원인을 찾아야 하는 무한 소급으로 빠질 수 있다. 이 점에서 볼프도 라이프니츠처럼 사물의 궁극적 원인이자 근원인 '신'을 내세운다. 신은 모든 사물의 궁극적 원인이자 충분한 이유이다.

볼프는 신은 "독립적 존재이며, 신에게서 세계와 영혼의 현실성이라는 근거를 발견할 수 있다"[19]라고 주장한다.[20] 또한 볼프는 충족이유율

16 C. Wolff, *Philosophia prima, sive Ontologia*(『제일철학 또는 존재론』)(^{1}1729), Frankfurt/Leipzig ^{2}1736. Nachdruck 1962, hrsg. von Jean École. 이 책은 앞으로 『존재론』으로 약호한다.

17 C. Wolff, 『존재론』, §27.

18 같은 책, §70.

19 C. Wolff, 『독일어 형이상학』, §945.

20 볼프의 신 개념은 다음의 책을 참조해 요약·정리했다. W. Röd, *Geschichte der*

에 따라 신은 모든 사물이 왜 존재하는지에 대해 설명할 수 있는 궁극적 원인이자 충분한 이유라고 주장한다. 즉 신은 모든 사물의 본질을 만들어놓았고, 또한 사물들의 질서와 방향을 자신의 목적에 따라 미리 규정해놓았다는 것이다. 이렇게 신은 정신과 물체의 법칙을 예정해놓았기에, 그 이후에 모든 것은 신이 정해놓은 법칙에 따라 진행해나갈 수 있다. 이 점에서 신이 사물의 본질을 자의적으로 만들어놓거나 임의대로 변화시킬 수 없을 것이라고[21] 볼프는 반박한다. 그래서 볼프는 세계를 신이 미리 정해놓은 법칙에 의해 작동하는 기계(Maschine)[22]라고 주장한다. 이 점에서 세계에 대한 볼프의 기계론적 이해는 결정론이라는 비판을 받는다. 그러나 이에 대해 볼프는 세계를 기계로 해석하는 것은 신의 지혜와 의도를 읽는 것이라 주장한다. 볼프에 따르면, 세계는 신이 모든 가능한 세계 중 자유의지로 선택한 최상의 세계이자 최상의 완전성을 지닌 세계이다. 신은 최상이 아닌 세계를 선호할 수가 없다. 신은 이 세계를 자신의 영광을 위해 창조했기에 신은 이 세계에서 흡사 자신을 거울로 보는 것처럼 신의 완전성을 드러내려는 의도를 가지고 있다. 따라서 모든 피조물은 신적 완전성의 반영이다. 또한 이 세계에서 작동하는 법칙은 최상의 완전한 신의 법칙이자 다양한 사물의 조화를 이루는 근거이기도 하다. 이런 이유에서 볼프는 이 세계는 모든 가능한 세계 중 신이 선택한 최상의 세계일 수밖에 없다고 주장한다. 세계의 모든 것은 이처럼 신의 의도에 따라, 즉 목적론적으로 방향이 설정되어 있다.[23] 따라서 볼프는 인간은 세계 속에 있는 하느님의 완전과 조화를 점점 드러내며, 세계

Philosophie, Bd. VIII, München 1984, S. 247.

21 같은 책, §994와 §1026.

22 같은 책, §559.

23 C. Wolff, 『독일어 형이상학』, §1026.

를 더욱 더 하느님의 완전과 조화의 모형으로 만들기 위해 애써야 한다고 보았다.

3. 볼프의 실천철학과 '완전성' 개념

볼프는 이론철학에서 실천철학의 근본적 원리를 도출해냈다. 볼프가 이론철학에서 확립했던 세계의 '완전성'(Vollkommenheit) 개념은 볼프의 윤리학에서도 핵심적 역할을 한다. 볼프의 완전성 개념은, 앞서 언급했듯이, 우선 그의 신 이해를 바탕으로 한다. 볼프가 주장하는 세계의 완전성 개념에는 질서의 완전성과 목적론적 완전성이라는 두 개념이 들어 있다. 볼프에게서 질서의 완전성은 "다양한 요소의 일치 내지 조화"[24] 라고 이해된다. 볼프는 이에 대한 예를 시계를 들어 설명한다. 시계의 완전성은 그 시계의 여러 부속품이 결합되어서 시간을 올바르게 가리키는 데에 있다. 이와 관련하여 볼프는 완전성의 정도에 대해 언급하며, 부분들이 일치하는 정도가 클수록 사물의 완전성 정도 또한 증가한다고 주장한다. 이에 반해, 그 다양한 요소의 상호 간 불일치는 불완전성으로 설명된다. 시계의 부속품들이 시계가 올바르게 시간을 가리킬 수 없는 쪽으로 결합된다면, 그것은 불완전한 것이다.[25] 그런데 시계의 완전성은 시계의 목적을 빼놓고 설명할 수 없다. 시계는 인간이 시간을 알기 위해 만든 것이다. 시계의 부속품들이 이 목적에 따라 결합되어 일치를 이룰 때 그리고 그 의도에 부합할 때, 우리는 이 시계의 부속품들에 대해 '완전

24 같은 책, §152.
25 같은 책, §152.

성'이라 말할 수 있다.[26] 볼프는, 세계가 시계와 같은 기계라 한다면 그 기계는 신의 의도와 목적에 부합할 경우에만 완전하다고 본다.

볼프는 형이상학에서 확립했던 이 '완전성' 개념을 윤리학에도 적용한다. 볼프는 『독일어 윤리학』에서 선악의 척도를 완전성 개념에 둔다. 신이 인간 및 사물에 부여한 본성과 일치하는 방향으로, 그리고 신이 만든 자연법칙 질서와 조화 내지 일치하는 방향으로 인간이 행위할 때 인간의 완전성은 이루어진다. 이와 관련하여 볼프는 인간의 행위를 더욱 완전하게 만드는 것은 '선'이라 특징짓고 상태를 불완전하게 하는 것을 '악'[27]이라 칭한다. 인간의 의지는, 선한 행위는 완성하고 악한 행위는 피하라고 독려하는 것이다. 이런 입장에서 볼프는 도덕적 행위의 일반 규칙을 다음과 같이 정식화한다.

> 너와 너의 상태를 또는 다른 상태를 보다 완전하게 할 수 있는 것을 행하라. 그 상태를 더 불완전하게 하는 것을 중지하라.[28]

이 규칙은 볼프의 윤리학에서 근본적 역할을 수행한다. 볼프는 완전성을 위해 우리의 정신과 육체가 노력해야 하는 까닭을 '자연법칙'[29]에서 찾는다. 자연법칙은 신의 의도와 목적에 의해 만들어진 것이어서 신은 모든 자연법칙의 완전한 근거[30]가 되며, 우리 행위를 구속하는 구속성의

---

26 볼프는 나중에 『독일어 형이상학』 제2판에서는 시계의 예 이외에도 사람의 변화의 예를 추가해놓았다.

27 C. Wolff, 『독일어 윤리학』, ^{1}1720, §3, S. 6.

28 같은 책, §12, S. 12.

29 볼프는 이렇게 말한다. "자연이 우리의 자유로운 행위를 그 방향으로 설정해놓았다면, 그 규칙은 특별히 자연법칙으로 불려야 한다." 같은 책, §17, S. 15.

30 같은 책, §19.

원천[31]으로서 간주된다. 그는 신을 모르는 무신론자들도 이성을 통해 자연법칙을 알 수 있으며, 따라서 무신론자들도 자연법칙을 통해 우리 행위에 '구속력이 있는', '변하지 않는', '영원하고', '완전한 것'을 통찰할 수 있다고 주장한다.[32] 이와 같은 볼프의 주장은 나중에 『보편적 실천철학』(*Philosophia practica universalis II*)에서도 확인될 정도로 변하지 않는다.

> …… 다른 피조물들과 동일한 방식으로 신에 의존하는 인간은 자신의 본질과 본성에 의해, 그리고 거기에서 나오는 본성적 행위들에 의해 신적인 완전성을 현시하고 있다. 따라서 인간이 다른 나머지 피조물들로부터 아는 것 못지않게 자기 자신으로부터도 신성(神性)을 알 수 있다는 사실이 명백하다. 그리고 신성의 완전성을 현시함에 있어서의 이 같은 적합성에서 인간 자신의 본질적 완전성이 성립한다. 인간은 이러한 신성의 완전성을 다른 모든 피조물들과 함께 공유한다.[33]

볼프에게서 인간의 완전성이란 인간이 신이 만들어놓은 자신의 본성을 통찰해 그것과 일치하도록 행위하는 데 있으며, 또한 자신을 포함해 다른 사물들을 지배하는 자연법칙과 일치하여 신이 만든 세상과 조화를 이루는 데 있다고 할 수 있다. 볼프는 중국의 고전 속에서 자신이 주장하는 완전성에 대한 인간의 행위가 실천 원리로 완전히 제시되고 있다고 믿었다.

---

31 같은 책, §18.

32 같은 책, §20, §25, §26, §27 참조. 여기서는 C. Schröer, *Naturbegriff und Moralbegründung*, Stuttgart/Berlin/Köln/Mainz 1988, S. 26 참조.

33 C. Wolff, *Philosophia practica universalis II*, §31 not., S. 21 ff.. 여기서는 다음의 논문에서 재인용: 김수배, 「볼프의 인간관」, 『인문연구』 제74호, 2015, 95쪽.

4. 볼프의 중국철학 수용과 이해

볼프가 중국철학에 관심을 갖게 된 것은 언제부터일까? 볼프의 중국철학에 대한 관심은 문제가 된 1721년의 '연설'보다 훨씬 오래전이다. 문헌으로 확인된 바에 의하면, 그는 1708년에 라이프니츠가 창간한 학술지 『학자 활동보고』(*Acta Eruditorum*)에 『예수회 신부 노엘이 1684년부터 1708년까지 행한 중국과 인도의 수학 및 물리학에 대한 관찰』(*Observationes Mathematicae et Physicae in India et China factae à Patre Francisco Noël Societatis Jesu, ab anno 1684 usque ad annum 1708*)에 대한 서평을 썼다.[34] 그리고 노엘의 번역서 『중화제국 6대 경전』[35]이 1711년 프라하에서 출간되자, 얼마 지나지 않아 1712년에 다시 『학자 활동보고』에 그에 대한 서평을 실었다.[36] 이것으로 보면 볼프는 적어도 20대 후반부터 중국철학에 관심을 가진 것으로 볼 수 있다. 그렇다면 볼프가 중국철학에 이처럼 관심을 기울인 이유는 무엇인가? 라이프니츠의 영향[37]도 배제할 수 없지만, 전례논쟁과 당시 계몽주의자 사이에서 번진 '중국 열

---

34 이 책, 「독역자 해설」, 30쪽.

35 F. Noël, *Sinensis imperii libri classici sex, nimirum Adultorum Schola, Immutabile Medium, Liber Sententiarum, Memcius, Filialis Observantia, Parvulorum Schola, E Sinico idiomate in Latinum traducti a P. Francisco Noël, Societatis Jesu Missionario*, Prag 1711.

36 *Acta Eruditorium*, 1712, 제3월호와 5월호, S. 123~28, 224, 229. 이 책, 「독역자 해설」, §7 참조. 노엘은 이 번역서 이외에도 1711년에 『중국철학삼론』(*Philosophia Sinica Tribus Tractatibus*)을 프라하에서 출간했다. 볼프가 이 책을 읽었는지는 확실하지 않다. 이 책은 중국인들의 신(예를 들어 신과 상제)에 대한 형이상학, 죽은 자에 대한 제사, 윤리학을 다룬다.

37 라이프니츠의 중국에 대한 관심에 대해서는 다음의 책을 참조. 라이프니츠, 이동희 편역, 『라이프니츠가 만난 중국』, 이학사, 2003.

기'(Chineserie)의 분위기도 작용했을 것이다. 예수회 선교사들의 편지와 저서들은 유럽 여러 나라의 언어로 번역되어 계몽주의 시대 지식인들을 독자층으로 만들었다. 예수회 선교사들에 의해 소개된, 고도로 발전된 중국의 모습은 계몽주의자들에게 기독교적 계시종교의 경직된 도그마에 대항할 수 있는 좋은 사례였다. 이 중국의 모습은 이성과 자연의 토대 위에서 발판을 마련하고자 했던 계몽주의의 '자연적·합리주의적' 사상에 커다란 영향을 끼쳤다. 계몽주의자들은 높은 문화와 도덕을 가진 것으로 알려진 중국을 기독교적 계시종교 없이 순전히 인간 이성에 기초해 발전한 것으로 이해했기 때문이다.

볼프가 할레 대학 부총장직 퇴임식에서 행한 '연설'도 그런 영향을 반영하고 있다. 볼프는 '연설'을 쓸 때 노엘의 중국 고전 번역 『중화제국 6대 경전』을 통해 중국 고전철학에 대한 정보와 지식을 얻었다. 노엘은 벨기에 출신의 예수회 신부로 1684~1708년까지 중국에서 활동했으며, 기본적으로 자연과학자였다. 중국에 머물 때, 그는 28개 도시의 경도와 위도를 관측하고, 별자리를 관찰하고, 중국의 달력과 도량형에 대해 연구했다. 노엘은 이후 중국의 역사와 철학에 대해서도 집중적으로 연구했는데, 이는 전례논쟁에서 마테오 리치(Matteo Ricci, 1552~1610)의 현지 적응 방식의 선교 전략을 옹호하기 위한 의도를 가지고 있던 것으로 보인다. 노엘의 이 『중화제국 6대 경전』은 중국 고전인 사서(四書)에 대한 최초의 완전한 번역서였고 유럽에 『맹자』를 처음으로 알린 책이기도 하다. 그리고 볼프는, 앞에서 언급한 것처럼 책이 출간된 지 얼마 지나지 않아, 1712년 3/4월에 『학자 활동보고』에 이 책의 서평을 썼다. 노엘의 번역은 분명 쿠플레가 편집한 『중국인의 철학자, 공자』에 기초한 것이다. 『중국인의 철학자, 공자』에는 사서 중 『맹자』는 제외된 채, '중국의 학문'이라는 이름 아래 『논어』와 『대학』, 『중용』만이 번역되어 있었다. 노엘은 『중국인의 철학자, 공자』에 빠져 있던 『맹자』를 포함하여 『소학』과 『효경』의 번역을 추가해 실어놓았다. 볼프는 문제가 된 부총장 퇴임식 연설문을 작성할 때는 노엘의 저서만을 알았다고 고백한다. 나중에 이 '연설'이 문제가 되어 추방되었을 때, 볼프는 자신의 입장을 좀 더 정밀하게 옹호하기 위해 쿠플레의 『중국인의 철학자, 공자』를 구해 읽었다고 한다. 『중국인의 철학자, 공자』에는 『논어』, 『대학』, 『중용』의 번역 이외에도, 쿠플레의 서명이 들어 있는 「서론적 해설」(Proemialis Declaratio)[38]과 「공자의 생애」(Confucii Vita), 「중국 황조 편년사 연표」(Tabula chronologica Monarchiae Sinicae) 등이 달려 있었다. 쿠플레의 『중국인의 철학자, 공자』는 중국에 선교사로 간 예수회원들의 협동적 작품이라 할 수 있는데, 리치 이래 오랫동안 수많은 예수회 신부가 참여해 번역을 하고 그것을 수정·발전시켜온 것으로 볼 수 있다. 『중국인의 철학자, 공자』에 참여했던 예수회 신부들은 송대(宋代) 신유가(新儒家)들의 경전 해석에 매우 비판적이었다. 그들은 주희를 위시한 송대 신유가들의 경전 해석이 고대 경전의 뜻을 제대로 살리지 못하고, 무신론적이고 유물론적인 경향을 띠고 있다고 생각했기 때문이다. 그래서 그들은 당시 주희(朱熹)의 권위 있는 주석을 거부하고 명대(明代) 장거정(張居正, 1525~82)의 사서에 대한 주석인 『사서직해』(四書直解)를 참조해 중국 고전을 번역했다. 리치를 비롯해 예수회 신부들은 신유가의 경전 해석보다는 '천주'(天主)와 '상제'(上帝) 등의 용어가 등장하는 중국 고대 경전 속에서 '신성'(神聖)의 흔적을

38 이 「서론적 해설」에 쿠플레의 서명이 달려 있어 보통 이 글을 쿠플레가 썼을 것이라고 추정되나, 이견도 있다. 크누트 룬트백(Knud Lundbaek)은 파리국립도서관에서 그 글에 대한 서로 다른 필사본을 발견하고, 그중 나중의 필사본이 쿠플레가 쓴 것이라고 주장한다. 데이비드 E. 먼젤로, 이향만·장동진·정인재 옮김, 『진기한 나라 중국: 예수회의 적응주의와 중국학의 기원』, 나남, 2007, 421쪽 참조.

찾아내기 위한 기독교적 해석을 시도했고, 이를 통해 중국의 문인들을 설득하고자 노력했다.

이와 같이 『중국인의 철학자, 공자』는 오랜 예수회 신부들의 해석과 노력이 반영된 번역이었다. 초창기 예수회 신부들이 자연종교의 용어로 중국 고전 번역을 시도했다면, 세월이 지나면서 『중국인의 철학자, 공자』에서는 '자연종교'보다는 '이성'을 더 강조하는 경향을 보인다.[39] 더 나아가 노엘은 중국 고전 번역에서 자연신학적 해석을 포기하고 좀 더 자유로운 해석을 시도한다. 노엘 스스로도 『중화제국 6대 경전』의 「머리말」에서 자신의 번역이 "중국인들이 썼던 것이 아니라 그들이 진실로 원했던 것"[40]을 보여주기를 희망한다고 말한다. 중국이 신과 교회가 없이도 고대부터 우수한 문화와 도덕을 이룬 사회를 유지할 수 있었던 까닭은 중국 고전에 나타난 중국의 정신 때문이었다. 노엘의 중국 고전 번역은 중국의 정신을 대단히 이성적이고 합리적인 철학의 모습으로 소개해주었다. 볼프도 이 번역서(『중화제국 6대 경전』)를 읽고 중국철학에 상당한 인상과 영향을 받았다. 특히 볼프는 노엘이 번역한 『대학』 첫 구절에서부터 특별한 인상을 받은 것으로 보인다.[41] 노엘은 "대학지도재명명덕, 재친민, 재지어지선"(大學之道在明明德, 在親民, 在止於至善)을 다음과 같이 번역해놓았다. "성인이 헌신해 배워야 할 교설, 길과 이성은 다음의 세 가지 것에 있다. 1. 합리성과 그가 가진 능력의 최초의 밝음을 회복하는 데 있다. ……. 2, 백성을 새롭게 하는 데 있다. ……. 3. 최상의 완전

39 번역 과정의 변화에 대해서는 데이비드 E. 먼젤로, 같은 책, 419쪽 참조.

40 F. Noël, "non tantum ut discas, quae Sinae scripserunt, sed & ut agas, quae recte senserunt", Noël, *Sinensis imperii libri classici sex*, Prag 1711, S. 1.

41 볼프는 『연설문』에서 『대학』에서 중국적 지혜의 진정한 원리를 발견할 수 있다고 주장했다. 이 책, 191쪽과 「볼프의 주석」, 153 참조.

성과 선에 머무는 것이다."[42] 여기서 노엘은 덕을 '합리성'으로 해석하고 또한 '지선'(至善)을 '최상의 완전성과 선'으로 번역해놓았다. 이 용어는 볼프 실천철학의 핵심 개념인 '완전성'의 용어와 일치한다. 미하엘 알브레히트(Michael Albrecht)는 볼프가 노엘의 『대학』 번역에서 자신의 실천철학의 핵심 개념인 이 완전성이라는 개념을 받아들였다고 지적한다.[43] 볼프가 본성인 이성을 회복해 최상의 완전성과 선에 머물러야 한다는 『대학』의 구절에서 강력한 인상과 영향을 받았을 것은 자명하다. 『대학』에서 언급된 완전성이라는 표현과 개념은 1712년 노엘의 번역에 대한 볼프의 서평 속에서 이미 발견된다.[44]

1726년에 볼프가 『연설문』을 출간하면서 인용한 쿠플레의 『중국인의 철학자, 공자』에서의 『중용』과 『대학』에 대한 번역 내지 해석은 자연종교적 해석과 합리성을 강조하고 있다. 『중국인의 철학자, 공자』에서 『대학』의 도입부는 이렇게 번역이 되었다.

> 더욱이 위대한 사람의 배우는 목적은 우리가 하늘로부터 받은 합리적 본성(rationalem naturam)을 순화하거나 개선함으로써, 그 본성이 흉물스러운 욕구의 얼룩을 닦아냄으로써 마치 투명한 거울처럼 태초의 순수성으로 되돌아갈 수 있도록 하는 데 있다.[45]

---

42 "Doctrinœ, cui Adulti vacare debent, via ac ratio consistit in his tribus, 1. In reparanda rationalis suae facultatis primitiva claritate. ... 2. In renovandis populis. ... 3. In sistendo in summa perfetione ac bonitate." Noël, *sinesis imperi libri classici sex*, Prag 1711, S. 10.

43 이 책, 『독역자 해설』, §9 참조.

44 C. Wolff, *Sinensis imperii libri classici sex*,…에 대한 볼프의 서평, in *Acta eruditorum*, 1712, S. 124.

45 P. Couplet, 앞의 책, p. 1. 여기서는 데이비드 E. 먼젤로, 앞의 책, 488쪽에서 재인용.

"하늘로부터 받은 합리적 본성"은 볼프가 강조하는 '인간의 자연적 본성'과 거의 같은 말이다. 『대학』과 더불어 『중용』에서도 '완전성'이라는 개념이 자주 등장한다. 예를 들어 『중용』에서 예수회원들은 군자를 'perfetus vir'(완전한 사람)로 번역했다. 볼프는 『중국인의 철학자, 공자』에 의거해 중국철학의 비밀이자 도덕과 통치의 원리가 담긴 책으로 『중용』을 중요하게 언급했다. 볼프가 자신의 '연설'에 대한 주석을 붙일 때 의지했던 쿠플레의 『중국인의 철학자, 공자』 번역에서는 '성'(性)을 '합리적 본성'으로 번역하고 있다.

> 하늘에 의해 인간 속에 자리 잡은 것을 합리적 본성(natura rationalis)이라 한다. 그것이 자연을 따르거나 모방하기 때문에 그것을 규칙(regula)이라고 부르거나 또는 이성과 조화된 것이라고 한다. 이 법도를 부지런히 반복하여 실천하고 그리고 스스로 그것을 규제하는 것은 가르침(institutio) 또는 덕의 배움(discipulina virtutum) 이라고 한다.[46]

『중국인의 철학자, 공자』에서 예수회원들은 도(道)를 이성의 법칙(regula rationis) 또는 자연의 규칙과 법칙(regula & lex naturalis)으로 번역해놓았는데, 볼프는 '연설'에 대한 주석에서 이 용어를 그대로 사용하고 있다.

노엘과 쿠플레를 위시한 예수회원의 중국 고전에 대한 번역과 해석은 합리적 유럽 지식인들의 사고와 언어에 맞춘 것이다. 볼프가 처음 노엘의 번역을 통해 중국 고전을 읽으면서 철학적 원리의 동질감을 발견한 배후에는 이런 노엘의 합리주의적 경향의 번역이 있다는 점을 무시할

46 P. Couplet, 앞의 책, p. 40. 여기서는 데이비드 E. 먼젤로, 앞의 책, 458쪽에서 재인용.

수는 없다.[47] 또한 볼프가 나중에 인용한 쿠플레의 『중국인의 철학자, 공자』도 예수회의 입장을 반영해 중국 고전을 자연종교의 용어로 해석하면서 이성을 강조하려는 의도가 반영되어 있다.[48]

그러나 볼프는 중국 고전을 해석할 때, 노엘의 고전 번역과 쿠플레의 『중국인의 철학자, 공자』 번역에만 전적으로 의존하지는 않았다. 볼프는 『연설문』에서 말한 것처럼 노엘이 중국의 실천철학에 담긴 지혜의 의미를 제대로 파악하지 못했다고 주장한다.[49] 그래서 노엘은 중국의 고전을 20년간 연구하고 번역을 했지만, 그 속에서 "평범한 윤리, 인륜의 질서, 가족과 일반적인 올바른 통치에 대한 가르침"[50]이 들어 있다는 견해밖에 제시하지 못했다는 것이다. 노엘과 달리, 볼프는 중국의 고전 속에 담긴 비밀스러운 지혜와 도덕과 통치의 원리를 밝히고자 노력했다고 주장한다. 그에 따르면, 중국인들의 모든 행위 원리에는 궁극 목적으로 인간 상태의 완전성이 놓여 있다. 볼프는 이런 중국 고전 속에 숨겨진 비밀과 지혜의 원리를 자신이 해석할 수 있었던 것은 자신의 번역보다는 철학 때문이라고 주장한다. 볼프는 자신의 철학 원리와 이렇게 발견한 중국 고전의 가르침이 일치한다고 믿었다.

그런데 여기서 드는 의문은 혹시 볼프의 실천철학 원리가 중국 고전의 번역에서 영향을 받은 것은 아닐까 하는 점이다. 볼프 자신은 중국철학을 알지 못했을 때 그러한 원리를 이미 발견했기 때문에 중국철학으

---

47 중국 고전의 번역 과정이 계몽주의 시대에 유럽 지식인에게 어떻게 영향을 끼쳤는가에 대해서는 언어적 측면에서 좀 더 많은 연구가 필요하다.

48 중국 고전인 사서(四書)가 번역되는 과정에 대해서는 데이비드 E. 먼젤로, 앞의 책, 419~20쪽 참조. 또한 안재원, 「볼프는 『중국인 철학자 공자』를 어떻게 읽었는가?」, 『인간·환경·미래』 제13호, 2014도 참조.

49 이 책, 207쪽.

50 이 책, 197, 199쪽.

로부터 도움을 얻을 수 없었다고 말한다.[51] 볼프는 『연설문』의 「머리말」에서 완전성 일반에 대한 개념은 이미 존재론에서 전개해왔다고 주장한다.[52] 그러나 볼프 자신도 고백하듯이, 인간의 행위가 인간의 완전성에로 향해야 한다는 도덕적 주장은 1720년 『독일어 윤리학』에서야 분명하게 제시된다.[53] 알브레히트도 노엘의 『대학』 번역과 1720년의 『독일어 윤리학』 사이에 나타나는 공통점, 예를 들어 완전성을 중심으로 하는 선악 개념, 그리고 도달 불가능한 이상적 목적이기는 하지만 완전성을 향해 쉬지 말고 나아가라고 하는 요구 등의 공통점이 분명하게 드러난다고 지적한다.[54] 볼프는 1712년 『학자 활동보고』에서 노엘의 중국 고전 번역에 대해 서평을 한 이래, 1718년 『강의 계획』(*Ratio praelectionum*), 1720년 『독일어 윤리학』, 1720년 할레 대학 부총장 취임 연설,[55] 1721년 할레

---

51 이 책, 197쪽. 그리고 「볼프의 주석」, 171을 보라. 그러나 볼프의 처녀작이라 할 수 있는 1703년의 『보편적 실천철학』(*Philosophia practica Universalis, Mathematica methodo conscripta*)에서는 구체적 행위 원리로서가 아니라 아주 일반적인 의미의 완전성에 대해서만 소개된다. 예를 들면 다음과 같다. "신은 자신 안에 모든 실재가 근거하는 가장 완전한 존재"이며, "인간은 공동선을 촉진하기 위해 자신의 본성의 완전성을 추구해야만 한다." C. Wolff, *Philosophia practica Universalis, Mathematica methodo conscripta*, Caput I. Definitio XXIII와 Caput IV, Propositio 15 참조.

52 여기서 존재론은 볼프의 『독일어 형이상학』을 의미한다. 볼프의 존재론에 대한 책 *Philosophia prima sive ontologia* …은 1730년에 출간되었다.

53 이 책, 「볼프의 주석」, 163 참조.

54 이 책, 「독역자 해설」, §9 참조.

55 부총장 취임 연설에서 볼프는 중국국가론을 강조하면서 중국이 정직함, 정의와 지혜에 대한 올바른 통찰 때문에 다른 나라와 구분된다고 주장한다. 또한 1721년 4월 18일에 서명한 『독일어 정치학』 초판 「머리말」에서도 볼프는 다음과 같이 말한다. "그들〔중국인들〕의 원리들을 나의 근거들에서 입증할 수 있어서 나는 매우 기분이 좋다. 아마도 나는 중국인들의 도덕이론과 국가이론을 한 학문 형식으로 만들 수 있는 기회를 언젠가 가질 것이고, 그때 나의 이론들과의 조화가 명료하게 드러날 것이다"(이 책, 「독역자 해설」, §9; 이 책, 51~52쪽).

대학 부총장 퇴임 연설에 이를 때까지 계속해서 중국인의 실천철학 원리에 대해 언급하며, 자신의 실천철학과 중국인의 실천철학 원리 사이의 일치를 주장해왔다. 예를 들어 볼프는 1718년 『강의 계획』의 단락 2, 제6장 §22, 23, 24와 296, 297쪽에서 그러한 일치를 분명하게 언급했고,[56] 부총장 취임식에서도 중국의 도덕 원리와 국가 원리를 주제로 삼아 연설할 정도였다. 볼프는 1721년 '연설'과 1726년의 『연설문』에서 결정적으로 중국인의 완전성의 원리를 설명하고, 이를 본받아야 할 훌륭한 사례로 언급했다. 이후에도 볼프는 1730년에 『철인왕과 통치하는 철학자』(*De rege philosophante & Philosopho regnante*)라는 저술에서 자신의 국가철학적 사상을 중국적 사례들을 들어 자세하게 설명했다. 그리고 그는 세상을 떠나기 2년 전인 1752년에 자신의 『윤리학』(*Ethika*)에서 공자의 학설을 철학적 측면에서 근본적으로 철저하게 숙고했고, 그것을 증명하고 이성의 원칙으로 만들 수 있었다고 고백했다.[57]

5. 1721년의 볼프 '연설'과 1726년의 『연설문』의 내용

볼프는 1721년 할레 대학 부총장 퇴임식에서 중국인의 실천철학에 대한 연설을 하면서 '중국철학의 비밀'과 '도덕과 통치의 최종 원리', 즉 중국적 지혜의 원리에 대해 언급했다. 볼프는 자신이 보편적 실천철학에서 강조했던 도덕적 행위의 일반 규칙을 중국인들이 이미 앞서 행해왔으며, 또한 상당한 성과를 거두었다고 칭찬하면서 중국인들의 행위 속에

---

56 이 책, 「볼프의 주석」, 207; 이 책, 370쪽.

57 이 책, 「독역자 해설」, §15 참조.

'자연법의 핵심'과 '모든 칭송할 만한' 인간 행위가 들어 있다고 주장했다. 연설의 말미에서 그는 자신의 실천철학 원리가 중국인들의 실천철학 원리와 일치한다는 점을 강조한다.

이와 같은 볼프의 '연설'을 들은 경건주의자들은 분노해 볼프를 왕에게 고발해 추방하게 했다. 볼프가 추방당한 후에도 랑게를 비롯한 경건주의자들의 공격은 멈추지 않았다. 마르부르크로 추방당한 볼프는 1721년의 '연설'을 옹호하기 위해 1726년에 자신의 '연설'에 상세한 주석을 달아 책으로 출간했다. 1726년 볼프가 '연설'에 주석을 달 때 의지한 문헌은 쿠플레가 편찬한 『중국인의 철학자, 공자』였다.

볼프는 '연설'에서 했던 발언을 주석으로 보다 상세하게 밝혀놓았다.

볼프는 중국의 도덕적 행위와 인륜의 기초는 오로지 이성에 놓여 있으며 이 이성은 자연에 기초해 있다고 말한다. 볼프는 자신이 "인간 정신의 본성을 깊이 생각한 후에" 발견한 진리처럼 고대 중국인들 역시 "인간 정신의 본성과 일치하는 그와 같은 원리를 지혜의 참된 원리"로 여기고 이성의 자연적 힘을 통해 인간의 본성 속에 담긴 인간 정신의 근거를 찾고자 노력했다고 주장한다. 볼프는 이성과 일치하는 것이 인간적 본성과 일치하는 것이며, 이것이 행위가 따라야 할 규범이자 시금석이라 주장한다. 볼프는 중국인들의 도덕 원리가 이 시금석에 일치한다고 보았다.

> 도덕론에서 이성과 일치하는 것으로 규정되는 것은 인간적 본성과 일치하는 것에 의해서 판단되어야 한다고 계속해서 가르쳤다. 그리고 중국인들의 도덕적 정리는 이 시금석을 통과했다. 왜냐하면 공자 자신이 이성적 본성과의 일치를 자신의 행위 규범이라고 인식했기 때문이다. 「중국의 학문」의 두 번째 책인 『중용』 40쪽에서 그는 분명하게 이처럼 말하고 있다. 이성적 본성과 일치하는 것, 그것이 행위가 따라야 할 규칙이며, 그것이 이성에

부합하는 것이다. 우리가 이 규칙에 부합하는 방향으로 나아갈 때, 우리의 일을 이 규칙에 부합한 방향으로 해나갈 때 덕의 실행은 이루어진다고. 따라서 나는 중국인의 실천철학 원리를 공자가 자신의 도덕을 통해 보여주기 전에 〔공자 이전의〕 옛사람들이 규정하고 말하고 행해온 것을 검증해본 다음에 직접 우리에게 권유하고 스스로 지켜온 방침에 따라 검증하고 있다.[58]

볼프는 인간은 자신의 본성과 일치함으로써 자연법칙과 일치할 수 있다고 생각했다. 볼프의 기본 사상에 따르면, 모든 피조물은 우주의 전체 질서와의 조화와 일치라는 방향에서 원래 완전하게 창조되었기 때문이다. 그런데 볼프는 소우주와 대우주, 즉 인간과 자연의 일치가 중국의 지혜의 원리로 작용하고 있다고 주장한다.[59] 볼프는 중국인의 철학자 공자를 고대 중국으로부터 내려온 지혜에 따라 인간의 완전성을 위해 소우주와 대우주의 일치를 요구한 인물로 설명한다.

중국의 해석가들에 따르면(「중국의 학문」 제2권, 『중용』 42쪽), 공자는 복희에게서 전해받은 관념을 따랐고 인간을 세계의 한 부분으로 여겼다. 따라서 그는 인간의 완전성을 위해 우리 행위들의 자유로운 규정에는 소우주와 대우주의 일치가 요구된다고 여겼다. 따라서 내가 지적해온 것처럼 공자는 —그에 앞선 중국인들도— 자연권의 원천을 파악했다. 소우주로서

58 이 책, 「볼프의 주석」, 39; 이 책, 278~79쪽.

59 사실 볼프가 중국적 지혜의 원리로 본 소우주와 대우주의 일치는 중국사상에 전형적으로 나타나는 천인합일사상을 해석한 것이라 할 수 있다. 인간과 자연의 통일이라는 천인합일사상은 볼프뿐만 아니라 나중에 프랑수아 케네(François Quesnay) 등 계몽주의자들에게도 중국적 정신의 특질로 여겨졌다. 천인합일사상이 중국적 사고의 특질로 유럽 지성계에 퍼지게 된 원인은 예수회 선교사들의 중국 문화와 고전 소개라 할 수 있지만, 그 점에서 볼프의 해석을 배제할 수 없다.

의 인간 및 대우주로서의 세계의 완전성에 도달하기 위해 자유로운 행위 또한 자연적 행위를 규정하는 보편적 근거에 의해 규정되어야만 한다.[60]

그런데 고대 중국인들은 이 중국적 지혜의 원리, 즉 소우주와 대우주의 일치라는 원리를 어떻게 가지게 된 것일까? 볼프에 따르면, 중국인들은 창조자를 몰랐기에 자연종교도 가지지 못했고 신적 계시도 몰랐다. 이런 이유로 그들은 덕의 행사를 장려하기 위해 모든 "종교로부터 자유로운 자연의 힘"과 내적 동인만을 이용할 수밖에 없었다.[61] 볼프가 여기서 말하는 자연의 힘이란 "좋은 것을 나쁜 것으로부터 나쁜 것을 좋은 것으로부터 구별하고, 감각이 정신에 대립해서 세워놓은 정신의 안개를 사라지게 하는 능력"[62]이다. 볼프는 이 구절에 대한 주석에서 이것은 "자연법칙이 인간들 마음에 새겨져 있으며, 이것은 인간들 스스로 무엇이 더 나은지 안다는 것"을 뜻한다고 말한다. 따라서 중국인들은 신을 몰랐으나, 신이 마음속에 창조해놓은 '자연법칙'에 따라 선을 추구하는 도덕적 행위를 할 수 있었다는 것이다. 볼프에 따르면, 중국인들은 이 자연의 힘을 악덕·죄악·악행이 싹터 나오는 인간의 불완전성보다는 선을 행하고 덕을 장려하는 방향으로 사용함으로써 가장 성공적으로 이용했다고 한다. 다시 말해, "중국인들은 자신들의 전체적 행위를 궁극 목적으로서 자신의 완전성에, 즉 자신과 다른 사람들의 최상의 완전성에"[63] 맞추어

60 이 책, 「볼프의 주석」, 84; 이 책, 323쪽.

61 "자연종교든 계시종교든 결코 어떠한 종교도 없었던 고대 중국인들이 결코 외적 동인을 이용하지 않았음을 누가 의심하겠습니까? 그들에게는 인간 행위의 본성들로부터 얻어진 내적 동인만 있었기 때문에, 그들이 행한 행위의 사례들을 통해 동인이 얼마나 큰 힘을 가지고 있는가가 분명하게 드러나게 됩니다." 이 책, 195쪽.

62 이 책, 177쪽.

63 이 책, 205쪽.

놓았다는 것이다. 볼프가 '연설'에서 중요하게 강조한 것은 도덕적 행위와 연결되는 바로 이 완전성을 향한 중국인들의 행위이다.

볼프는 중국 고전에서 제시되는 철학자들의 말, 선행과 덕과 현명함의 무수한 사례는 혼란스런 인상을 주지만, 이 모든 것의 바탕에는 하나의 원리, 즉 '최상의 완전성'이 목표로 놓여 있다고 주장한다. 중국의 철학자들이 인간의 모든 행위와 이성이 최고로 일치하는 곳에 최상의 완전성이 존재하며, 또한 그것을 향해 나아가도록 훈계하고 가르쳐왔다는 것이다.

> 날마다 더 커다란 완전성을 향해 끊임없이 발전해가는 곳에 인간의 최고선(最高善)이 존재한다는 것은 제가 다른 곳에서 입증한 바가 있습니다. 그 누구도 닿을 수 없는 최상의 정도에 도달하지 않았다면, 어떤 단계의 완전성에도 머물러 있어서는 안 된다는 것을 중국인들은 부지런히 머릿속에 심어주고자 했습니다. 그러기에 저의 견해에 따르면, 중국의 철학자들은 사람이 매일매일 더 커다란 완전성을 향해 나아가지 않는다면, 결코 더 행복해질 수 없을 것이라고 확신했을 겁니다.[64]

볼프는 완전성에 도달하기 위한 중국인들의 교육제도로 소학(小學)과 대학(大學) 그리고 태교법을 사례로 제시한다. 그렇다면 완전성과 관련하여 이런 노력을 기울이는 중국인들은 최상의 완전성에 도달했을까? 볼프는 이에 대해 공자를 내세워 답을 한다. 공자 스스로가 자신의 삶을 회고한 내용을 근거로 해서 볼프는 공자가 기독교인이 아니라서 '악덕의 오점'(labes vitii)으로부터도 완전히 벗어나지 못했고 완전성에도 도달하지 못했다고 말한다.

---

64 이 책, 207쪽.

다시 말해, 중국인들은 신적 속성들에 대한 판명한 지식이 없었다. 그러므로 신적 속성들은 행위의 규정들에 전혀 영향을 끼칠 수 없었다. 당시에 그 밖의 민족들은 신에 대한 잘못된 생각을 품고 있었고, 오늘날까지도 품고 있다. 반면에 오직 유대인들만이 신에 대한 참다운 인식으로 충만했으며, 그들의 행위는 신의 영광을 향해 있었다. 그렇기 때문에 앞서 언급한 민족들은 항상 타당한 신적 속성들을 동인으로서 이용할 수 없었다. 공자는 반세기가 넘도록 노력을 계속했지만, 모든 그의 행위가 악덕의 오점에서 완전하게 벗어나는 데까지 도달하지는 못했다. 하물며 오직 자연의 힘만으로 덕을 얻으려 하는 사람은 내가 언급하는 철학적 경건의 가장 낮은 단계에 도달하는 것조차 불가능하다. 그가 설령 또 다른 공자라 할지라도 〔종교적으로〕 거듭나지 못한 인간의 모든 행위는 결과적으로 아직도 신의 마음에 들 수 없다.[65]

볼프에게 최상의 완전성은 신에게만 존재하는 것이기 때문에 그것은 행위의 최종 목표로 제시될 뿐 결코 도달할 수는 없다. 볼프가 중요하게 생각한 것은 공자가 최상의 완전성을 냉철하게 인식하고 죽을 때까지 그것에 도달하기 위해 노력을 했다는 점이다.

공자는 15세부터 70세까지의 생애, 즉 마지막으로 살아 숨 쉴 때까지 자신을 완전하게 하는 일에 불굴의 노력을 기울여왔다. 그리고 자신이 어떤 성장을 해왔는지 밝혔을 뿐만 아니라 자연의 빛에 의해 인식하게 된 완전성과 자신이 얼마나 멀리 떨어져 있는가도 아주 냉정하게 탐구했다. 공자는 이 완전성이 인간에게 어울린다는 것을 탐구해 우리가 대우주 속에서

65 이 책, 362쪽.

발견하는 것과 동일한 행위의 일치가 소우주 속에서 드러나게 했다. 『중용』에 대한 책, 「중국의 학문」 제2권 74쪽에서 공자는 이 세계에서 사물들의 완전한 일치가 생겨나고 모든 사물이 자기 자신의 본성과 일치하게 되는 목적을 달성하는 방향으로 행위를 해야 한다고 강력하게 주장한다.[66]

볼프가 공자의 생애에서 중요하고 의미 있게 본 것은 그가 완전성에 도달하기 위해 끊임없이 노력하고 행위를 해왔다는 점이다. 볼프의 공자 찬양에 대해 경건주의자들은 신랄한 비난을 했다. 특히 랑게는 볼프가 '연설'에서 무신론적 입장을 대변한다고 비판했다. 무신론은 모든 덕을 불가능하게 만들기 때문에, 랑게에게 무신론과 덕은 대립적 모순관계였다. 그런데 볼프는 중국인들과 공자를 무신론자라고 여기면서도,[67] 그들이 가장 현명하고 가장 유덕한 사람들이며, 세계의 모든 민족이 중국인들을 후대의 본보기로 삼아야 한다고 주장했다.[68] 볼프가 무신론자인 중국인들의 철학 원리로부터 도덕의 원리와 인간 행위의 지향성을 주장하는 것을 랑게는 신의 섭리를 부정하는 것으로 보았다.

그러나 볼프는 이런 비판에도 불구하고 무신론자라고 해도 이성의 도움을 받아 완전성 개념을 가질 수 있으며, 그 완전성에 도달하기 위해 노력하고 도덕적으로 행위할 수 있다는 입장을 견지했다. 물론 볼프는 계

66 이 책, 322~23쪽.

67 J. J. Lange, *Nova Anatome*, S. 13~16, 주 37과 S. 6, 주 16. 이 책, 「독역자 해설」, 89쪽.

68 이 책, 「독역자 해설」, 90쪽. M. Albrecht, Einleitung, LXXI, in *Oratio* 참조. 중국인들이 무신론자인가 하는 것에 대한 랑게와 볼프 사이의 논쟁은 예수회와 도미니크회 사이에 벌어진 논쟁을 연상케 한다. 예수회의 입장은 중국인들이 신에 대한 관념을 가졌다고 생각했고, 도미니크회는 중국인들을 무신론자라고 생각했다. 라이프니츠는 예수회의 편을 들어 중국인들은 무신론자가 아니라 이신론자라고 주장을 했다. 라이프니츠의 전례논쟁에 대한 생각에 대해서는 라이프니츠, 앞의 책, 2003 참조.

시 신앙과 신학이 갖는 우위를 인정한다. 그러나 그는 이성과 계시 사이에 모순이 일어나지 않는다고 보았다. 그에 따르면, "이성의 빛 또는 계시의 빛으로 밝혀졌다고 할지라도, 모든 진리는 신에게서 기원하기 때문이다."[69] 볼프는 이에 대한 대표적인 사례로 중국의 성인들과 공자를 꼽았다.

볼프는 도덕적 행위와 관련해 자신을 비난하는 경건주의자들을 '우리 시대의 바리새주의를 다시 소생시킨 사람들'[70]이라 불렀다. 그들은 종교적 덕을 강조하면서 인간의 완전성을 향해 어떠한 노력과 교육에 대한 열성을 보이지 않았다는 것이다. 그러기에 볼프는 중국철학이 유럽에 알려진 것이 신의 섭리라고까지 말하며 경건주의자들을 이렇게 비판한다.

> 정말 나는 기독교인이라 자처하는 사람들 대부분이 기독교적 덕으로부터 유감스럽게도 한참 떨어져 있는 것처럼 보이는 우리의 시대에, 중국인들의 철학이 우리에게 더욱 자세하게 알려지게 된 것은 신적 섭리라 본다. 다시 말해, 공자의 발언과 행위에 근거해서 단순하게 객관적 도덕성의 인식에 또는 인간적 행위의 내적 정직성과 수치에 근거하는 덕의 가장 낮은 단계이자 불완전한 등급이 무엇인지 이해하는 사람이라면, 자기의 이익과 공명심을 얻기 위해 그리스도의 가르침에 반하는 기만적인 경건을 거드름을 피우면서 과시하는 사람들에게 기만당하지 않을 것이다. 기독교적 덕의 높은 단계를 인식할 수 없던 공자도 그런 사람들의 행위를 반박할 수 있었을 것이다.[71]

69 이 책, 「볼프의 주석」, 46; 이 책, 282~83쪽.
70 이 책, 「볼프의 주석」, 148[원주 149]; 이 책, 348쪽.
71 이 책, 「볼프의 주석」, 55; 이 책, 296~97쪽.

볼프가 자신의 철학에 가해지는 '무신론'이라는 비판에도 불구하고 경건주의자들에 맞서 중국인의 실천철학을 적극적으로 수용하고 옹호한 까닭은 크게 다음의 세 가지로 정리할 수 있을 것이다.

첫째, 볼프는 종교가 아니라 이성에 기반을 두는 도덕 원리의 보편성을 강조하고자 했다. 기독교인이든 무신론자이든 간에, 이성을 가진 사람은 이 보편성의 원리에 따라 인간의 완전성을 추구할 수 있으며 도덕적 행위를 할 수 있다는 점이다. 중국 고전은 이 점을 행위의 원리이자 삶의 지혜로 설파했다. 볼프는 계시이성뿐만 아니라 자연적으로 타고난 우리의 이성을 통해서도 신성을 인식할 수 있다는 입장을 견지했다. 볼프는 자신을 무신론자라고 하는 비판에 대해 오히려 이성과 합리성이 신성을 이해하는 데 도움이 된다는 입장을 취했다. 따라서 그는 자신의 철학이 기독교의 가르침에 크게 기여를 한다고 생각했다. 볼프는 『독일어 형이상학』 제3판의 「머리말」에서 자신의 철학을 무신론이라는 비난에 대해 이렇게 변호한다.

> 나는 이 책에 쓰인 모든 것을 한 번 더 자세히 검토해본 뒤에, 그리스도교의 가르침이 앞뒤가 잘 들어맞는다는 사실에 만족하고 있다. 그리고 이 가르침을 곰곰이 생각해보는 동안에, 나의 이론이 이 가르침에 반대될 위험이 없다는 것을 알아냈을 뿐만 아니라 복음의 적대자에 대해서 계시의 진리를 옹호하고, 가끔 생겨나는 의심을 근본적으로 풀어주는 데에 크게 이바지한다는 것마저도 알아냈다.[72]

볼프에 따르면, 이성 역시 신에게서 기원하기에 이성과 신성 사이에

72 C, Wolff, "Erinnerung wegen der 3. Auflage", in 『독일어 형이상학』, 1729.

는 어떠한 모순과 충돌이 있을 수 없다.[73] 볼프는 기독교인뿐만 아니라 비기독교인도 이성을 통해 애초에 신이 기획한 자연법칙의 의도를 읽을 수 있으며, 이를 통해 '인간의 완전성'에 다가갈 수 있다고 본다.

둘째, 볼프는 소우주와 대우주의 완전성이라고 하는 중국적 지혜의 원리가 자신의 철학과 일치한다고 생각했고 그것의 실제적 사례를 중국이 보여주었다고 믿었다. 볼프가 자신의 철학에서 설명하는 완전성은 다른 사물들과의 질서 조화의 완전성이며, 다른 하나는 신의 목적 실현의 완전성이라 할 수 있다. 다시 말해, 인간의 완전성이란 인간이 신이 만들어놓은 자신의 본성을 통찰하고 그것을 회복하는 것에 있으며, 또한 인간이 자신을 포함해 다른 사물을 지배하는 자연법칙과 일치하여 세상과 조화를 이루는 것에 있다. 결국 볼프의 완전성은 신에 의해 태초에 훌륭하게 질서 잡힌 소우주(인간)와 대우주(자연) 사이의 일치로 요약될 수 있다. 볼프가 보는 중국적 지혜의 원리도 '소우주와 대우주 사이의 일치'를 목표로 하며, 그것에 기반을 둔 완전한 인간형을 추구하고 있다. 그러나 중요한 것은 이 원리가 중국에서는 이론에 그치는 것이 아니라 실제로 개인과 국가 및 사회의 원리로 작동하고 있다는 점이다.

셋째, 볼프는 중국 고전 속에서 최상의 완전성을 향한 부단한 인간의 도덕적 행위와 노력이 모범적으로 제시되어 있다고 보았다. 그 대표적인 사람이 공자라 할 수 있다. 비록 공자가 완전성에 대한 목표에는 도달하지 못했지만, 그 완전성을 향한 그의 부단한 노력은 완전한 인간에 다가가고자 하는 인간의 도덕적 노력을 보여준다. 볼프는 공자가 완전성에 도달하지 못했다고 할지라도 인간 본성에 내재하는 완전성을 인식하고 완전성에 도달하기 위한 행위와 교육을 계속해서 강조한 점을 높이 평

73 이 책, 「볼프의 주석」, 46; 이 책, 282~83쪽.

가했고, 이 점에서 공자를 유럽 사회의 도덕 발전을 위한 모범적 사례로 칭송했던 것이다.

맺는 말

볼프의 『중국인의 실천철학에 대한 연설』은 18세기 유럽에서 유럽 계몽주의의 대표적 지식인이 중국인의 실천철학을 어떻게 이해하고 해석했는가를 보여주는 중요한 텍스트이다. 당시 유럽에 전파된 중국의 모습은 자연적 질서에 따른 이성적 삶의 질서의 가능성을 보여주었고, 이는 볼프와 같은 계몽주의 시대의 지식인에게 커다란 인상을 주었다. 볼프는 예수회 선교사들이 번역한 중국 고전들을 읽으면서, 중국철학의 원리로 깔려 있는 소우주와 대우주의 통일의 원리를 발견했다. 그는 이 중국철학의 원리에는 자연으로부터 타고난 본성에 일치하고자 노력하는 완전한 인간상과 그러한 인간에 의한 통치라는 지혜가 들어 있다고 보았다. 그는 이 원리가 바로 중국 사회의 도덕 및 통치질서의 기축이라고 해석했다. 그는 이 중국철학의 원리가 자신의 실천철학의 원리와 일치하며, 중국인들은 그것을 실천적으로 입증하고 있다고 보았다.

이처럼 볼프는 중국철학의 수용을 통해 계몽주의 시대 유럽에 새로운 도덕 및 이에 기초한 사회질서의 원리를 내세우고자 했다. 그것은 종교에 기초한 계시이성이 아니라 인간의 자연적 이성과 합리성에 기초한 도덕 원리이다. 이런 볼프의 철학은 기독교 없이 이성적 합리성에 근거해 도덕을 갖출 수 있다는 '계몽주의적인 도덕적 인간상'을 확립하는 계기가 되었다. 또한 중국철학, 즉 유교를 통해 이상적 정부 형태를 만들 수 있다는 생각을 유럽 계몽주의자들로 하여금 갖게끔 했다.[74]

볼프는 '연설' 이후 대학에서 추방되는 등 고난을 당하기도 했지만, 추방 사건을 통해 자신의 철학과 중국철학에 대한 자신의 이해를 유럽 전역에 알리게 되는 계기도 가질 수 있었다. 분명 볼프의 중국철학 수용과 해석은 이후 교회의 간섭과 지배에서 벗어나 합리적 사고를 하고자 했던 계몽주의 지식인들에게 커다란 영향을 끼쳤다. 또한 중국철학에 대한 볼프의 해석은 계몽주의 시대 중국 열기와 맞물려 중국사상을 이해하는 중요한 관점이 되었다.

74 데이비드 E. 먼젤로, 김성규 옮김, 『동양과 서양의 위대한 만남 1500~1800: 대항해시대 중국과 유럽은 어떻게 소통했을까』, 휴머니스트, 2009, 203쪽.

크리스티안 볼프 연보

1679년	1월 24일, 슐레지엔의 브레슬라우(현재 폴란드의 브로츠와프)에서 개신교도 피혁 업자의 아들로 태어남.
1687년	라틴어 학교로 명성이 높았던 마리아-막달레나 김나지움에 입학함.
1699년	예나 대학에서 신학 및 수학, 물리학, 철학 등을 전공함.
1702년	교수자격 취득 논문인 「수학적 방법에 의해 구성된 보편적 실천철학」을 완성함.
1703년	강사(Privatdoznet) 자격을 취득하여 1706년까지 라이프치히 대학에서 강의함.
1704년	라이프니츠와 편지 교환을 시작함.
1706년	스웨덴 군대의 위협을 받고 있던 라이프치히 대학을 떠나 라이프니츠의 추천으로 할레 대학에서 교수 자리를 얻음.
1719년	결정론과 또한 이와 관련한 무신론을 다소간 은밀하게 담고 있는 『독일어 형이상학』을 출간하여 경건주의자들과의 논쟁이 촉발하기 시작함.
1721년	7월 12일, 할레 대학 부총장 퇴임 기념으로 '중국인의 실천철학에 대한 연설'을 발표함.
1723년	11월 8일, 프리드리히 빌헬름 1세에 의해 '불경한 교의에 기초한' 강연을 했다는 명목으로 48시간 이내에 프로이센 왕국을 떠나라는 추방 명령을 받음. 마르부르크 대학 교수로 부임함.
1726년	1721년에 행한 '중국인의 실천철학에 대한 연설'에 상세한 주석을 달아 책으로 출간함.
1728년	자신의 철학적 영향력을 독일 밖으로 알리기 위해 독일어 저작들에 맞추어 라틴어 저작들도 출감함.
1729년	『제일철학 또는 존재론』을 출간함.

1730년　　『철인왕과 통치하는 철학자』를 저술하여 자신의 국가철학적 사상을 중국적 사례를 들어 표명함.

1740년　　프리드리히 대왕(프리드리히 빌헬름 2세)에 의해 복권되어 프로이센 아카데미 회원과 할레 대학 교수로 초빙되었으나 할레 대학 교수직만 수락함.

1743년　　할레 대학 총장에 취임함.

1745년　　바이에른 선제후로부터 남작 작위를 받음.

1754년　　4월 9일, 할레에서 세상을 떠남.

문헌 찾아보기

| ㅎ |

사항 찾아보기

| ㄴ |

| ㄷ |

| ㄹ |

| ㅁ |

| ㅂ |

| ㅇ |

| ㅌ |

| ㅍ |

| ㅎ |